凝煉知識品味閱讀

# 戰略與國際關係

## 運籌帷幄之道

翁明賢、謝奕旭
高佩珊、常漢青 著

五南圖書出版公司 印行

**各章作者**

第一章、第二章、第三章與結論：翁明賢

第五章、第十一章、第十二章：謝奕旭

第六章、第七章、第八章：高佩珊

第四章、第九章、第十章：常漢青

# 編者序

在全球化的時代，由於資訊科技與交通工具的快速發展，使得全世界國與國、人與人之間的交流及互動愈趨頻仍，在密切往來的情況下，許多複雜的問題更因而逐一浮現與衍生，讓人無法以單一角度或思維去理解這些互動關係。

在網際網路與社群媒體運用盛行的年代，人們能夠更容易地知悉全球各地所發生的議題，但這也造成另一種現象，即是許多對國際關係議題有興趣的人士如雨後春筍般地增加，渠等更運用自身的知識背景及觀點，去分析與解讀國際議題，無論是電視臺的政論節目、廣播電臺的專訪、報章雜誌的投稿析論、網路部落格撰寫專文、社群媒體互動討論，幾乎形成百家爭鳴的狀況，由於運用不同的觀點與思維，反而讓亟欲知悉與瞭解國際關係議題者陷入五里雲霧中，無所適從。

爲解決前述國際關係議題分析的困境，以及建構系統性與簡明易懂的分析框架，在淡江大學國際事務與戰略研究所教授兼所長翁明賢的構思指導下，以臺灣戰略研究學會的成員爲核心，邀請會員中央警察大學副教授高佩珊、淡江大學國際事務與戰略研究所博士常漢青、國防大學政戰學院政治系兼任副教授謝奕旭，著手進行本書的撰寫。運用統一的框架針對國際間的重要議題進行論述與分析，期望開展國際關係研究的新頁。同時能爲有志於研究與分析國際關係議題的人士及學生提供參考，並加深對國際關係與戰略的認識。

謝奕旭 謹誌

2021年6月

# 目　錄

「戰略」就是一種帶有「目的性」的「計畫思維」與「實踐過程」，不僅適用於「戰爭時期」的「運籌帷幄」，更可以在「承平時期」作爲「危機管理」之用。

Modern Strategy is about the theory and practice of the use, and threat of use, of organized force for political purpose in the twentieth Century.[1]

[1] Colin S. Gray, *Modern Strategy* (Oxford: Oxford University, 1999), p.1.

# 第一章

# 戰略、戰略研究與戰略理論

第一節　前言

第二節　戰略的定義與內涵

第三節　戰略研究與戰略理論

第四節　戰略研究、安全研究與國際戰略

第五節　小結：運用戰略為途徑

一般提到「戰略」（strategy），直接會聯想到「軍事戰略」（military strategy），涉及攸關戰爭勝負「生死存亡」的關鍵思考。事實上，社會學科其他層面，例如公共政策、企業管理與決策科學使用「策略」一詞取代「戰略」，主要也是思考如何採取「決策」，以達既定「目標」，同樣存在「異曲同工」之效。

本章的「問題意識」，在於如何定義「戰略」（strategy）？「戰略」與「戰略理論」（strategic theory）、「戰略研究」（strategic studies）三者之間的關係如何區隔？一般戰略區分爲「古典戰略」（classic strategy）、「現代戰略」（modern strategy）與「未來戰略」（future strategy），三者之間究竟有何傳承與轉變？

依此，本章首先分析戰略的定義與內涵，其次，「戰略研究」與「戰略理論」之間的差異爲何？第三、「戰略研究」、「安全研究」與「國際戰略研究」三者之間的關係又如何？最後，在本章小結中提出如何有效運用「戰略」爲思考的途徑。

## 第一節　前言

「戰略」是一個「亙古至今」爲人所經常運用的「話語」（discourse），提到「戰略」（strategy）一詞時，一般都會聯想到戰爭、戰役與戰鬥，如何規劃布局，戰勝敵人的整體行動。[1]當東、西方戰略學界討論「戰略」議題時，莫不指出中國兵學家孫武的《孫子兵法》，以及普魯士戰略家克勞賽維茨（Carl von Clausewitz）的《戰爭論》（*Von Kriege*）[2]，爲兩本必讀的「曠世巨著」。主要在於文本「言簡意

---

1　勞倫斯．佛里德曼原著，王堅、馬娟娟譯，《戰略大歷史：戰略是人類永恆的遊戲規則，懂戰略，你就能理解世界、定位他人，掌握自己的優勢》，臺北：商業周刊，2020年。

2　克勞賽維茨原著，楊南芳等譯校，《戰爭論（上）：原理之書》（2019年全新修訂版），臺北：左岸文化，2019年。

賅」，卻是涵蓋超越軍事以外，與國家安全戰略相對應的原則。換言之，《孫子兵法》「言簡意賅」、「微言大義」的角度，指出戰爭的「克敵制勝」之道，此點與克勞賽維茨的主要論述：「戰爭是另外一種形式的延續」，並強調「戰爭是一種人類交往的行爲」，[3]有異曲同工之妙。

1991年爆發第一次波灣戰爭，當時美國提出「空陸一體戰」（Air-Land Battle）戰略，配合堅實後勤補給，創造「速戰速結」的勝利戰果。2003年發生第二次波灣戰爭，華盛頓再度發展「空海一體戰」（Air-Sea Battle），透過「斬首戰略」（decapitation），在第一波戰斧巡弋飛彈轟擊巴格達之後，直接揮軍伊拉克本土，直取巴格達，逼迫海珊總統投降，完成其戰略目標。當時即盛傳《孫子兵法》爲美國各級參謀幕僚必讀的一本書，[4]運用「避實擊虛」、「攻其不備」等戰略思維於兩次波灣戰爭之中。此外，美軍當時掌握「資訊戰」，成爲影響中東戰場關鍵因素，其實也一定程度參考《孫子兵法》的〈用間篇〉第十三：「故名君賢相，所以動而勝人，成功出於眾者，先知也。先知者，不可取於鬼神，不可象於事，不可驗於度，必取於人，知敵之情者也。」[5]亦即，當伊拉克全軍看不到、聽不到美軍的「動向」，自然只能讓美軍如入無人之境，贏得戰爭勝利。

---

3 克勞賽維茨原著，楊南芳等譯校，《戰爭論（上）：原理之書》（2019年全新修訂版），臺北：左岸文化，2019年，頁112。

4 基本上，在波灣戰爭中，美軍軍官人手一冊《孫子兵法》，採取各種謀略，例如陸戰採取「左勾拳」進攻樣式，可以避開伊軍正面防禦，直搗伊軍主力後方，即所謂「攻其不備」。請參見：〈美國爲什麼要給軍官發一冊《孫子兵法》？看完震撼〉，《每日頭條》，https://kknews.cc/zh-tw/military/a48nz96.html（檢索日期：2020/06/05）。

5 魏汝霖註譯，《孫子今註今譯》（修訂本），臺北：臺灣商務印書館，1998年，頁234-235。

另外，1996年爆發臺海第三次軍事危機，美國派遣兩艘航空母艦馳赴臺灣海峽東部與南部，使得解放軍無法進一步透過飛彈試射來恫嚇臺灣。是以，解放軍研擬未來美軍可能介入的「情境」，提出「反介入與區域拒止」（Anti-Access & Area Denial, A2/Ad）來因應外軍的介入。因此，美國從而改變以往的「聯合作戰理念」（Joint Force Operation）為「全球公域進入與機動聯合」（全球公共空間進入與機動聯合）。[6]2016年10月19日，美國參謀首長聯席會議副主席Paul Selva將軍簽署：「全球公域進入與機動聯合」（the Joint Concept for Access and Maneuver in the Global Commons, JAM-GC）[7]，正式納為2030年美軍聯合作戰的準則概念。同時，更重要者，「全球公共空間進入與機動聯合」將會「告知」美國聯合武力行動準則，讓美國可以透過全球空間、投射能力，俾以打敗任何敵手，阻礙美國及其盟邦的自由行動。[8]早於

6 2015年1月，美國國防部提出「全球公域介入與機動聯合」（JAM-GC）概念，取代2010年提出的「空海一體戰」（Air-Sea Battle），而JAM-GC跳脫以往「空海一體戰」構想，調整假想敵從中國、伊朗、俄羅斯變更為全世界敢於挑戰美軍公共領域霸權的國家。請參見：〈美軍「全球公域進入與機動聯合」作戰概念評析（上）〉，《每日頭條》，https://kknews.cc/zh-tw/military/r9e3q5r.html（檢索日期：2020/05/16）。

7 "Joint Concept for Access and Maneuver in the Global Commons: A New Joint Operational Concept" By Michael E. Hutchens, William D. Dries, Jason C. Perdew, Vincent D. Bryant, and Kerry E. Moores, JFQ 84, 1st Quarter 2017, accessed at: https://ndupress.ndu.edu/Portals/68/Documents/jfq/jfq-84/jfq-84_134-139_Hutchens-et-al.pdf?ver=2017-01-27-091816-550 (2020/05/16).

8 "Joint Concept for Access and Maneuver in the Global Commons: A New Joint Operational Concept" By Michael E. Hutchens, William D. Dries, Jason C. Perdew, Vincent D. Bryant, and Kerry E. Moores, JFQ 84, 1st Quarter 2017, accessed at: https://ndupress.ndu.edu/Portals/68/Documents/jfq/jfq-84/jfq-84_134-139_Hutchens-et-al.pdf?ver=2017-01-27-091816-550 (2020/05/16).

2019年5月，美國國防部公布的《中國軍力報告書》[9]提及中國解放軍現代化的計畫，包含發展「反介入／區域拒止」能力，以對在西太平洋部署、運作的對手進行長程打擊。」[10]

此外，上述報告首度特別提出關於中國在北極活動專題，[11]北京於2013年獲得北極理事會的觀察員身分之後，即增加在北極的活動。2018年1月，中國公布《中國的北極政策》白皮書，[12]強調中國「作爲國際社會的重要成員，中國對北極國際規則的制定和北極治理機制的構建發揮了積極作用。中國發起共建『絲綢之路經濟帶』和『21世紀海上絲綢之路』重要合作倡議，與各方共建『冰上絲綢之路』，爲促進北極地區互聯互通和經濟社會可持續發展帶來合作機遇。」[13]不過，美國認爲中國提出《中國的北極政策》白皮書的目的，在於發展「冰上絲綢之路」，自我界定爲靠近北極圈國家，同時，確認中國對於北極的自然資源（natural resources）、海上運輸線（sea lines of communication, SLOCs）之利益所在，並嘗試建立一個在北極事務負責任主要國家的形

---

9 Office of the Secretary of Defense, "ANNUAL REPORT TO CONGRESS Military and Security Developments Involving the People's Republic of China 2019," accessed at: https://media.defense.gov/2019/May/02/2002127082/-1/-1/1/2019_CHINA_MILITARY_POWER_REPORT.pdf (2020/05/16).

10 〈中國強化反介入能力「衝著美國來」〉，《自由電子報》，https://news.ltn.com.tw/news/politics/paper/1311670（檢索日期：2020/05/16）。

11 "Special Topic: China in the Arctic," in: Office of the Secretary of Defense, "ANNUAL REPORT TO CONGRESS Military and Security Developments Involving the People's Republic of China 2019," accessed at: https://media.defense.gov/2019/May/02/2002127082/-1/-1/1/2019_CHINA_MILITARY_POWER_REPORT.pdf (2020/05/16).

12 《中國的北極政策》白皮書（全文），中華人民共和國國務院新聞辦公室，http://www.scio.gov.cn/zfbps/32832/Document/1618203/1618203.htm（檢索日期：2020/06/05）。

13 同前註。

象。[14]

因此，2019年6月6日，美國國防部公布年度「北極戰略報告」，[15] 並未特別提及當地的氣候變化，而是將此地區描述爲一個越來越成爲強權競逐的區域，主要在於俄羅斯和中國在北極圈擴大行動，恐將威脅美國國安利益。是以，華盛頓強調將維持在北極的「軍事優勢」與支持和北極相關目的國家，並提出三個戰略途徑：建構北極共識、強化北極行動，以及增強以秩序爲基礎的北極事務。

2019年5月6日，美國國務卿龐培歐（Mike Pompeo）在芬蘭舉行「北極理事會」（Arctic Council Ministerial Meeting）部長會議演說時警告，俄羅斯與中國在北極地區的領土角色扮演。由於石油、天然氣、礦物與漁產豐富，北極地區已成全球權力競爭的競技場，但北極雖是荒蕪之地，卻不代表就可以無法無天。龐培歐並劍指北京表示：「我們要讓北極海變成新南海，充斥軍國主義化和互別苗頭的領土聲索嗎？」[16] 換言之，美國跟北極理事會成員國歡迎中國的投資透明化，藉以顯示其經濟利益考量，而非國家安全的野心（企圖）。[17]

---

14 Office of the Secretary of Defense, "ANNUAL REPORT TO CONGRESS Military and Security Developments Involving the People's Republic of China 2019," p.V., accessed at: https://media.defense.gov/2019/May/02/2002127082/-1/-1/1/2019_CHINA_MILITARY_POWER_REPORT.pdf (2020/05/16).

15 "Report to Congress Department of Defense Arctic Strategy", June 2019, Office of the Under Secretary of Defense for Policy, accessed at: https://media.defense.gov/2019/Jun/06/2002141657/-1/-1/1/2019-DOD-ARCTIC-STRATEGY.PDF (2020/06/05).

16 "Secretary of State Pompeo Remarks on U.S.-Arctic Policy", C-SPAN, accessed at: https://www.c-span.org/video/?460478-1/secretary-state-pompeo-warns-russia-china-arctic-policy-address-finland (2019/06/13).

17 Simon Johnson, "Pompeo: Russia is "aggressive" in Arctic, China's work there also needs watching", Reuters, accessed at: https://www.reuters.com/article/us-

從上述不同國家不同類型的「戰略」提出，不管是針對中國的軍力報告、中國自身的國防「白皮書」，或是美國針對北極區域的「戰略」或「政策」，顯示出每一個國家針對特定議題，因應未來可能的發展趨勢，都會出現一個指導性質的「說明」，在此指導說明之下，相關部會或下層機構，會再訂定其主管事務的指導原則，顯示出「戰略」制定的重要性。透過此種「戰略」的制定，一定程度也達到「戰略溝通」[18]的「目的」，讓潛在對手不要誤判了我方的戰略決心與意志。

因此，在本章後續各節中，作者首先分析「戰略」的「定義」與「內涵」，主要在於不管是「戰略」、「策略」或是「謀略」，雖然有不同的中文名詞，卻是指涉相同的「概念」。其次，從理論的角度提出「戰略研究」與「戰略理論」是否有不同之處？接著作者討論與「戰略研究」、「戰略理論」相關的「安全研究」、「軍事研究」及「國際戰略」的關聯性。最後，本章最後一節「小結」中提出「運用戰略爲研究途徑」的思考。

---

finland-arctic-council/pompeo-russia-is-aggressive-in-arctic-chinas-work-there-also-needs-watching-idUSKCN1SC1AY (2019/06/13).

18 《2006年四年期國防檢討：戰略溝通執行規劃》（*QDR Execution Roadmap for Strategic Communication 2006*）首次定義「戰略溝通」爲：「集中美國政府處理與致力於瞭解及接觸關鍵受眾（key audiences），透過運用協調之資訊、溝通主題、計畫、方案及行動，結合綜合國力之運用使其同時發生，以創造、強化或維護美國國家利益及目標的有利條件之進程發展。」*QDR Execution Roadmap for Strategic Communication 2006*, Deputy Secretary of Defense, p. 3, accessed at: https://archive.defense.gov/pubs/pdfs/QDRRoadmap20060925a.pdf (2020/06/05).

## 第二節　戰略的定義與內涵

### 一、戰略的一般認識

正如同「全球化」（globalization）一詞從20世紀以來取代「國際化」（internationalization）之後，是最常被運用的流行「話語」（buzz-word），呈現出世界各國互動緊密的程度。不過，當每一個人談論「全球化」，卻是有不同意涵的「全球化」現象，有時僅僅是一種擴大的「國際化」，或是另一種「美國化」的體現。「戰略」一詞同樣呈現「盲人摸象」、「各說各話」不一而足的現象。學者Smith主張「戰略」（strategy）此一「名詞」，應該是在公共論述中最被運用的「術語」（term），被使用於任何從國家政策到個人的「決策選擇」。不過，很少人理解此一名詞的眞正意涵，以及此「戰略」一詞隱含於一個體系研究中的意義。[19]易言之，「戰略」並非單獨的一個「名詞」，必須要從「複合式」角度切入，涉及到相關上下階層指導關係的決策用語，關鍵之處在於思考什麼不是「戰略」，什麼才是眞正的「戰略」！

基本上，「戰略」一詞的「詮釋」呈現兩面矛盾性，一方面被「窄化」，只要聽到「戰略」，就會直接聯想到戰鬥、戰爭、軍事戰略與軍事科學的議題；一方面又被「廣化」爲無所不包的課題。在中國方面，經常被運用在超越軍事方面的事務，除了解放軍軍事戰略之外，任何涉及大方向的議題，都會被賦予「戰略」形式的用語。易言之，任何議題只要牽涉到「戰略」，就會有一種「身分」的加持效果，於是「戰略」一詞無所不在。[20]例如：「外交戰略」、「文化戰略」、「農業發

---

19 M. L. R. Smith, E-International Relations, “Strategic Theory: What it is...and just as importantly, what it isn’t”, accessed at: https://www.e-ir.info/2011/04/28/strategic-theory-what-it-is%E2%80%A6and-just-as-importantly-what-it-isn%E2%80%99t/(2019/05/30).

20 例如：「在阿里巴巴第10屆雲棲大會中，螞蟻金服除了展現最新區塊鏈應

展戰略」與「科技興國戰略」等，或是運用於商業上的「螞蟻金服區塊鏈生態戰略」，對外描述美國的「亞洲戰略」，或中國對臺「軍事戰略」層面。2015年北京提出《中國製造2025》計畫，[21]全面推展「製造業強國戰略」，後來成爲美中貿易衝突的主要議題之一。其後，爲了淡化後續衝突，[22]北京於2019年11月15日宣布新經濟發展戰略與政策，其

用，推出跨鏈新產品，還揭露了下一步區塊鏈生態戰略，要在11月初對開發者社群開放聯盟鏈，年底還要推出DApp發布平臺，來打造區塊鏈多元生態。」參見：〈螞蟻金服區塊鏈生態戰略大公開〉，《iThome新聞》，https://ithome.com.tw/news/134363（檢索日期：2019/11/23）。又例如，「美國要南韓分攤的美軍駐韓費用提高超過5倍至50億美元，遭南韓斷然拒絕之前，美國國防部長埃斯柏（Mark Esper）本週稍早呼籲亞洲組成軍事同盟，對抗不斷擴張的中國時，就已被盟國冷淡以對，川普政府的亞洲戰略可能面臨新難題。」參見：〈川普亞洲戰略遇難題？美呼籲軍事同盟抗中、盟國冷淡〉，《財訊》，https://www.wealth.com.tw/home/articles/23151（檢索日期：2019/11/23）。「中共首款高超音速武器——東風-17彈道導彈於十一閱兵式上公開亮相，有媒體聲稱，這種可以5倍音速飛行的高超音速武器，可能會改變中共對臺灣的戰略，但專家對此抱持懷疑的態度。」請參見：〈東風-17導彈改變中共對臺戰略？專家存疑〉，《大紀元》，http://www.epochtimes.com/b5/19/11/22/n11673612.htm（檢索日期：2019/11/23）。

21 基本上：2015年5月，中國國務院正式印發實施「製造強國戰略」的第一個行動綱領《中國製造2025》（*Made in China 2025 Plan*），開宗明義指出：「打造具有國際競爭力的製造業，是我國提升綜合國力、保障國家安全、建設世界強國的必由之路」，請參見：吳松澤，〈中國大陸推動「製造強國戰略」的觀察〉，《科技政策觀點》，https://portal.stpi.narl.org.tw/index/article/10205;jsessionid=40BB634DB28CC0E8B9CEB0BE1CFFCB82（檢索日期：2020/06/06）。

22 主要是因爲2014年中國推出《中國製造2025》政策，「引發美國川普政府批評該計畫鼓勵國家補貼本國企業、強迫外企技術轉讓，是對公平競爭的威脅，相關指控也成爲美國對中國發動貿易戰與關稅戰的理據。」請參見：〈「淡化中國製造2025」中國發改委新政策　曝製造業強權野心〉，《自由電子報》，https://ec.ltn.com.tw/article/paper/1332429（檢索日期：2019/11/23）。

「目標」是在2025年形成一批旗艦企業、平臺，以及示範區，以推動先進製造業發展。[23]

在臺灣方面，傳統上「戰略社群」認爲，「戰略」是一種專屬於「軍事」層面的事務，相關智庫與研究人員都是軍中退役將領，例如「中華戰略學會」、「中華軍史學會」等，如同我國戰略泰斗鈕先鍾認爲，「戰略」觀念的內涵歷史演變之三個特點：[24]1.戰略爲「智慧」的運用，誠如《孫子兵法》所強調的「全勝」與「知己知彼」的打贏戰爭的觀念；2.戰略僅僅思考戰爭，非戰爭議題不在戰略的考量；3.戰爭的主要工具爲「武力」，亦即如何「用兵」以打贏戰爭。另外一位中國戰略學者李際均認爲：「軍事戰略之演進與發展的本質，是戰略思維的發展與運用。戰略思想是關於全局的指導思想，是制定戰略方針、建軍與作戰原則的理論依據。而戰略思維是決定戰略主體頭腦中的觀念運動。」[25]

從以上鈕先鍾提出「戰略」的三個歷史演變的「特點」，以及李際均提出戰略思維指導軍事戰略的要素，顯示出「戰略」與「戰爭」爲「同義語」，主要在於傳統「國家利益」與「國家安全」目標及其追求途徑，大多數要依靠「硬權力」即「武力」，才得以解決，如同一次與二次世界大戰一般。其後，即使世局進入「冷戰」與「後冷戰」時代，戰爭武力的運用，依舊是處理國際衝突的主要手段，如同美蘇冷戰對抗的終結，大部分原因還是「綜合國力」的「硬對抗」結果。

---

23 〈「淡化中國製造2025」中國發改委新政策　曝製造業強權野心〉，《自由電子報》，https://ec.ltn.com.tw/article/paper/1332429（檢索日期：2019/11/23）。

24 鈕先鍾，《西方戰略思想史》，臺北：麥田出版，1995年，頁16。

25 李際均，《論戰略》，北京：解放軍出版社，2001年，頁1-2。

## 二、戰略的定義

「戰略」（strategy）是一個人盡皆知的「話語」（term），原先是一個日本的漢字翻譯用語，因爲從古代中國傳統文化角度而言，並沒有「戰略」此一中文用語。又從影響東西方戰略學界研究的「兵書」《孫子兵法》來看，全文沒有出現過「戰略」這兩字。一般民間使用「策略」（tactics）或是「謀略」，或是與企業管理運用的「規劃」有異曲同工之妙。

美國等西方戰略研究學界針對戰略的定義多元化，根據戰略學者李德哈特（B. H. Liddel Hart）[26]認爲「戰略」的簡短定義爲：「分配和運用軍事工具，來達成政策目標的藝術。」[27]美國《外交研究》（*Foreign Affairs*）雜誌解析李德哈特「間接路線」（indirect approach）的要旨，在於透過其早期研究顯示出，直接攻擊與巨量遭遇戰應該加以避免，取而代之的應該是瞄準敵人出其不意之處。[28]事實上，《孫子兵法》〈虛實篇〉早就提出：「夫兵形象水，水之形，避高而趨下；兵之形，避實而擊虛。」[29]換言之，如何創造各種「不對稱」的態勢，才能夠達到

---

26 January 19, 2016, B. H. Liddell Hart, *Strategy* (1954), Classic of Strategy and Diplomacy, accessed at: https://www.classicsofstrategy.com/2016/01/liddell-hart-strategy-1954.html (2020/06/07).

27 李德哈特原著，鈕先鍾譯，《戰略論：間接路線》（*Strategy: The Indirect Approach*），臺北：麥田出版，1996年，頁404。

28 其評述原文爲："His general approach, which he has developed through many earlier studies, is that frontal assaults and massive showdowns are to be avoided; rather one should aim at the enemy's line of least expectation.", 參見*Strategy: The Indirect Approach* By B. H. Liddell Hart Reviewed By Henry L. Roberts, January 1955, Foreign Affairs, accessed at: https://www.foreignaffairs.com/reviews/capsule-review/1955-01-01/strategy-indirect-approach (2020/06/07).

29 魏汝霖註譯，《孫子今註今譯》（修訂版），臺北：臺灣商務，1998年，頁126。

「出其不意、攻其不備」的「間接路線」效果，如同打蛇打七寸，[30]才能「制敵機先」戰勝對手。

根據美國陸軍戰爭學院（Army War College）出版之《戰略學導引》（*Guide to Strategy*），提出戰略研究架構：「戰略」就是「目的」（end）、「途徑」（way）與「資源」（mean）三者之間的搭配關係。[31]「目的」（end）係指追求的「客體」或是「目標」，「資源」（mean）係指追求目標的資源，「途徑」（way）或是方法（method），係指一個組織與運用資源之道。關鍵問題在於：什麼是我們要追求的目標？配合哪些資源，運用何種途徑？[32]學者Colin S. Gray的專著《現代戰略》（*Modern Strategy*）一書，描述「戰略」就是一種關於「使用」的理論與實際、與相關威脅「使用」，以及針對政治目的之有組織的暴力使用於二十世紀。[33]

首先，所謂「目的」（end）或是「目標」（goal）對於任何一個

---

30 原始出處爲：清・吳敬梓《儒林外史》第14回：「我也只願得無事，落得『河水不洗船』，但做事也要『打蛇打七寸』才妙。」漢語網，http://www.chinesewords.org/idiom/show-3794.html（檢索日期：2020/06/07）。

31 其原文爲："Conceptually, we define strategy as the relationship among ends, ways, and means. Ends are the objectives or goals sought. Means are the resources available to pursue the objectives. And Ways or methods are how one organizes and applies the resources", U.S. ARMY WAR COLLEGE: GUIDE TO STRATEGY, edited by Joseph R. Cerami  James F. Holcomb, Jr., here p. 11, accessed at: https://www.comw.org/qdr/fulltext/01cerami.pdf (2020/06/07).

32 其原文爲："Each of these components suggests a related question. What do we want to pursue (ends)? With what (means)? How (ways)?", Robert H. Dorff, CHAPTER 2 A PRIMER IN STRATEGY DEVELOPMENT, in: U.S. ARMY WAR COLLEGE: GUIDE TO STRATEGY, p. 11, edited by Joseph R. Cerami James F. Holcomb, Jr., accessed at: https://www.comw.org/qdr/fulltext/01cerami.pdf (2020/06/07).

33 Colin S. Gray, *Modern Strategy* (Oxford: Oxford University Press, 1999), p. 1.

國家政府都有其施政主軸，例如2017年12月，川普（Donald Trump）上任美國總統以來，首次提出美國《國家安全戰略》（*National Security Strategy*）報告，該報告設定美國處於一個強權林立的戰略競爭時代，其國家安全的威脅來源，來自於一個崛起的中國與俄羅斯，尤其北京採取「修正主義」政權，企圖修改既存國際秩序，進行有利於北京的戰略態勢。美國在臺協會指出此份報告在於：「為新時代制定的新國家安全戰略：唐納・川普總統在就職後不滿一年之際公布了新的國家安全戰略，為美國指出了積極的戰略方向，使美國能夠恢復在全世界的優勢地位，進一步加強我國強大的實力。」[34]中國學者朱峰提出2017年美國總統川普上臺以來，由美國主導的自由主義國際秩序從來沒有像今天這樣搖擺過，世界正在進入一個再全球化、再國家化，和再意識形態化的新週期。[35]換言之，美國不管任何人當選總統，基於「國家利益」角度，都會去設定有利於美國國家「目標」的計畫作為，並且塑造一個有利於上述「目標」發展的國際與國內環境層面。

其次，至於「途徑」（way），如同上述李德哈特提出的「間接路線」（indirect approach）與「直接路線」的相互運用，從純粹軍事戰略角度思考，為了達到戰爭目標，透過軍事途徑，類似第一次與第二次波灣戰爭，美國決定以軍事行動達到逼迫伊拉克放棄併吞科威特的目標，以及逼迫伊拉克放棄發展大規模毀滅性武器的目標。不過，2003年第二次波灣戰爭，美國並沒有獲得聯合國安理會成員國一致同意出兵，當時德國和法國的態度傾向以「外交途徑」解決爭議。2017年之後，

---

34 美國《國家安全戰略》綱要，美國在臺協會，https://www.ait.org.tw/zhtw/white-house-fact-sheet-national-security-strategy-zh/（檢索日期：2020/02/16）。

35 〈中國官方學者說，西方這座自由主義燈塔在黯淡〉，《自由亞洲電臺》，https://www.rfa.org/mandarin/yataibaodao/junshiwaijiao/nu-12302016101334.html（檢索日期：2020/02/16）。

川普為了因應一個崛起的中國目標，除了設定「國家安全戰略」總體目標之外，其他部會也因應設置以下的戰略目標，例如2019年6月1日，美國國防部就從印太軍事戰略角度出版《印太戰略報告》（*Indo-Pacific Strategy Report*），透過「戰備整備」（preparedness）、「夥伴關係」（partnerships）與提升「區域連結」（promoting a networked region）三個「途徑」，確認持續建構一個穩定、繁榮的印太區域。[36]

最後，「資源」（mean）涉及戰略制定者在追求一項目標過程中，所能具備的「工具」或是「資源」，例如美中南海爭議問題，美國為了抑制中國在南海地區的人工島礁組建，透過《國際海洋法》規範的「公海自由航行權」途徑，配合強大太平洋艦隊不斷「常態化」巡弋南中國海。在兩岸關係方面，2020年6月以來，美國軍艦第7度穿越臺灣海峽，美軍海軍第七艦隊在臉書上，發布消息揭露「伯克級」神盾驅逐艦「羅素號」，穿越臺灣海峽，其目的是維持印太地區的安全及穩定。[37]同樣的，2020年5月11日，日本官房長官菅義偉在記者會上表示，針對中國海警局的船隻侵入釣魚臺群島（日本稱尖閣諸島）外海的日本領海，並尾隨日本漁船一事，向中國方面嚴重抗議，解放軍機艦靠近釣魚臺列嶼。[38]實際上，面對不斷透過解放軍海軍、中國海警局船艦的接近，讓日本面臨很大應對壓力。2020年4月10日，日本防衛省公布2019

---

36 “Message from the Secretary of Defense”, The Department of Defense,” Indo-Pacific Strategy Report: Preparedness, Partnerships, and Promoting a Networked Region”, June 1, 2019, accessed at: https://media.defense.gov/2019/Jul/01/2002152311/-1/-1/1/DEPARTMENT-OF-DEFENSE-INDO-PACIFIC-STRATEGY-REPORT-2019.PDF (2020/06/07).

37 〈敏感時機美軍艦穿越臺海今年第7次〉，《寰宇新聞網》，http://globalnewstv.com.tw/202006/108936/（檢索日期：2020/06/07）。

38 〈日嚴重抗議陸海警船入釣魚臺外海的日本領海〉，《中時電子報》，https://www.chinatimes.com/realtimenews/20200511005555-260408?chdtv（檢索日期：2020/06/07）。

年度日本航空自衛隊緊急升空次數共947次，史上第3高，其中7成是因應中國軍機，因應臺灣則是零次。[39]

## 三、戰略的要素：非軍事層面的議題

除了戰略的基本組成包括目標、途徑與資源等三要素之外，「科技」的進步，促使相關影響戰爭的三個因素：「力量、空間與時間」發生結構性改變。戰爭不僅僅是「宣戰」之後的作爲，透過科技的運用，戰爭已經無法區分「平時」與「戰時」，例如使用網路資訊進行國家主權的爭奪，進行「數位國土」主權之爭。2017年6月30日，我國資電作戰部隊「資通電軍」正式成軍，直屬於國防部參謀本部，蔡總統致詞時強調「資安就是國安」，同時「有形國土，我們捍衛到底；數位國土，我們也絕不讓步」。[40]是以，成立國防部資通電軍指揮部，象徵臺灣的國防將全面性地進入資訊作戰的時代。2018年9月14日，由蔡英文總統正式對外公布，經由國家安全會議著手撰寫第一部《國家資通安全戰略報告：資安即國安》，在序言中蔡總統表示，資安議題已經超越科技範疇，成爲國家重要的戰略選擇，並強調：「資安戰略報告跨出複雜工程的初步，期待報告的推出，可以強化全民資安意識、凝聚各界共識，並爲數位國家、創新經濟奠定堅實基礎。」[41]

此外，如果要贏得「戰爭」，除了「科技」因素之外，也必須瞭解

39 根據日本防衛省公布，2019年度共947次，2018年度是999次，比2018年度少了52次，因應中國軍機的次數增加了37次，請參考：〈日自衛隊緊急升空史上第3高　因應中國軍機占7成〉，《中央通訊社》，https://www.cna.com.tw/news/aopl/202004100005.aspx（檢索日期：2020/06/07）。

40 〈資通電軍成軍　蔡總統：捍衛數位國土〉，《自由電子報》，https://news.ltn.com.tw/news/politics/paper/1114892（檢索日期：2020/06/05）。

41 〈臺灣首部國家資安戰略報告出爐，總統蔡英文：資安是國家重要戰略選擇〉，《iThome》，https://www.ithome.com.tw/news/125913（檢索日期：2020/06/06）。

「非戰爭因素」的重要性。類似美國近年來強調的「非戰爭軍事行動」（Military operations other than war, MOOTW）。[42]中國一樣相當重視此種「非戰爭軍事行動」，2016年有關「聯合撤僑-2016」：中英首次聯合撤僑室內推演中，出現「中央軍委聯合參謀部作戰局海外行動處」，隸屬於中共「中央軍委聯合參謀部作戰局」，負責全軍和武警部隊海外非戰爭軍事行動的籌劃、準備與實施。[43]

此外，丹麥哥本哈根大學軍事研究中心（Center for Militære Studier）博士後安德亞・肯・雅各布森（André Ken Jacobsson）把中國解放軍介於西方「戰爭」與「和平」概念之間的「超限戰」，稱爲「灰色地帶」（Grey Zone）策略。[44]根據國安局送交立法院之報告，有鑑於2020年大選，顯示中國爲影響臺灣民意走向，將加大操作「輿論戰、心理戰及法律戰」的力度，企圖製造官民嫌隙及中央地方矛盾，並扶持傾陸臺

---

42 依據美軍聯參準則，「非戰爭軍事行動」（MOOTW）係：「在戰爭進行過程中，運用軍事能力輔助遂行作戰行動以外之軍事任務，有利於戰爭結束。」主要在於遏止戰爭、化解衝突、促進和平或支援民間機構，目的在防制潛在敵人威脅國家安全利益。請參見：「美軍『非戰爭軍事行動』簡介」，大鵬韜略甲子園，https://blog.xuite.net/ndu4778.s8888/twblog/138557995-%E7%BE%8E%E8%BB%8D%E3%80%8C%E9%9D%9E%E6%88%B0%E7%88%AD%E8%BB%8D%E4%BA%8B%E8%A1%8C%E5%8B%95%E3%80%8D%E7%B0%A1%E4%BB%8B（檢索日期：2020/02/16）。

43 主要職能包括：「統籌海外軍事行動，協調組織國際維和、海外護航、國際救援、護僑撤僑，以及相應的中外聯演聯訓，建立與中央國家機關海外軍事行動的協調機制，參與和組織海外軍事行動領域的國際交流合作等。」請參見：「2016年3月國防部例行記者會文字實錄」、「2016年3月國防部例行記者會，時間：2016年3月31日15：00-16：15」，中華人民共和國國防部，http://www.mod.gov.cn/info/2016-03/31/content_4648220.htm（檢索日期：2020/02/16）。

44 〈丹麥專家揭中共「灰色地帶」戰略〉，《新紀元》，https://www.epoch-weekly.com/b5/631/19550.htm（檢索日期：2020/06/07）。

青和學者，藉以引導輿論走向。[45]

從非戰爭層面思考戰略問題，學者Lederman借用管理學理論大師Michael Porter觀點，將「戰略」定義爲一種獨一、有價值的態勢，牽涉一系列不同活動過程的「創造」（creation）。Lederman再引用Rotman School of Management前院長Roger Martin的三個觀念：「形勢」（position）、「選擇」（choice）：何者爲你的選擇？更重要者爲：選擇不去做？與「獨特性」（uniqueness）：何者令你具有獨特性？[46]因此，她建議先從外部工作環境著手，她舉一個自身實例說明，設定一個讓她的小孩自行準備早餐的「目標」，「戰略思考」就是如何完成一個更加自我滿足的小孩。當目標設定之後，戰略思考會提出相關程序與步驟，我們必須開始思考有何種「途徑」可以來達成「目標」的作爲。[47]

## 第三節　戰略研究與戰略理論

基本上，「戰略研究」與「戰略理論」屬於兩種不同的概念內涵，「戰略研究」係指有關「戰略」如何指導、計畫與作爲的研究過程。「戰略理論」係指有關戰略的相關理論與途徑的研究總結。不管從事「戰略研究」或「戰略理論」的思考，也必須重新思考「戰爭」本質的變化與演進，才得以清楚區隔上述兩大議題內涵。

### 一、戰爭的意涵與發展

克勞賽維茨（Clausewitz）定義「戰爭」（英文war，德文der

---

45 〈2020大選　國安局：中共將加大對臺三戰力度〉，《中央通訊社》，https://www.cna.com.tw/news/firstnews/201904220257.aspx（檢索日期：2020/06/07）。

46 “Taking the lead on strategy”, The Canadian Bar Association, accessed at: https://www.nationalmagazine.ca/en-ca/articles/the-practice/corporate-counsel/2019/taking-the-lead-on-strategy (2019/11/23).

47 *Ibid.*

Krieg）：「是一種暴力行爲，而暴力的使用是沒有限度的。……解除敵人武裝或者打垮敵人，始終是戰爭行爲的目標。」[48]是以，當「戰爭」是一種沒有限度或限制的「暴力行爲」，主要在於「屈服」敵手的「意志」，以遂行我方的「政治」目標。克勞賽維茨所強調的「沒有限度」，應該係指運用任何「戰爭工具」。從一次大戰到二次世界大戰「終戰」的角度而言，1941年日本偷襲珍珠港，逼迫美國直接參戰，經過數年太平洋地區奪島戰爭，雙方各有所獲、各有損失，華盛頓無法制止東京對外擴張的企圖心。最後，美國以投擲兩枚原子彈，重創長崎與廣島兩個地區，迫使日本毫無抗敵意志，只能無條件投降。透過毀滅性戰爭工具的運用，才能眞正澈底消滅日本軍國主義的野心，只是無辜百姓「生靈塗炭」損失慘重，付出極高代價。

此外，克勞賽維茨認爲「戰爭」出現三種相互作用，[49]首先，基於戰爭是一種沒有使用限度的暴力行爲，交戰雙方因此趨於極端的使用暴力，雙方會呈現第一種相互作用與第一種極端。第二，戰爭並非活的力量對付死的物質，而是兩種活的力量的對峙，如果一方忍受，戰爭就不會爆發；如果兩方都有意願打敗對方，形成第二種相互作用，也會趨向第二種極端。第三，敵對雙方會根據既有的抵抗力與意志力，相互進行力量的增添。當一方增強力量，另一方也會依法炮製，因此，出現一種相互競爭、走向極端發展，此爲第三種相互作用與第三種極端。如以二次大戰戰史爲例，1940年當時蘇聯曾對德國戰法進行研究，卻未能善加運用，雖然擁有數量優勢的軍隊，但無法於1941年在戰場上制止德軍。相同的，美國即使有充分時間準備戰爭，以及在軍事衝突前有足夠預警

48 克勞賽維茨原著，楊南芳等譯校，《戰爭論（上）：原理之書》（2019年全新修訂版），臺北：左岸文化，2019年，頁35。

49 同前註，頁35-36。

時間，也無法抵禦日軍初期對於太平與遠東地區的突襲。[50]

以目前國際關係主要「現實主義」（realism）學派的角度言，雙方敵對國家由於不信任，一方增加國防預算，被視爲對另一方的威脅，於是雙方陷入「安全困境」（security dilemma），不斷增加國防預算與軍事投資，雙方進行「軍備競賽」（arm races）。例如冷戰時期的美蘇兩大集團存在意識形態、核武軍備、社會制度與經濟形態的對抗，呈現三種相互作用與三種極端態勢。當時，兩國都採取極限的道路，前蘇聯發展「圓周系統」或是「殺手系統」，[51]美國將EC-135C型飛機改裝成打擊系統，一旦美國高層和地面的指揮系統遭到打擊毀滅之後，他們將自動獲得核打擊的授權。[52]

所以，克勞賽維茨認爲，戰爭最初的動機在於完成一定程度的政治目的，它是一種「尺度」，可以衡量戰爭行爲達到的目標，以及使用多

50 肯尼士・麥卡錫原著，劉廣華譯，《第二次世界大戰發生之軍事錯誤》，臺北：國防部史政編譯室，2005年，頁v。

51 基本上，前蘇聯的系統原理在於：「蘇聯幾個重要城市的輻射檢測儀會將採樣數據彙總，來確認是否遭到了核打擊，一旦發現異常，就會向蘇聯高層進行核對，詢問是否發動核反擊，在規定時間內若沒有得到回應，那麼這臺系統就會認爲蘇聯高層全部犧牲，會將發射權移交給值班人員，如果值班人員也犧牲，那麼就會自己發射核武器。」，請參見：〈美蘇兩國軍備競賽瘋狂到了什麼程度？兩國都有一顆毀滅地球的心〉，《每日頭條》，https://kknews.cc/zh-tw/military/b4m8ljn.html（檢索日期：2020/06/08）。

52 「美國改裝了數量不明的EC-135C型飛機，上面裝備有長波電臺以及整套核打擊指揮和控制系統，同時還配備了一個20人左右的參謀組。若美國高層領導和地面指揮系統遭受毀滅性攻擊，他們將自動獲得核打擊的授權。」，請參見：〈比核武器更恐怖：它掌控全球幾十億人命！〉《每日頭條》，https://kknews.cc/zh-tw/military/z3rggm3.html（檢索日期：2020/06/08）。

少力量。[53]因此，戰爭是一種「政治行爲」，也是一種「政治工具」，是「政治交往的延續，是政治交往透過另外一種手段的實現。」[54]例如，中國方面始終不願意放棄武力犯臺，主要思考在於2019年1月2日，習近平在紀念告臺灣同胞40週年紀念會上，強調：「我們不承諾放棄使用武力，保留採取一切必要措施的選項，針對的是外部勢力干涉和極少數『臺獨』分裂分子及其分裂活動，絕非針對臺灣同胞。兩岸同胞要共謀和平、共護和平、共享和平。」[55]對北京而言，對臺戰略的政治目的在於實現祖國完全統一，「戰爭」是一種「工具」的角色。2015年以來，中國人民解放軍在「積極防禦」戰略思維下，針對戰爭準備調整爲「打贏訊息化局部戰爭」之戰略方針，向外表達「維護國家領土主權即打贏戰爭決心」。[56]是以，針對中國人民解放軍犯臺模式，持續強化對臺具有針對性的武器裝備、戰備與演訓，已經有能力對臺灣聯合封鎖、聯合火力打擊，對我國防安全威脅加劇。[57]在106年《國防報告書》中，我國國防部也針對解放軍兵力發展的特色，採取「防衛固守、重層嚇阻」軍事戰略下，透過「戰力防護」、「濱海決勝」與「灘岸殲敵」，發揮創新與不對稱戰力，來嚇阻解放軍不至於輕啟戰端。

以1991年的第一次波灣戰爭爲例，主要在於伊拉克以爭奪水資源爲由，入侵並且占領科威特，美國透過聯合國安理會一致決議（中國棄

---

53 克勞賽維茨原著，楊南芳等譯校，《戰爭論（上）：原理之書》（2019年全新修訂版），臺北：左岸文化，2019年，頁39。

54 同前註，頁46。

55 〈（現場實錄）習近平：在《告臺灣同胞書》發表40週年紀念會上的講話〉，《新華社》，https://translate.google.com.tw/translate?hl=zh-TW&sl=zh-CN&u=http://www.xinhuanet.com/tw/2019-01/02/c_1210028622.htm&prev=search（檢索日期：2019/12/12）。

56 中華民國108年國防報告書編纂委員會，《中華民國108年國防報告書》，臺北：國防部，2019年，頁30。

57 同前註，頁40。

權），共同派遣多國聯合部隊，協助科威特「復國」之後，美國旋即撤軍完成「戰爭」的政治目的。2003年發生第二次波灣戰爭，同樣也由美國出兵，卻沒有獲得聯合國安理會的授權，主要在於華盛頓的政治目的在於「證明」巴格達擁有大規模毀滅性武器，或是正在發展中，無法取信於世界各國，僅僅透過英國首相透露掌握相當情資。在美英聯合出兵迅速征服伊拉克之後，並未發現任何大規模殺傷性武器證據，只好以協助戰後重建、進行民主化爲由，持續占領伊拉克，直至2014年正式撤出伊拉克。

是以，克勞賽維茨認爲「戰爭」不是一種獨立的東西，而是一種政治的工具，才能藉以理解戰爭史的過程。產生戰爭的「動機」與「條件」不盡相同，因此，戰爭也有其多樣性。[58]例如從1949年冷戰開始到1991年前蘇聯瓦解，冷戰終結期間，發生過無數次區域性衝突。1962年6月或10月至11月間，中印之間在藏南邊境的戰爭，中國稱爲中印邊界自衛反擊戰，印度稱爲「瓦弄之戰」（Battle of Walong）。[59]上述戰爭發生時期正逢古巴飛彈危機，美國與前蘇聯正式交手之際，時任中國總理周恩來曾表示，中印戰爭是要「給印度一個教訓」。[60]

1969年中國與前蘇聯發生珍寶島戰爭，當年3月2日，中國通過伏擊殺死了31名蘇聯邊防軍，主要目的是爲了阻止蘇聯入侵中國。兩週後，前蘇聯部署坦克，並用BM-21火箭轟炸中方陣地，擊斃多達1,000名中

58 克勞賽維茨原著，楊南芳等譯校，《戰爭論（上）：原理之書》（2019年全新修訂版），臺北：左岸文化，2019年，頁48。

59 〈1962年中印戰爭有何內幕？〉，《每日頭條》，https://kknews.cc/zh-tw/military/g8y5rj9.html（檢索日期：2019/12/12）。

60 1962年11月21日，在美、蘇兩國釋放和解信號後，中國立即宣布單方面停火，並聲明將把軍隊撤回至1959年實際控制線。參見：〈1962年中印戰爭有何內幕？〉，《每日頭條》，https://kknews.cc/zh-tw/military/g8y5rj9.html（檢索日期：2019/12/12）。

國士兵，[61]同時，同年8月，蘇軍在中、蘇西部邊界（中國與哈薩克斯坦邊境）的鐵列克提，對解放軍進行軍事打擊，雙方再次發生武裝衝突。[62]1979年前蘇聯入侵阿富汗，西方國家除了抵制莫斯科奧運之外，美國暗中以顧問和武器支持阿富汗民兵。1990年伊拉克毫無預警的侵占科威特，次年1991年美國透過聯合國安理會授權，組成多國聯軍打擊伊拉克。2001年9月11日，美國紐約的世界貿易中心兩座大樓被劫持的客機撞毀，損失慘重的國際恐怖主義的一連串恐怖襲擊，導致近3,000人喪生，美國確認賓拉登領導的蓋達基地伊斯蘭恐怖組織是911恐怖襲擊行動的幕後黑手，一個月之後，美國即發動全球反恐戰爭。[63]2003年美國基於伊拉克暗中進行大規模毀滅性武器的研發，執意派遣武裝部隊進行攻擊，同年3月中旬，由美軍中央司令部（CENTCOM）發起「伊拉克自由行動」（Operation Iraq Freedom, OIF），3月20日，美軍掀起第一波「斬首」（decapitation）行動，21日展開地面作戰（G Day），爆發第二次波灣戰爭。[64]

---

61 〈改變歷史的珍寶島事件〉，《紐約時報中文網》，https://cn.nytimes.com/opinion/20190304/soviet-russia-china-war/zh-hant/（檢索日期：2019/12/12）。

62 〈【禁聞】中俄為何淡化「珍寶島事件」？〉，《新唐人電視臺》，https://www.ntdtv.com/b5/2019/05/21/a102583503.html（2019/12/12）。

63 〈美國911恐怖襲擊18週年：阿富汗戰爭的來龍去脈〉，《BBC中文網》，https://www.bbc.com/zhongwen/trad/world-49628445（檢索日期：2019/12/12）。

64 施澤淵，〈從第二次波灣戰爭檢視伊拉克情報、安全組織之陷落〉，《遠景基金會季刊》，第6卷第2期，2005年4月，頁131-184。https://www.pf.org.tw/files/5414/46888376-4C9A-4F1E-8ACB-2CC170BA62CF（檢索日期：2019/12/12）。

## 二、戰爭與戰略研究關係

一般提到「戰略」就會聯想到「戰爭」、「戰鬥」與「戰役」等議題，自然也充滿許多專業、不可知的技術問題。主要在於「戰爭」涉及「毀滅」問題、生死問題，也充斥「愛國主義」、「精神力」、「戰鬥力」等。如同《孫子兵法》上所言：「兵者，國之大事，死生之地，存亡之道，不可不察也。」反而當一般人提到「策略」或是「謀略」，涉及有限「利益」的爭奪，不會觸及重大生命、財產的損失。經常被使用者，學者Gray根據其《現代戰略》（*Modern Strategy*）一書，提出以下六個關於「設計」與「撰寫」的問題：

1. 戰略的理論與實際之間如何互動？（How do the theory and practice of strategy interact?）Gray提出著名的美國核武時代的戰略學者Bernard Brodie提及：「戰略理論是一種行動的理論」（strategic theory is a theory for action）[65]如果「戰略」的本質在於「目標」的確立，透過不同「途徑」與「工具」的運用，「戰略」就不能處於「紙上談兵」，必須付諸實踐。例如美國川普（Donald Trump）改變歐巴馬（Barack Obama）總統時期的「重返亞太」，推動一個「自由、公開的印太區域」（Free and Open Indo-Pacific），2017年12月，白宮首度在《國家安全戰略》（*National Security Strategy*）報告中，清楚載明華盛頓開始推動一個從美國西海岸到印度西部海岸，跨越太平洋與印度洋的「印太願景」，並在經濟上、軍事上與區域方面的戰略安排。其後2019年6月1日，美國國防部公布《印太戰略報告》（*Indo-Pacific Strategy Report*）。最後，同年11月4日，美國國務院也提出一份「自由開放印太：促進共同願景」（*A Free and Open Indo-Pacific: Advancing a Shared Vision*），提出具體的目標在於：「自由、公平與互惠的貿易」（free,

---

65 Bernard Brodie, *War and Politics* (New York: Pearson, 1973), p. 452, quoted in Colin S. Gray, *Modern Strategy*, p. 3.

fair and reciprocal trade）、「開放的投資環境」（open investment environment）、「善治」（good governance），以及「公海自由」（freedom of the seas）等。

2. 增長中的防衛準備的複雜性與戰爭存在何種關係？（What has the growing complexity of defense preparation and war mean for strategy?）Gray認為，第二個問題在於強調二十世紀基於戰爭複雜性的擴大，使得戰略家必須同時面對和平時期與戰爭時期的防衛計畫。[66]基於二十一世紀全球化時代出現「相互依存」與「相互威脅」的複合式安全威脅，例如傳統威脅方面，區域衝突不斷，國際恐怖主義勃興，加上非傳統威脅方面的氣候變遷、溫室效應，使得和平與戰爭只是一線之間的問題，尤其是2011年北韓第三代領導人金正恩上臺以來採取「戰爭邊緣策略」，透過超過百次的飛彈試射，以及4次核武測試，都使得美國不斷威脅「以戰止戰」，使得東北亞衝突「一觸即發」。

3. 為何戰略如此困難？（Why is strategy so difficult?）Gray認為現代科技精良，許多軍事設施已經複雜專業化。更優先的戰略成效，1900年代或當代都是難以達成的。主要在於「戰略」使用武力，來達成一定的政治目標，但是，政治家與軍事家在和平時期，也無法肯定其軍事設施在戰時，是否能充分達成。

4. 既然戰略與戰爭存在許多層面，是否具有唯一「優先性」，或是一些相關層面可以帶來勝利成果？（Since strategy and war have dimensions, is it probable that superiority in only or even several such dimensions can deliver victory?）基本上，第四個問題主要在於強調「戰略」與「戰爭」的關係，透過「戰略」設定來指導戰爭的進行，但是，戰場狀況「瞬息萬變」，必須透過實際發生情勢，加以適時調整。誠如克勞賽維茨強調，「戰略就是為了達到戰爭目的而對戰鬥的運用」，而且

---

66 Colin S. Gray, *Modern Strategy*, p. 4.

「戰略理論必須研究戰鬥可能取得的結果，和運用戰鬥時具有重要作用的智力和感情力量。」[67]例如美國於2003年發動第二次波灣戰爭，首先採取「斬首戰略」（decapitation strategy），透過多次戰斧巡弋飛彈直取伊拉克總統海珊於巴格達辦公地點；其次，派遣海軍陸戰隊深入伊拉克境內，試圖摧毀最精良、配備最完整的「共和國衛隊」。不料，整體戰場情況出人意料，沒有受到頑強抵抗，而順利完成軍事行動，[68]達到華盛頓預先設定的戰略目標：震懾伊拉克有生力量，使得美國「不戰而屈」伊拉克之兵。

5. 二十世紀以來，戰略發生哪些改變，以及沒有改變之處？（What has changed for strategy in the twentieth century and what has not?）Gray認爲此一問題的提出，至少讓吾人理解二十世紀開啟相關國家力量的本質與戰爭的可能性變化問題。事實上，冷戰以來整體科技影響戰爭的層面日益加深，例如1960年代，美軍爲計算彈道，訂製世界上第一臺電子計算機——「電子數值積分計算機」（Electronic Numerical Integrator and Calculator, ENIAC），開啟「網際網路」時代與資訊化戰爭。在兩次波灣戰爭中，現代工藝做出的隱型飛機、制導炸彈、巡弋飛彈，改變傳統戰爭戰術，展示資訊化戰爭的威力。[69]其實，人所熟知的

---

67 克勞賽維茨原著，楊南芳等譯校，《戰爭論（上）：原理之書》（2019年全新修訂版），臺北：左岸文化，2019年，頁147。

68 當時伊拉克總統海珊擁有十萬「共和國衛隊」及二萬餘名「特別共和國衛隊」，作戰初期，「海珊敢死隊」及部分共和國衛隊在南部及巴格達確有激烈的抵抗外，作戰全期沒有堅強的反擊行動。參見：施澤淵，〈從第二次波灣戰爭檢視伊拉克情報、安全組織之陷落〉，《遠景基金會季刊》，第6卷第2期，2005年4月，頁131-184。https://www.pf.org.tw/files/5414/46888376-4C9A-4F1E-8ACB-2CC170BA62CF（檢索日期：2019/12/12）。

69 〈從歷史看科技與戰爭〉，《每日頭條》，https://kknews.cc/zh-tw/history/bav9oe9.html（檢索日期：2019/12/12）。

網際網路（Internet）和衛星定位系統（GPS）的發源地、橫跨美國的自駕車競賽，乃至於人工智慧的重大進展，都可以回溯到DARPA數十年前的前瞻研究。[70]易言之，如同美國學者福山（Francis Fukuyama）提出二十世紀的經驗顯示，科學與技術是進步的基礎。如果沒有鋼鐵、內燃機或飛機等工業革命的基本發展，二十世紀的總體戰無法實現。[71]

6. 二十世紀以來的戰略經驗是否可以預告二十一世紀的可能發展？（What does the strategic experience of the twentieth century tell us about what is probably to come in the twenty-first century?）[72]基本上，「他山之石、可以攻錯」、「前事不忘、後事之師」，過往的經驗一定可以提供來者參考，但是，基於科技快速進展，很多都是新興議題，例如「電腦」於1950年出現，2000年開始全球化快速發展，人類進入「大數據」（big data）。

根據Stephen J. Cimbala編輯的《國家戰略》（*National Security Strategy*）一書中，提出「戰略」（strategy）是一種「決策」的整體過程作爲，具有以下五種「特徵」：[73]

1. 戰略是一種有意圖性地思考，屬於一種長期性有計畫的，藉以完成某些既定目標的思考。例如2013年以來，中國爲了國內經濟發展與國外市場需求，提出「一帶一路」倡議。2017年召開一帶一路國際合作論壇（Belt and Road Forum），雖然沒有使用「戰略」一詞，事實上，爲了避免其他國家的疑慮，屬於北京長期性有意圖的計畫作爲，並強調

---

70 洪士灝，〈重新認識戰爭與科研：《軍事科技幻想工程》(1)〉，《風傳媒》，https://www.storm.mg/article/1057766（檢索日期：2019/12/12）。

71 法蘭西斯·福山原著，李永熾譯，《歷史之終結與最後一人》（*The End of history and the last Man*），臺北：時報出版，1993年，頁7。

72 Colin S. Gray, *Modern Strategy*, p. 3-11.

73 Stephen J. Cimbala edited, *National Security Strategy - Choices and Limits* (New York: Praeger Publishers, 1984), p. 1-3.

「共商、共建、共享與願景」的基本原則。[74]

2. 針對國家所處環境與其他國家行爲體的考量與作爲，戰略是一種可操作的行動。事實上，針對中國推動的國際發展大戰略：「一帶一路」，在美國總統川普於2017年1月上臺之後，透過《國家安全戰略》報告，點出「中國」爲美國長期性戰略競爭對手，並提出未來華盛頓要建構一個「自由、公開的印太區域」（Free and Open Indo-Pacific），後續美國國防部[75]與國務院[76]也陸續提出相關印太戰略倡議。

3. 戰略抉擇是一種系統性思維，而非僅是一種有組織的行動；它是一種有系統的政策作爲，表達當下的決策行爲，會直接牽動明日的國際困境發展。例如中國每五年一次的經濟計畫，就是一種針對未來五年國家經濟發展的預先規劃，[77]同時，依照中國官方解釋，此「『十三五』規劃提出創新、協調、綠色、開放、共享五大核心發展理

---

74 〈共建「一帶一路」倡議：進展、貢獻與展望——推進「一帶一路」建設工作領導小組辦公室，2019年〉，《中國共產黨新聞網》，http://cpc.people.com.cn/BIG5/n1/2019/0423/c419242-31043846.html（檢索日期：2020/02/16）。

75 The Department of Defense, “Indo-Pacific Strategy Report: Preparedness, Partnerships, and Promoting a Networked Region, June 1, 2019” accessed at: https://media.defense.gov/2019/Jul/01/2002152311/-1/-1/1/DEPARTMENT-OF-DEFENSE-INDO-PACIFIC-STRATEGY-REPORT-2019.PDF (2020/02/15).

76 State of Department, “A Free and Open Indo-Pacific: Advancing a Shared Vision”, accessed at: https://www.state.gov/wp-content/uploads/2019/11/Free-and-Open-Indo-Pacific-4Nov2019.pdf (2020/02/15).

77 2016年3月5日至16日在北京召開中國全國人大第十二屆第四次會議，中國國家主席習近平首度公布《國民經濟和社會發展第十三個五年（2016-2020年）規劃綱要草案》，進行審查和批准所謂「十三五」規劃綱要草案，端出治國理政新綱領。參見：〈中國大陸公布『十三五』規劃綱要草案之觀察：（一）戰略性產業發展〉，《科技產業資訊室》，https://iknow.stpi.narl.org.tw/post/Read.aspx?PostID=12210（檢索日期：2020/02/15）。

念，既是中國發展道路上的行動指南，又為解決世界各國面臨的共同問題，提供中國版本的答案，對於其他國家頗具啟發意義。」[78]

4. 戰略抉擇存在一種辯證性意涵，他假裝一個存在的「敵人」，或是虛擬一個「對手」，並且思考如何因應之。任何國家制定國家安全戰略之際，都必須要確認威脅來源，才能根據此一威脅「律定」各項防範途徑與資源配置。1999年北約組織介入科索沃衝突，並支持科索沃脫離塞爾維亞獨立建國，中國學者倪樂雄認為，「美國和西方國家的選擇建立在兩種無法擺脫的心理上，對潛在強國的恐懼和不可知的未來戰爭準備。」[79]同樣的，美國學者布里辛斯基（Zbigniew Brzezinski）認為，美國的國家安全在二十一世紀面臨兩難困境，如同在大都會長期打擊的犯罪問題，致命的暴力科技有可能突然失控與大幅增加，華盛頓難以察覺與辨識，並因應此種類似情況的能力。[80]是以，另一位學者喬飛（Josef Joffee）提出美國從「霸權國家」的角度，依舊是最有能力在全球體系發揮號令，包括：可以指揮一支有用的，而非僅僅用於嚇阻的能力，並且發揮影響力與利益擴及全球區域，戰略、外交與經濟上超越其他競爭對手，最後則是霸權國家具有正面推動，而非只有負面的破壞力量。[81]

5. 戰略抉擇是一種政治性行動，因為它涵蓋更高價值的優先秩序

---

78 〈中國「十三五」規劃的世界意義〉，《中國共產黨新聞網》，http://theory.people.com.cn/BIG5/n1/2016/0513/c376186-28347606.html（檢索日期：2020/02/15）。

79 倪樂雄，《尋找敵人：戰爭文化與國際軍事問題透視》，北京：經濟管理出版社，2002年，頁22。

80 布里辛斯基原著，郭希誠譯，《美國的抉擇》（*The Choice: Global Domination or Global Leadership*），臺北：左岸文化，2004年，頁34。

81 約瑟夫・喬飛原著，蔡東杰譯，《美國的帝國誘惑》（*Uberpower: The Imperial Temptation of America*），臺北：博雅書屋，2007年，頁34。

問題，包括各種安全、福祉、人權及其他抽象與具體的渴望事物，一方面政治價值是國家的基本需求，也是一個國家可以分配的事務。2001年美國爆發「911國際恐怖主義攻擊」，之後，美國通過《愛國者法案》，成立「國土安全部」（Department of Homeland Security），整體安全維護對象在於打擊國際恐怖主義勢力與組織，並開始強化國土安全議題。

鈕先鍾認為，戰略研究的基本目的與理由在於以下四種：求知、改進政策、創造權力與引導歷史。[82]在改進政策方面，鈕先鍾提出戰略家可以替國家、社會創造以下七種貢獻：革新政策、解決問題、提高工作效率、為官吏辯護、深謀遠慮、善意批評與學人風範。[83]

## 第四節　戰略研究、安全研究與國際戰略

「戰略」傳統定義牽涉「戰爭」的研究，「戰略研究」與「戰略理論」又有其差異，同時「戰爭研究」與「安全研究」又是兩個不同學科的議題。

首先本節分析「戰爭」的意義，戰爭與戰略的關係，在進行戰爭研究、戰略研究與安全研究的差異所在。

「戰略」（strategy）與「戰略研究」（strategic studies）是兩者不同的概念，「戰略」涉及目標、途徑與工具的交互運用，「戰略研究」是一種社會科學研究中，國際關係理論之下的「安全研究」（security studies）的姊妹研究領域。Buzan分析安全研究在面對全球化浪潮下，呈現「深化」與「廣化」，從傳統安全走向非傳統安全的層面。

---

82 鈕先鍾，《戰略研究入門》，臺北：麥田出版，1998年，頁310。

83 同前註，頁315-317。

## 「安全研究」與「國際戰略」

「安全研究」與「國家安全研究」牽涉到何謂「安全」（security）、何謂「安全政策」與「國家安全政策」的分野。Peter Mangold提出「安全政策」如同「保險」（insurance）概念一樣，正如一個住宅所有者爲了捍衛其生命與財產，決定付出一定代價，如同國家一樣，爲了減輕戰爭與威脅的風險，也必須事先因應周全之道。[84]

在國際關係與戰略研究學術研究中，「安全」（security）與「戰略」（strategy）經常會被同時應用，結合爲一個專有名詞：「安全戰略」（security strategy），例如美國白宮每一年定期出版《國家安全戰略》（*National Security Strategy*）報告，臺灣於2006年也曾經出版《2006國家安全報告》，2008年加以修訂出版《國家安全報告》（修訂版），卻沒有使用「戰略」此一名詞，主要在於避免大眾將此報告解讀爲軍事性質，基於此一報告屬於一種強化國家安全的基礎工作，也是鞏固與深化臺灣民主憲政的制度典範。[85]2008年政黨第二次輪替，繼任的國民黨執政到2016年，卻沒有延續公開任何《國家安全報告》。2011年5月12日，馬英九與美國「戰略暨國際研究中心」（CSIS）」進行視訊會議，以「打造中華民國的國家安全」爲題發表演說，運用兩岸和解的制度化、增加臺灣在國際發展上的貢獻，以及結合國防與外交等「三道防線」，來強化中華民國的國家安全，並確保未來的長治久安。[86]

事實上，「安全」屬於一種複雜、多元與複合的概念，經常伴隨著「威脅」（threat）與「危險」（danger）的狀態。俗話說：「最危險的

---

84 Peter Mangold, *National Security and International Relations* (London and New York: Routledge, 1990), p. 15.

85 國家安全會議編，《國家安全報告》，臺北：國安會，2006年，序言，頁iii。

86 隨杜卿，〈認同中華民國憲法建構的國家安全戰略〉，《國政評論》，國政基金會，https://www.npf.org.tw/1/9279（檢索日期：2020/02/16）。

地方，就是最安全的地方！」[87]世界上並不存在「絕對安全」（absolute security），只有「相對安全」（relative security），因爲，人類無法完全掌控影響安全的所有「變數」（factor），誠如英國學者Barry Buzan認爲，「安全」的意涵包括「客觀的安全」（objective security）：「免於危險的被保護狀態」（being protected from danger）、「個人認知的信任」（confidence in one's knowledge）：「免於懷疑的情勢」（being free from doubt）。[88]

是以，「安全」也可以從心理層面來加以解讀，具有主觀性質的判斷。例如對於一個特技賽車手而言，在高速競技中，急速過彎轉道，如同好萊塢電影《玩命關頭》（*The Fast and The Furious*）裡面描述的一群賽車手的故事。[89]從非專業角度言，他們所從事的工作具有高度風險性，對於他們而言，或許是平時努力練習的結果。所以，安全研究也出現所謂「共同安全」（common security），此一概念並非新的事物，也是一種難以「定義」與「模糊」的概念。在相對敵手之間，引發劇烈改變團隊之間的興趣，同樣的，亦可以在對手集團間保持一種戰略性的「維持現狀」（Common security, while in certain respects still an ill-defined and ambiguous term, had an immediate attraction for supporters of radical change as well as the more pragmatic proponents of a strategic modus

---

87 此段話的原始出處據說源於：「《三少爺的劍》是著名武俠小說家古龍的晚期作品中最成功的幾部之一，該書以劍神謝曉峰的內心掙扎爲主線索，記敘一場淒厲的江湖故事，後改編成電影及電視劇。」參見：「『最危險的地方就是最安全的地方』這句話是哪個人說的？」，百度知識，https://zhidao.baidu.com/question/557297156.html（檢索日期：2020/02/15）。

88 Barry Buzan, *People, States and Fear: An Agenda for International Security Studies in the Post-Cold War Era* (2nd) (New York, London etc.: Harvester Wheatsheaf, 1991), p. 36.

89 《玩命關頭》，維基百科，https://zh.wikipedia.org/wiki/%E7%8E%A9%E5%91%BD%E9%97%9C%E9%A0%AD（檢索日期：2020/02/15）。

vivendi between rival blocs）[90]。

基本上，一般區分為「傳統安全」（traditional security），係經由軍事戰爭所引發的安全威脅，例如阿富汗戰爭、敘利亞內戰等，[91]以及「非傳統安全」（non-traditional security），係非因軍事性質引發的衝突，例如2008年紐約華爾街金融風暴，引發全球經濟安全。不過，2011年日本福島地區爆發的地震、海嘯所引發的核電廠核心融合的三合一複合性災害，又超過非傳統安全威脅的層面。2019年12月在中國湖北省武漢地區爆發新型冠狀病毒引發的不明肺炎（簡稱：武漢肺炎），正值中國春運期間，發生疾病大爆發現象，隔年1月23日，武漢進行封閉式管理（封城），事實上，在「封城」前夕已經約有500萬人離開武漢，間接造成後續全球性的疾病擴散。2020年2月14日，中國國家主席習近平召開深化改革委員會特別強調：「這次抗擊新冠肺炎疫情，是對國家治理體系和治理能力的一次大考」，顯示出此一「疫情」已經超越傳統安全，涵蓋非傳統安全的範疇。[92]是以提出：「要從保護人民健康、保障國家安全、維護國家長治久安的高度，把生物安全納入國家安全體系，系統規劃國家生物安全風險防控和治理體系建設，全面提高國家生物安全治理能力。」[93]

---

90 Peter Mangold, *National Security and International Relations* (London and New York: Routledge, 1990), p. 70.

91 事實上，敘利亞內戰已邁入第九個年頭，獨裁總統阿塞德在政府軍與盟友支持下，2020年2月，重新奪下國內最重要的「M5高速公路」，反抗軍被困於西北部一省，衝突恐將引發新一波數百萬人的難民潮。參見：〈敘利亞內戰第九年，阿塞德勝券在握：政府軍奪回戰略命脈「M5公路」〉，《風傳媒》，https://www.storm.mg/article/2293412（檢索日期：2020/02/15）。

92 〈習近平：把生物安全納入國家安全體系〉，《中國新聞評論網》，http://hk.crntt.com/doc/1056/8/9/3/105689306.html?coluid=7&kindid=0&docid=105689306&mdate=0214212250（檢索日期：2020/02/15）。

93 〈習近平：把生物安全納入國家安全體系〉，《中國新聞評論網》，http://

基本上，「安全研究」（security studies）與「戰略研究」（strategic studies）[94]從國際關係史角度而言，兩者有其「異曲同工」之處，也存在研究重點不同之處。「安全研究」從研究的層面，亦可以區分爲「國家安全」（national security）、「區域安全」（regional security）與「國際安全」（international security）。Buzan認爲，「國家安全」就是一個「國家」有能力維持其獨立身分與健全的功能。[95]此時，國家爲一個「行爲體」（actor），屬於一個複合性概念，爲了國家的持續「存在」與「發展」，國家必須追求一定的「國家利益」（national interest），一般包括：領土完整、主權獨立、經濟財富與集體自尊。依照Buzan的觀點，國家要有「能力」（capability），意謂著以自身的軍事力量與經濟能力來捍衛其國家利益，並且參與國際社會事務，透過國際貢獻度，來獲得更多知名度與肯定度。

「戰略研究」則是二戰之後，美國與蘇聯相繼發展核子武器，並基於意識形態與經濟制度不同，造成兩個全球集團之間的抗爭，也因爲雙方都擁有核子武器，造成相互毀滅的情境。在上述情境下，「戰略研究」就從「安全研究」的範疇中被抽離出來。鈕先鍾認爲，在全球進入核子時代之後，「戰略研究」興起了四種因素：首先，核子時代在戰略領域方面開啟許多新的問題，範圍與性質比過去更加複雜化；其次，想要解決問題，必須要有新的人才，而文人戰略家提出更多有別於傳統軍事戰略家的觀點；第三，新的戰略人員的加入，提出新的理念進入戰略

---

hk.crntt.com/doc/1056/8/9/3/105689306.html?coluid=7&kindid=0&docid=105689306&mdate=0214212250（檢索日期：2020/02/15）。

94 “Security studies versus strategic studies: a history – part 1”, The Murphy Raid: Thoughts on security, terrorism and human rights, with a focus on Australia. Authored by Andrew Zammit, accessed at: https://andrewzammit.org/2016/04/25/security-studies-versus-strategic-studies-a-history-part-1/ (2020/02/15).

95 Barry Buzan, *People, States and Fear*, op. cit., p. 116-134.

研究，運用新的方法與工具來研究與解決問題；最後，在上述三種趨勢下，「戰略研究」走向集體化趨勢，需要更多方面的人才，也帶來組織問題，走向學界、政府與民間智庫共同合作需求。[96]換言之，一般學科的分類，除了自然科學與社會科學之分類外，在社會科學以下，「政治學」是一門相當重要的學科，涉及權力與利益等價值的分配。在政治學門下，又可區分爲政治制度、公共政策與國際關係等次級學門。是以，在國際關係學門下的「安全研究」及核子武器出現之後，基於大規模毀滅性的恐懼心理，如何運用傳統與非傳統手段與工具，與對手相互「嚇阻」、「溝通」與「談判」，就成爲「戰略研究」主要課題。

## 第五節　小結：運用戰略為途徑

在本章前述各節中，提出相關戰略意涵、戰略研究與戰略理論、國際戰略與安全研究的相關課題，提供吾人理解「戰略」是一個屬於「文武兼備」的「概念」與「實踐」過程。「戰略」是一種基於特定「目標」，進行設計的實踐過程，包括透過何種「途徑」與「工具」的整合運用。

同時，從古至今「戰爭」持續不斷，透過「科技」發展不同，呈現不同戰場狀態。尤其是二次大戰末期，美國投擲兩枚原子彈於日本的長崎與廣島，從而迫使日本宣布無條件投降，達到終止戰爭的政治目標。是以，克勞賽維茨整合戰爭的概念在於，戰爭並非是獨立的東西，應該是政治的工具，才能眞正理解戰爭史；其次，觸動戰爭的動機和發生的條件不一樣，呈現不同的戰爭面貌。[97]

其次，「戰略」既是一種「思考」方式，也是一種行動的「指

---

96 鈕先鍾，《戰略研究入門》，臺北：麥田出版，1998年，頁49-50。

97 克勞賽維茨原著，楊南芳等譯校，《戰爭論（上）：原理之書》（2019年全新修訂版），臺北：左岸文化，2019年，頁48。

導」原則，在戰場上，再多成功的「戰術」或是「戰場」成功，都無法彌補一次的「戰略」錯誤。例如1941年日本決定從事「偷襲珍珠港」一役，雖然初期戰爭結果重創美國海軍主力艦艇，也激發起華盛頓決定透過《租借法案》協助同盟國作戰，直接參戰，使得日本一方面無法抽調深陷於中國大陸地區的龐大地面部隊，而其南下海洋發展區域，又開始受到美國的挑戰。同樣地，二次大戰期間，德國如果專注於歐陸戰場，席捲中、西歐國家之後，專心北伐俄羅斯，而不要西進推動「海獅計畫」，[98]企圖渡海進攻英倫三島，隨著1941年6月22日德軍進攻蘇聯的開始，德國空軍主力轉往蘇聯戰場，對英國的戰略空襲也終於停止。

當然，在審度「戰略」之餘，也必須理解天下大勢所趨，類似諸葛亮在劉備茅廬三顧盛情難卻下，提出有名的「隆中對」，[99]協助劉備先取得根據地，形成三分天下態勢，才能夠徐圖發展。2020年5月20日，美國白宮公布《美國對中華人民共和國的戰略方針》（*United States Strategic Approach to The People's Republic of China*），[100]根據此份戰略報告，承認過去幾十年的對中接觸政策已經失敗，華盛頓決定改變對中國的「策略」，採取「公開施壓」的方法，「目標」在於遏制中國在經

---

98 基本上，「海獅作戰的主要目的是保證在英國本土的登陸，並且藉助裝甲集團的優勢繼續複製法國的勝利方式，但是所有的陸軍和海軍將領都認爲，原本狹窄的英吉利海峽將成爲德國登陸艦隊的葬身之地，究其原因，無非是德國的海軍部隊難以對付強大的英國海軍。」〈永遠不可能實現的「海獅作戰」——自大而又神經質的希特勒〉，《每日頭條》，https://kknews.cc/zh-tw/history/2aaglkg.html（檢索日期：2020/06/08）。

99 「隆中對」，讀古詩詞網，https://fanti.dugushici.com/ancient_proses/70545（檢索日期：2020/06/08）。

100 〈白宮戰略報告：對華接觸政策失敗，全面遏制中國擴張〉，《美國之音》，https://www.voacantonese.com/a/white-house-criticizes-china-economic-policies-human-rights-violations-20200521-ry/5430337.html（檢索日期：2020/06/04）。

濟、軍事、政治等多領域的擴張。此外，美國華盛頓也成立相當多國家安全戰略智庫，例如坐落於美國首都華盛頓著名的「國際與戰略研究中心」（Center for International and Strategic Studies, CSIS），近幾年來在臺灣政界與學界心目中被視爲相當關鍵的研究單位。臺灣歷屆總統大選期間，各政黨總統候選人都會抽空至華盛頓參訪，並且在「國際與戰略研究中心」舉辦研討會或是專題演講，一方面顯示出該候選人的國際觀，再者也可以讓美國理解未來臺灣領導人的美國與兩岸政策。

事實上，目前關於臺灣的國家安全戰略爲何？還是一個爭議性的話題。從1992年開始，國防部出版第一本《國防報告書》，迄今2019年總共出版了15本國防報告書。在參與諮商討論過程中，民間文人學者與專家都會有一個共通的問題：如果缺乏一個清楚的、上位的指導原則，如何能夠確立「國防戰略」與「國防政策」的發展方向？類似美國總統每一年都會提出當年的《國家安全戰略》（*National Security Strategy*）報告，其下各層級會依序提出相應的戰略與政策。例如根據年度《國家安全戰略》報告，美國國防部提出《國防戰略》（*National Defense Strategy*）報告、《國家軍事戰略》（*National Military Strategy*）報告、《核武態勢評估報告》（*Nuclear Posture Review*），以及其他的區域戰略報告，例如2019年6月1日，國防部公布《印太戰略報告》（*Indo-Pacific Strategy Report*），11月4日，國務院提出《自由開放印太：促進共同願景》（*A Free and Open Indo-Pacific: Advancing a Shared Vision*）。[101]

我國則是在2006年由國家安全會議出版了第一本《國家安全報告》，開創臺灣首次系統性的探討我國所面臨的安全威脅與環境，從而提出臺灣在國防、外交與兩岸關係方面應興應革之道。其後，基於整體

---

101 *A Free and Open Indo-Pacific: Advancing a Shared Vision*, accessed at: https://www.state.gov/wp-content/uploads/2019/11/Free-and-Open-Indo-Pacific-4Nov2019.pdf (2020/06/08).

國家安全情勢的變化，於2008年提出「修訂本」，補充與增加一些新的變化情勢與政府作爲。[102]2008年5月20日，臺灣第二次政黨輪替，由國民黨再度重新執政，在「三不原則」：「不統、不獨、不武」與「維持現狀」下，之後8年兩任時期，馬英九總統也沒有「蕭規曹隨」，修改以往陳水扁總統時期的「改變現狀」戰略，改採「和中、親美、友日」的優先國際戰略選項。2016年民進黨再度執政，在「維持現狀」，並基於《中華民國憲法》與《兩岸人民關係條例》，反對「九二共識」與「一國兩制」立場，調整國際戰略主軸爲「親美、友日、和中」的優先順序。

在民間學術方面，也開始重視戰略與國際事務結合的教育人才培養。早於1982年，在淡江大學創辦人張建邦博士、前國防大學校長蔣緯國將軍、簡立教授等人倡議下，基於軍中戰略教育的成長有其極限性，透過民間自由活潑學風激勵，能夠開創多元思考的高階戰略教育，從而鼓吹成立臺灣成立第一個民間性質的「淡江大學戰略研究所」。當時整體社會環境相對保守，黨外力量勃興，戒嚴體制依舊。是以，當時主管的教育部認爲，民間私立高等教育學府如何有能力建立此一傳統屬於軍事領域的深造學科，反對淡江大學設立攸關國防軍事戰略的深造研究學程。因此，在張創辦人建邦博士及其他社會碩彥協助之下，巧妙地使用「國際事務與策略研究所」，始獲准成立，並於1982年開始招生。經過一年之後，再申請改名成爲「國際事務與戰略研究所」。目前淡江國際事務與戰略研究所開設「碩士班」、「在職專班」與「博士班」，並且招收「預研生」，成立「外交與國家安全學分學程班」，開設「全民國防教育師資專班」，已經培養超過1,000名碩、博士生。整體課程設計安排在於整合「國際事務」與「戰略」兩大專業領域，亦即理解全球「國際事務」的發展歷程，運用「戰略」思維，提出有效因應的政策與

---

102 國家安全會議編，《國家安全報告》，臺北：國安會，2008年。

實踐參考。

其實，早於2000年臺灣第一次發生政黨輪替，面臨新型內外戰略情勢，教育部鼓勵成立相關戰略性質的研究機構，也開展更多臺灣民間戰略學術研究風潮。2008年臺灣師範大學籌設成立戰略研究所，後來改名爲「全球研究所」，其後國防大學成立「戰略與國際事務研究所」，中部嘉義地區中正大學成立「戰略與國際事務研究所」，以及嘉義大學成立「國防政策研究所」，讓臺灣整體戰略社群在高等教育方面蓬勃發展。而在民間方面，從2004年以來，臺灣的戰略研究社群（strategic studies community）也開始進入一個「集會結社」的時期，除了傳統「中華戰略學會」、「中華軍史學會」之外，陸續成立「臺灣戰略研究學會」、「臺灣戰略模擬學會」、「臺灣國際研究學會」、「臺灣戰略前瞻研究學會」、「臺灣國際戰略學會」、「中華戰略與兵棋協會」、「中華戰略前瞻學會」等，顯示出臺灣戰略研究已經從理論性質，達到如何能夠透過政策，提供國家安全戰略的施政建議作爲。

因此，在臺灣所謂「戰略研究」的「學術化」與「智庫化」方興未艾，如何透過文人戰略學家的努力，有必要持續推廣「戰略理論」與「戰略研究」的普遍性，使得臺灣戰略研究形成一種特色，既能夠理解「國際事務」的發展，又能夠運用「戰略」研究途徑的特色，就成爲本書第二章的後續研究內涵。

# 第二章

# 國際事務、國際政治與國際關係理論

國際事務發展有其一定「軌跡」，透過觀察國際政治發展「經驗」，經由國際關係理論多元分析視野，從而充分洞悉事由與其後續走向。

基本上，「國際事務」（international affairs）、「國際政治」（international politics）與「國際關係」（international relations）三者具有不同的學術意涵與實際內容。當我們討論「國際事務」，係指不同於「國內事務」（internal affairs）或是所謂「內政」問題與「外交」問題相對事務。至於，國際關係隸屬於政治學門以下的跨國事務議題，涵蓋範圍廣泛，包括國際政治、國際經濟、國際組織等。是以，本章的「問題意識」在於，如何思考定義「國際事務」（international affairs）？「國際事務」與「國際關係理論」（international relations theories）、「國際政治」（international politics）三者之間的關係如何區隔？首先，在前言部分，概況性分析在全球化下，「國際事務」對於國家發展的重要關聯性；次者，「國際事務」與「國際政治」互動關係，以及國際事務與國際關係理論運用；在本章小結中，提出理解國際事務爲目的在於爭取國家最大安全利益。

## 第一節　前言

「國際事務」（international affairs）顧名思義係指超越國家範圍以外的事務，不同於「國內事務」（internal affairs）或是「內政」，是每一個國家自身「主權」與「治權」所及之處。如同古語有云：「各人自掃門前雪，莫管他人瓦上霜」，[1]也如同古書《大學》第四講強調之

1 「莫管他人瓦上霜」，原來是出自曲阜的一個民間故事，《每日頭條》，https://kknews.cc/zh-tw/culture/28xvqar.html（檢索日期：2020/06/17）。

「身修而後家齊，家齊而後國治，國治而後天下平。」[2]顯示出當代民族國家的基本要素在於土地、主權、政府與人民，在其各自範圍內治理，不受任何其他國家的限制與干涉。

不過，從國際社會的現實例證，出現許多國家地區被外來力量干涉內政，有的是國家與國家之間，有的是國際組織針對某一國內政事務的外來干涉。例如1999年在南歐塞爾維亞境內科索沃自治區，[3]爆發「種族淨化」危機，[4]以美國爲首的北大西洋公約組織（North Atlantic Treaty Organization, NATO），在1998年9月警告塞爾維亞總統米洛塞維奇（Slobodan Milošević），停止迫害科索沃阿爾巴尼亞人的行爲，否則面臨北約砲彈轟炸。隔年1999年經過78天空襲與轟炸，在俄羅斯調停下，由聯合國託管科索沃，並於2008年2月17日下午3：00在科索沃議會宣讀《獨立宣言》，議會於3：49無異議表決通過獨立建國。[5]不過，當時北約組織高舉「人權高於主權」的「人道干預」也被俄羅斯等國批判，學者蔡育岱認爲：「只要是未確實受到聯合國安理會的授權，所有國際社會對於國家所行之人道干預行動，皆陷入法律程序的正當性與違法的疑

---

2 「大學第四講：修身、齊家、治國、平天下」，《每日頭條》，https://kknews.cc/zh-tw/news/levbyb.html（檢索日期：2020/06/17）。

3 科索沃位在塞爾維亞（Serbia）的最南方，緊鄰阿爾巴尼亞（Albania）與馬其頓（Macedonia）。「科索沃人口約180萬左右，超過90%以上爲阿爾巴尼亞族，大部分信奉伊斯蘭教，政治上親阿爾巴尼亞；另有5%人口爲塞爾維亞族，大部分信仰東正教，政治上親塞爾維亞。」請參見：〈北約軍事介入20週年，科索沃塞爾維亞爭議如何解決？〉，《CUP》，https://www.cup.com.hk/2019/03/28/kosovo-20-years-after-nato-intervention/（檢索日期：2020/06/17）。

4 「這些國際上尷尬的『臺灣們』：科索沃──只花了53分鐘完成『漫長』獨立之路」，https://www.thenewslens.com/feature/independencereferendum/75072（檢索日期：2020/06/17）。

5 同前註。

義。」[6]

另外，2003年第二次波灣戰爭，美國以巴格達擁有發展核子武器的疑慮，並強調海珊總統不配合「國際原子能總署」（International Atom and Energy Agency, IAEA）專家現地核查，聯合英國共同出兵，也被以德、法爲首的歐洲聯盟會員批判，認爲未經聯合國安理會決議通過，[7] 換言之，美國基於「911反恐戰略」的延續，消滅伊拉克海珊政權爲其既定戰略目標，也顧不得是否獲得聯合國安理會授權行動。[8]上述兩個不同的「國際干預」（international intervention）行動，涉及人道問題，也涉及是否違反《國際法》與干涉他國內政議題，都與國際社會的「本體論」、「認識論」與「方法論」三者相關聯。

首先，從國際關係理論的角度而言，一個普遍被肯定的「命題」是，基於國際社會本質爲「無政府狀態」，沒有一個超越各國的太上國家主權，自然在《國際法》上有「不干涉內政」原則。雖然目前存在「大英國協」（Commonwealth of Nations），[9]他不是一個共和國，也

---

6 蔡育岱，〈聯合國與國際社會人道干預的標準？〉，《新世紀智庫論壇》，第60期，2012年12月30日，http://www.taiwanncf.org.tw/ttforum/60/60-04.pdf（檢索日期：2020/06/17）。

7 王順文，〈德國參與國際軍事行動之考量原則：以拒絕參與伊拉克行動爲例〉，《全球政治評論》，第43期，2013年7月，http://ir.lib.nchu.edu.tw/bitstream/11455/80526/1/151208-8.pdf（檢索日期：2020/06/17）。

8 王榮川，「第二次波灣戰爭中美國政治戰略分析」，《復興崗學報》，https://www.fhk.ndu.edu.tw/site/main/upload/6862ac282432fc1fde400aa74f317621/journal/80-13.pdf（檢索日期：2020/06/17）。

9 目前「大英國協」的成員遍布五大洲，總共有53個會員國家，包括世界上最富有、領土最大及最貧窮、領土最狹小的國家（有31個國家是小國）。每隔2年，成員國就會舉辦大英國協政府首長會議，共同討論有關國協及世界大事。每隔4年舉辦大英國協運動會（The Commonwealth Games），請參見：〈澳洲跟加拿大的元首是英國女皇？「大英國協」大解碼〉，每日一冷，https://dailycold.tw/11803/%E5%A4%A7%E8%8B%B1%E5%9C%

沒有中央政府。英國女王是大英國協的名義元首，其下不設權力機構，英國和各成員國互派高級專員，代表大使級外交關係。[10]1945年二次大戰結束之後，由美國、英國、法國、俄羅斯與中華民國等五強倡議成立的「聯合國」（United Nations）[11]，乃是基於「集體安全」（collective security）理念下的組合，最高權力機構在於每一年舉行的「聯合國大會」，但是，主要決策機構在於五個常任理事國與十個非常任理事國組成的「安全理事會」（Security Council）。根據聯合國1965年12月21日通過之《關於各國內政不容干涉及其獨立與主權之保護宣言》，特別點出「鑑於充分遵守一國不干涉另一國內政外交之原則，爲實現聯合國宗旨與原則所必需。」[12]

2019年9月26日，美國總統川普（Donald J. Trump）在聯合國安理會上發表演說，指出美國政府發現中國嘗試干預國會期中選舉，並強調

---

8B%E5%8D%94%E5%A4%A7%E8%A7%A3%E7%A2%BC/（檢索日期：2020/06/17）。

10 〈大英國協包括哪些國家〉，《每日頭條》，https://kknews.cc/zh-tw/world/vjrvgy.html（檢索日期：2020/06/17）。

11 「聯合國工作遍及全球各個角落，雖然聯合國最著名的任務是維持和平、建構和平、預防衝突及人道救援，但聯合國及其體系（專門機構、基金及計畫）還透過其他許多方式，影響全球人類的生活，包括永續發展、難民保護、救災、反恐、裁軍、促進人權、推動經濟暨社會發展及國際衛生等。」，請參見：「參與國際組織」簡介，中華民國外交部，https://www.mofa.gov.tw/igo/cp.aspx?n=5A7290C85CBCD419（檢索日期：2020/06/17）。

12 其中第一條指出：「一、任何國家，不論爲任何理由，均無權直接或間接干涉其他國家之內政、外交，故武裝干涉及其他任何方式之干預或對於一國人格及其政治、經濟及文化事宜之威脅企圖，均在譴責之列。」請參見：《關於各國內政不容干涉及其獨立與主權之保護宣言》，聯合國公約與宣言檢索系統，https://translate.google.com.tw/translate?hl=zh-TW&sl=zh-CN&u=http://www.un.org/zh/documents/treaty/files/A-RES-2131(XX).shtml&prev=search（檢索日期：2019/10/24）。

北京政府的作法是「衝著自己的政府而來」，美國在與中國的貿易糾紛上，「在每個層面上都正在取得勝利」，強調不希望中國「影響或干擾」這場選舉。[13]中國外長王毅反駁，「中國歷來堅持不干涉內政原則，這是中國的外交傳統，也得到國際社會的普遍讚譽。」[14]事實上，中國外交的重要基本原則，除了「獨立自主」之外，其中最重要者爲「和平共處原則」。[15]不過，基於中國透過創造性、積極參與國際社會以來，例如中國學者王逸舟強調：「一是在國際事務中打造更多的平臺、槓桿以創造性介入；二是爲此奠定良好的國內氛圍和基石，推動中國外交的轉型、升級」，[16]已經受到國際社會關注，所謂中國崛起與中國威脅論調的產生，也是基於北京是否會藉由參與國際社會，進而影響國際社會事務發展？

舉例而言，北京從2013年以來，經由「一帶一路」倡議，2015年公布「推動共建絲綢之路經濟帶和21世紀海上絲綢之路的願景與行

---

13 〈試圖干預美國選舉？中國官媒廣告登美報刊，川普：「我不跟習近平當朋友了」〉，《風傳媒》，https://www.storm.mg/article/515225（檢索日期：2020/06/17）。

14 〈王毅駁川普　陸不干涉他國內政〉，《中時電子報》，https://www.chinatimes.com/newspapers/20180928000172-260301?chdtv（檢索日期：2019/10/24）。

15 「獨立自主原則」：獨立自主是國家完全自主處理外交事務，不受外國勢力干涉。堅持獨立自主就是維護國家主權、獨立、自由和領土完整。冷戰時期，無論是與美蘇兩國敵對或友好，中國都沒有放棄獨立自主原則，完全不受外國操控。和平共處五項原則：和平共處五項原則是周恩來總理於1953年所提出的外交方針，包括互相尊重主權和領土完整、互不侵犯、互不干涉內政、平等互利、和平共處。這五項原則成爲中國對外關係的基本準則。請參見：〈中國外交原則〉，《通識・現代中國》，https://ls.chiculture.org.hk/tc/idea-aspect/56（檢索日期：2020/06/17）。

16 〈王逸舟：打造中國外交「升級版」創造性介入世界〉，《愛思想》，http://www.aisixiang.com/data/68484.html（檢索日期：2020/06/17）。

動」，[17]到2017年與2019年舉辦兩次「國際合作高峰論壇」（The Second Belt and Road Forum for International Cooperation）[18]，建立「亞洲基礎建設投資銀行」（Asia Infrastructure Investment and Development Bank, AIIB）與「絲綢之路基金」（Silk Road Foundation），創造中國與亞洲、歐洲各國戰略與經濟「互聯互通」的發展歷程及具體成果。[19]但是，根據2017年7月16日「國際危機組織」（International Crisis Group）的分析報告指出，鑑於中國海外投資、業務聯繫越來越增加，中國公民、經濟利益和國際聲譽所面臨的威脅也跟著增加，讓中國不得不「出手」。因此，北京面臨改變以往不干涉他國內政原則的對外政策。[20]

---

17 〈大陸「一帶一路」願景與行動文件發布〉，臺灣經貿網，https://info.taiwantrade.com/biznews/%E5%A4%A7%E9%99%B8-%E4%B8%80%E5%B8%B6%E4%B8%80%E8%B7%AF-%E9%A1%98%E6%99%AF%E8%88%87%E8%A1%8C%E5%8B%95%E6%96%87%E4%BB%B6%E7%99%BC%E4%BD%88-1001182.html（檢索日期：2020/06/17）。

18 習近平在開幕式指出：「首屆『一帶一路』國際合作高峰論壇舉行兩年來，我們本著共商共建共享原則，全面推進政策溝通、設施聯通、貿易暢通、資金融通、民心相通，爲世界經濟增長注入了新動力，爲全球發展開闢了新空間。」請參見：「第二屆『一帶一路』國際合作高峰論壇舉行圓桌峰會　習近平主持會議並致辭」，第二屆一帶一路國際合作高峰論壇，http://www.beltandroadforum.org/n100/2019/0427/c24-1314.html（檢索日期：2019/10/24）。

19 根據中國外交部長王毅指出：「已有127個國家和29個國際組織同中方簽署『一帶一路』合作文件。本屆論壇期間，有關國家和國際組織還在交通、稅收、貿易、審計、科技、文化、智庫、媒體等領域同中方簽署了100多項多雙邊合作文件，一些國家和國際金融機構同中方簽署了開展第三方市場合作文件。」請參見：〈第二屆「一帶一路」國際合作高峰論壇達成廣泛共識取得豐碩成果〉，《中國共產黨新聞網》，http://cpc.people.com.cn/BIG5/n1/2019/0429/c419242-31055869.html（檢索日期：2019/10/24）。

20 "China's Foreign Policy Experiment in South Sudan", Crisis Group, accessed at: https://www.crisisgroup.org/africa/horn-africa/south-sudan/288-china-s-foreign-policy-experiment-south-sudan (2019/10/24).

換言之，國際社會本質爲「無政府狀態」，雖然屬於一種叢林社會法則，理論上，每一個國家的主權都是平等的，沒有高於各國家主權的狀態存在，也不應該干涉他國內政。而國際社會的基本特徵：「無政府狀態」，主要在於沒有超越任何一個國家的太上「主權」，是以，類似遠古時代的「叢林社會」，每一個人都要依靠「自助」（self-help）來尋求自己的生存，及至社會、國家的形成，透過眾人力量集體方式，求取最大「生存」與「安全」福祉。不過，從美國與中國對外政策的實際作爲，只要涉及該國的「國家利益」，違反主權平等事件屢見不鮮，顯示出國際事務存在複雜與多元問題本質。

是以，在分析一般「國際事務」與「國際關係」的「聯動性」之後，第二節將分析「國際事務」與「國際問題」的發展關係，如何理解「國際問題」的屬性？第三節將分析國際事務與國際政治互動關係，第四節將探討國際事務與國際關係理論運用，最後第五節小結將分析解國際事務的目的。

## 第二節　國際事務與國際問題發展

本節主要在於分析「國際事務」與「國際問題」的關聯性，本文首先理解科學爲何？其本質爲何？以及「社會科學」與「自然科學」的差異性，再分析國際事務與國際問題在社會科學之學術研究下的互動性。

從學科分類的角度言，「科學研究」包括：「自然科學」與「社會科學」，而「國際關係」屬於「政治學門」，「政治學」又隸屬於「社會科學」的分類之下。[21]自然科學與生物科學探討「實體」與「物

21 在「社會科學」領域下，「政治學」門的序號爲6，請參見：「社會科學」，科技部，https://www.most.gov.tw/hum/ch/detail?article_uid=789e8586-dfce-4866-bfa5-5f13f5d1a404&menu_id=96c12199-c4e0-46a6-9fb6-7b00dba2b600&content_type=P&view_mode=gridView（檢索日期：2019/10/24）。

質」的世界，社會—文化科學則是研究人類的社會—文化生活，諸如：信仰、行爲、人際關係、互動，以及制度習俗等。[22]學者吳重禮認爲：「社會科學研究主要以『人』爲研究核心。舉例來說，社會學的核心概念在於『社會地位』（social status）對於人們行爲所產生的效用；個體經濟學嘗試理解人們在『資源有限、慾望無窮』的限制下，如何從事『極大化個人利益』（utility maximization）的決定和行爲；政治學著重在衝突對立的情境下，『權力』（power）何時發揮作用、如何對於人們產生影響。無論如何，以人類動機和行爲作爲研究核心，是社會科學領域的共同特徵。」[23]是以，「社會科學」之下包括政治學、社會學、經濟學等，主要涉及個人、整體與國家社會的複合式關係，研究重點或許是「社會地位」，或許是「權力」，顯示出不同學科的關注點不同，從而分辨出其不同。

基本上，「社會科學」與「自然科學」有以下幾個共通點：[24]1.兩者研究目的都在於發現規律與因果關係的解釋；2.兩者都具有預測的功能；3.兩種學科的預測率有其極限；4.兩者研究的「科學性」在於它們的研究方法所決定的；5.兩者的研究重心都在於搜集事實與分析事實爲主；6.兩種學科不同的研究方法可以相互運用。兩種科學的「研究方法」或是「研究工具」，主要在於區隔「質化」與「量化」的區隔。例如一般社會學運用統計、調查、訪談的方式，來進行一些選舉的社會現

---

22 W. Lawrence Neuman原著，王佳煌、潘中道、蘇文賢、江吟梓合譯，《當代社會研究法：質化與量化取向》（第二版），臺北：學富文化，2014年，頁12。

23 吳重禮，〈政治學研究前沿之我見〉，《人文與社會科學簡訊》，第20卷第3期，2019年6月，頁86-88，https://www.most.gov.tw/most/attachments/e76b4b89-d050-4fd3-8a31-363f2d4ba901（檢索日期：2019/10/24）。

24 閻學通、孫明峰，《國際關係研究實用方法》，北京：人民出版社，2001年，頁20-24。

象研究，如果分析美國總統川普爲何啟動對中國的貿易戰，就必須從其他面向思考，因爲相關決策過程基本上屬於「黑盒子」，需要多年以後，透過檔案文件的公開，才得以瞭解當時的決策過程。

事實上，不管「社會科學」與「自然科學」都是以「人類」爲中心，思考我們所處的一切「自然」與「人爲」現象對人類的影響。除了上述行爲體之間的「互動」過程之外，也是如何面對「資源」有限，「需求」無限之困境下的一種「分配過程」。傳統國際關係則是以「國家」爲主要單位，相互國家之間的互動，包括：政治、經濟、社會、軍事、文化等活動，不單單只是外交關係與軍事關係的層次。是以，國際關係包括：國際政治、國際經濟、國際文化、國際金融等。

一般從事國際問題研究基於兩個目的：其一、進行學術研究，其目的在於瞭解事務發展變化的原因，以及針對發展過程的有效解釋。其二、基於政策或是利益的需要，主要在於優化對於國際問題的認識和決策，維護一國國家利益與發揮該國在國際社會中的作用。[25]「理論」是一種包括一系列基本「前提」、「假設」，從事有步驟的邏輯推理，以達到運用事實、實驗來「證明」或「證僞」的結論。[26]因此，針對「國際問題」分析之道，存在兩個基本前提：其一、針對基本事實與基本數據的準確理解；其二、根據分析之目的所採用的選擇分析方法與分析手段。

例如2020年6月16日，北韓勞動黨中央組織指導部第一副部長金與正下令炸毀開城工業區的兩韓聯絡辦公室，引發全球關注，隔一天，北韓宣布開城工業區、金剛山觀光區部署兵力及恢復從非軍事區撤出的哨崗，以及計畫於南北韓邊界附近舉行傳統軍演。[27]2020年6月18日，美

25 周方銀，《國際問題數量化分析》，北京：時事出版社，2001年，頁2。

26 同前註。

27 〈兩韓聯辦炸毀瞬間！北韓釋出28秒三角度清晰爆破影片〉，《自由時報

國總統川普發給國會的例行通知中提到，[28]先前2008年6月頒布「13466號行政命令」，針對北韓實施的國家緊急狀態目前仍在持續執行，除了核武材料存在擴散風險，平壤的行動及政策持續對美國的國家安全、外交政策及經濟造成威脅。[29]從以上北韓與美國的相互作爲，最關鍵前提在於是否能夠瞭解事務發展的全貌，主要北韓並非自由媒體開放國家，從而理解雙方基於維護「國家利益」的政策作爲。其次，要從以往雙方互動往來所累積的「互動經驗」加以研判，目前金與正爲何超越金正恩，成爲全北韓最有權勢的人物，進而判斷北韓決策階層是否將有所變化？[30]

一般討論「國際關係學」，係指研究國際關係行爲體之間相互作用、運行和演變規律的一門科學或學問。國際關係學的主體是政治學和

---

電子報》，https://news.ltn.com.tw/news/world/breakingnews/3200737（檢索日期：2020/06/18）。

28 英文原文爲："National Emergency with Respect to North Korea", which was first declared in 2008, and further expanded in scope under various administrations. The notice said the extension comes as the risks of weapons-usable fissile material in North Korea, and the actions and policies of the regime such as the pursuit of nuclear and missile programs continue to pose "unusual and extraordinary threat" to the U.S., "Trump extends existing sanctions against N. Korea for another year", arirang, accessed at: http://www.arirang.com/News/News_View.asp?sys_lang=Eng&nseq=260480 (2020/06/18).

29 〈北韓近期動作頻頻　川普將制裁措施延長一年〉，《自由時報電子報》，https://news.ltn.com.tw/news/world/breakingnews/3201291（檢索日期：2020/06/18）。

30 2020年6月上旬，經由北韓勞動黨中央組織指導部和宣傳鼓動部第一副部長金與正的「灰飛煙滅」警告，落實爲具體行動，彰顯她說到做到的威信。請參見：〈北韓權力最高女人　金與正要逼出文在寅背後「大哥」〉，《聯合新聞網》，https://udn.com/news/story/121405/4643033（檢索日期：2020/06/18）。

歷史學，主體包括世界經濟和社會制度發展史。[31]根據英國學者海伍德（Andrew Heywood）教授，同時也是英國克羅伊登學院（Croydon College）的副校長出版一系列關於《政治學》、《政治的意識形態》、《政治理論》等書，他也是英國國家考試「政府及政治」科目的A級典試委員，此本《政治學與國際關係的關鍵概念》，「就外觀而言是一本對政治學與國際關係重要概念進行『名詞解釋』的政治學辭典」[32]，上述觀點表明「政治學」與「國際關係」兩門學科的分類基礎，不僅存在從屬性關係，從學科的屬性角度，又可以「相輔相成」。

學者蔡政文認爲，在國際關係理論的研究領域，「國家」還是最主要的「行爲者」，即使大家都知道世界上還有其他行爲者共同存在，但是因爲強調的程度不同，所以有「理論」的辯論，「行爲者」透過不同的「互動」過程，使得整個國際關係的樣貌更加完整。[33]中國學者閻學通認爲，國際關係由以下五個角度進行「國家間」關係的研究：[34]1.國際關係本質的研究，包括：國家利益、國際矛盾、國際格局等本質；2.國際關係變化的研究：國際關係何以發生變化，影響因素爲何？國家間關係變化原因等；3.國際關係區別的研究：國家間關係的性質、敵我與友盟態勢，強國與弱國關係等；4.具體國際關係研究：國家間關係涉

31 〈我們爲什麼學國際關係？〉，《每日頭條》，https://kknews.cc/zh-tw/story/4qonk6q.html（檢索日期：2019/10/24）。

32 海伍德原著，蘇子喬、林宜瑄、蘇世岳翻譯，《政治學與國際關係的關鍵概念》（二版）（*Key Concepts in Politics and International Relations*），臺北：五南圖書，2018年10月，https://www.books.com.tw/products/0010800982（檢索日期：2019/10/24）。

33 「國際關係理論學術研討會會議紀實　蔡政文教授」，林彤（97，臺大政治學系碩士生）紀錄撰稿，http://politics.ntu.edu.tw/alumni/epaper/no7/no7_2.htm（檢索日期：2020/02/19）。

34 閻學通、孫明峰，《國際關係研究實用方法》，北京：人民出版社，2001年，頁8-10。

及多種層面，包括：政治、軍事、經濟、地緣與文化等關係；5.國際行爲體的研究：國際行爲體多元複合，決策者、國際組織、非政府組織、國家、利益團體等，其間相互關係互動之下的產物。

其實，「歷史學」也是國際關係的主要背景學科，「國際關係史」或是「外交史」也是一門研究國際關係相當重要的學科，主要在於回顧國際過去的發展歷程，才得以得知目前演變趨勢。學者林碧炤認爲，「國際關係」從1919年之後在大學講授，最初是借用歷史學、政治學及國際法，很長的一段時間，沒有自己的理論。[35]中國學者王逸舟認爲國際關係之所以建構完整，除了十九世紀民族國家的「政治體制」與「國際政治關係」逐漸形成，相關「獨立」、「自主」、「主權」、「民主」、「自由」與「人權」被加以推動與實踐。此外，科學技術對於各種民族與文化間的互動，推動「同質」或「異質」文明的融合與衝突過程，也促進近代國際關係的可能性。[36]

是以，「國際關係」學門相當重視外交史、國際關係史的發展。例如中國大陸學者唐賢興主編一本《近現代國際關係史》，[37]由上海復旦大學出版，在前言部分描述《近現代國際關係史》的撰寫特點在於：1.國際關係以歐洲爲中心的特徵；2.扣緊國家體系的變化；3.解析國際關係全球化的進程。[38]另外，《近現代國際關係史》則是分析以下三點：1.國際社會對於和平的追求過程；2.國際關係中的民族經濟的發展；3.國際關係中各國外交政策的演變。[39]主要在於從外交史、國家之

---

35 林碧炤，〈國際關係的典範發展〉，《國際關係學報》，第29期，2010年1月，頁11-66，此處頁11。

36 王逸舟，《國際政治——歷史與理論》，臺北：五南圖書，1999年，頁6-7。

37 唐賢興主編，《近現代國際關係史》，上海：復旦大學出版社，2002年。

38 同前註，頁3-4。

39 同前註，頁5-6。

間的互動史過程，可以理解當時大國之間的互動關係，哪些因素影響相互之間的政策作爲。

例如從1949年二次大戰結束以來，由於東、西歐分裂，美蘇冷戰格局建立，後續全球戰略格局的演變，及至1989年東亞地區中國發生天安門事件、歐洲發生柏林圍牆倒塌，演變至1990年10月3日兩德統一，引發東歐民主化運動（簡稱蘇東波），到了1991年美蘇締結協定，解散「華沙公約組織」，終結「冷戰」，是以「冷戰史」成爲研究此一時期的必備教材，除了美蘇之間的軍事衝突與核武使用之外，涉及到軍備競賽、外交鬥爭、經濟壓力、意識形態的對立，引發國家之間的緊張、仇視與對立。[40]是以，「冷戰」過程的研究，爲二次世界大戰後的國際關係的基本內涵，例如研究當代國際關係與國際問題，必須對1945-1991年的「冷戰史」加以研究，主要此一時代除了描述美蘇領導的兩大集團國家之間的核武與意識形態之爭，還包括政治外交鬥爭、經濟壓力、軍事對抗和宣傳等領域，引發其下國家間的對抗與衝突過程。[41]主要在於「冷戰」制約各個主要國家的外交戰略與政策，因而形成各國獨特的政治文化與國家結構，其影響包括下列五點：[42]1.冷戰時期建構的國際結構與行爲規則，依舊主導國際關係發展與西方國際政治運作；2.冷戰思維嚴重影響國際行爲體的政策與作爲；3.核武器得不斷精進改良，在核武嚇阻思維下的戰略平衡，維護了恐怖平衡的世界格局；4.冷戰也掩蓋各地民族、宗教與區域紛爭，矛盾與衝突持續發生；5.冷戰係以蘇聯的退出而和平結束，蘇聯的退出是由於自我解體。

目前，國際關係學界也在討論基於中國改革開放發展的國力累

---

40 劉金質，《冷戰史（1945-1991）》，北京：世界知識出版社，2002年，頁10。

41 同前註，前言，頁9-34。

42 同前註，前言，頁31。

積，所謂「中國威脅論」聲音出現，加上美國川普總統針對北京的一連串經貿爭議、南海島礁爭議、高科技爭奪，以及雙方基於國際組織議題爭奪權，出現所謂美中「新冷戰」的論點。2020年5月24日，中國外交部長王毅則在「兩會」記者會上明確提出「新冷戰」說，[43]指責美國一些政治勢力正將中美關係推向新冷戰，包括《香港國安法》、華爲爭議、病毒溯源與航班爭議等。[44]其實，在主要國際關係「行爲體」之間，以及其他次級行爲體之間互動關係，也會轉而影響主要行爲體後續互動關係。例如2020年6月上旬，中印邊界地區根據6月17日英國《衛報》報導，雙方均未攜帶槍枝的士兵在陡峭山脊上用拳腳、鐵棍和石塊相互攻擊，導致許多士兵失足墜落，造成嚴重傷亡。[45]中印雙方不至於直接「兵戎相見」重現1962年的邊界戰爭，但是，美國透過「印太戰略」拉攏印度，制衡中國，是否會間接「離間」北京與新德里戰略關係，雖然兩國領導人在武漢與清奈的非正式領導人會晤，還是無法解決貿易逆差、克什米爾問題、邊界爭議與區域及全球戰略協調，[46]仍有待

---

43 王毅強調：「除了新冠病毒肆虐，對中國進行攻擊抹黑的『政治病毒』也在美國擴散；試圖將中美關係推向『新冷戰』是開歷史倒車，中美必須找到在這個星球和平共存的相處之道。」請參見：〈王毅：將中美關係推向「新冷戰」是開歷史倒車〉，《中央通訊社》，https://www.cna.com.tw/news/aopl/202005240127.aspx（檢索日期：2020/06/18）。

44 〈從香港到華爲：美中「新冷戰」四大戰場頻交惡〉，《BBC中文網》，https://www.bbc.com/zhongwen/trad/world-52847881（檢索日期：2020/06/18）。

45 根據報導，2020年6月15日，雙方士兵於夜間在海拔4,200多公尺的加勒萬河谷邊的山脊上展開了一場肉搏。請參見：〈中印邊界衝突：英媒披露細節——兩軍多數傷亡原因是「失足墜崖」〉，《BBC中文網》，https://www.bbc.com/zhongwen/trad/world-53084025（檢索日期：2020/06/18）。

46 印度尤，〈從武漢到清奈：解讀中印領導人第二次非正式會晤〉，《Yahoo新聞網》，https://tw.news.yahoo.com/%E5%BE%9E%E6%AD%A6%E6%BC%A2%E5%88%B0%E6%B8%85%E5%A5%88-%E8%A7%A3%E8%AE%80%

於後續美中戰略關係的動向。

## 第三節 國際事務與國際政治互動關係

基本上，「國際關係」與「國際關係學」涉及整體「國際事務」的多元化面向，包括：國際政治、國際經濟、國際政治經濟、國際法等次級學科。「國際事務」與「國內政治」之間牽涉到如何理解，首先，是國際政治與國內政治的邏輯關聯性，其次，國際政治帶來國際秩序，受到不同因素影響，產生各種新秩序的誕生。

首先，關於「國際政治」與「國內政治」之間的互動關係，學者Putnam提出「雙層賽局」（Two-level games）理論，基於「國際層面」爲「第一層次」（Level I, LI），即談判者之間的議價過程，引導出暫時初步性協議，以及「第二層次」（Level II, LII）爲「國內層面」，經由國家內部特定程序（國會討論與投票）通過協議，就是一種「批准」（ratification）過程。[47]國家間互動涉及談判可採取「雙層賽局」的分析途徑，而一般「國際衝突」涉及兩個行爲體「利益」的競合，一定程度也有參考的價值。

例如1982年4月30日通過的《聯合國海洋法公約》（*United Nations Convention on the Law of the Sea*, UNCLOS），同年12月10日開放簽署，並在1994年11月16日正式生效，截至目前爲止，共有167個會員國，歐

---

E4%B8%AD%E5%8D%B0%E9%A0%98%E5%B0%8E%E4%BA%BA%E7%AC%AC%E4%BA%8C%E6%AC%A1%E9%9D%9E%E6%AD%A3%E5%BC%8F%E6%9C%83%E6%99%A4-084125506.html（檢索日期：2020/06/18）。

47 Robert D. Putnam, "Diplomacy and Domestic Politics: The Logic of Two-Level Games," *International Organization*, Vol. 42, No. 3. (Summer, 1988), p. 427-460, accessed at: http://www.guillaumenicaise.com/wp-content/uploads/2013/10/Putnam-The-Logic-of-Two-Level-Games.pdf(2020/05/06).

盟也是這個公約的會員。[48]美國沒有批准該公約是因爲國會參議院共和黨的反對，任何國際條約都必須得到參議院三分之二多數的通過。[49]華盛頓反對該《聯合國海洋公約》確立的國際海底區域制度，是其拒絕加入《聯合國海洋公約》的直接理由：在國際海底歸屬及其資源分配這一攸關海洋秩序面貌的核心問題。[50]不過，美國海軍卻不斷在全球五大洋進行「公海自由航權」，不斷進入中國在南海地區人工島礁控制範圍內的自由航行，[51]強調美國海軍在南海航行，是根據國際法捍衛公海航行自由，都不該被視爲一種挑釁行爲。[52]2020年3月18日與19日，推特帳戶Aircraft Spots發布消息指出，多架美國軍機於18日飛入南海空域，其中有一架偵察機一度逼近香港附近空域；19日時也有一架偵察機飛入南海。[53]上述案例顯示「國家」身爲國際社會的一分子，自當遵守相關

48 〈當美國軍艦從容航進「中國領海」：從《國際法》視角，談談它們到底在爭什麼？〉，《換日線》，https://crossing.cw.com.tw/article/11183（檢索日期：2020/06/18）。

49 〈美國爲何不簽國際海洋法公約？〉，《美國之音》，https://www.voacantonese.com/a/us-law-of-the-sea-treaty-20160606/3365009.html（檢索日期：2020/06/18）。

50 〈宋雲霞、王全達：美國爲何不加入聯合國海洋法公約〉，《每日頭條》，https://kknews.cc/zh-tw/world/a82b2n.html（檢索日期：2020/06/18）。

51 "On Jan. 25, a U.S. warship asserted navigational rights and freedoms in the Spratly Islands, consistent with international law," Lt. Joe Keiley, a U.S. 7th Fleet spokesman, said in a statement"，請參見："Navy conducts year's first FONOP in South China Sea", *Navy Times*, accessed at: https://www.navytimes.com/news/your-navy/2020/01/28/navy-conducts-years-first-fonop-in-south-china-sea/ (2020/06/18).

52 〈「公海就是公海，無關挑釁」美籲各國合法逛南海〉，《關鍵評論網》，https://www.thenewslens.com/article/29927（檢索日期：2020/06/18）。

53 〈美軍機連2天闖南海　抵近香港——疫期秀肌肉　美航母近期也在同地

《國際海洋法》的規定，華盛頓沒有批准《國際海洋法》，但是卻要求其他國家遵守，透露強權國家對於既存「國際秩序」是否遵守，一切以其「國家利益」爲依歸。又例如川普上臺之後，2019年11月3日，美國通知聯合國退出全球氣候變化協定的流程，爲期一年。如果成功，正式退出將在2020年美國大選後第二天正式生效，即11月4日，理由在於對美國不公平的經濟負擔。[54]

其次，有關於「國際秩序」問題，全球化下的國際關係走向，也不同於十九世紀民族國家出現之後的國際關係，在「經濟力量」與「技術力量」的雙重推動下，世界被建造爲一個共同分享的社會空間。因爲，在全球一個地區的發展，會對另外一個地方的個人或社群的生活機會產生影響。[55]例如非洲豬瘟於1921年在肯亞首次發現，1960年代傳入歐洲，其傳播速度大約是每年100公里。然而2018年中國東北的遼寧省8月初爆發疫情後，迅速蔓延到3,000公里外的廣東、福建，包括遠在西南端的雲南、西藏地區。[56]之後，非洲豬瘟疫情在亞洲地區延燒，除了中國（含香港、澳門）、蒙古、越南、柬埔寨、北韓、寮國、緬甸、菲律

---

進行演練〉，《旺報》，https://turnnewsapp.com/global/military/173077.html（檢索日期：2020/06/18）。

54 基本上，「《巴黎協定》承諾，美國和其他187個國家將把全球氣溫升幅，控制在比工業化前水平高2攝氏度的範圍以內，並嘗試將升幅進一步限制在1.5攝氏度以內。」請參見：〈巴黎氣候協議：美國通知聯合國啟動退出程序〉，《BBC中文網》，https://www.bbc.com/zhongwen/trad/science-50298502（檢索日期：2020/06/18）。

55 戴維・赫爾德等著，楊雪冬等譯，《全球大變革：全球化時代的政治、經濟與文化》（*Global Transformations: Politics, Economics and Culture*），北京：社會科學文獻出版社，2001年，導論，頁1。

56 〈聯合國：根除非洲豬瘟病毒難，中國養豬業幾乎需砍掉重練，全球面臨長期抗戰〉，《上下游》，https://www.newsmarket.com.tw/blog/126848/（檢索日期：2020/02/19）。

賓、韓國、東帝汶及印尼等國，均相繼爆發非洲豬瘟。[57]

2020年1月23日，中國在湖北省武漢地區爆發「新型冠狀病毒」引發肺炎，起先被稱爲「武漢肺炎」，引發北京激烈抗議，世界衛生組織於2月12日將「新冠肺炎」命名爲「COVID-19」，並強調命名時不會特定指向某個地理位置、任何動物、人類個體或群體。臺灣衛福部基於法定傳染病名稱「嚴重特殊傳染性肺炎」不好記，故可簡稱「武漢肺炎」。[58]2020年2月17日，「世界衛生組織」（WHO）祕書長譚德塞（Tedros Adhanom Ghebreyesus）在日內瓦總部指出，其並不像SARS或MERS等其他冠狀病毒那樣致命，逾8成患者輕症可完全康復，致死率僅2%，但是，當時全球共73,333例確診、1,873例死亡，除中國外，包含臺灣在內共26國都有確診病例，北美、歐洲、非洲都淪陷。[59]2020年3月11日，「世界衛生組織」（WHO）宣布中國湖北武漢疫情爲「公共衛生緊急事件」，其實，世衛早於1月底曾宣布病毒疫情構成「國際關注公共衛生緊急事件」，當天進一步宣布疾病大流行，對全球具有重大政經影響，會激起更多國家在全國或局部，實施級別更高的緊急應變措施。[60]是以，飛往中國的國際航班數量約大減67%，「國際民航組織」（ICAO）估計，出於削減往來中國的航班，全球航空公司2020年首季

---

57 〈非洲豬瘟20萬罰單600多張　陸客逾半數〉，《中央社》，https://www.cna.com.tw/news/firstnews/202001080287.aspx（檢索日期：2020/02/19）。

58 〈「新冠病毒」還是「武漢肺炎」？中美臺不同表述的爭議〉，《BBC中文網》，https://www.bbc.com/zhongwen/trad/chinese-news-51958854（檢索日期：2020/06/18）。

59 〈「武漢肺炎」全球27國73,333例確診　WHO：還不算大流行〉，《自由電子報》，https://news.ltn.com.tw/news/world/breakingnews/3071519（檢索日期：2020/02/18）。

60 〈世衛宣告武漢肺炎大流行　預料疫情將進一步擴散〉，《中央通訊社》，https://www.cna.com.tw/news/firstnews/202003120010.aspx（檢索日期：2020/06/18）。

的營收，損失高達約50億美元（約新臺幣1,513億元）。[61]

其次，從2017年1月20日川普正式就任總統以來，美中關係成為國際政治的關鍵議題。2018年召開的「美中關係全國委員會」年會上，美國前國家安全會議顧問季辛吉（Henry Kissinger）強調，「美中關係」現在正處於一個極為重要的時刻，目前兩國間存在的根本問題並不是雙方能否解決貿易爭端，而是在一個新的國際政治環境中如何共生共存。[62]另外，季辛吉在一篇投稿於*Wall Street Journal*、題為〈新冠肺炎將永遠改變世界秩序〉（The Coronavirus Pandemic Will Forever Alter the World Order）的文章中，認為新冠病毒對人類健康的攻擊是暫時的，但它所引發的政治和經濟動盪可能會持續幾代人。沒有一個國家，即使是美國，能夠通過單純的國家努力戰勝這種病毒。解決當前的問題，最終必須與全球合作的願景和計畫相結合。如果不能同時做這兩件事，將面臨最壞的結果。[63]基本上，「新冠肺炎」對於全球化下的世界格局與中美關係產生結構性改變，[64]主要在於全球供應鏈由於邊境管制，以及依賴貨物和人員流動的行業：旅遊業、航空公司、郵輪運營商和商業航運

---

61 〈「武漢肺炎」全球航空公司削減中國航班　Q1營收恐損1千5百億〉，《自由電子報》，https://ec.ltn.com.tw/article/breakingnews/3070862（檢索日期：2020/02/18）。

62 〈季辛吉：美中談判將建立新經濟關係、國際體系〉，《中央廣播電臺》，https://www.rti.org.tw/news/view/id/2006913（檢索日期：2020/06/18）。

63 〈季辛吉：新冠病毒大流行　將永遠改變世界秩序〉，《中時電子報》，https://www.chinatimes.com/realtimenews/20200405003683-260408?chdtv（檢索日期：2020/06/18）。

64 〈肺炎疫情：或對世界格局和中美關係造成重大衝擊〉，《BBC中文網》，https://www.bbc.com/zhongwen/trad/world-51617198（檢索日期：2020/06/18）。

公司。[65]

所以，美國必須在三個領域做出重大努力。[66]首先，增強全球抵禦傳染病的能力，避免因醫療技術進步帶來的危險自滿情緒，不斷開發新的傳染病防控技術和疫苗。地方政府也必須始終如一地爲保護其人民免受流行病之害做好準備。第二，努力醫治世界經濟創傷，政府應尋求減輕經濟衰退對最脆弱人群的影響。第三，維護世界秩序原則，在內政外交中保持克制，確定問題的優先次序。

臺灣歷史最悠久的私人興辦高等教育，是從1950年成立至今的淡江大學，而其創辦人張建邦博士，教育理論與教學實務兼具，提出三化教育「國際化、資訊化、未來化」，形塑淡江大學突出的特色。目前淡江大學開辦「全球視野學學門」，內容包括：全球化發展、國際現勢、歐洲聯盟與歐洲統合、文化全球化、東亞與世界、全球體系與兩岸關係、經濟全球化、美洲現勢、國際非政府組織、世界人權問題、莫內模組：歐洲聯盟與歐洲統合等。[67]主要目的在於讓大學生除了學習本科專業理論與實際的重要性之外，也理解國際事務的重要性，因爲我們只有一個地球，同時，在「全球化」蜂巢下，任何事件都會「相互影響」與「相互威脅」，沒有任何一個國家行爲體可以置身事外。

參與國際關係活動者，包括許多行爲體，除了主權國家之外，包括非政府組織、營利與非營利組織、國際組織等，是以「國際關係」（international relations）係指參與國際政治的各種行爲體，包括國家、國際組織、非政府組織，次國家行爲體則有官僚機構、地方政府與個

65 同前註。

66 “The Coronavirus Pandemic Will Forever Alter the World Order”, *Wall Street Journal*, accessed at: https://www.wsj.com/articles/the-coronavirus-pandemic-will-forever-alter-the-world-order-11585953005 (2020/06/18).

67 「學門介紹」，淡江大學通識與核心課程中心，http://www.core.tku.edu.tw/courses/super_pages.php?ID=courses01（檢索日期：2020/02/16）。

人，彼此之間互動關係的研究，亦即對上述行爲體分別或是一起參與國際政治進程所採取各種行爲的研究。[68]學者王人傑指出，國際關係研究的「對象」，包括國際社會的演變及其結構、參與國際事務的人物與集團、國際行爲的類型及其導引力量，以及國際事務的現象、本質與因果關係。[69]是以，國際關係的本質除了簡單稱之爲國家間之關係以外，也涵蓋國際社會的一切活動，包括政府間、國際組織間、民間社會團體間、或是個人之間，有關經濟、政治、社會、軍事、科技與文化的活動。不過，由於國際關係如此複雜與多元化，一般僅能選擇一些影響政府官方目標的國際關係，或者一國政府想要以某種國家之互動，作爲達成其政治或軍事目標的工具。[70]基於國際關係的主要行爲體爲「國家」，尤其是「民族國家」（nation-state）在國際無政府文化下，爲了追求「國家利益」（national interest），必須透過各種軟、硬權力來達成上述國家利益的「目標」。一般「國家利益」的目標區分爲：「領土完整、主權獨立、經濟財富、國際參與」。基本上，整合「現實主義」（realism）強調的「權力」（power）與「安全」（security），也涵蓋「新自由主義」（neoliberalism）強調的國際機制之合作利基與國際法的一定作用。關鍵點在於社會建構主義強調身分定位，利益主導政策的角度，關於上述「國家利益」的四大內涵，每一個國家的「決策者」基於不同的「觀念」，採取不同程度的優先順序。例如美國前總統比爾·柯林頓（Bill Clinton）於1992年與喬治·H·W·布希競選總統時，

---

68 卡倫·明斯特、伊萬·阿雷奎恩-托夫特合著，《國際關係精要》（*Essentials of International Relations*, 5th Ed.）（第五版），上海：上海世紀出版集團，2012年，頁2。

69 James E. Dougherty and Robert L. Pfalzgraff, Jr.原著，洪秀菊、徐振德、衛嘉定、陳文煙譯，《爭辯中之國際關係理論》，臺北：黎明文化，1979年，譯後贅言，頁1。

70 朱張碧珠，《國際關係——理論與實踐》，臺北：三民，1991年，頁153。

他的助選人員曾把這句話：「笨蛋，問題是經濟」（It's the economy, stupid）用作標語，來暗示當時在布希總統領導下美國經濟陷於嚴重衰退，因此他應當下臺。[71]這顯示出，當時美國選民關切的是經濟問題。

又例如陳水扁前總統於2004年再度連任之後，改變第一任時期的「維持現狀」戰略，透過終止「國家統一委員會」與《國家統一綱領》的適用，並以「臺灣」名義加入聯合國，被中國認定是一種追求「法理臺獨」，企圖改變現狀。2008年馬英九總統上臺之後，採取「不統、不獨、不武」的「維持現狀」戰略，並接受「九二共識」，實質上採取「各自表述」的立場，一定程度穩定兩岸關係，也讓臺灣在其兩任期內，相對穩定臺灣的外在環境。

2016年8月16日，蔡英文總統上臺以來推動「新南向政策」，召集「對外經貿戰略會談」，通過「新南向政策」政策綱領，[72]揭示「新南向政策」理念、短中長程目標、行動準則及推動架構，未來將據以引領政府施政方向。[73]從上述蔡英文總統的施政理念可以瞭解，在對岸中國不放棄武力犯臺，並在國際社會宣示所謂「一中原則」下，不斷以金錢

---

71 〈美國總統大選的注意力轉向經濟問題〉，美國在臺協會，https://web-archive-2017.ait.org.tw/infousa/zhtw/DOCS/politics_eleconomic.htm（檢索日期：2020/02/19）。

72 〈總統召開「對外經貿戰略會談」通過「新南向政策」政策綱領〉，中華民國總統府，https://www.president.gov.tw/NEWS/20639（檢索日期：2020/02/19）。

73 基本上，「面對區域經貿整合趨勢，以及整體對外經貿策略考量，行政院依據總統發布「新南向政策」政策綱領，提出《新南向政策推動計畫》，全方位發展與東協、南亞及紐澳等國家的關係，促進區域交流發展與合作，同時也打造臺灣經濟發展的新模式，並重新定位我國在亞洲發展的重要角色，創造未來價值。」請參見：《新南向政策推動計畫》，中華民國行政院，https://www.ey.gov.tw/Page/5A8A0CB5B41DA11E/86f143fa-8441-4914-8349-c474afe0d44e（檢索日期：2020/02/19）。

利益給予，拉攏臺灣的邦交國，又切斷兩岸從2008年以來的正式交流管道：陸委會主委與國臺辦主任、海基會與海協會定期溝通管道。是以，透過戰略轉向，重新思考以往傳統的「南向」到「新南向」，尋找臺灣與南亞、東協十國、澳洲、紐西蘭等16個國家在民主、經濟、社會與非政府之間的戰略合作關係。

## 第四節　國際事務與國際關係理論運用

以上各節討論國際事務爲何？國際事務與國際問題的關係，以及國際事務與國內事務的關聯性。接續本節討論的課題在於如何從事國際事務的研究理論與途徑，亦即理解國際關係理論與途徑的研究。

### 國際關係理論的內涵

從事「國際事務」與「國際關係」需要一套「方法論」，包括研究「理論」、研究「途徑」與研究「方法」。學者林碧炤認爲，國際關係理論有以下三個特質：首先，國際關係和其他社會科學形成一種「科學一體化」的共識，也就是說，國際關係的研究應該是遵循一般科學的方法，達到科學的要求，要有客觀、求眞的態度，同時小心的求證。其次，科學社群對於任何學科的成長是很重要的。國際關係的知識社群非常年輕，彼此之間還需要有共同的學習，才能使同僚評量更爲客觀與公正。最後，「典範」（paradigm）的使用可以讓個人價值的影響降到最低，但國際關係的研究不可能沒有個人的價值判斷，特別是歷史和政治事件的解釋或歷史經驗的採納。因此，「典範」所展現的是社群中共同使用的價值標準範例和理念，這在人文學科中更爲重要。[74]

事實上，國際關係與國際事務的研究涉及不同層次行爲體之間的互

74 林碧炤，〈國際關係的典範發展〉，《國際關係學報》，第29期，2010年1月，頁11-66，此處頁13-14。

動，也包括超越國家以上國際組織、跨國企業、多國籍企業等團體，以及國家內部各種「非政府組織」、「非營利性團體」，以及各種「利益團體」，加上主要各種國際事務攸關的個人決策者。因此，對於任何國際關係與事務發展都會有不同價值判斷，從而影響國際事務的進行。中國學者閻學通等人以爲「國際關係研究」與「國際評論」有所區別，[75]即：1.國際性評論是一種即時性的表態，國際關係研究是一種長期系統分析；2.國際評論並非遵循科學方法，反之，國際關係研究強調方法的科學性；3.國際評論側重引起社會轟動性，國際關係研究強調論點的可信度；4.國際評論注重當前時事，國際關係研究處理規律性、次序與長期性的問題；5.國際評論讀者爲一般讀者，國際關係研究提供研究人員檢驗參考。

例如1993年，美國哈佛學者杭亭頓投稿《外交事務》（*Foreign Affairs*）刊登了一篇〈文明的衝突？〉（The Clash of the Civilizations?），並提出一個假設：在這一個新世界時代，衝突的根源不會再是意識形態或是經濟性，人類之間最大差異與主導衝突根源在於文化性差異。民族國家依舊是最重要的世界事務的行爲體，但是全球政治衝突的焦點在於國家與不同團體之間的不同文明。不同文明界線亦將成爲未來戰場的界線。[76]大膽預言全球政治未來最核心也最危險的發展方向，不在於國與國之間的紛爭，而是擁抱不同文明的族群之間，可能爆發各種文明的衝突。[77]1996年底杭亭頓將上述文章加以擴大出版了《文明的

75 閻學通、孫學峰著，《國際關係研究實用方法》，北京：人民出版社，2001年，頁7。

76 Samuel P. Huntington , “The Clash of Civilizations? Foreign Affairs”, Summer, 1993, Vol. 72, No. 3, Summer, 1993, p. 22-49, accessed at: https://www.jstor.org/stable/pdf/20045621.pdf?refreqid=excelsior%3A0ca4cf2252645e9c8df78402b4067dac (2020/06/19).

77 〈文明衝突與世界重建〉，《天下雜誌》，https://www.cw.com.tw/article/

衝突與世界秩序的重建》（*The Clash of Civilizations and the Remaking of World Order*）[78]

依此，「國際關係研究」與「國際關係理論研究」屬於同一事務，不同層次本質的概念。林碧炤認爲國際關係研究存在幾種「典範」[79]運用考量，包括：現實主義、自由主義和社會建構論，運用上述三個典範來解釋和分析國際政治可以相輔相成，而且有相當的代表性。其實，國際政治內含於國際關係，其他議題包括：國際安全、國際政治經濟、外交政策、國際組織和國際法，也都構成國際關係的重要部分。因此，這三種典範無法涵蓋所有國際關係議題。[80]

林碧炤藉由「典範」（paradigm）的概念，來分析國際關係具有三

---

article.action?id=5035180（檢索日期：2020/06/19）。

78 *The Clash of Civilizations and the Remaking of World Order is an expansion of the 1993 Foreign Affairs* article written by Samuel Huntington that hypothesized a new post-Cold War world order. Prior to the end of the Cold War, societies were divided by ideological differences, such as the struggle between democracy and communism. Huntington's main thesis argues, "The most important distinctions among peoples are [no longer] ideological, political, or economic. They are cultural" (21). New patterns of conflict will occur along the boundaries of different cultures and patterns of cohesion will be found within the cultural boundaries. Summary of "The Clash of Civilizations and the Remaking of World Order", Beyond Intractability, accessed at: https://www.beyondintractability.org/bksum/huntington-clash (2020/06/19) Samuel P. Huntington, *The Clash of Civilizations and the Remaking of World Order*. New York, NY: Simon and Schuster, 1996.

79 廖舜右，〈Thomas Kuhn與Imre Lakatos有關國際關係理論的爭論〉，《政治科學論叢》，第29期，2006年9月，頁31-48，http://ntupsr.s3.amazonaws.com/psr/wp-content/uploads/2011/10/3.-%E5%BB%96%E8%88%9C%E5%8F%B3.pdf（檢索日期：2020/06/19）。

80 林碧炤，〈國際關係的典範發展〉，《國際關係學報》，第29期，2010年1月，頁11-66，此處頁23。

個優點：[81]第一、國際關係的研究應該依照一般「科學研究」的方法，透過客觀、求眞的態度，並且進行小心的求證。第二、國際關係的知識社群相對於其他學科相當年輕，彼此需要共同學習互動，才能使同僚評量客觀與公正。第三、「典範」的使用可以降低個人價值的影響。2000年5月21-22日，學者蔡政文在臺灣大學社會科學院國際會議廳舉辦「國際關係理論學術研討會」的專題演講中指出，「新現實主義」、「新制度主義」、「社會建構論」等三個理論，可以作爲未來的研究基礎，其他「反思主義」，可以當作在做相關領域研究時的工具一起使用。[82]

國際關係理論的研究方法論，從「本體論」、「認識論」與「方法論」角度切入，借用其他社會科學的研究理論與方法。例如以溫特（Alexander Wendt）爲代表的社會建構主義國際關係理論，主要概念源引「新現實主義」（neorealism）的基本概念：無政府狀態、國家爲國際關係行爲的主體、權力與安全的追求、「物質主義」的思考，加上借用社會學、語言學、心理學的一些「概念」與「研究方法」，成就一個整合性的國際關係理論。

基本上，從二十世紀到1970年代，國際關係主流研究理論的發展分成兩個階段：第一階段從1970-1990年代，呈現「新現實主義」（neorealism）與「新自由主義」（neoliberalism），即「權力」（power）與「制度」（institution）之爭。亦即新現實主義將國際體系的「權力結構」作爲國家行爲的根本因素；新自由主義則是將「國際制度」此一非結構因素視爲影響國家行爲的關鍵變項。[83]。整整言之，當代「新自由主義」與

---

81 同前註，此處頁13-14。

82 林彤（97，臺大政治學系碩士生）記錄撰稿，「國際關係理論學術研討會會議紀實　蔡政文教授」，http://politics.ntu.edu.tw/alumni/epaper/no7/no7_2.htm（檢索日期：2020/02/19）。

83 秦亞青，《國際關係理論：反思與重構》，北京：北京大學出版社，2012年，頁94-96。

「新現實主義」的觀點爭議集中於以下六點：[84]

1.「無政府狀態」的性質與後果：大部分國際關係理論與學派都承認國際體系的本質在於「無政府狀態」的存在，但是何謂無政府狀態？以及爲何存在無政府狀態卻有不同觀點。事實上，傳統現實主義分析自有民族國家以來，國家之間基於「安全」與「利益」考量，產生不同程度的衝突互動，缺乏一個更高並凌駕於各國主權之上的「權威」；一次大戰與二次大戰結束後成立「國際聯盟」（League of Nations）與「聯合國」（United Nations），都是基於「多邊主義」角度下的「集體安全」（collective security）思維，來維護整體國際安全。Ruggie認爲，「多邊主義」的「核心是指依照某種原則來協調三個或者更多國家之間的關係。」[85]

因此，「集體安全體系」的假設在於「和平」無法分割，所以針對一種事實狀態的戰爭，被視爲反對體系中所有的成員，此一多邊國家集團在必要情況下，有義務通過外交手段、經濟制裁，乃至於武力的集體使用，來針對威脅或是侵略者做出反應。[86]

2.「國際合作」（international cooperation）：兩種學派都認爲國家間的「國際合作」的可能性，只是影響「合作」的「條件」與「可能性」有所不同；主要在於如果不涉及相互國家間重要利益，一定程度針對第三方的合作關係是可以進行。例如針對北韓發展核武問題，北京身爲最緊密鄰近國家，聯合周邊國家推動六方會談，就是一種國際多邊合作的體現。2017年美國川普上臺以來，單方面針對平壤各型飛彈試射與

---

84 大衛·A·鮑德溫原著，肖歡容譯，《新現實主義與新自由主義》（*Neo-realism and Neoliberalism*），浙江：浙江人民出版社，2001年，頁4-8。

85 約翰·魯杰主編，蘇長和等譯，《多邊主義》（*Multilateralism Matters: The Theory and Praxis of An Institutional Form*），浙江：浙江人民出版社，2003年，頁9。

86 同前註，頁10。

核武試爆，雖然不斷透過聯合國安理會通過經濟制裁案，卻也是單邊主義方式透過兩方高峰會議方式，進一步來遏制北韓擴軍行動。

3.「相對獲益與絕對獲益」（relative gains and absolute gains）：一般認爲新現實主義強調「相對獲益」；反之，新自由主義重視「絕對利益」。實際上，國家會根據實際情況思考與其他國家的「利益」分配問題；新現實主義代表學者Kenneth N. Waltz認爲：「當國家面臨共同獲益的可能性時，相對處於不安全的國家要考慮利益將如何分配？引發以下問題：並非『我們都會獲益』，而是『誰的獲益較多』？」[87] 2018年開展的中美貿易談判，華盛頓認爲長期以來面對貿易逆差、智慧財產權、不公平貿易等問題，要求一個公平與互惠的貿易關係，亦即美國川普要求更多「絕對利益」，有利於其競選口號：「美國優先」。

4.「國家的優先目標」：兩個學派都認爲「國家安全」與「經濟福利」都至關重要，分歧點在於何者更加重要。「現實主義」強調「權力」的重要性，「新現實主義」則聚焦於「安全」，不管「權力」或是「安全」，經濟能量多寡才是關鍵；基本上，「權力」與「安全」都是國家追求利益的「途徑」的運用，而「國家利益」中的「經濟財富」扮演關鍵角色。1979年以來中國開始經濟改革開放，2001年加入世界貿易組織之後，經濟快速發展，累積多年財富，才得以推動國防現代化，組建一支現代化的解放軍。

5.「意圖」對「能力」（intentions versus capabilities）：兩個學派面對對外決策過程中，評估他國政策時，對於「意圖」與「能力」何者較爲重要也產生分歧；基本上，「意圖」是一種看不見的影響政策推動的「因素」，「意圖」與「偏好」不同，可指一定的「目標」設定之後，「指導」一定的政策推動，例如2016年蔡英文總統當選後，爲了分

87 Kenneth N. Waltz, *The Theory of International Politics* (US: Addison-Wesley Publishing Company, 1979), p. 105.

散投資中國風險的戰略目標，重新審視與東南亞國家關係，推動「新南向政策」。2019年5月30日，蔡英文總統強調：「新南向政策是我們推動經濟發展新模式，降低對單一市場依賴的重要戰略。我們希望透過經貿、產業、科技、文化、觀光，以及教育等交流合作，跟新南向國家建立廣泛、多元的策略夥伴關係」。[88]

6.「體制與制度」（institution and regime）：「新現實主義」與「新自由主義」兩者都認爲，1945年以來國際社會出現許多新的體制與制度，差異在於上述機制安排的重要性如何？例如聯合國成立於1945年，基於「集體安全」理念，保障所有會員國的「安全」。但是，聯合國同時設立「安全理事會」賦予五個常任理事國的「否決權」，成爲大國權力競逐的場域。冷戰時期，針對重要區域安全議題，以美國和前蘇聯爲代表的集團對抗，往往使得聯合國維護世界和平的功能受到影響。

除了上述六點之外，兩個主要學術理論與派別，早期爭議的焦點還體現在以下四個方面：1.目前兩個學派的爭辯焦點沒有涉及技術治國術，例如關於軍事技術力量的有效性。2.早期批判現實主義者的論點，大多聚焦於利他的道德主義與利己的權力計算中。目前兩者都將國家行爲視爲利己價值最大的考量，避免討論道德方面的影響因素。3.國家是否爲國際政治的主要行爲者，不再是兩個學派的分歧焦點，只是兩者針對非國家行爲體的功能有所不同；4.兩者之間不存在衝突與合作理論的爭辯，雙方都接受「衝突」與「合作」屬於國際政治的內在因素。[89]

因此，如何定義「無政府狀態」？一般被指涉混亂與無序，呈現人

---

88 〈出席「2019贏在新南向論壇」 總統：持續強化新南向政策的力度〉，中華民國總統府，https://www.president.gov.tw/NEWS/24426（檢索日期：2020/06/25）。

89 大衛・A・鮑德溫原著，肖歡容譯，《新現實主義與新自由主義》（*Neo-realism and Neoliberalism*），浙江：浙江人民出版社，2001年，頁9。

反對人的戰爭，亦即進入一個原始叢林社會狀態。不過，現實主義學派與新自由主義學派兩者也不否認世界政治中存在一定程度的「秩序」，只是如何看待「秩序」，是否存在一個「政府」的爭議，因此，兩個學派傾向主張無政府狀態被定爲國際關係中缺少明顯的政府特徵。[90]

從二十世紀80年代末期到90年代開始，爲第二階段國際關係理論的新自由主義與建構主義國際制度理論的辯論，牽涉到國際制度的服務功能（牽涉到對行爲體行爲的影響）和建構功能（針對行爲體的身分的建構），又稱爲「制度」與「文化」之爭。[91]基本上，建構主義的理論發展過程吸收了「英國學派」、「新功能主義」與「交流溝通理論」的精髓。[92]

建構主義理論的基本假定有以下三點：[93]

1. 主流建構主義認爲，社會世界是「施動者」在客觀環境中建構的世界，主要牽涉兩個概念：「客觀事實」與「社會意義」。此處所強調的「客觀事實」，是一種「物質性」存在的現象，通過社會施動者的「實踐活動」與「表象體系」，才能獲得一定程度的「社會意義」。例如同樣是「核子武器」，對華盛頓而言，英國的擁核狀態與伊朗嘗試建構核武，具有不同意義的安全威脅。又例如透過川普第一個《國家安全戰略》報告，確認中國是一個戰略競爭對手（strategic competitor），既然已經確定北京爲華盛頓的敵對身分關係，自然認爲長期以來中國所想有的「經貿順差」就是一個物質性的威脅來源，即：壯大敵人、削弱自身。

---

90 同前註，頁15。

91 秦亞青，《國際關係理論：反思與重構》，北京：北京大學出版社，2012年，頁95。

92 同前註，頁13-17。

93 同前註，頁20-24。

2. 施動者與結構是相互建構的關係，任何一方沒有本體優先性。例如「奴隸」、「奴隸主」與「奴隸制度」，三者之間呈現一種社會性關係，缺一不可，也如同下圍棋一般，敵對兩方與棋盤規則（屬於結構性因素），任何一方脫離，另一方都無以成立棋賽。是以，如何禁止野生動物的買賣交易，除了管控賣方之外，[94]一個重要的觀念在於「需求」與「供給」所形成的經濟制度，以及另外一隻看不見的手，即「文化」所建構出來的社會現象，如果能夠讓社會大眾瞭解正確保護動物觀念，以及長久以來傳統中國醫藥保健偏方所影響的觀念，才有辦法裂解此一龐大違法的商機買賣。

3. 建構主義認爲，「觀念」是一個重要因素，觀念可以扮演產生「因果作用」，在一個行爲體的「身分」確認下，「觀念」可以引導行爲體的政策選擇。其次，「觀念」不僅指導行動的路線圖，還具有一定程度的建構功能，可以建構行爲體的「身分」，從而確立行爲體的「利益」。是以，2012年在習近平主政初期，中國倡議「中美新型大國關係」：「不衝突、不對抗，相互尊重和合作共贏」，[95]其實早於2012年

---

94 事實上，「合法輸入是指有經報關，並依輸入動物種類申請相關所需文件。但對業者而言，合法途徑需繁複文件申請，甚至可能要長時間的隔離檢疫。目前國際運輸管道便捷暢通，如果不循合法途徑，還能省掉高額的關稅，對於唯利是圖、錙銖必較的商人，走私進口野生動物將更符合經濟利益。」，請參見：〈補破網——正視網路販售野生動物的大漏洞〉，關懷生命協會，https://www.lca.org.tw/avot/1164（檢索日期：2020/02/25）。

95 基本上，中美兩國的觀點不同，「習近平提倡的『新型大國關係』，被他描述爲努力打破世界大國之間『不可避免地』進行對抗的歷史格局。但美國官員以及與政府有聯繫的中國分析人士說，習近平心裡想的是一種特定模式的衝突——一個正在崛起的大國，比如中國，對上一個老牌的，或正在走下坡路的大國」，請參見：〈中美對「新型大國關係」態度微妙〉，《紐約時報中文網》，https://cn.nytimes.com/china/20141110/c10summit/zh-hant/（檢索日期：2020/02/16）。

2月，習近平爲中國國家副主席時訪問美國，即在華盛頓首次提出構建「中美新型大國關係」的概念。[96]

中美兩方的差異，根據中國學者王緝思等人的看法，在於：「中方強調其原則性，認爲相互尊重是增加互信、管控分歧、開展合作、共創雙贏、引領未來的基礎；而美方強調其功能性，要求解決美方關切的具體問題，認爲只有務實合作，建設性地處理分歧，才能雙贏。」。[97]事實上，美國近年來流行所謂「中國威脅論」，即：「泛指對中國國力提升感到擔憂，認爲中國會因此破壞世界秩序及和平穩定的一種說法。自改革開放以來，中國經濟高速發展，國力不斷提升，部分西方國家憂慮在政治、經濟、軍事等各領域受到中國的挑戰，威脅其利益和現有的國際秩序。」[98]換言之，「過去40年，西方國家只顧產業供應鏈，中國則藉勢發展專制供應鏈，用經濟手段收買非民主國家、顚覆民主國家，甚至承包各種國際組織。世界工廠論遮掩了中國威脅論。」。[99]是以，透過相關國際關係理論的運用，例如「地緣政治」（geo-politics）、「權

---

96 其實，中國外交部長王毅於2013年9月，在美國布魯金斯學會發表演講，詳細論述構建中美新型大國關係的問題。請參見：〈透視中國：一廂情願的「新型大國關係」〉，《BBC中文網》，https://www.bbc.com/zhongwen/trad/china/2015/08/150826_focusonchina_us_china_new_relations（檢索日期：2020/02/16）。

97 王緝思、仵勝奇，〈中美對新型大國關係的認知差異〉，《信報財經新聞》，2014年12月10日，https://www2.hkej.com/commentary/cnpolitics/article/949953/%E4%B8%AD%E7%BE%8E%E5%B0%8D%E6%96%B0%E5%9E%8B%E5%A4%A7%E5%9C%8B%E9%97%9C%E4%BF%82%E7%9A%84%E8%AA%8D%E7%9F%A5%E5%B7%AE%E7%95%B0（檢索日期：2020/02/16）。

98 〈中國威脅論與和平發展〉，《通識・現代中國》，https://ls.chiculture.org.hk/tc/idea-aspect/204（檢索日期：2020/06/25）。

99 〈「社論」世界工廠論？中國威脅論？〉，《自由時報電子報》，https://talk.ltn.com.tw/article/paper/1368082（檢索日期：2020/06/25）。

力平衡」（balance of power）與「集體安全」（collective security）加以說明，就可以理解2018年以來美國透過一個自由、公開的印太戰略（Free, Open Indo-Pacific Strategy），來因應一個崛起的中國。相關主要國際事務議題，會在本書後續各章加以分析說明。

## 第五節　小結：理解國際事務為目的

本章分析「國際事務」、「國際問題」與「國際關係理論」三者之間的關聯性，顯示不同專有名詞的運用，呈現多元形式與意涵。事實上，國際事務的發展受到「全球化」影響，突顯出以往以「政治性」爲主，取而代之的多面向國際事務特色。另外則是全球以民族國家爲主要國際事務「行爲體」之間的互動關係，雖然受到「無政府文化」本質限制，基於各國不同「權力」分布，也一定程度受到影響。

法國國際關係研究學者達里奧．巴蒂斯特拉（Dario Battistella）於2009年經由法國政治學國家基金出版社，出版一本《國際關係理論》。[100]在其〈中文版序〉中，他強調，「自不同國家政治實體間出現經常性關係以來，國際關係理論便已存在。」[101]換言之，不同國家間互動的關係，呈現複雜多元化態勢。國家從「主權」平等的角度言，應該不分大小，「一視同仁」。同時，他認爲從十五到十六世紀，歐洲出現國家間體系以來，從一種哲學理論形態角度切入，國際關係理論便已萌芽發展，到了二十世紀才成熟發展爲一種「科學理論」。[102]除了國家體系的形成，其他與國家有關的「國際法」與「國際組織」的萌芽，更讓整體國際體系逐漸成熟發展。

---

100 達里奧．巴蒂斯特拉原著，潘革平譯，《國際關係理論》（*Theories des Relations Internationales*）（第三版修訂增補本），北京：社會科學文獻出版社，2010年。

101 同前註，中文版序，頁1。

102 同前註，中文版序，頁1。

不過，從國際關係的實務面考量，確有其與「現狀」不符合的現象。例如聯合國於1945年由五大國：美國、英國、法國、前蘇聯、中華民國倡議成立，基於「集體安全」理念，追求一個和平安全的國際社會。經過多年來的實證經驗，顯示在決策過程中出現矛盾兩難的困境。一方面，聯合國最高權力機構爲會員大會，每一個國家不論大小，票票等值；另一方面，主要進行國際維和、危機處理、協助災害救濟等，通常需要透過安全理事會五個常任理事國、十個每兩年改選一次的非常任理事國組成，基於五個常任理事國擁有「否決權」，形成事實上「決策」的關鍵少數。

是以，基於民族國家爲中心的「治理體系」，因應「全球化」引發以下三種全球問題：1.許多跨國界問題的出現：例如狂牛症、愛滋病、瘧疾等級的跨國界傳染，核廢料、移民問題，大規模殺傷性武器擴散，必須與他國協調合作；2.全球化發展也改變一般對於民主的政治共同體之認知，影響人們獲得公共領域的資源，以及如何參與複雜的民主程序過程，亦即「全球化」也衝擊傳統國家內部的「民主治理」；3.全球化影響國家主權的自主觀念，有時候國家要與區域及全球層面的各種力量與「能動者」分享、交換與爭奪有效的權力。[103]上述三個全球化下的國際事務議題，顯示出國際社會及國家之間的相互依存與相互威脅的矛盾關係。

未來國際社會除了傳統民族國家之間的交流，跨國組織、非政府組織與個人之間的互動依舊主導國際關係與國際事務的發展。從國家影響力的角度來看，未來出現許多「虛擬國家」（the Virtual State），在市場與影響力的關係下，呈現新的國家發展形態，這些國家將國內生產

---

103 戴維·赫爾德等著，楊雪冬等譯，《全球大變革：全球化時代的政治、經濟與文化》（*Global Transformations: Politics, Economics and Culture*），北京：社會科學文獻出版社，2001年，頁22-23。

轉移到海外地區，經濟活動轉型到高層次的服務業，改變生產與國際關係，是屬於一種生產與購買力流通的世界，開創一個以教育與人力資源爲主的世界。[104]

從全球化角度思考，這就是所謂的「跨國企業」，或是「多國籍公司」的出現，因應企業進行全球化布局，就是思考最低勞動成本與最高市場利基，是以，「全球主義」、「全球化」這些詞也意味著「跨國企業中心主義」（MNC-Centrism）、「跨國企業中心主義化」。[105]

因此，從事國際關係研究的最重要任務就是發展「概念」、「方法」與「工具」來預測國際事務發展的變化，如果爲了有益的「目的」不受到影響，「變化」必須加以「預測」，加上各國領導者關切「技術」結果的變化速度，以及在民族國家本質與國際體系結構的變化，迫切需要整合更加系統化的知識。[106]是以，如何整合「戰略」與「國際關係」的「概念」、「方法」與「工具」，就成爲第三章主要研究課題，本文嘗試建立一個戰略與國際關係的複合式分析架構，以提供後續各章專題分析之理論與實際的檢證。

---

104 羅斯克蘭斯原著，李振昌譯，《虛擬國家——新世紀的財富與權力》（*The Rise of the Virtual State: Wealth and Power in the Coming Century*），臺北：聯經，2000年，頁5。

105 施光恆，〈還在講『全球化』？錯！是『跨國企業中心主義化』！〉，《薰風》，https://www.kunputw.com/archives/%E8%B7%A8%E5%9C%8B%E4%BC%81%E6%A5%AD%E4%B8%AD%E5%BF%83%E4%B8%BB%E7%BE%A9%E5%8C%96（檢索日期：2020/02/19）。

106 James E. Dougherty and Robert L. Pfalzgraff, Jr.原著，洪秀菊、徐振德、衛嘉定、陳文煙譯，《爭辯中之國際關係理論》，臺北：黎明文化，1979年，頁374。

# 第三章

# 建構戰略與國際關係的解析架構

「國際事務」爲經常事實，「戰略」爲各方利害「解析」與「因應」之道，結合兩者得以形成一個簡約分析架構，得以理解整體國際事務發生原因、過程、結果與後續走向，重要的是：提供吾人「全程思考」與「運籌帷幄」之道。

本章透過〈第一章戰略、戰略研究與戰略理論〉，與〈第二章國際事務、國際政治與國際關係理論〉間的差異瞭解之後，提出國際關係相關議題呈現何種戰略意涵；其次，解析戰略研究的途徑與方法，以及思考如何進行國際關係與國際事務的研究途徑及方法。再者，藉由國際關係不同理論，從「身分」、「權力」與「利益」角度切入，可以瞭解各項國際關係議題的「緣起」或是「動機」，進而從「戰略」角度出發，理解各行爲體的「目標」，才得以理解其下的「途徑」與「資源」之運用，從而提出一個綜合性的戰略與國際關係融合的「解析架構」，提供本書後續各篇章分析的參考框架。最後，在章末「小結」中加以綜合分析比較，再進一步修正與建構一個最佳的戰略，以及國際關係的「複合分析架構」。

## 第一節　前言

依據第一章各節分析「戰略」（strategy）、「戰略理論」（strategic theories）與「戰略研究」（strategic studies）之間的關聯性，瞭解「戰略」涉及「目標」（goal）的設定、「途徑」（way）與「資源」（mean）相互運用的「邏輯」思考方式（way of thinking）。這三者之間形成一種互爲「指導」與「運用」相互支撐的邏輯理則。第二章分析國際事務、國際問題與國際關係理論等相互連結性，而從國際關係相關理論思考，「現實主義」與「新現實主義」強調「權力」與「安全」，「自由主義」與「新自由主義」強調「利益」與「制度」，建構主義思考「觀念」、「身分」與「利益」的連帶關係。

首先，在吾人建立上述「複合分析架構」之前，必須先釐清「戰略」（strategy）與「政策」（policy）的關係。傳統上，「戰略」屬於軍事科學領域的專有「術語」（term），凡是討論述及「戰略」的議題，都會被聯想到「軍事」、「戰爭」、「衝突」與「毀滅」的情境。同時，基於「戰略」的定義在於「目標」（goal）的確定，追求與實踐的「途徑」（way），以及相關資源（mean）與工具的運用。不過，在戰略研究方面，往往出現許多令人陌生的「戰爭工具」（tool），不同類型戰機、船艦、坦克裝甲系統，也使得「戰略研究」與「國際關係研究」增添許多相互影響的變數。

例如2019年7月8日，美國批准出售108輛型號爲M1A2T的重型坦克。[1]事實上，1991年已經首度出現於第一次波灣戰爭，當時美軍大量運用M1坦克的改良型M1A1與M1A2兩類型重型主力戰車，[2]主要在於M1A1具備先進夜視裝置，能讓敵人尚未察覺之前，就可以成功摧毀其目標，並配備新式渦輪引擎，讓車身高速機動，能夠快速對敵人攻擊。在防護力方面，由於M1A1配置複合式金屬鈾夾層，有效增強車殼的防護作用。[3]

---

1　由美國國防安全合作局（DSCA）發布新聞稿，宣布售臺108輛M1A2戰車及250具單兵攜行的刺針防空飛彈，軍售金額達22億美元。請參見：〈M1A2「重量級戰車」不利在臺灣道路行駛？陸軍參謀長這麼說……〉，《風傳媒》，https://www.storm.mg/article/1466805（檢索日期：2020/06/26）。

2　基本上，M1型號坦克後來改良成M1A1，其主砲口徑增加爲120公釐，1992年該型再度改良成M1A2，在砲塔頂部左方加設附熱影像儀，車長席加設改良式車長武器管制站，可與友軍進行火力協調射擊，並且協同戰鬥直升機進行三度空間裝甲獵殺能量。請參見：〈兩軍坦克對決　美軍戰車摧枯拉朽〉，《大紀元》，https://www.epochtimes.com/b5//3/3/22/n289900.htm（檢索日期：2020/06/26）。

3　〈改變戰爭的武器——戰場之虎：坦克〉，《華視》，https://news.cts.com.tw/cts/international/199205/201205231009345.html（檢索日期：2020/06/26）。

上述美製重型戰車高達60公噸，適合波灣地區沙漠寬廣地貌的作戰地形與地貌，然而臺灣的自然地理環境屬於亞熱帶荒溪型氣候，所需要的戰甲車也應該不同於美軍在波灣地區的型號。同時，超過60噸的車重，超過現役臺灣陸軍的M60A3 TTS和CM11等主戰車，如果在野外演訓時發生故障，現役的M88A1裝甲救濟車將無力進行拖救，也會對於臺灣既有的橋梁、道路造成衝擊，也因此美方售臺新型的14輛M88A2救濟車和16輛HET重裝運輸車，讓M1A2T未來能在臺灣有更完整的移動能量。[4]

是以，美國基於維護臺海軍力平衡與協助臺灣自我防衛能量，根據《臺灣關係法》售臺防衛性武器，是其對中國安全政策的考量。至於出售M1A2T重型坦克則有戰略性考量，藉以強化臺灣面對解放軍可能三棲登陸態勢下的反登陸作戰考量。未來臺灣會汰換部分老舊的M60A3 TTS型主力戰車，將M1A2T部署在北部政經軍中心附近，面對解放軍的「斬首戰」或是「灘岸突擊戰」時，可以發揮強大火力，作爲緊急馳援的利器。[5]

至於「政策」（policy）一詞，幾乎可以出現在非軍事領域中，例如一般討論政治學受到廣泛重視的研究途徑「系統理論」（system theory），主要兩個面向「外環境」與「內環境」的影響因素，以及

---

4 〈美國軍售爲臺灣量身打造　新戰車型號從M1A2X變爲M1A2T〉，《風傳媒》，https://www.storm.mg/article/1465880（檢索日期：2020/06/26）。

5 〈【觀察】美擬售臺108輛M1A2X坦克　臺軍反登陸戰力獲提升〉，《香港01》，https://www.hk01.com/%E5%8F%B0%E7%81%A3%E6%96%B0%E8%81%9E/337554/%E8%A7%80%E5%AF%9F-%E7%BE%8E%E6%93%AC%E5%94%AE%E5%8F%B0108%E8%BC%9Bm1a2x%E5%9D%A6%E5%85%8B-%E5%8F%B0%E8%BB%8D%E5%8F%8D%E7%99%BB%E9%99%B8%E6%88%B0%E5%8A%9B%E7%8D%B2%E6%8F%90%E5%8D%87（檢索日期：2020/06/26）。

「輸入」（in-put）與「輸出」（out-put）兩個要項。「決策過程」（decision-making process）如同「黑盒子」（black box），是政策產出的限制因素，可以從而理解「政策」是「輸入→決策過程→輸出」的不斷循環過程。在企業管理學門，一般討論「策略」及「策略規劃」，有時候「戰略」與「策略」相互運用，其實有其「異曲同工」之妙。

以美國每年公布的《國家安全戰略》（*National Security Strategy*）報告，之後美國國防部定期公布《國防戰略》（*National Defense Strategy*）報告，以及相應的《軍事戰略》（*National Military Strategy*）報告，完整建構美國爲了因應國家面對的傳統與非傳統安全威脅，所設計的一個完整「理念」、指導原則與實踐途徑。除了傳統國安戰略的制定之外，因應特殊情勢也出版因應戰略報告，例如《核武態勢評估報告》（*Nuclear Posture Review*），以及2017年以來因應「中國崛起」所帶來的印太戰略新情勢而提出《印太戰略報告》（*Indo-Pacific Strategy Report*），並提出三個實踐主軸：「戰備整備」（preparedness）、「夥伴關係」（partnerships）與「提升區域連結」（promotmg a networked region），[6]從美國國家安全設計角度言，「戰略」指導「政策」的推動。

如果以美國國防部於2019年6月6日出爐的《北極戰略報告》（*Report to Congress Department of Defense Arctic Strategy*）爲「範本」加以思考，美國如何結合國際關係議題與「戰略」之間的關係。整體報告內容區分爲：「執行摘要」、（Executive Summary）、「前言」（Introduction）、「北極安全環境評估」（Assessment of Arctic Security En-

---

6 The Department of Defense, "Indo-Pacific Strategy Report: Preparedness, Partnerships, and Promoting a Networked Region", June 1, 2019, accessed at: https://media.defense.gov/2019/Jul/01/2002152311/-1/-1/1/DEPARTMENT-OF-DEFENSE-INDO-PACIFIC-STRATEGY-REPORT-2019.PDF (2020/06/27).

vironment）、「美國在北極的國家安全利益」（U.S. National Security Interests in the Arctic）、「美國國家安全利益的風險」（Risks to U.S. National Security Interests）、「美國國防部的北極目標」（DoD Arctic Objectives）、「美國國防部的北極戰略途徑」（DoD's Strategic Approach for the Arctic）、「美國北極戰略的途徑與資源」（Arctic Ways & Means），最後為「結語」（Conclusion）。[7]從上述美國國防部《北極戰略報告》的公布，清楚地呈現美國如何建構一個完整的「戰略」過程，從一般性「執行摘要」開始，讓美國國會與一般民眾清楚地掌握此篇報告的主要內涵，在「前言」部分則是提出此份「報告」撰寫的緣由、法律根據、研究「過程」與「結果」。如同一般學術研究論文的「格式」所要求的，包括：「研究動機」、「研究目的」、「研究途徑」、「研究方法」與「研究成果」等。

同樣的，2018年1月26日，中國政府發布的首份北極政策文件《中國的北極政策》白皮書中指出，中國願意依託北極航道的開發利用，與各方共建「冰上絲綢之路」。[8]正如中國外交部發言人耿爽所說，中國願與相關各方一道，共同認識北極、保護北極、利用北極和參與治理北極，為北極的和平穩定和可持續發展做出貢獻。此中國的白皮書內容

---

7 整體原文大綱如下：Introduction, Assessment of Arctic Security Environment, U.S. National Security Interests in the Arctic, Risks to U.S. National Security Interests, DoD Arctic Objectives, DoD's Strategic Approach for the Arctic, Arctic Ways & Means, Conclusion，請參見："Report to Congress Department of Defense Arctic Strategy", Office of the Under Secretary of Defense for Policy, As required by Section 1071 of the John S. McCain National Defense Authorization Act for Fiscal Year 2019 (P. L. 115-232), accessed at: https://media.defense.gov/2019/Jun/06/2002141657/-1/-1/1/2019-DOD-ARCTIC-STRATEGY.PDF (2019/06/13).

8 《中國的北極政策》白皮書（全文），中華人民共和國新聞辦公室，https://www.scio.gov.cn/zfbps/32832/Document/1618203/1618203.htm（檢索日期：2019/06/14）。

區分爲：「前言」、「一、北極的形勢與變化」、「二、中國與北極的關係」、「三、中國的北極政策目標和基本原則」、「四、中國參與北極事務的主要政策主張」，以及「結束語」。[9]事實上，中國針對此份《北極戰略報告》的發布時機相當有玄機，首先，2019年6月5日至7日，中國國家主席習近平應邀對俄羅斯進行國是訪問，會晤俄羅斯總統普丁，並出席了一系列中俄建交70週年活動，包括聖彼得堡國際經濟論壇等。兩國元首共同簽署《中華人民共和國和俄羅斯聯邦關於發展新時代全面戰略協作夥伴關係的聯合聲明》，實現兩國關係實質升級。聲明中指出，雙方將推動北極可持續發展合作，在遵循沿岸國家權益基礎上，擴大北極航道開發利用以及北極地區基礎設施、資源開發、旅遊、生態環保等領域合作。[10]

另外，中國大陸兩大石油公司——中國海洋石油有限公司、中國石油天然氣集團公司，也與俄羅斯最大獨立天然氣生產商諾瓦泰克公司簽署協議，致力開展北極地區世界級液化天然氣項目的合作。中遠海運集團與俄羅斯諾瓦泰克公司、俄羅斯現代商船公共股份公司，以及絲路基金有限責任公司，則在俄羅斯聖彼得堡簽署《關於北極海運有限責任公司的協議》，意味著中俄在北極領域的合作已步入實質階段。[11]

反觀臺灣從1949-2000年期間，沒有任何關於「國家安全戰略」指導與報告，國防部每兩年公布《國防報告書》，主軸在於針對「國防戰略」與「軍事戰略」的指導與策略，羅列清楚完整。歷次報告書版本始終糾結於「防衛固守、有效嚇阻」八個字的先後整合，直到《106年

9 同前註。

10 〈美國新版《北極戰略報告》再次突顯冷戰思維〉，《中國新聞評論網》，http://hk.crntt.com/doc/1054/5/5/1/105455121.html?coluid=7&kindid=0&docid=105455121&mdate=0614105758（檢索日期：2019/06/14）。

11 同前註。

國防報告書》才調整「有效嚇阻」爲「重層嚇阻」與「防衛固守」。事實上，2006年陳水扁總統時期，國家安全會議進行臺灣的國家安全戰略之建構，出版第一本《2006國家安全報告》，到了2008年再修訂出版《2006國家安全報告修訂本》，之後，馬英九總統主政8年時期，並未持續發布指導國家安全大政方針的指導原則。

蔡英文於2016年第一次當選，2020年再度連任，她的國家安全最高指導，如同陳水扁時期的「四不一沒有」到馬英九時期的「三不」，採取「維持現狀」固守《中華民國憲法》與《兩岸人民關係條例》原則下，構思兩岸和平穩定發展。隨著2017年美國推動「一個自由公開的印太戰略」（A Free and Open Indo-Pacific Strategy），蔡英文則從兩個層面上推動臺灣的國家安全戰略，在多邊層次上，全方位鏈結印太戰略三個主要支柱：安全、經濟與民主治理，是以臺灣參加印太宗教自由會議、印太民主治理諮商機制，在雙邊層次上，強化「臺美關係」發展，從美國總統川普與蔡英文總統通話，美國國會從2017年以來通過《臺灣旅行法》（*Taiwan Travel Act*）、《臺北法》（*Taiwan Allies International Protectron and Enhancement Initiative Act, TAIPEI Act*），以及「北美事務協調委員會」也更名爲「臺灣美國事務委員會」，換言之，雖然沒有正式國家安全戰略報告，實際上存在國家安全戰略指導下的「戰略」與「政策」。顯示出如何結合戰略與國際關係研究，形成一個分析框架，有助於國家安全戰略的設計，以及其下相關政策的推動。

## 第二節　戰略研究的途徑與方法

從社會科學領域角度言，「戰略」與「策略」研究兩者雖然運用不同專有名詞，卻是指涉相同的研究邏輯。中國戰國時代出現一本《戰國策》，主要內容記述戰國時期謀臣策士們遊說諸侯的活動。[12]此本書採

12 《戰國策》是一本史料彙編，按國別記事，分列爲東周、西周、秦、

用「策」一字，主要表達戰國時期縱橫家的政治主張和策略。[13]當代美國管理學大師波特在《哈佛商業評論》（*Harvard Business Review*）發表一篇〈何謂策略？〉（What is strategy?）[14]的文章，論述一般企業將「營運效益」（operational effectiveness）等同「策略」（strategy）的謬誤之處，因爲，「營運效益」與「策略」都是企業績效能否超越對手的重要關鍵。

波特認爲，企業唯有建立某種能夠維持的「差異性」，才有可能贏過對手，諸如提供更多「價值」，以提高平均單價，或者追求更多效率以壓低平均單位成本。其次，企業在成本或價格上有差異的原因，在於企業選擇哪些活動、如何執行這些活動。因此，「活動」（activity）成爲競爭優勢的最基本單位。企業的整體優勢或劣勢，都是整體而非少數幾項活動的結果。[15]

是以，波特定義所謂「營運效益」（operational effectiveness）：「就是企業執行相同活動的效果比對手來得好。」（performing similar activities better than rivals perform them），而且「營運效益」包括「效

齊、楚、趙、魏、韓、燕、宋、衛、中山等12國策，共32卷，497篇，請參見：〈「《戰國策》又名《國策》」，它的思想內容你知道嗎？〉，《每日頭條》，https://kknews.cc/zh-tw/history/qoo99eg.html（檢索日期：2020/06/27）。

13 《戰國策》，中華古詩文古書籍網，https://www.arteducation.com.tw/guwen/book_53.html（檢索日期：2020/06/27）。

14 Michael E. Porter, "What is Strategy?", *Harvard Business Review*, November-December 1966, accessed at: https://www.instituteofbusinessstrategy.com/strategy.pdf (2020/06/27)。請參考中文翻譯，〈策略是什麼？〉，《天下雜誌》，https://www.cw.com.tw/article/5050626（檢索日期：2020/06/27）。

15 Michael E. Porter, "What is Strategy?", *Harvard Business Review*, November-December 1966, p. 61-62, accessed at: https://www.instituteofbusinessstrategy.com/strategy.pdf (2020/06/27).

率」，卻不等同於「效率」。相反地，「策略定位」（strategic positioning）是：「執行與對手不同的活動，或者是用不同的方式，執行相同的活動。」（In contrast, strategic positioning means performing different activities from rivals' or performing similar activities in different ways）[16]

從戰略角度思考，「利益」的確保，就是要減少「風險」（risk）的出現，國際關係理論中包括了「決策理論」（decision-making theory）、「危機處理」（crisis management）或是「風險管理」（risk management），區分出主要利得者、共同獲利者、連帶受損者；在戰略研究上，「決策者」必須先設定「目標」爲何？透過何種「途徑」與「資源」的配合，才能有效地達成一定程度的「目標」。

美國陸軍戰爭學院教授「戰略」的主要著眼點，在於清楚律定「戰略架構」（the strategy framework），這也是該院授課的重點。在概念上，美國定義「戰略」（strategy）就是「目的」（end）、「途徑」（way）與「資源」（mean）之間的關係。「目的」（end）係指追求的「客體」（objectives）或是「目標」（goal）；「資源」（mean）就是泛指提供目標達成必需的資源；「途徑」（way）就是決策者如何「組織」（organize）與「運用」（apply）上述資源的方式。[17]

同時，「目標」與「途徑」、「資源」之間，也要考慮「成本」與

---

16 Michael E. Porter, "What is Strategy?", *Harvard Business Review*, November-December 1966, p. 61-62, accessed at: https://www.instituteofbusinessstrategy.com/strategy.pdf (2020/06/27).

17 Robert H. Dorff, Chapter 2 A Primer in Strategy Development, U.S. Army War College, Guide to Strategy, edited by Joseph R. Cerami, James F. Holcomb, Jr., February 2001, p. 11. accessed at: https://ssi.armywarcollege.edu/pdffiles/PUB362.pdf (2019/07/02).

「效益」之間的平衡問題。[18]如同一場籃球比賽一樣，每一參賽的隊伍都以贏得比賽為目標，他們可以運用「戰略」，即「攻擊性」（offensive）（如何得分），以及「防禦性」（defensive）（如何防止對手上籃得分）的「途徑」（way）與「資源」（mean）。一個成功的戰略性教練，相對於對手教練，會思考「途徑」，更有效地運用「資源」，以達成擊敗對手的「目標」。[19]

此外，根據美國陸軍戰爭學院的「戰略構成圖」，顯示出建立任何「戰略」，例如「美國國家安全戰略」、中國「一帶一路倡議」、臺灣倡議的「新南向政策」，都需要經過以下各項「戰略構成圖」的因素考量。首先討論「國家價值」（national value），顯示出其最高指導原則，所謂「價值」（value）基本上屬於一種「抽象」與「概念性」的思考原則，例如「自由」、「民主」、「均富」，或者所謂「世界大同」，以美國歷屆總統提出年度《國家安全戰略》（*National Security Strategy*）報告為例，追求「民主」、「自由開放」等，這些屬於無形理念。

---

18 U.S. Army War College, *Guide to Strategy*, edited by Joseph R. Cerami, James F. Holcomb, Jr., February 2001, accessed at: https://ssi.armywarcollege.edu/pdffiles/PUB362.pdf (2019/07/02).

19 Robert H. Dorff, Chapter 2 A Primer in Strategy Development, U.S. Army War College, *Guide to Strategy*, edited by Joseph R. Cerami, James F. Holcomb, Jr., February 2001, p. 11. accessed at: https://ssi.armywarcollege.edu/pdffiles/PUB362.pdf (2019/07/02).

圖一 戰略構成圖（Strategy formulation）

資料來源：Robert H. Dorff, Chapter 2 A Primer in Strategy Development, U.S. Army War College, *Guide to Strategy*, edited by Joseph R. Cerami, James F. Holcomb, Jr., February 2001, p. 14. accessed at: https://ssi.armywarcollege.edu/pdffiles/PUB362.pdf (2019/07/02).

其次是「國家利益」（national interest），涵蓋兩個概念，即「國家」與「利益」，表達以整體「國家」爲一個「行爲體」，考量的並非個人、團體，而是一個單一集合式理念。基本上，每一個國家體制不一樣，以「總統制」爲例，透過「三權分立」政治學理念，總統負責「行政」，國會負責「立法」，「司法」發揮監督功能。是以，總統負責國家安全大政方針。其次，「國家利益」包括「生存」與「發展」兩個層面，從國際關係各流派理論討論下，涵蓋：「領土完整」、「主權獨立」、「經濟財富」、「國際參與」等，透露出上述兩者必須「齊頭並進」。

第三是「戰略評估」（strategic appraisal）。基本上，國家除面臨傳統安全，以及非傳統安全議題的威脅，採取何種「戰略」（strategy），涉及到上述討論的「目標」、「途徑」與「資源」等相互運用。是以，如前兩章敘述，各國針對不同「安全威脅」（security threats）提出對策，例如針對一個自由開放的印太地區發展，2019年6月1日，美國國防部提出《印太戰略報告》（*Indo-Pacific Strategy Report*），或是針對北極安全態勢提出《北極戰略報告》等。

第四為「國家政策」（national policy），即關於國家「政策」與其下的第五「國家戰略」（national strategy）有相互指導關係。一般社會科學研究關於「政策」（policy）是一個上位指導原則。例如2016年9月5日，蔡英文總統上臺以來，積極推動「新南向政策」（New Southbound Policy），行政院於是提出「推動新南向有成——創造互惠共贏的合作模式」的推動計畫。[20]在此「政策」指導下，陸續推動各項「戰略」為計畫指導性質。但是，也有將「戰略」視為在「政策」之前的上位指導原則，透過各項戰略設定，再訂定以下各項「政策」，成為具體行動原則。例如1979年中國開始推動改革開放政策，陸續從「引進來」到所謂「走出去戰略」的設定，[21]就是一種政策指導戰略的具體實踐。

---

20 我國行政院訂定「新南向政策」主要目的在於：「為全方位發展與新南向國家的關係，行政院於2016年9月5日提出《新南向政策推動計畫》，以經貿合作、人才交流、資源共享、區域鏈結為四大主軸，期望與東協、南亞及紐澳等18個國家，創造互利共贏的新合作模式，同時整備國家能量以參與區域經濟融合」。請參見：〈推動新南向有成——創造互惠共贏的合作模式〉，行政院重要政策，https://www.ey.gov.tw/Page/5A8A0CB5B41DA11E/c2ea8a21-7aca-416b-9937-ed9bfbd6fbe6（檢索日期：2020/07/02）。

21 鄭又平、林彥志，〈中國「走出去戰略」之分析：跨世紀中國經濟的轉第六爲「軍事戰略」（military strategy），即在不同戰略與政策的指導下，在傳統安全方面，運用「武力」途徑來達成軍事安全的目標。例如美國川普上臺以來，陸續推出《國家安全戰略》（*National Security Strategy*）、《國防戰略》（*National Defense Strategy*）與其下的《國家軍事戰略》（*National Military Strategy*），呈現出一個完整的國家傳統安全戰略設計架構圖。又例如2018年的美國《國家軍事戰略》報告，顯示出參謀首長聯席會議成員與戰區司令綜合全面性作戰理念，提供一個美國聯合武力的架構，藉以保衛與強化美國國家利益。[22]

例如2019年中國「爲宣示新時代中國防禦性國防政策，介紹中國建設鞏固國防和強大軍隊的實踐、目的、意義，增進國際社會對中國國防的理解，中國政府發表《新時代的中國國防》白皮書。」[23]根據內文顯示，中國採取防禦性國防政策，以及推動新時代軍事戰略方針，堅持防禦、自衛、後發制人原則，實行積極防禦，堅持「人不犯我、我不犯人，人若犯我、我必犯人」，強調遏制戰爭與打贏戰爭相統一，強調戰

---

變〉，《展望與探索》，第6卷第8期，2008年8月，頁45-62。https://www.mjib.gov.tw/FileUploads/eBooks/a34dda8336e74738822c3852711e25f8/Section_file/51f82155d6fd487597248a135f08fd78.pdf（檢索日期：2020/07/02）。

22 其原文顯示出此《國家軍事戰略》報告的目的：" The 2018 National Military Strategy (NMS) provides the Joint Force a framework for protecting and advancing U.S. national interests. Pursuant to statute, it reflects a comprehensive review conducted by the Chairman with the other members of the Joint Chiefs of Staff and the unified combatant commanders".請參見："*Description of the National Military Strategy 2018*", The Joint Staff, accessed at: https://www.jcs.mil/Portals/36/Documents/Publications/UNCLASS_2018_National_Military_Strategy_Description.pdf (2020/07/02).

23 《新時代的中國國防》白皮書全文，中華人民共和國國防部，http://www.mod.gov.cn/big5/regulatory/2019-07/24/content_4846424.htm（檢索日期：2020/07/02）。

略上防禦與戰役戰鬥上進攻相統一。[24]

第七是「風險評估」（risk assessment）。一般討論此一概念的意涵，在於「爲了確保作業人員等的安全，並盡可能降低危害的安全確認方法」。[25]換言之，「風險評估」涉及所有相關安全事務的課題，不僅包括經濟、工業、社會等內政議題，也攸關對外事務議題。平常保險公司的廣告詞就是「天有不測風雲、人有旦夕禍福」，所以，平時就要有保險觀念與準備。目前，全球發生「新型冠狀肺炎」（COVID-19），國際社會存在「三大趨勢正在改變政治風險的樣貌：冷戰後政治的巨幅變化、供應鏈創新，以及科技革命」。[26]首先，冷戰後政治的巨幅變化，涉及美國與前蘇聯冷戰時期的權力結構調整，隨著「中國崛起」，經濟、軍事與外交布局全球，挑戰美國領導的全球政經秩序。其次，由於疫情管控，各國封閉邊境，致使全球產業供應鏈發生變化，[27]因爲汽車生產涉及上萬個零件、物料的全球化採購過程，任何一個微小零件的供應出現異常，都會對整體汽車生產造成影響。第三、科技革命快速進展，美國針對中國華爲5G技術與市場爭議，主因在於華爲的少數技術冠絕全球，不輸美國的中企，且業務重點涵蓋如5G、無線網路、雲端等新趨勢，以及重要載體手機，[28]顯示出未來美中兩強競逐焦點，除了

---

24 同前註。

25 〈什麼是風險評估〉，《安全知識》，https://www.keyence.com.tw/ss/products/safetyknowledge/about/risk/（檢索日期：2020/07/02）。

26 康朵麗莎．萊斯（Condoleezza Rice），艾美．齊家特（Amy Zegart），〈管理政治風險四大能力〉（Managing 21st-Century Political Risk），2019年3月號（無限學習者領導未來），《哈佛商業評論》，https://www.hbrtaiwan.com/article_content_AR0008701.html（檢索日期：2020/07/03）。

27 〈疫情衝擊全球汽車供應鏈：中國車企體系力面臨考驗〉，《新浪新聞網》，https://news.sina.com.tw/article/20200324/34627620.html（檢索日期：2020/07/03）。

28 〈新聞分析——玉石俱焚的中美科技戰〉，《中時電子報》，https://www.

地緣政治因素之外，科技技術的掌握才是關鍵因素。

「戰略研究」除了根據美國陸軍戰爭學院「戰略架構制定程序圖」之外，透過「模擬」（simulation）也可以達成「戰略研究」的思考途徑。一般「模擬」可以假設爲一種訓練「形式」，根據參與者的政治知識與社會經歷，運用總體資源包括：人力、物資設備、行政支援、操作者想服務的目的，以達成下列目標：[29]1.教學與訓練學生；2.透過實務者的互動，提高政策科學與澄清政策的選擇性；3.檢證社會科學的假設，增加理論的研究與分析。換言之，主要在於「做某些」的學習經驗優於「聽某些」的學習經驗，可以激發動機與產生興趣，提供參與者「機會」驗證所閱讀的、聽講的與其他資料的理論知識。此外，讓參與者感受「決策者」所面臨的情境、感受到實際壓力，面臨資源的限制，讓參與者可以透過一個團體中的決策過程中，體會一個模型世界時，具體掌握國際系統的運作情況。[30]

基本上，「模擬」就是一種學習的工具，遠從春秋戰國時代各國征戰不已，中國兵聖孫武向吳王提供攻守之道，借用吳王宮女進行軍隊行軍作戰的布局與操演，[31]就是一種最遠古的戰爭「模擬」，或是一般所稱的「兵棋推演」（War games），這是一種「過程」，是一種人爲狀況的「想定」，除了因應傳統威脅外，例如軍事衝突引發的各項國家安全威脅情勢，因應非傳統安全威脅，例如氣候變遷、流行疫情、

---

chinatimes.com/newspapers/20200507000197-260202?chdtv（檢索日期：2020/07/03）。

29 James E. Dougherty and Robert L. Pfalzgraff, Jr.原著，洪秀菊、徐振德、衛嘉定、陳文煙譯，《爭辯中之國際關係理論》，臺北：黎明文化，1979年，頁348。

30 同前註，頁349。

31 魏汝霖註譯，《孫子今註今譯》，臺北：臺灣商務，1984年，頁1。

複合性災害等，都需要從嚴從難的設計「想定」，以做好萬全準備。[32] 從戰略研究層面言，如果從「兵棋推演」（War games）角度切入，透過「劇本」或是「想定」（scenario building）為後續分析的基礎，瞭解「他者」或是「敵手」進一步的思考與可能的行動方案，透過「換位思考」，有助於我方研擬下一步決策與行動。誠如傳統「圍棋」比賽中的高手對弈，往往都是在考慮對手的下下一步落子所在，思考，亦即在圍棋比賽「對弈過程中，棋手們既要確保自己的戰略計畫能夠實施，同時又要正確應對對手的棋子。」[33]具有戰略思維的「棋手」，永遠在思索對方下下一步可能的反應，做好因應的下下一步方案。

因此，主張透過「模擬」作為教學目的之專家認為，參與模擬過程可以讓學生實際參與互動過程，藉由「模仿」來理解國際事務的眞相。例如「模擬聯合國」目前已成為全世界學生積極參與的新顯學，學生扮演各國外交官，根據國際及國內的實際情勢，對議題做出討論，並提出最終的決議草案。[34]關於模擬聯合國議事運作的營隊在高中與大學相當盛行，議程以英語進行為主，可以培養國際溝通與辯論、談判的技巧，訓練參與者的批判思考、團隊合作和領導能力。[35]

---

32 翁明賢主編，翁明賢、常漢青合著，《兵棋推演：意涵、模式與操作》，臺北：五南圖書，2019年，頁13。

33 〈從圍棋看中國人的思維與決策〉，《每日頭條》，https://kknews.cc/zh-tw/culture/za2z5gp.html（檢索日期：2020/07/03）。

34 事實上，「世界模擬聯合國會議（World Model United Nations, World MUN），是全球唯一每年在不同城市舉辦，也是北美地區以外規模最大、最多元的模聯會議。World MUN由哈佛大學創立於1992年，歷屆舉辦城市已橫跨歐、美、非、亞四大洲。透過各大學申請合辦的制度，進行區域性合作，並在各地推廣，蔚為風潮。」請參見：朱立心，〈模擬聯合國，與世界接軌〉，NGO國際事務會，https://www.taiwanngo.tw/p/404-1000-24557.php?Lang=zh-tw（檢索日期：2020/02/21）。

35 基本上，「模擬聯合國（Model United Nations, MUN）是近年風靡高中和其實，2018年9月，我國舉辦「政軍兵推」分爲三個項目：第一是指揮所的緊急開設與正副總統及重要首長的安全轉移；其次是國家關鍵基礎設施的防護演練；第三是針對各項危機狀況想定、研析及處理。在「政軍兵棋推演」三個階段期間，將由各重要部會首長與會，依慣例邀請部分立委及學者，分別模擬扮演友邦官員，在不同的狀況想定中，進行角色推演。[36]之後，國防部根據「政軍兵推」結果，進行年度「漢光演習」。2019年4月，國防部舉行第35次號漢光「電腦輔助指揮所演習」，在此次電腦兵棋戰術攻防中，「防衛軍」廣泛演練反制中國人民解放軍兩棲登陸、繞越東部攻擊等狀況，包括日、美在與那國島、沖繩的軍事部署，也被納入兵推。[37]換言之，「政軍兵推」屬於國家最高層級的「決策模擬」，屬於開戰前夕因應各種傳統與非傳統安全威脅的各部會處置情況。在國家進入戰爭期間，就由國防部主導「漢光演習」，遂行「臺澎防衛作戰」：攻防演練，驗證國防政策與軍事戰略的適切性。

## 第三節　國關理論的研究途徑方法

一般透過國際關係理論研究成果可以發揮的「功能」，在於增進國際現象的「知識」，除爲了「純粹的瞭解」，或是「改變現象」，也可以提供一個「思想架構」，藉以界定研究的方向，選定搜集與分析資

---

大學的學術性課外活動，由學生擔任不同國家代表或公共事務角色，模仿精簡後的聯合國會議架構和規則，召開模擬會議。」請參見：〈女高中生參與模聯　練就良好英語力和領導力〉，《聯合新聞網》，https://udn.com/news/story/6874/3776912（檢索日期：2020/02/21）。

36 〈政軍兵推　週六起連3天〉，《自由電子報》，https://news.ltn.com.tw/news/politics/paper/1229815（檢索日期：2020/02/21）。

37 〈漢光兵推重兵北上勤王　日美軍事部署反制共軍船團〉，《聯合新聞網》，https://udn.com/news/story/10930/3781551（檢索日期：2020/02/21）。

料，及其適當的研究工具。[38]因此，透過本書第二章所提主要國際關係理論，即現實主義學派：權力、安全；新自由主義學派：制度；建構主義：觀念等學派，提供世人觀察國際現象的不同「途徑」與「視角」，從而回顧理解各國對外政策的「目標」，及其操作途徑與使用的工具。

傳統上，國際關係理論研究途徑，如同社會科學的研究途徑與研究方法，呈現多元化、多樣化現象。學者朱張碧珠認為，傳統主義途徑強調歷史、哲學的方法來分析國際政治與外交政策，研究者必備的條件，包括：歷史的知識、語言能力、實務的經驗與廣博的見識。[39]例如分析1996年第3次臺海危機，除了分析當時美、中、臺三邊外交互動過程之外，必須回溯1949年冷戰開始，兩岸分裂分治的互動關係史，以及當時兩岸領導人李登輝與江澤民之間透過海基會及海協會的互動歷程，才得以窺探危機發生的背景。

至於行為主義研究途徑是在1950年代，美國學者史耐德（Richard Snyder）、卡布蘭（Morton Kaplan）、陶意志（Karl Deutsch）大力倡導下的新研究途徑發展。此種研究途徑的區隔，也跟國際關係理論流派二次辯論有關，第一次辯論在於理想主義與現實主義的論爭，第二次就是傳統主義與行為主義研究途徑之爭。行為科學研究途徑強調突破傳統學派研究的歷史與哲學的途徑，而是從「實證」角度切入分析國際關係現象，例如1962年前蘇聯部署中程飛彈於古巴，引發美蘇冷戰核武對抗危機，[40]從1962年7月中旬到10月危機爆發之前，蘇聯動用超過85艘船

---

38 James E. Dougherty and Robert L. Pfalzgraff, Jr.原著，洪秀菊、徐振德、衛嘉定、陳文煙譯，《爭辯中之國際關係理論》，臺北：黎明文化，1979年，頁39。

39 朱張碧珠，《國際關係——理論與實踐》，臺北：三民，1991年，頁7。

40 〈「古巴飛彈危機」驚爆13天」卡斯楚、甘迺迪、赫魯雪夫如何將全世界推向核戰邊緣」〉，《風傳媒》，https://www.storm.mg/article/194524（檢索日期：2020/07/05）。

隻，向古巴共運送42枚中程飛彈、162枚核彈頭、42架伊爾－28型轟炸機，還有大批防空飛彈及43,000名蘇聯軍人。[41]如果以傳統學派從歷史角度分析，可以梳理雙方領導人化解核武危機的協商過程，[42]比較無法理解「核子武器」所帶給美國的安全威脅，透過量化途徑，經過資料與數據模擬，比較能夠體會萬一發生核武攻擊可能帶來的傷亡。

學者王人傑整理國際關係研究途徑，包括傳統學派與行為學派之間的相互論辯，行為學派認為傳統學派的缺點如下：1.以個案研究為基礎，藉以說明整體國際關係現象，有「以偏概全」之虞；2.因為缺少一定的「作業語言」（operational language），致使研究者必須先瞭解以往複雜國際關係知識，才能適用於當前的事實與情況的判斷，傳統學派研究學者運用的觀念相對模糊，不確定因素較高；3.傳統學派主要運用歷史研究途徑與歷史研究法，通常搜集相關資料，透過知覺、個人判斷過程，加以解釋分析；行為學派則是針對不同議題，運用不同研究工具，例如統計、數學、溝通、模擬、電腦等。[43]

基本上，傳統學派的研究過程相當重視事件的發展歷程，透過以往類似事件，來推斷現階段事件可能的發展趨勢，一定程度屬於「前事不忘、後事之師」的邏輯理則。不過，2017年川普擔任美國總統以來，種種對外決策作為，超乎美國智庫學者的判斷，例如退出《跨太平洋夥伴協議》、《巴黎氣候議定書》、撕毀《伊朗核武協議》，改變過去美國對北韓政策，舉行三次「川金會」，都是屬於「前無古人」且是否「後

---

41 〈古巴飛彈危機：一場驚心動魄的對抗〉，《每日頭條》，https://kknews.cc/zh-tw/history/r5lomvn.html（檢索日期：2020/07/05）。

42 宋學攻，〈避免戰爭：甘迺迪、赫魯雪夫與古巴導彈危機〉，《成大歷史學報》，第38號，2010年6月，頁1-38，http://www.his.ncku.edu.tw/chinese/uploadeds/387.pdf（檢索日期：2020/07/05）。

43 James E. Dougherty and Robert L. Pfalzgraff, Jr.原著，洪秀菊、徐振德、衛嘉定、陳文煙譯，《爭辯中之國際關係理論》，臺北：黎明文化，1979年，譯後贅言，頁1-2。

有來者」大有疑問的反建制派總統。[44]

相同的，傳統學派也針對行爲學派研究途徑做出如下批評：1.行爲學派注重「量化」，必須設定一些「變數」，如何選擇「變數」往往依照直覺安排，無法達成正確的研究成果；2.行爲學派研究過程中，設計特定「假設」與可控制情境下，說明國際關係行爲者的動態，缺乏整體性看待國際關係，無法理解各個部分相互聯繫，不易解釋全體現象與預判事件的發展；3.行爲學派運用「科技整合」（interdisciplinary technique），並以「演繹法」爲主要「研究方法」（research method），不過，在演繹研究過程中，如果「變數」調整，勢必影響研究的正確結果；4.國際關係涉及政治性事務，相關資料不一定可以搜集，如何檢證資料也有其困難性，是以，行爲學派研究往往會選擇易於取得的「事實」與「資料」，也選擇配合其既有的工具來完成研究，因此，某種程度會受限於技術工具的限制。[45]事實上，國際關係研究途徑，不管是「行爲學派」與「傳統學派」都有其優缺點，重要的是，在於是否「適用」於研究問題本身的需求。

中國學者王建偉主編一本《國際關係學》，[46]中國人民大學出版社基於二十世紀以來，尤其是二次大戰結束以來，西方人文社會科學界開始反思各個學科的理論與研究方法，進行專業研究的嚴謹性。是以，該出版社與美國華人人文社會科學教授協會會長魯曙明共同進行《西方人文社科前沿述評》，有系統的解析西方人文社會科學主要學科發展歷

---

44 〈2016美國大選・深度|制度的尷尬，建制派與反建制派之爭？〉，《每日頭條》，https://kknews.cc/zh-tw/world/p48oqr2.html。（檢索日期：2020/07/07）

45 James E. Dougherty and Robert L. Pfalzgraff, Jr.原著，洪秀菊、徐振德、衛嘉定、陳文煙譯，《爭辯中之國際關係理論》，臺北：黎明文化，1979年，譯後贅言，頁2-3。

46 王建偉主編，《國際關係學》，北京：中國人民大學出版社，2010年。

史、理論體系、研究方法與前沿熱點問題。[47]在此書「前言」部分，主編王建偉提出前蘇聯的解體與冷戰的結束，引發整體國際關係結構的變化，主流國際關係理論未能預測與解釋國際政治的變化，另外，此種巨變又使得美國學界提出所謂「自由主義」戰勝「共產主義」的論斷。[48]

例如美籍日裔學者福山（Francis Fukuyama）認爲冷戰結束、蘇聯解體，全世界的政治環境也正趨向一種「民主體系」的西方系統，繼而提出「歷史終結論」。早於1989年，他在國際關係期刊上發表一篇名爲〈歷史的終結？〉（The End of History?）的論文，表達了「自由民主」（liberal democracy）體系可能成爲人類政府的終極模式。[49]不過，時至今日，從2017年慕尼黑國際安全研討會提出三個「後」的概念：「後眞相、後西方、後秩序」（post-truth, post-west, post-order）的角度而言，[50]顯示從2017年以來，美國總統川普最終勝出，卻帶來所謂「俄羅斯門」[51]與後續「烏克蘭門」[52]的爭議事件，重點都是在於資訊科技被

---

47 同前註，頁3。

48 同前註，前言，頁1。

49 〈福山：歷史的終結（10/27）〉，《香港01》，https://www.hk01.com/%E5%93%B2%E5%AD%B8/50767/%E7%A6%8F%E5%B1%B1-%E6%AD%B7%E5%8F%B2%E7%9A%84%E7%B5%82%E7%B5%90-10-27（檢索日期：2019/06/14）。

50 “Munich Security Report 2017 Post-Truth, Post-West, Post-Order?”, accessed at: file:///Users/user/Downloads/MunichSecurityReport2017%20(8).pdf (2020/02/18).

51 2019年3月24日，美國特別檢察官穆勒（Robert Mueller）調查後，並未發現川普競選團隊與俄羅斯勾結的證據，司法部長William Barr表示，也沒有足夠證據指控總統妨礙司法。請參見：〈「通俄門」調查主要結論：未發現川普勾結俄羅斯的證據〉，《鉅亨網》，https://news.cnyes.com/news/id/4292444（檢索日期：2020/02/18）。

52 2019年9月25日，美國白宮公布總統川普（Donald Trump）、烏克蘭總統澤倫斯基（Volodymyr Zelensky）7月25日的通話紀錄，內容可見

濫用，透過有心人士製作的「假新聞」（fake news）所帶來的政府政策之誤判。

近年來，「中國崛起」成爲一個國際政經探討的課題，就北京智庫學界角度言，如何能夠提出一套有別於西方國際關係理論與研究途徑，更能夠有力解讀中國和平崛起的現象，爲其當務之急。學者Battistella認爲，中國長期以來都是一種帝國中央心態，建構一種朝貢體系，無法出現一種眞正意義上的「國際觀」。直到中國從二十一世紀重新獲得大國地位之後，中國學者遲早會針對國際關係理論，提出一些新的科學理論。[53]以秦亞青、王逸舟代表爲主的中國國際關係學者，也嘗試提出建構國際關係理論中的「中國學派」。[54]首先，秦亞青認爲，中國學者持續關注建立中國國際政治學派的意識，不過，僅僅針對「思想淵源」和「思維模式」對國際政治的影響，而無法建立一種「核心理論」，很難產生理論的硬核，藉以發展「中國學派」。亦即，中國缺乏原創型國際關係理論的原因在於：1.缺乏學理自覺；2.西方話語主導；3.缺乏富有生長潛力的理論硬核。[55]

---

川普確實以曖昧言語要求對方配合，試圖調查他的強勁敵手拜登（Joe Biden）。參見：〈「烏克蘭門」吵什麼一次看懂　揭露30分鐘通話內幕……川普連任危機再現〉，《ETtoday新聞雲》，https://www.ettoday.net/news/20190926/1543479.htm（檢索日期：2020/02/18）。

53 達里奧・巴蒂斯特拉原著，潘革平譯，《國際關係理論》（*Theories des Relations Internationales*）（第三版修訂增補本），北京：社會科學文獻出版社，2010年，中文版序，頁2。

54 秦亞青強調：「就中國學派的構建來說，中國學派要成爲一種符號、一種標識。中國學派要提出不同於西方國家主導的觀察國際關係的視角，並使人理解、認同、接受，這就需要獨特標識。」請參見：〈秦亞青：構建國際關係理論的中國學派〉，《中國共產黨新聞網》，http://theory.people.com.cn/BIG5/n1/2016/0215/c40531-28123694.html（檢索日期：2020/02/18）。

55 秦亞青，《國際關係理論：反思與重構》，北京：北京大學出版社，2012年，頁187-192。

是以，秦亞青建議最可能引發突破的核心問題，在於迅速崛起的中國與國際社會之間的關係，除了相對於國際關係的身分認同問題，中國成爲國際社會的成員，也涵蓋中國成爲未來國際秩序塑造者的身分。[56]其實，秦亞青認爲，影響「中國學派」生成的三種思想，包括：1.儒家文化的天下官與朝貢體系的實踐；2.中國近代主權思想與中國的革命實踐；3.中國的改革開放思想與融入國際社會的實踐。[57]

2018年6月，習近平在中共中央外事工作會議中，首次完整地闡釋中國外交大政方針，包括要「積極參與引領全球治理體系改革」，[58]以及2019年9月中國外交部長王毅在聯合國大會中，也強調中國將「堅定維護聯合國的地位和作用，堅定維護以聯合國爲核心的國際體系。」[59]換言之，中國積極參與國際社會事務，例如參加在聯合國旗幟下於世界各地的「和平維持部隊」（Peace Keeping Forces, PKO），參與亞丁灣反海盜護航行動。另外，王逸舟指出，中國國際關係學界從試探性地介紹西方國際關係理論到史無前例的引進和學習浪潮，再到批判意識和自主意識的不斷加強。王逸舟聚焦於建構中國外交的國際關係理論基礎，陸續出版三本相互關聯的專書：《創造性介入：中國外交的轉型》是「創造性介入」三部曲之一，其他兩部是《創造性介入：中國之全球角色的生成》、《創造性介入：中國外交新取向》。[60]至於，其他中國學

---

56 同前註，頁194-195。

57 同前註，〈國際關係理論中國學派生成的可能和必然〉，頁220-226。

58 〈習近平：努力開創中國特色大國外交新局面〉，《人民網》，http://politics.people.com.cn/BIG5/n1/2018/0623/c1001-30078644.html（檢索日期：2020/07/07）。

59 〈王毅出席第74屆聯合國大會一般性辯論並發表講話〉，中華人民共和國中央人民政府，http://www.gov.cn/guowuyuan/2019-09/29/content_5434532.htm（檢索日期：2020/07/07）。

60 〈學者王逸舟：希望更多人能對外交感興趣〉，《人民網》，http://culture.people.com.cn/BIG5/n1/2016/0322/c1013-28218902.html（檢索日期：

者持相反態度，觀察中國學派的生成，例如學者閻學通認爲：1.國際關係理論非由理論創立者命名的；2.理論很少是用國家命名的，而是根據其主張、主要創建者或其創立的學術機構加以命名；3.中國標籤過於寬泛，任何理論或流派無法涵蓋歷史和傳統的多樣性與復雜性。[61]

事實上，閻學通近年來不斷提出「道義現實主義」的觀點，2018年出版《道義現實主義與中國的崛起戰略》一書，整理其從2014-2017年的文章和媒體的採訪報導，討論如何以奮發有爲原則指導具體的外交政策，而「道義現實主義」理論是用一個變量，同時解釋崛起國何以成功和霸權國何以「衰敗」的理論。2019年5月15日，閻學通發表另一本外文新書《*Leadership and the Rise of Great Powers*》，強調「政治領導力」是各國競爭結果的決定性因素，而其核心爲「道義」，進而提出「道義現實主義」的必要性。[62]

基本上，一般國際關係學者希望通過「層次分析法」（Level of Analysis），將複雜的國際關係現象分解爲幾個相對容易清楚界定的「變項」，然後通過對這些「變項」的取捨來構建解釋國際現象的因果機制。

華爾茲（Kenneth N. Waltz）從人性（Human Behavior）、國家內部結構（Internal Structure of State）、國際無政府狀態（International Anarchy）三個「意象」（image），對戰爭根源進行了綜合分析，從而開

---

2020/02/18）。

61 〈胡鍵：國際關係理論的上海學派何以可能？〉，《鳳凰網國際智庫》，http://inews.ifeng.com/yidian/46766847/news.shtml?ch=ref_zbs_ydzx_news（檢索日期：2020/02/18）。

62 〈對談——從中國古代思想出發，看政治領導力與道義現實主義〉，《每日頭條》，https://kknews.cc/zh-tw/media/2koevvr.html（檢索日期：2020/02/18）；並請參考：閻學通、張旗，《道義現實主義與中國的崛起戰略》，北京：中國社會科學出版社，2018/03/31。

創了國際關係研究中的層次分析方法。[63]而第一位將層次分析法作爲方法論提出來的則是戴維・辛格（David Singer）。1961年，他在〈國際關係中的層次分析問題〉一文中，把影響外交政策的因素劃分爲兩大層次：國際體係與民族國家。

另外，一國外交政策或是對外政策的制定與產出，除了受到國際環境與體系的影響之外，也同時受到國內各種因素的衝擊，包括：制度性、領導者個性、社會性因素。[64]基本上，相關「國內因素」影響一國「對外政策」與「國際事務」的影響因素，可以區分爲以下四種：[65]1.影響外交政策的國內觀念性因素；2.影響外交政策的國內制度性因素；3.影響外交政策的個體性因素；4.影響外交政策的社會性因素。例如2020年6月30日，中國全國人大會議通過《港版國安法》，[66]於7月1日正式生效，又於7月6日，《港版國安法》第43條實施細則刊憲公布，7日正式生效。[67]華盛頓強調，北京推動沒有反映香港人民意願的《國家安全立法》，都會破壞香港穩定，並會受到美國和國際社會強烈譴責。[68]法案通過之後，美國國務院與商務部也緊急宣布停止涉及國防科

63 Kenneth N. Waltz. *Man, the State and War: A Theoretical Analysis*. New York: Columbia University Press, 1959.

64 李承紅，〈第十二章　外交政策的國內淵源〉，王建偉主編，《國際關係學》，北京：中國人民大學出版社，2010年，頁288。

65 同前註，頁295-309。

66 〈香港《國安法》細節夜間出爐：重點條款和國際反應〉，《BBC中文網》，https://www.bbc.com/zhongwen/trad/world-53237511（檢索日期：2020/07/07）。

67 根據《港版國安法》第43條：「警方經行政長官批准，可對有合理理由懷疑犯國安罪的人截取通訊和祕密監察。」請見：〈港版國安法實施細則明生效　警可在特殊情況無手令蒐證〉，《聯合新聞網》，https://udn.com/news/story/121127/4682990（檢索日期：2020/07/07）。

68 〈中國若強推《港版國安法》川普警告：美國將有強烈反應〉，《自由時

技的物資出口香港，同時撤銷美國給予香港的特殊地位。[69]

## 第四節　戰略與國際關係融合途徑

「戰略」與「國際關係」都是屬於「社會科學」家族下的「政治學」的分支部門，而社會科學與自然科學一樣，都是以「科學」爲基礎，而「科學」涉及經驗的內容或是可經驗的內容，必須要以各種感覺素材爲基礎，而一切理論構造必須以它們做最原始的出發點。[70]經由第一章與第二章關於戰略與國際關係本質敘述之後，本章第四節將嘗試運用一般國際關係與戰略研究理論及解析途徑加以整合，提出一個整合國際事務與戰略分析因素表，以供後續各章研究與分析的途徑與方法。

2020年6月25日至7月1日，俄羅斯舉行了修憲公投，結果顯示俄羅斯聯邦85個行政區之中的84個，支持現任總統普丁可以連任總統一直到2036年，被認爲對西方構成重大地緣政治挑戰。[71]加上之前2018年3月，中國國家主席習近平透過全國人民代表大會通過修憲議程，投票結果2,958票贊成、2票反對、3票棄權和1票無效。[72]因此，中俄兩國將由積累了數十年知識和經驗的領導人掌舵，相對其他民主國家的任期限

---

報電子報》，https://news.ltn.com.tw/news/world/breakingnews/3173634（檢索日期：2020/07/07）。

69 〈《港版國安法》獲人大常委會全票通過！美國宣布取消香港特殊待遇，停止國防物資出口香港〉，《風傳媒》，https://www.storm.mg/article/2808224（檢索日期：2020/07/07）。

70 殷海光，《思想與方法》（再版），臺北：大林出版社，1978年，頁310。

71 〈俄羅斯修憲公投：普京成21世紀的彼得大帝？〉，《BBC中文網》，https://www.bbc.com/zhongwen/trad/world-53314830（檢索日期：2020/07/06）。

72 〈中國通過修憲草案，習近平「終身主席」時代來臨〉，《紐約時報中文網》，https://cn.nytimes.com/china/20180311/china-xi-constitution-term-limits/zh-hant/（檢索日期：2020/07/06）。

制，勢必強化未來全球地緣戰略的競逐。上述兩者已經成爲經驗事實，任何從事「戰略」與「國際關係」研究者，都必須加以掌握，以爲後續全球戰略變化的研判分析的基礎。

是以，殷海光認爲從事學術研究工作者必須要建立有用的「假設」，並有以下的五個「標準」：[73]1.假設必須與所要說明或是預測的X相關；2.假設必須可以被驗證；3.此一「假設」具有較大的說明力與預測力；4.假設應該具有「簡單性」；5.假設必須與現有的理論相容。舉例而言，中美之間的戰略競逐就是屬於長期性結構問題，亦即「崛起強權」挑戰「現有霸權」之爭，還是短期經貿利益差距之爭？中共政治局常委王滬寧在6月《求是》中的一篇文章指出以下三點：「1.中美貿易戰僅與貿易不平衡有關；2.美國是一個經濟和技術霸主，旨在使中國保持一個屈從地位；3.知識產權基本上是不存在的，每個國家都有免費獲取它的權利。」[74]如果基於以上三項論點，假設美中爭議屬於經貿逆差爭議，任何一位美國總統基於國內選票考量，都會採取相對強硬的態度；反之，中國採取長期抗戰策略，藉以因應美國短期經貿壓力。因此，殷海光認爲胡適的「大膽假設」與「小心求證」，有助於在社會思想上產生兩個效應：[75]1.「重致知」：沒有假設就不能產生經驗科學，也沒辦法產生「知識」，也無法達到「致知」的功效；2.發揮適度的懷疑心理：假設起源於有問題的產生，問題的發生在於具有「懷疑」態度，視「懷疑」爲獲得眞知的必要程序。

是以，進行「戰略」與「國際關係」兩個學科研究的整合過程

---

73 殷海光，《思想與方法》（再版），臺北：大林出版社，1978年，頁147-152。

74 〈【名家專欄】「美中脫鉤」面面觀〉，《大紀元》，https://www.epochtimes.com/b5/19/12/20/n11735692.htm（檢索日期：2020/07/06）。

75 殷海光，《思想與方法》（再版），臺北：大林出版社，1978年，頁160。

中，如何進行「科技整合」？即「科學諸部門之際的整合」。殷海光認爲，「科技整合」的目標除了科學理論的增進之外，還包括實用與技術的改革，或是解決特定的問題。[76]所謂「科技整合」（Interdisciplinary Integration）的意涵爲：「科際整合簡單說即是『科學諸部門之際的整合』，所重視的是各學科間共同語言、共同工作假定、共同構造、共同方法，甚至於統一理論的建立。」[77]是以，「區域研究」（Area Studies）屬於二次大戰之後新興學科，針對某一地理區域的研究，例如「歐洲地區」除了從政治、經濟、歷史、社會的角度之外，當地特有人文環境與文化風土也是必須瞭解的課題。學者林碧炤認爲：「歐洲的區域研究的第一目的在於滿足國家的政策需要，而其中又和軍事、外交及貿易不可分。」[78]

另外，根據德國社會學者韋伯（Max Weber, 1864-1920）的方法論研究顯示，他最重視「邏輯分析」，並具有以下三種特性：[79]1.邏輯問題不是「心理學問題」（die psychologische Probleme），心理學主要指涉經驗內容的問題，屬於局部、變化與條件性的存在物，邏輯問題是思考的形勢問題，呈現自足而永恆；2.邏輯與「存有論」（die Ontologie）是兩回事，韋伯認爲邏輯與概念扮演人類知識的工具，藉由它們來創造知識，掌握生活之眞實性與豐富性，這些與眞實經驗沒有任何邏

76 同前註，頁318。

77 方永泉，「科際整合（Interdisciplinary Integration）」，2000年12月，《教育大辭書》，國家教育研究院雙語詞彙、學術名詞暨辭書資訊網，http://terms.naer.edu.tw/detail/1307655/（檢索日期：2020/07/06）。

78 林碧炤，〈區域研究與國際關係——祝賀國立政治大學外交學系八十年系慶〉，《政治大學國際關係學報》，第31期，2011年1月，頁1-46。https://nccur.lib.nccu.edu.tw/bitstream/140.119/98127/1/31(p1-46) pdf（檢索日期：2020/07/06）。

79 蔡錦昌，《韋伯社會科學方法論釋義》，臺北：唐山出版社，1994年，頁12-15。

輯上的關係，無法累積眞理實踐的過程。3.邏輯不是普遍有效的原則，因爲普遍有效的原則是「形式邏輯」所追求的目標，產生一些公理性的推論模式。韋伯認爲，「邏輯分析」就是一種忠於純粹理性的「形式」要求，而對既有意義形式所進行的分析，完全無關經驗內容。[80]是以，「邏輯分析」係針對各種事件的發展，進行「應然面」的程序解析，由於每一國際事件都有其獨立發展的各項「變數」，基於此，必須掌握與理解「變數」與「變數」之間的邏輯理則，此便對國際事件進行有意義的分析。

以上「科技整合」與「邏輯分析」兩點牽涉如何引發問題研究的「源起」，因爲「興趣」主導持續研究的動力。吾人可以透過「文獻檢閱」（literature review）瞭解坊間有關問題的研究成果，從而啟發後續研究的「價值」，而非僅僅重複研究、複製成果。此外，亦可從「多元媒體」途徑，瞭解新的國際關係議題，觀察知名國內外「智庫」（Think Tank）定期與不定期演講、研討會、研究發表等，從目前學者的關切課題，可以找出一些值得後續研究的課題。例如攸關國際安全議題的全球最知名會議，包括年度全球安全的「慕尼黑國際安全會議」[81]、討論亞洲安全的「香格里拉對話」[82]等。

首先，本表（見表一）面對處理國際議題情勢下，縱向面區分爲五個層面：1.「事實面」、2.「影響面」、3.「發展面」、4.「策略面」與

80 同前註，頁14。

81 2020年2月14-16日舉辦第56屆慕尼黑國際安全研討會，請參見："Münchner Sicherheitskonferenz 2020", Munich Security Conference, accessed at: https://securityconference.org/msc-2020/accessed (2020/07/07).

82 2020年第19屆「香格里拉對話」（Shangri-La Dialogue）預定從6月5日起到6月7日在新加坡香格里拉大酒店登場，但是因爲新冠肺炎疫情嚴重而取消。請參見：〈武漢肺炎疫情加劇　新加坡香格里拉對話取消〉，《中央通訊社》，https://www.cna.com.tw/news/aopl/202003280007.aspx（檢索日期：2020/07/06）。

5.「執行面」，以及「橫向面」區分為國際事務與戰略研究，以及其主要概念來分析各個層面應該思考的議題。

1.「事實面」：在此方面涉及「問題性質」與「問題意識」，[83]除了文章作者之外，你對作者所探討的現象，也可以有你自己的問題意識，從而贊同或不贊同作者對問題本質的看法，此涉及以下兩個層次的問題：首先，「覺得不覺得是一個問題」（To sense a problem）；其次，「覺察這個問題是一個怎麼樣的問題」（To sense the problem），也就是去界定問題的本質、影響，以及探索造成這樣問題的原因。[84]

表一 整合國際事務與戰略分析因素一覽表

| 層面 | 國際事務 | 戰略研究 | 主軸概念 |
|---|---|---|---|
| 事實面 | 問題性質 | 問題意識 | 因果、條件、無關 |
| 影響面 | 利益 | 風險 | 主要利得者、共同利得者、連帶受損者 |
| 發展面 | 環境因素（國內與國際環境） | 想定劇本（換位思考） | 短、中、長期發展趨勢 |
| 策略面 | 偏好、身分、觀念 | 決策者的戰略：<br>目標、途徑與資源 | 因應作為：<br>決策選項 |
| 執行面 | 決策機制<br>事後評估 | 戰略選擇<br>事後評估 | 總結檢討<br>經驗累積 |

資料來源：筆者自行整理

83 所謂「問題意識」，也就是「problematic」，同時為名詞與形容詞，表示對問題的本質（nature of problem）或是問題的呈現（appearance of the problem）有一套看法。請參見：陳明通，〈掌握問題意識，讓你看得明讀得通〉，《學習策略網》，https://ctld.ntu.edu.tw/ls/strategy/lecture.php?index=144（檢索日期：2019/06/21）。

84 陳明通，〈掌握問題意識，讓你看得明讀得通〉，《學習策略網》，https://ctld.ntu.edu.tw/ls/strategy/lecture.php?index=144（檢索日期：2019/06/21）。

從「事實面」的角度而言，「問題意識」或是「研究動機」，有其「相輔相成」之道，亦即這一個「事實」（fact）究竟「因何」發生？「爲何」發生？其後續的「影響」爲何？例如美國川普總統於2019年10月，基於敘利亞議題的複雜性，下令撤退1,000名美國士兵，主要理由在於不要成爲庫德族、敘利亞與土耳其三方爭鬥的「連帶傷害」。事實上，當時川普還面臨其他內政問題，「烏克蘭門」事件後續發酵，眾議院議長裴洛西屬於民主黨籍，基於總統大選年，啟動國會彈劾總統工程，並有利於民主黨總統競選氣勢。此時，戰略思考上，採取撤兵行動，旋即傳出土耳其與俄羅斯共同軍事巡邏土耳其與敘利亞邊界，形塑共管此一地區軍事安全情勢，牽動整體中東戰略結構，影響未來美國介入中東情勢的難度。

當學術研究者面對一個國際事務議題時，必須思考此一問題的「性質」在於三種邏輯關係：因果、條件與非相關因素。例如1991年第一次波灣戰爭，起因於1990年伊拉克藉由石油因素，以快速出兵方式占領科威特，引發全球國家的抗議，美國透過安全理事會提案通過，聯合各國軍隊也迅速收復科威特失土，逼迫巴格達撤軍。2003年美國藉口伊拉克長期祕密發展核武，違反《核武不擴散條約》，也拒絕接受國際原子能總署的專家查核工作，執意以武力方式出兵，卻沒有得到聯合國多數會員國的同意，最後，在英國力挺之下，並公開宣稱擁有伊拉克發展核武的確切情報資料之下，發動第二次波灣戰爭。2001年9月11日，美國紐約發生世貿雙子星大樓被蓋達基地國際恐怖主義攻擊事件。

2019年6月20日，伊朗革命衛隊發射地對空飛彈，在波斯灣石油運輸戰略航道的荷姆茲海峽上空擊落美軍無人偵察機「全球鷹」（RQ-4 Global Hawk），使得已相當緊繃的美伊關係雪上加霜。根據伊朗革命衛隊說法，美軍無人機進入伊朗南部Kouhmobarak附近領空，因此發射飛彈。[85]Iran shooting down a U.S. surveillance drone[86] in the politically sensitive Strait of Hormuz has created a dangerous new level of tension between the two countries. President Donald Trump said Iran made a "big mistake," and later added that it was a "new wrinkle" for Iran and the U.S.[87]整篇文章的分析是一個與「問題意識」有關的報導與分析：「什麼是全球之鷹無人機？」（What is the RQ-4 Global Hawk drone?）「此無人機發生何事？」（What happened to the drone?）「此種事件有無前例？」（Has this happened before?）「此種無人機被擊落有何意涵？」（What does it mean that a drone was shot down?）。

川普針對2019年6月17日，美國空軍一架無人高空偵察機「全球鷹」在公海上空被擊落一事，於6月20日，召開國家安全會議，最後達成「有限度攻擊伊朗」的決議，後來卻又按兵不動。之後在其「推特」上面表露其決策特質，「本來美國準備對三處伊朗設施進行報復行動，但是，當他問一位在場的將軍會有多少人員耗損時，他聽到會有150個人員傷亡時，在行動前10分鐘，終止了攻擊行動。」。[88]川普表示：

---

85 〈伊朗擊落美軍無人機「全球鷹」〉，《聯合新聞網》，https://udn.com/news/story/6813/3883143（檢索日期：2019/06/21）。

86 "In technical terms, the drone that Iran shot down was a U.S. Navy Broad Area Maritime Surveillance (BAMS-D) aircraft, which is a Navy version of the Air Force's high-flying RQ-4A Global Hawk. In simple terms, it is an unmanned aircraft that is intended for surveillance at sea." see "Iran Shot Down a $176 Million U.S. Drone. Here's What to Know About the RQ-4 Global Hawk", *Time*, accessed at: https://time.com/5611222/rq-4-global-hawk-iran-shot-down/ (2019/06/21).

87 "Iran Shot Down a $176 Million U.S. Drone. Here's What to Know About the RQ-4 Global Hawk", *Time*, accessed at: https://time.com/5611222/rq-4-global-hawk-iran-shot-down/ (2019/06/21).

88 Donald J. Trump, Verifizierter Account, @realDonaldTrump 45th President of the United States of America, accessed at: https://twitter.com/realDonaldTrump/status/1142055388965212161 (2019/06/22).

「非對稱式地因爲被擊落一架無人機。我一點都不著急，我們的軍隊已經重整、新的，全球最棒的軍隊，而且已經準備好行動。昨晚開始更嚴厲、增加對於伊朗的制裁。伊朗永遠不可能擁有對付美國、對付世界的核子武器。」[89]

2.「影響面」：此一層面的關鍵課題，在於「此一事件的重要性爲何？」（What is importance?），在國際關係理論方面，從傳統現實主義與自由主義，一般會從「利益」（interest）是否受到影響的角度，亦即區隔「核心利益」、「主要利益」與「周邊利益」受損情況。「利益」的內涵，不外乎「領土完整、主權獨立、經濟財富、國際參與」等，領土完整不受到外敵入侵，國家對內管轄與對外主權的行使，不受到其他外來「權威」的限制。此爲一個國家要持續生存，經濟發展勢必需要的手段，最後，參與國際社會，除了得到發展的國家空間之外，透過各項活動的參與，貢獻國際社會。

3.「發展面」：「此事件的未來發展如何？」（What will happen next）包括：環境因素（國內與國際環境）、「想定劇本」、短、中、長期發展趨勢。任何事件的發展都有「主體」與「客體」的關係，必須要「換位思考」，即對方「他者」的下一步行動爲何？例如「美中貿易戰」由川普發動「301調查」開始，繼而啟動「關稅」開徵行動，身爲「客體」的中國針對美國的指控，進行一連串因應行動，最後提出：《關於中美經貿磋商的中方立場》白皮書（全文）[90]加以因應，最後雙方於2020年1月15日在華盛頓簽署第一階段貿易爭議協議，暫時停止貿

89 Donald J. Trump Verifizierter Account, @realDonaldTrump 45th President of the United States of America, accessed at: https://twitter.com/realDonaldTrump/status/1142055388965212161 (2019/06/22).

90 《關於中美經貿磋商的中方立場》白皮書（全文），中華人民共和國國務院新聞辦公室，https://www.scio.gov.cn/zfbps/32832/Document/1655898/1655898.htm（檢索日期：2019/06/22）。

易報復行動。

4.「策略面」：「如何因應此事件？」（What is the solution?）決策者的戰略包括了目標、途徑與資源，其因應作爲則包含決策選項及換位思考。在此層面上，不管是國際關係理論或是戰略研究，如何理解「決策者」（decision-maker）是主要核心。一般「決策者」在「決策過程」，從事任何「決策」的下達，都會受到「偏好」與「身分」的影響。建構主義「身分」決定「利益」的邏輯思考，主要在於「身分」是

表二 The Realists' Taxonomy of National Interests.

| Type of National Interest<br>國家利益類別 | | Examples 案例 |
|---|---|---|
| Importance 重要 | Vital 關鍵<br>Secondary 次要 | No Soviet missiles in Cuba<br>在古巴沒有蘇聯的飛彈<br>An open world oil supply<br>一個開放的世界石油供應 |
| Duration 長期性 | Temporary 暫時性<br>Permanent 永久性 | Supporting for Iraq in opposition Iran<br>支持伊拉克反對伊朗<br>No hostile powers in Western Hemisphere<br>在西太平洋沒有敵對的強權 |
| Specificity 特殊性 | Specific 特別<br>General 一般性 | No Japanese trade barriers<br>沒有日本的貿易障礙<br>Universal respect for human rights<br>普遍尊重人權 |
| Compatibility 兼容性 | Complementary 補充<br>Conflicting 衝突 | Russian cooperation in Kosovo<br>俄羅斯在科索沃的合作<br>Russian support for Serbs<br>俄羅斯對塞爾維亞人的支持 |

資料來源：Michael G. Roskin, Chapter 6 National Interest: From Abstraction to Strategy, U.S. Army War College, *Guide to Strategy*, edited by Joseph R. Cerami, James F. Holcomb, Jr., February 2001, p. 59. accessed at: https://ssi.armywarcollege.edu/pdffiles/PUB362.pdf (2019/07/02).

基於行爲體互動，透過「規範」與「法制」的過程。例如美國總統每4年一次選舉，候選人必須得到政黨提名獲得代表參選權，當選就任之後，取得美國憲法上法定總統的「身分」（identity），其下所有「職權」都是因爲此一「總統身分」所衍生出來的「利益」。

5.「執行面」：「何種機制處理此事件？」（What is the mechanism?），包括決策機制、事後評估、總結檢討、經驗累積。

透過上述五個層面，以及其國際關係理論與戰略研究相關核心概念的論證之後，本文提出「整合國際事務與戰略分析架構圖」（見圖三）。

## 第五節　小結：一個複合解析架構

2020年2月24日，爲了因應中國湖北省武漢地區所引發的中國「新型冠狀肺炎」（COVID-19）衍生出一連串的問題，主要在於是否會影響年度的全國人民代表大會與政治協商會議之召開時程。事實上，2020年2月17日，中國人大常委會委員長栗戰書主持第13屆人大常委會第47次委員長會議時，決定24日於北京舉行第13屆全國人大常委會第16次會議，審議禁止非法野生動物交易、革除濫食野生動物陋習、切實保障人民群眾生命健康安全等草案，也審議了「推遲召開第13屆全國人民代表大會第3次會議」的草案。[91]因爲，從1989年中國公布《全國人大議事規則》規定，全國人大會議於每年第一季度舉行。從1998年起，全國人大會議和全國政協會議分別於每年的3月5日和3月3日開幕，這個日期已

91 同樣的，中共中央政治局常委、中國全國政協主席汪洋，亦在北京主持政協第13屆全國委員會第33次主席會議，會議研究了關於「推遲召開政協第13屆全國委員會第三次會議和常務委員會第十次會議」的有關事項等。請參見：〈「武漢肺炎」中國兩會歷來3月舉行　24日審議推遲人大會議草案〉，《自由電子報》，https://news.ltn.com.tw/news/world/breakingnews/3070748（檢索日期：2020/02/24）。

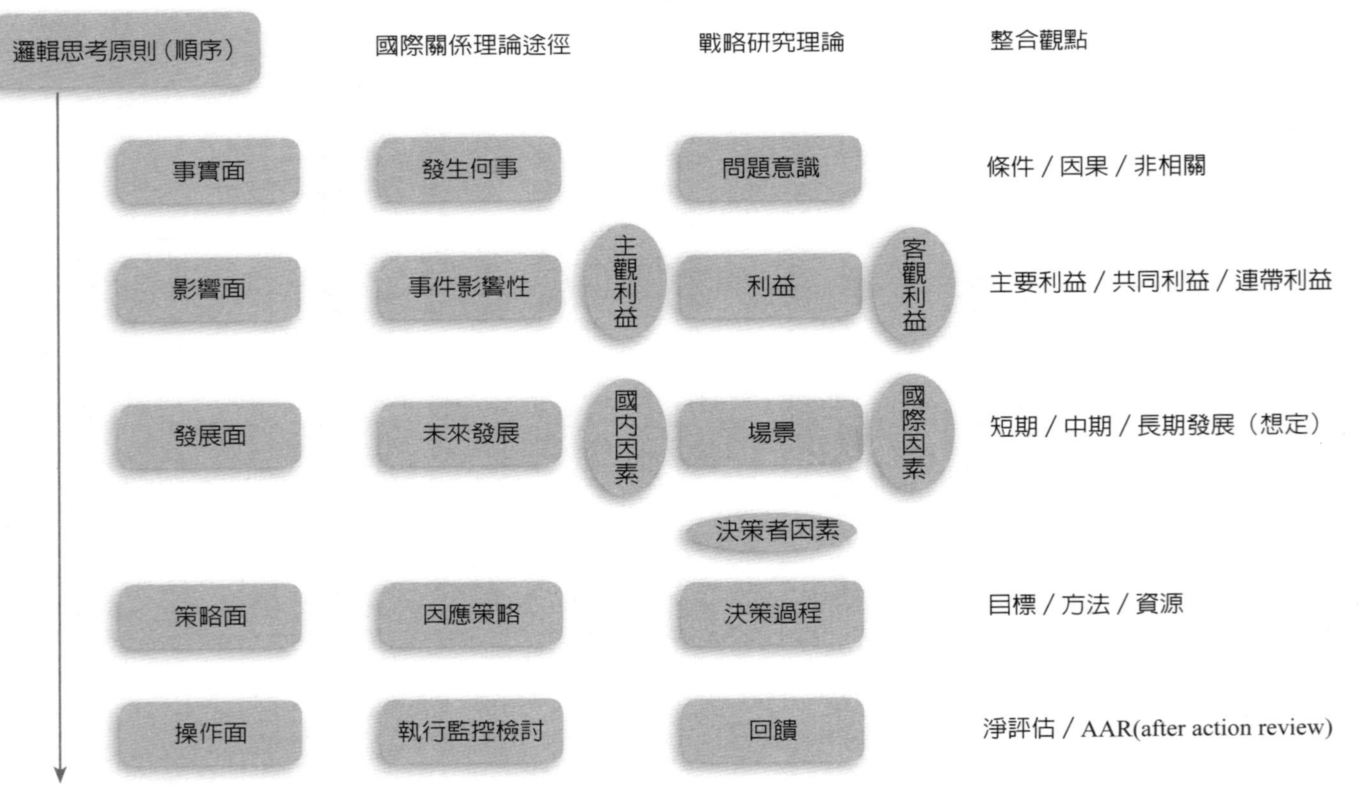


圖二 整合國際關係理論與戰略研究觀點因素分析圖

資料來源：筆者自製

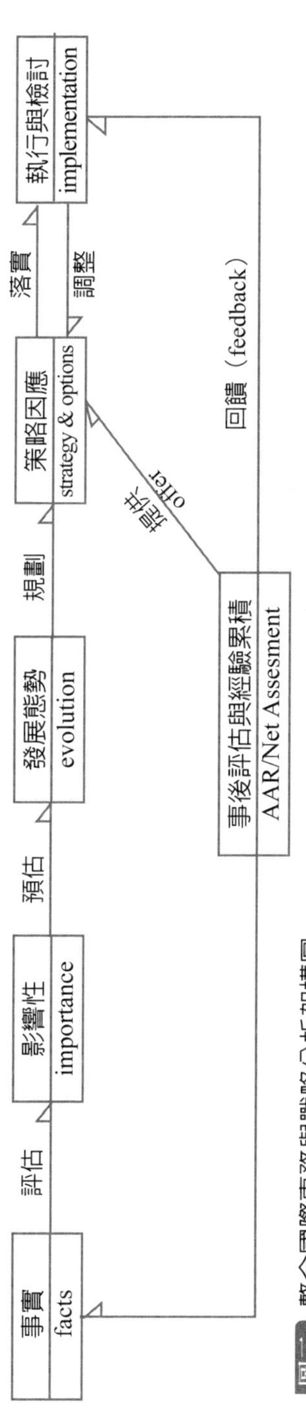


圖三 整合國際事務與戰略分析架構圖

資料來源：筆者自製

經22年沒有變動過。[92]2020年兩會延議主要的「問題意識」在於整體中國整體防疫問題嚴重，對於中國外交與國際參與的影響卻極微，這是一個值得探討的問題。

綜合本章各節的分析，有以下四個「戰略」與「國際事務」整合研究的邏輯思考步驟。

第一、情勢研判：發生問題爲何？首先，針對任何發展中的國際議題，都必須瞭解其「來龍去脈」是否有「先例可循」，以及問題的「重要性」或是其「影響性」，才能進一步判斷處理優先順序！

第二、戰略解讀：可能演變如何？透過不同「目標」判斷，追求的途徑與資源運用，預判未來事件可能發展的動向。

第三、各方觀點：行爲者的意向！搜集各方面的研判觀點，補充單一研判的不足，亦即「換位思考」，比較能夠模擬未來各方反應。

第四、政策建議：最佳「獲利」考量！透過上述過程，提供「決策者」針對一定「議題」，從「戰略」與「戰術」上，提出具體可行建議與操作之道。不僅是用於國家高階政治，也可適用於一般商業社會決策模擬。

在「科技整合」的場域或是專業社群場所，各個不同學科的專家

---

92 基本上，全國人大「會期延期，不僅是自上世紀80年代中國官方落實兩會制度以來，兩會第一次延期舉行，也是1949年以來，『兩會』首度因公共衛生事件而延期。17年前的2003年非典疫情時期，中國兩會並未也按期，照常召開。所以，這次的延期對中國政治而言是一件不同尋常的事。」請參見：〈【武漢肺炎】疫情影響中國政治　兩會延遲有何邏輯〉，《香港01》，https://www.hk01.com/%E8%AD%B0%E4%BA%8B%E5%BB%B3/436778/%E6%AD%A6%E6%BC%A2%E8%82%BA%E7%82%8E-%E7%96%AB%E6%83%85%E5%BD%B1%E9%9F%BF%E4%B8%AD%E5%9C%8B%E6%94%BF%E6%B2%BB-%E5%85%A9%E6%9C%83%E5%BB%B6%E9%81%B2%E6%9C%89%E4%BD%95%E9%82%8F%E8%BC%AF（檢索日期：2020/02/24）。

學者可以環繞一個「論題」爲主軸議題，相互交流，各抒己見，使得相互間感受不同學科的專業知識，或是接觸過但不熟悉的知識。[93]例如「量子通訊衛星」是最新的通訊科技發展，「採用了量子密碼通訊技術的人造衛星，利用了光的粒子性，任何電腦都無法解譯，在原理上不可能受到竊聽和監聽，是最尖端的通訊系統。」[94]基本上，「量子通訊」（quantum communication），是利用「量子糾纏」[95]來實現瞬間的訊息傳遞，不論是在宇宙中無限遙遠的兩個點。[96]這些「專業知識」對於軍事戰略研究者而言，是另外一個專業領域，「量子科學衛星」照英文首字字母縮寫稱爲QSS，中國於2016年8月在全球率先將這樣一顆衛星送入了軌道。「量子通訊衛星」採用量子密碼通訊技術，這種技術利用光的粒子性，任何電腦都無法解譯，在原理上不可能受到竊聽和監聽，是一種最尖端的通訊系統。[97]

---

93 殷海光，《思想與方法》（再版），臺北：大林出版社，1978年，頁321。

94 〈中國最尖端的「墨子」號量子通信衛星〉，《yahoo新聞》，https://tw.news.yahoo.com/%E4%B8%AD%E5%9C%8B%E6%9C%80%E5%B0%96%E7%AB%AF%E7%9A%84-%E5%A2%A8%E5%AD%90-%E8%99%9F%E9%87%8F%E5%AD%90%E9%80%9A%E4%BF%A1%E8%A1%9B%E6%98%9F-001503298.html（檢索日期：2019/10/31）。

95 所謂「電子糾纏」係指：「當兩個電子靠的足夠接近的時候，它們兩個就可能發生一種變化，它們會釋放出一個光子，同時兩個電子進入了一個糾纏狀態。」請參見：〈神奇的量子通訊〉，《每日頭條》，https://kknews.cc/science/vklx28a.html（檢索日期：2019/10/31）。

96 〈量子通信衛星被認爲是騙局？一些專家大喊「僞科學」〉，《每日頭條》，https://kknews.cc/zh-tw/science/jj4pjne.html（檢索日期：2019/10/31）。

97 〈中國最尖端的「墨子」號量子通信衛星〉，《yahoo新聞》，https://tw.news.yahoo.com/%E4%B8%AD%E5%9C%8B%E6%9C%80%E5%B0%96%E7%AB%AF%E7%9A%84-%E5%A2%A8%E5%AD%90-%E8%99%9F%E9%87%8F%E5%AD%90%E9%80%9A%E4%BF%A1%E8%A1%9B%E6%98%9F%E6%98%%

2019年10月26日，美國陸軍三角洲特戰部隊搭乘CH-47戰鬥直升機深入敘利亞西北部的一個小城，從事剿滅伊斯蘭國（ISIS）首腦巴格達迪（Abu Bakr al-Baghdadi）的特戰行動。事後，美國總統川普27日宣布此一重大訊息，在48分鐘的敘述與記者對話過程，如同川普所描述，彷如一部電影情節。主要自2014年開始，在伊拉克和敘利亞地區横行的伊斯蘭國，一直是美軍欲殲滅的頭號恐怖組織。「伊拉克情報單位聲稱，他們提供巴格達迪的確切所在位置。土耳其則說安卡拉與美方交換情資，才促成本次行動。」[98]上述事件顯示在當代啟動任何戰爭行動，都是一場精心規劃場景的結果，除了高科技軍事科技的運用、傳統特戰行動人員的搭配之外，如何獲取「正確」與「及時」的理解「情報」分析，包括：[99]1.情報分析通過特定形式的分析產品服務情報用戶，協助情報用戶保護與擴展國家利益的一種方式；2.情報分析不僅僅是一種對情報資料的整理與編輯，並要對可能發生的情況做出預測評估；3.情報分析既是一種依循科學規律的研究活動，也是一種高度個性化的思維過程；4.情報分析人員的既有思維模式與既有經驗，影響其所選擇的證據資料、採用的邏輯方法與推理工具。

位於英國倫敦的智庫「牛津分析」（Oxford Analytica），推出「每日短評」（the Daily Brief），提供最關鍵的地緣政治分析，警惕客戶瞭解此一事件的重要性，並針對此一事件的衝擊，提供「質化」引導建議。[100]事實上，一般討論「智庫」（Think Tank），自然而然地想到華

9F-001503298.html（檢索日期：2019/10/31）。

98 〈川普：美軍突襲敘利亞　伊斯蘭國首腦喪生〉，《中央社》，https://www.cna.com.tw/news/firstnews/201910275007.aspx（檢索日期：2019/10/31）。

99 李景龍，《情報分析：理論、方法與案例》，北京：時事出版社，2017年，頁19-22。

100 “Welcome to the Daily Brief”, Oxford Analytica, accessed at: https://dailybrief.

盛頓的智庫街，傳統上，美國智庫與政界具有「旋轉門條款」，相互激盪，「智庫」平時舉辦研討會、論壇、專題演講，並提出《政策白皮書》（*policy paper*），藉以督促政府的施政作為，一旦政權轉移，相關智庫研究員就有機會進入政府單位，執行實際政務工作。如此一來，「牛津分析」是一個極負盛名的歐洲智庫，主要目標在於：「協助客戶主動地掌握在其政策推動時，影響的地緣政治、總體經濟與全球社會因素」。[101]

同樣的，2020年5月20日，美國白宮公布《美國對中國戰略方針》（*United States Strategic Approach to The People's Republic of China*），[102]以2017年版的《國家安全戰略》和2018年版的《國家防衛戰略》報告為框架，描述美國目前對中國和美中關係的認知，各類現存及潛在挑戰，分析美國對中國的戰略方針，並詳述該方針的落實方式。[103]

## 參考文獻

James E. Dougherty and Robert L. Pfalzgraff, Jr.原著，洪秀菊、徐振德、衛嘉定、陳文煙譯，《爭辯中之國際關係理論》，臺北：黎明文化，1979年。

朱張碧珠，《國際關係——理論與實踐》，臺北：三民，1991年。

---

oxan.com/Help (2019/06/14).

101 "Analysis & Consulting", Oxford Analytica, accessed at: http://www.oxan.com/services/analysis-consulting/ (2020/02/24).

102 "*United States Strategic Approach to the People's Republic of China*," The White House, https://www.whitehouse.gov/wp-content/uploads/2020/05/U.S.-Strategic-Approach-to-The-Peoples-Republic-of-China-Report-5.20.20.pdf (2020/06/26).

103 〈白宮發布《對華戰略方針》　報告重點一覽〉，《香港01》，https://www.hk01.com/%E5%8D%B3%E6%99%82%E5%9C%8B%E9%9A%9B/476245/%E7%99%BD%E5%AE%AE%E7%99%BC%E5%B8%83-%E5%B0%8D%E8%8F%AF%E6%88%B0%E7%95%A5%E6%96%B9%E9%87%9D-%E5%A0%B1%E5%90%BF%E9%87%8D%E9%BB%9E%E4%B8%80%E8%A6%BD（檢索日期：2020/06/26）。

〈「古巴飛彈危機」驚爆13天卡斯楚、甘迺迪、赫魯雪夫如何將全世界推向核戰邊緣〉，《風傳媒》，https://www.storm.mg/article/194524（檢索日期：2020/07/05）。

〈古巴飛彈危機：一場驚心動魄的對抗〉，《每日頭條》，https://kknews.cc/zh-tw/history/r5lomvn.html（檢索日期：2020/07/05）。

宋學攻，〈避免戰爭：甘迺迪、赫魯雪夫與古巴導彈危機〉，《成大歷史學報》，第38號，2010年6月，頁1-38，http://www.his.ncku.edu.tw/chinese/uploadeds/387.pdf（檢索日期：2020/07/05）。

〈2016美國大選・深度制度的尷尬，建制派與反建制派之爭？〉，《每日頭條》，https://kknews.cc/zh-tw/world/p48oqr2.html（檢索日期：2020/07/07）。

王建偉主編，《國際關係學》，北京：中國人民大學出版社，2010年。

〈福山：歷史的終結（10/27）〉，《香港01》，https://www.hk01.com/%E5%93%B2%E5%AD%B8/50767/%E7%A6%8F%E5%B1%B1-%E6%AD%B7%E5%8F%B2%E7%9A%84%E7%B5%82%E7%B5%90-10-27（檢索日期：2019/06/14）。

“Munich Security Report 2017 Post-Truth, Post-West, Post-Order?”, accessed at: file:///Users/user/Downloads/MunichSecurityReport2017%20(8).pdf (2020/02/18).

〈「通俄門」調查主要結論：未發現川普勾結俄羅斯的證據〉，《鉅亨網》，https://news.cnyes.com/news/id/4292444（檢索日期：2020/02/18）。

〈烏克蘭門吵什麼一次看懂　揭露30分鐘通話內幕…川普連任危機再現〉，《ETtoday新聞雲》，https://www.ettoday.net/news/20190926/1543479.htm（檢索日期：2020/02/18）。

達里奧・巴蒂斯特拉原著，潘革平譯，《國際關係理論》（*Theories des Relations Internationales*）（第三版修訂增補本），北京：社會科學文獻出版社，2010年，中文版序，頁2。

〈秦亞青：構建國際關係理論的中國學派〉，《中國共產黨新聞網》，http://theory.people.com.cn/BIG5/n1/2016/0215/c40531-28123694.html（檢索日期：2020/02/18）。

秦亞青，《國際關係理論：反思與重構》，北京：北京大學出版社，2012年。

〈習近平：努力開創中國特色大國外交新局面〉，《人民網》，http://politics.people.com.cn/BIG5/n1/2018/0623/c1001-30078644.html（檢索日期：2020/07/07）。

〈王毅出席第74屆聯合國大會一般性辯論並發表講話〉，中華人民共和國中央人民政府，http://www.gov.cn/guowuyuan/2019-09/29/content_5434532.htm（檢索日期：2020/07/07）。

〈學者王逸舟：希望更多人能對外交感興趣〉，《人民網》，http://culture.people.com.cn/BIG5/n1/2016/0322/c1013-28218902.html（檢索日期：2020/02/18）。

〈胡鍵：國際關係理論的上海學派何以可能？〉，《鳳凰網國際智庫》，http://

inews.ifeng.com/yidian/46766847/news.shtml?ch=ref_zbs_ydzx_news（檢索日期：2020/02/18）。

〈對談丨從中國古代思想出發，看政治領導力與道義現實主義〉，《每日頭條》，https://kknews.cc/zh-tw/media/2koevvr.html（檢索日期：2020/02/18）；並請參考：閻學通、張旗，《道義現實主義與中國的崛起戰略》，北京：中國社會科學出版社，2018年。

李承紅，〈第十二章　外交政策的國內淵源〉，王建偉主編，《國際關係學》，北京：中國人民大學出版社，2010年。

〈香港《國安法》細節夜間出爐：重點條款和國際反應〉，《BBC中文網》，https://www.bbc.com/zhongwen/trad/world-53237511（檢索日期：2020/07/07）。

〈港版國安法實施細則明生效　警可在特殊情況無手令蒐證〉，《聯合新聞網》，https://udn.com/news/story/121127/4682990（檢索日期：2020/07/07）。

〈中國若強推「港版國安法」川普警告：美國將有強烈反應〉，《自由時報電子報》，https://news.ltn.com.tw/news/world/breakingnews/3173634（檢索日期：2020/07/07）。

〈「港版國安法」獲人大常委會全票通過！美國宣布取消香港特殊待遇，停止國防物資出口香港〉，《風傳媒》，https://www.storm.mg/article/2808224（檢索日期：2020/07/07）。

Kenneth N. Waltz. Man, *The State and War: A Theoretical Analysis*. New York: Columbia University Press, 1959.

# 第四章

# 中國崛起與國際體系的變遷

2018年7月6日美國開始對中國價值340億美元的產品徵收25%的關稅，中國商務部稱，美國「發動了迄今爲止經濟史上規模最大的貿易戰」。[1]可說確立了以美國爲主的國際體系受到挑戰，中國的崛起已成爲美國實質威脅的國家。而「中國崛起」可以從2003年12月26日中共前國家主席胡錦濤於毛澤東誕辰110週年座談會上，強調要堅持「和平崛起」的道路和獨立自主的和平外交政策開始。[2]這項宣示正式標誌著中國已具備走向大國政治的自信，將使得國際上自十八世紀以來，由西方強權所主導的國際體系產生明顯的變化。其影響力亦將隨著中國經濟與軍事實力的增強而增大，首先衝擊的主要國家即是美國。2008年美國爆發的金融危機造成全球經濟大衰退，唯獨中國所受到的衝擊相對較小，促使西方各國呼籲中國採取積極性財政政策的方式，讓全球經濟能夠藉助中國之力而重回穩定。[3]

自2010年起，中國GDP超越日本，成爲僅次於美國的世界第二大經濟體。[4]雖然共產主義在中國大陸施行了六十多年，但其潛存的中國傳統哲學思想與文化，仍然影響著這片土地上的人民與政府。尤其鄧小平於1979年掌權後，經過三十多年改革開放經濟發展的結果，資本主義化的經濟快速發展，可以瞭解共產主義似乎變成爲政府掌握政權的一種

---

1 〈美中開啟「史上最大貿易戰」衝擊波全面解析〉，《BBC中文網》，2018年7月6日，https://www.bbc.com/zhongwen/trad/world-44737822（檢索日期：2019/06/22）。

2 〈胡錦濤在紀念毛澤東誕辰110週年座談會的講話〉，《中國網》，2003年12月29日，http://www.china.com.cn/chinese/zhuanti/jnmzd/470254.htm（檢索日期：2019/06/22）。

3 張弘遠，〈全球金融風暴下的中國角色與地位〉，《展望與探索》，第6卷第12期，2008年12月，頁11。

4 李宗澤、王歡，〈日本公布2010年GDP數據　中國超越日本世界第二〉，《環球網》，2011年2月14日，http://world.huanqiu.com/roll/2011-02/1494343.html?test=1（檢索日期：2019/06/22）。

工具，而不是政策。尤其在軍事力量發展上的快速進步，已讓歐美、日本等傳統西方強權感受到實質的威脅。因此，中國的崛起將會對現有國際體系產生何種影響？本章將以事件的發生與影響、國際關係理論與戰略思考三個分析架構交互運用，從「中國崛起」的意涵與發展、國際體系的變遷與特點、中國崛起下各方利益論點及中國崛起的國關理論解析四個面向，解析及預測「中國崛起」對現在與未來國際體系的影響與發展。

## 第一節　中國崛起的本質

十五世紀西班牙及葡萄牙爲了尋找中國的新貿易航線，而開啟大航海時代並帶領歐洲各國遂行殖民主義，進而在世界各地實施掠奪與統治。與此同時中國自明朝皇帝謹守著朱元璋「永不征伐」的祖訓，對外關係採取朝貢貿易。[5]而明清兩代的沿海因受到倭寇的騷擾影響，進而實施「禁海政策」，僅開放特定口岸遂行「宗藩貿易」，亦斷絕與葡萄牙及荷蘭對通商貿易的要求與騷擾。[6]然當十八世紀西方各國工業革命的興起，蒸汽機的發明帶動機械科技進步的同時，由於中國的「禁海政策」，因而失去與西方工業革命所帶來科技發展的交流機會。中國自1840年遭受英國所發動的鴉片戰爭戰敗後，於1842年8月29日簽訂第一個與西方列強的不平等條約《南京條約》以來，至此中國由於科技的落後與統治問題，除了失去對越南、朝鮮等藩屬國的主導權，以及領土的割讓與被強迫租借外，中國本身也淪爲次殖民地，主權受到西方及日本等強權的干涉。

歐洲強權從1618年至1648年，經過30年的「宗教戰爭」後，最終簽

5 萬明，《明代中外關係史論稿》，北京：中國社會科學院，2011年，頁5-15。

6 韋慶遠，〈清初的禁海、遷界與澳門〉，《文化雜誌》，2002年，頁11。

訂的《西伐利亞和平條約》（*Peace of Westphalia*）確立了現代國家主權的定義。使得權力平衡成爲整個歐洲在十八、十九世紀期間，英、法、普、俄及奧匈五個強權國家的基本外交政策。二十世紀初隨著歐洲殖民地的擴張，第一次與第二次世界大戰將權力平衡的運用，從局部性擴展到全球性，甚至在冷戰時期的美、蘇對抗，都可以看到西方強權國家在外交與軍事上，運用權力平衡戰略的痕跡。[7]從十五世紀葡萄牙及西班牙開拓貿易新航路的探險開始，一直到2012年2月中國國家主席習近平訪問美國期間，提出所謂「中美新型大國關係」的概念。[8]可以說，中國的崛起對傳統以西方強權爲主導的國際體系制度，產生不可忽視的影響力，尤其是長期以來被西方國家視爲封閉、落後與極權的中國。本節將從美國及中國的觀點，分析所謂的「中國崛起」的意涵。

## 一、「中國崛起」的美國觀點

若以美國的觀點對於「中國崛起」所代表的意涵，可從下列三項假設來分析，分別爲：1.美國獨霸的地位遭受到挑戰；2.美國的民主制度與資本主義價值受到威脅；3美國失去對傳統國際體系制度的絕對影響力。

### （一）美國獨霸的地位遭受到挑戰

美國自一次大戰後，憑藉著廣大的領土、豐富的天然資源、眾多人口、強大的生產力及工業科技能力，成爲影響歐洲列強權力平衡的關鍵力量。二次大戰後，即使蘇聯具有足以抗衡美國的軍事科技與力量，但是戰後由美國所主導建立的國際體系制度，例如在政治上，依據一

7　倪世雄，《當代國際關係理論》，臺北：五南圖書，2010年，頁245-247。

8　〈透視中國：一廂情願的「新型大國關係」〉，《BBC中文網》，2015年8月26日，https://www.bbc.com/zhongwen/trad/china/2015/08/150826_focuson-china_us_china_new_relations（檢索日期：2019/06/22）。

次大戰後所成立的「國際聯盟」（League of Nations）架構，於二次大戰後再次成立全球性的「聯合國」（United Nations）；在軍事上，因應蘇聯可能的軍事威脅，由美國發起與歐洲民主自由國家結盟成立的「北大西洋公約組織」（North Atlantic Treaty Organization, NATO），以對抗由蘇聯發起與東歐共產國家組成的「華沙公約組織」（Warsaw Treaty Organization）。在面對中國的威脅上，美國與日本、南韓、臺灣及菲律賓簽訂《共同防禦條約》，以圍堵中國的軍事擴張。在經濟上，由美國所建構之布列敦森林體系（Bretton Woods System）下的「國際貨幣基金」（International Monetary Fund, IMF）組織及「世界銀行」（World Bank）〔也就是「國際復興開發銀行」（International Bank for Reconstruction and Development, IBRD）的前身〕，確立了世界貿易以美元爲核心的國際貨幣金融制度。

冷戰期間雖然蘇聯具有威脅美國的能力，但也僅限於軍事上的威脅。而在政治及經濟上，美國始終保持優勢的地位。1991年蘇聯的崩解冷戰結束，雖然俄羅斯繼承蘇聯主要的權力，但國內經濟制度的崩解，使得俄羅斯失去足以抗衡美國的能力。此時，剛從改革開放政策獲得經濟成果的中國，在國家的整體發展上相較西方國家，仍處於落後的階段。因此，冷戰結束後的國際體系是「一超多強」的格局。使得美國不管在政治與軍事上，都沒有具備立即威脅其霸權的潛在敵人。而在經濟上，美元始終維持著國際貨幣核心的地位。然2008年美國的金融危機所引發的世界性金融海嘯，打擊了美國在世界經濟地位的影響力，從而突顯出中國在經濟上所扮演的穩定角色。雖然美國相較中國在政治、軍事及科技能力上仍具有相對優勢，但在經濟上其優勢已逐漸減弱中。

### （二）美國的民主制度與資本主義價值受到威脅

美國總統川普於2017年12月公布的首份《國家安全戰略》報告，將中國與俄羅斯定位爲「修正主義強權」，並認爲中國和俄羅斯正期望塑造一個與美國價值觀和利益背道而馳的世界。[9]也就是認爲中國及俄羅斯是一個在政治制度上專制極權，在經濟制度上實行社會主義的國家。2017年5月14日中國國家主席習近平在第一屆「一帶一路」國際合作高峰論壇開幕式上的演講中指出，中國願在「和平共處五項原則」的基礎上，與各國分享中國的發展經驗。除了不會干涉他國內政外，更不會對他國強加輸出社會制度和發展模式。摒除傳統賽局理論的地緣政治，以跨區域的方式開創合作共贏的新模式。[10]並強調所謂「中國特色的社會主義」的內涵，就是因應中國實際發展需求所建構的社會制度，包含以人民代表大會爲基礎的國家政治制度、中國共產黨領導的多黨合作和政治協商制度、民族區域自治制度，以及基層人民自治制度等基本政治制度。在法律體系上以公有制爲主體，多種所有制經濟共同發展爲基本經濟制度。[11]

自1989年11月9日柏林圍牆倒塌，捷克發起天鵝絨革命。[12]2000年10月南斯拉夫總統米洛賽維奇被反對派趕下臺並被捕入獄（黑色革命），2003年喬治亞的「玫瑰革命」、2004年烏克蘭的「橙色革命」、2005年吉爾吉斯的「鬱金香革命」，以上即所謂「顏色革命」。[13]同年

---

9 Seal of the President of the United States, "National security strategy of the United States of America," December 2017, p. 25.

10 〈攜手推進「一帶一路」建設——在「一帶一路」國際合作高峰論壇開幕式上的演講〉，《新華社》，2017年5月14日，http://www.xinhuanet.com//2017-05/14/c_1120969677.htm（檢索日期：2019/06/22）。

11 〈關於堅持和發展中國特色社會主義的幾個問題〉，《新華社》，2019年3月31日，http://www.xinhuanet.com/2019-03/31/c_1124307481.htm（檢索日期：2019/06/22）。

12 約翰·辛普森，〈捷克天鵝絨革命之一〉，《BBC中文網》，2009年12月23日，http://www.bbc.com/zhongwen/trad/world/2009/12/091212_velvet_revolution_1（檢索日期：2017/10/28）。

13 吳玉山，〈顏色革命的許諾與局限〉，《臺灣民主季刊》，第4卷第2期，

伊拉克、黎巴嫩也爆發所謂「紫色與松雪革命」，以及2011年北非及中東所謂「茉莉花革命」與「阿拉伯之春」等，[14]由人民推翻獨裁政府建立西方價值的民主政體。但這些國家的民主政治並未能夠改善政府貪汙腐敗、人民生活得以保障的狀況，反而在美國的政治介入下，國家陷入分裂危機，經濟處於崩潰的狀態。而中東、非洲及中南美洲的難民問題，引發歐洲及美國民粹主義的興起。

而美國常以「國家安全」爲由，對信奉穆斯林宗教的中東與東南亞人民採取歧視性的行爲，踐踏美國所崇尙的言論自由與人權。相較於中國的持續經濟發展與人民生活水準提升的對比，導致國際社會對民主制度、言論自由與人權的認知有所懷疑，質疑上述的價值是普世價值，還是美國價值。因此，對美國而言，「中國崛起」所呈現的是對美國所建構的民主制度與資本主義價值的質疑，這樣的質疑是直接威脅到美國在世界霸權的威信。

### （三）美國失去對傳統國際體系制度的絕對影響力

從美國川普總統的首份《國家安全戰略》報告中，已清楚說明美國的對外政策就是新現實主義中霸權穩定理論。也就是唯有一個具備支配地位的強權，方能使國際政治、經濟體系朝向穩定的發展。而中國自改革開放後，美國認爲中國是在美國的帶領下，進入二次大戰後美國所建構的多邊國際體系，進而使國家的經濟實力與影響力得以發展。而中國卻自2000年開始，即逐步建立以中國爲中心的國際政治、經濟體系，試圖改變美國所建構的國際制度。

例如2000年於北京成立的「中非合作論壇」（Forum on China

---

2007年6月，頁68。

14 陳須龍，〈顏色革命的不同版本與共有症候〉，《中國國際問題研究院》，2017年10月13日，http://www.ciis.org.cn/chinese/2014-10/13/content_7289791.htm（檢索日期：2017/10/28）。

Cooperation, FOCAC），強化與非洲53個邦交國在經濟及安全上的合作[15]；而中國與中亞周邊四個國家（俄羅斯、哈薩克、吉爾吉斯、塔吉克）於2001年成立「上海合作組織」，強化區域政治、安全、經濟及人文等領域的合作[16]；2003年中國加入《東南亞友好合作條約》，與東協10國成爲政治及經濟上的戰略夥伴關係[17]；2011年由東協通過《東協區域全面經濟夥伴關係架構》（*ASEAN Framework for Regional Comprehensive Economic Partnership, RCEP*），旨在深化以東協爲核心之區域經濟整合，邀請中國、日本、韓國、紐西蘭、澳洲及印度等六個對話夥伴國共同參與[18]，目前已由中國積極主導推動[19]；2012年中國與中東歐17國成立「中國－中東歐國家合作」（Cooperation Between China and Central and Eastern European Countries）組織，強化中國與中東歐17國的

15 〈中非合作論壇（Rorum on China Cooperation - FOCAC）〉，中華人民共和國外交部，2019年5月，https://www.fmprc.gov.cn/web/gjhdq_676201/gjhdqzz_681964/zfhzlt_682902/jbqk_682904/（檢索日期：2019/06/23）。

16 〈上海合作組織〉，中華人民共和國外交部，2019年1月，https://www.fmprc.gov.cn/web/gjhdq_676201/gjhdqzz_681964/lhg_683094/jbqk_683096/t528036.shtml（檢索日期：2019/06/23）。

17 〈中國－東盟關係（10+1）〉（China-ASEAN Cooperation），中華人民共和國外交部，2019年4月，https://www.fmprc.gov.cn/web/gjhdq_676201/gjhdqzz_681964/dmldrhy_683911/zgydmgk_683913/（檢索日期：2019/06/23）。

18 〈「區域全面經濟夥伴協定」（RECP）簡介〉，中華民國外交部，2018年3月6日，https://www.mofa.gov.tw/News_Content.aspx?n=5F02B11AD7FC4A1B&sms=37D27039021F6DF7&s=E1D4B867A637D3B3（檢索日期：2019/06/23）。

19 林蘭，〈中國力推的亞太區域全面經濟夥伴協定（RECP）談判延後至明年完成〉，《世界之聲》，2018年11月13日，http://trad.cn.rfi.fr/經貿/20181113-中國力推的亞太區域全面經濟夥伴關係協定rcep談判延後至明年完成（檢索日期：2019/06/23）。

經濟與文化交流[20]；2014年中國與拉共體33個成員國，在巴西成立「中國—拉共體論壇」（China-CELAC Forum, CCF），共同發展全面夥伴關係。

2017年5月14日中國主導舉辦「一帶一路」國際合作高峰論壇，確立連接亞、歐、非及拉丁美洲的跨區域經濟合作組織。[21]並於2016年由中國倡議籌辦的「亞洲基礎設施投資銀行（Asian Infrastructure Investment Bank, AIIB）」（簡稱「亞投行」）正式成立運作，可說除了加速人民幣的國際化之外，並配合中國「一帶一路」倡議提供資金來源。[22]

對美國而言，即使在二戰後美蘇對抗的冷戰時期，國際的區域政治、經濟及安全體系，大部分都是由美國參與主導國際體系的政策。尤其是國際貨幣基金組織、世界銀行的運作，基本上掌控在美、歐等西方國家，美、歐國家往往透過這些金融機構，對面臨財務危機的開發中國家提供紓困需求，介入他國的內政，例如拉美國家的巴西、阿根廷及墨西哥等。此現象不僅意味著以美國為主導的國際體系的絕對權力正受到侵蝕，而且由中國主導的跨區域政治、經濟、文化的國際合作發展，已超越傳統軍事同盟的趨勢。從這些可以看得出美國總統川普為何要放棄多邊主義改採單邊的保護主義，以維持美國在世界上霸權地位的決策思考。

---

20 〈中國—中東歐國家合作〉（Cooperation Between China and Central and Eastern European Countries），中華人民共和國外交部，2019年4月，https://www.fmprc.gov.cn/web/gjhdq_676201/gjhdqzz_681964/zgzdogjhz/1206x0_679932/（檢索日期：2019/06/23）。

21 〈習近平在「一帶一路」國際合作高峰論壇開幕式上的演講（全文）〉，中華人民共和國國防部，2017年5月14日，http://www.mod.gov.cn/shouye/2017-05/14/content_4780544_4.htm（檢索日期：2019/06/23）。

22 吳若瑋，〈中國大陸倡設「亞投行」的策略、發展與影響〉，《展望與探索》，第16卷第3期，2018年3月，頁43-50。

## 二、「中國崛起」的中國觀點

從中國的觀點來看，「中國崛起」標誌著中國恢復成爲歷史大國的自信，其所代表的意涵分別爲：1.中國已擺脫封閉、落後與貧窮的窘境，恢復民族自信；2.建構中國成爲國際體系一個不可或缺的大國；3.爲開發中與未開發國家提供有別於西方價值與制度的另一項參考選擇。說明如下：

### （一）中國已擺脫封閉、落後與貧窮的窘境，恢復民族自信

依據2018年12月8日中國國家主席習近平在慶祝改革開放40週年的演講中指出，中國目前在經濟上，國內的生產總值占世界生產總值的15.2%，對世界經濟增長貢獻率超過30%。貨物進出口總額已超過4萬億美元，累計使用外商直接投資超過2萬億美元，對外投資總額達到1.9萬億美元，現在是世界第二大經濟體、製造業與貨物貿易世界第一、商品消費及外資流入世界第二、外匯儲備位居世界第一。在國際政治上，中國已由封閉、半封閉到全方位開放，轉變爲積極參與經濟全球化。推動建構開放型世界經濟與「人類命運共同體」，促進全球治理體系變革、反對霸權主義和強權政治，爲世界和平與發展貢獻中國智慧、中國方案、中國力量。全面增強經濟實力、科技實力、國防實力、綜合國力，堅持和發展中國特色社會主義與實現中華民族偉大復興。[23]

自1987年中國提出社會主義現代化建設「三步走」的戰略目標開始，第一步，實現國民生產總值比1980年翻一番，解決人民的溫飽問題。第二步，到二十世紀末，使國民生產總值再增長一倍，人民生活達到小康水準。第三步，到二十一世紀中葉，人均國民生產總值達到中等發達國家水準，人民生活比較富裕，實現國家現代化。從當前中國發

---

23 〈在慶祝改革開放40週年大會的講話〉，《新華社》，2018年12月18日，http://www.xinhuanet.com/politics/leaders/2018-12/18/c_1123872025.htm（檢索日期：2019/06/24）。

展現況來看，基本上中國的第一步及第二步均已達到目標。而第三步的二十一世紀發展，則在中共十九大的報告中，提出分兩步走，即：從2020年到2035年實現社會主義現代化；從2035年到本世紀中葉（2049年），建設成富強、民主、文明、和諧美麗的社會主義現代化強國。[24]

因此，從習近平的演講中可以體會出中國已恢復昔日的自信與尊嚴，擺脫十八世紀以來封閉、貧窮、落後的代名詞。然而在促進全球治理體系變革、反對霸權主義及強權政治的宣示，也說明中國已有能力，並且積極逐漸朝向改變西方強權所建構的國際體系與制度之企圖。

### （二）建構中國成為國際體系一個不可或缺的大國

2012年2月習近平以國家副主席的身分訪問美國，首次提出建構「中美新型大國關係」的概念，並在習近平就任國家主席後，分別於2013年及2014年期間，多次表達此概念建構的重要性，強調中美雙方不衝突、不對抗、相互尊重和合作共贏。[25]然而中國所提出的「中美新型大國關係」論述，對美國來說，其意味著中國是一個正在崛起的大國，相對的，美國則是一個舊有的、或正在衰弱的大國。然而美國所擔心的不是衝突是否可以避免，而是在亞太地區是否願意釋出部分權力給予中國。[26]對於美國歐巴馬政府始終沒有給予回應的結果，不難理解美國真正憂慮的在於無法評估中國崛起後對國際體系的影響力。

---

24 李海韵，〈從「三步走」到「兩步走」，我們這樣走……〉，《新華網》，2017年10月22日，http://www.xinhuanet.com/politics/19cpcnc/2017-10/22/c_1121839233.htm（檢索日期：2019/06/24）。

25 〈透視中國：一廂情願的「新型大國關係」〉，《BBC中文網》，2015年8月26日，https://www.bbc.com/zhongwen/trad/china/2015/08/150826_focuson-china_us_china_new_relations（檢索日期：2019/07/06）。

26 Jane Perlez, "China's 'New Type' of Ties Fails to Sway Obama," *The New York Times*, Nov. 9, 2014, accessed at: https://www.nytimes.com/2014/11/10/world/asia/chinas-new-type-of-ties-fails-to-sway-obama.html (2019/07/06).

美國總統川普於2017年1月20日上臺後，在國際問題上，單方面做出下列三項決定：首先就是在1月23日上班的第一天，簽署退出《跨太平洋夥伴協定》（*Comprehensive and Progressive Agreement for Trans-Pacific Partnership*，簡稱TTP）；[27]其次是2018年3月8日口頭同意與北韓領導人金正恩會面；[28]第三是2018年5月10日退出伊朗核協議。從上述三個決定的發展來看雖是單獨事件，但是這些決定背後基本上大部分都與中國的影響力有著密切關係，玆說明如下。

在退出《跨太平洋夥伴協定》（TPP）部分：此協定是歐巴馬政府將其納入美國「亞太再平衡」戰略的一環，而且協定明確指出，將中國排除在外，此作法意在對抗中國積極主導推動的《區域全面經濟夥伴協定》（*Regional Comprehensive Economic Partnership*，簡稱RCEP）。[29]而川普上臺後則從美國單方面利益爲考量，放棄開放式的多邊主義，改採單邊及保護主義。從對各國提高商品關稅開始，演變形成針對中國的貿易戰，企圖直接壓制中國在經濟上的影響力。2019年7月22日首次由中國在河南鄭州舉辦的《區域全面經濟夥伴協定》第27輪談判，以及8月2日在北京舉辦的部長級會議，並力推在2019年完成協議。[30]2020年11月15日東協10國與中國、日本、南韓、澳洲及紐西蘭5國完成協定的

---

27 〈川普簽署行政命令決定美國退出TPP〉，《BBC中文網》，2017年1月23日，https://www.bbc.com/zhongwen/trad/world-38725338（檢索日期：2019/07/06）。

28 〈南韓特使團結束訪美　明起訪問中國〉，《美國之音》，2019年7月6日，https://www.voacantonese.com/a/news-south-korea-envoy-return-back-after-meeting-with-trump-20180311/4291674.html（檢索日期：2019/07/06）。

29 "TPP: What is it and why does it matter?," *BBC News*, 23 January, 2017, accessed at: https://www.bbc.com/news/business-32498715 (2019/07/06).

30 呂欣憓，〈東協峰會落幕　各國承諾今年致力完成RCEP談判〉，《中央通訊社》，2019年6月23日，https://www.cna.com.tw/news/firstnews/201906230162.aspx（檢索日期：2018/07/06）。

簽訂，可以看出中國在國際經濟體系上，已成為具有不容忽視與或缺的大國。

在面對北韓核子試爆及彈道飛彈試射危機部分：聯合國安理會於2017年12月22日一致通過對北韓最新制裁，決議加強對北韓施加新的制裁措施。[31]北韓自獲得美國總統川普同意與北韓領導人金正恩會面後，北韓領導人金正恩於6月12日「川金會」前，分別在3月28日、5月9日及5月30日三次訪問中國。[32]另金正恩前往新加坡的飛機及飛行路徑都受到中國的保護，這可說明朝鮮半島「非核化」及兩韓和平問題，中國仍具備關鍵的影響因素。美國如果想要排除中國的因素，直接主導兩韓的議題，基本上有其困難度。同樣的，中國因素除了直接影響南韓對中國的態度外，也間接影響日本與中國的關係。因此，中國對北韓的影響力，已足以改變以美國為主導的東北亞國際政治體系。

在伊朗核協議問題部分：2015年7月15日聯合國五個常任理事國美國、俄羅斯、中國、英國、法國加上德國共6國與伊朗達成「聯合全面行動計畫」（Joint Comprehensive Plan of Action, JCPOA）的核武協議[33]。伊朗即可獲得1,000多億美元被凍結在海外的資產，並能夠恢復在國際市場上出售石油，且利用全球金融體系進行貿易。相對的，美國與

---

31 方冰，〈聯合國安理會一致通過對北韓最新制裁決議〉，《美國之音》，2017年12月23日，https://www.voacantonese.com/a/un-sanction-north-korea-20171222/4176359.html（檢索日期：2018/06/13）。

32 周慧盈，〈金正恩三度訪中　北韓專機抵達北京〉，《中央通訊社》，2018年6月19日，https://www.cna.com.tw/news/firstnews/201806195003.aspx（檢索日期：2019/07/06）。

33 Office of the Press Secretary, "Statement by the President on Iran," The White House President Barack Obama, July 14, 2015, accessed at: https://obamawhitehouse.archives.gov/the-press-office/2015/07/14/statement-president-iran (2019/07/08).

伊朗保守派堅決反對此項協議，而以色列對此協議則表達強烈譴責。[34]美國總統川普上臺，共和黨保守勢力進入政府，2018年5月8日單方面正式表達美國撤出2015年與伊朗達成的「聯合全面行動計畫」核武協議，重新對伊朗實施嚴厲經濟制裁，並警告歐洲企業必須在六個月內停止與伊朗的經貿往來，否則將面臨美國制裁。[35]對此中國與其他簽約國都一致反對美國的作法，然而影響美國對伊朗經濟制裁效果的國家，中國則扮演關鍵的角色。[36]由此可以瞭解，中國政治的影響力已超越傳統的地緣政治，其經濟實力對地緣以外的地區，已能發揮其政治影響力。

### （三）為開發中與未開發國家提供有別於西方價值與制度的另一項參考選擇

二次大戰後的世界，在政治上基本分成以美國爲首的自由民主同盟、以蘇聯爲首的共產集權集團，以及以中國、印度爲主的第三世界不結盟國家。在經濟上則主要分爲資本主義國家與社會主義國家，也就是市場自由經濟與社會計畫經濟。在冷戰時期，由於美蘇對抗各自主導的同盟與聯盟國家，在政治與經濟上往來不密切，雙方的對抗主要在於意識形態的認知。1991年12月蘇聯正式解體，但對於蘇聯解體的原因眾說紛紜。若從經濟面的角度分析，在蘇聯解體前一年（1990年），蘇聯的「通貨膨脹指數」即已開始快速增長，到了1991年盧布幣值一年內貶值

34 〈伊朗核談判達成「歷史性」全面協議〉，《BBC中文網》，2015年7月14日，https://www.bbc.com/zhongwen/trad/world/2015/07/150714_iran_nuclear_agreement（檢索日期：2019/07/08）。

35 〈美國退出伊朗核協議　重啟全面制裁〉，《BBC中文網》，2018年5月8日，https://www.bbc.com/zhongwen/trad/world-44048520（檢索日期：2019/07/08）。

36 〈伊朗違背禁令向中國運送石油　美國反應謹慎〉，《美國之音》，2019年7月4日，https://www.voacantonese.com/a/cantonese-28445941-us-sanction-iran-china-oil-delivery-20190704-ry/4986128.html（檢索日期：2019/07/08）。

達到85%。[37]主要因素在於前蘇聯總書記戈巴契夫，在國家計畫經濟體制下推行市場自由化改革，所發生的貨幣危機可說是蘇聯解體的核心因素。[38]

蘇聯解體後，美國與歐洲等國的政治菁英認為，這是民主自由與資本主義對抗共產集權與社會主義的勝利。然而自2000年以來，東歐、中亞、中東及非洲的民主化革命的成功，以及資本主義市場經濟推行的結果，並未給國家及人民帶來希望，反而是貪腐依舊、貧富差距擴大、人民生活困難。同時，這些國家的動亂引發偷渡美國與歐洲等國的難民潮，而此難民潮又助長民粹主義的興起，進而產生對自由民主制度與資本主義的質疑。

曾為英國前首相布萊爾（Anthony Charles Lynton Blair）智囊的英國學吉登斯（Anthony Giddens），從左派的觀點鼓吹所謂「第三條道路」，即期望在資本主義與社會主義之間尋求另種選擇。[39]也就是奉行類中庸之道的福利社會，用以彌補社會主義和資本主義不足之處，又融合雙方主義優點的政治哲學。但2015年4月3日吉登斯接受義大利《共和報》（*La Repubblica*）訪問時，指出在技術與全球化壓制下，他與英國前首相布萊爾提出的「第三條道路」已死。認為技術及全球化在市場條件和人口改變中，存留福利的左派改良政策被打破了。少數菁英可能會越來越富裕，這是不平等的危險泡沫，它會破壞穩定。[40]

---

37 IMF, "The Economy of the Former USSR in 1991," prepared under the direction of John Odling - Smee, Washington D. C. , 1992 , April , p. 84-85.

38 富景筠，〈蘇聯末期盧布信用危機原因探悉〉，《俄羅斯中亞東歐研究》，第3期，2010年，頁69-74。

39 陳亦信，〈西方「第三條道路」的新理論〉，《二十一世紀評論》，第54期，1999年8月號，頁31。

40 謝秉強，〈國際思想周報｜第三條道路之死〉，《澎湃》，2015年4月13日，https://www.thepaper.cn/newsDetail_forward_1319990（檢索日期：

然而中國經過40年的改革開放期間，不斷的調整其社會、經濟體制，並提出所謂的「中國特色的社會主義道路」，強調以科學社會主義爲基本原則，在中國共產黨領導下，立足基本國情，以經濟建設爲中心，堅持四項基本原則，堅持改革開放，解放和發展社會生產力，建設社會主義市場經濟、社會主義民主政治、社會主義先進文化、社會主義和諧社會、社會主義生態文明，促進人的全面發展，逐步實現全體人民共同富裕，建設富強民主文明和諧的社會主義現代化國家。[41]以當前中國發展的成功表現，透過「一帶一路」的倡議，對於非洲、拉丁美洲等第三世界未開發及開發中國家，提供這些國家在政治與經濟制度上的另一項選擇，也爲這些國家的政治領導菁英，提供一個合理存在的理論論述，挑戰了傳統西方民主、自由與資本主義的價值。

依上所述，2018年美國開啟中美貿易戰的第一槍，從事件的事實面觀察，可以認識到這是「美國霸權」對「中國崛起」明確且實質的回應，兩者之間基本上是互爲因果關係。如果美國對「中國崛起」不認爲是對其霸權的挑戰，或「中國崛起」的目的不意味著在挑戰美國的霸權，也許中美貿易戰的事件就不會發生。而中美貿易戰事件的發生，對國際體系影響是全面性與全球性的，尤其在全球化時代，未來沒有任何一個國家或地區能夠不受影響。

若從國際事務的角度分析，中美貿易戰的問題意識或本質，在於美國認爲中國已然成爲新興的霸權，並準備挑戰美國這個舊有的霸權。另從戰略研究的角度分析，中國崛起的問題性質是，中國似乎已具備挑戰美國霸權的能力，而美國則爲因應中國未來各領域可能的挑戰預作

2019/07/09）。

41 〈關於堅持和發展中國特色社會主義的幾個問題〉，中華人民共和國國防部，2019年3月31日，http://www.mod.gov.cn/big5/shouye/2019-03/31/content_4838579.htm（檢索日期：2019/07/09）。

準備。因此，「中國崛起」的意涵是否正如艾里森（Graham Allison）從霸權理論的觀點，認爲中美之間無法避免會陷入所謂「修昔底德陷阱」，而這樣的觀點似乎已成爲美國對於「中國崛起」的主流觀點。美國對中國崛起的因應戰略是全方位的，在政治上採取孤立政策，在軍事上採取圍堵戰略，以及經濟上採取壓制與削弱作爲。依此可以瞭解這就是美國現實主義權力平衡戰略，也就是對可能成爲威脅、挑戰的新興霸權採取權力平衡政策的戰略手段，壓制新興霸權對現有霸權的威脅。但對中國來說，如何建構一個在國際事務各領域上，具重要影響力的「大國」，則應是其戰略意圖的核心目標。

## 第二節　中國崛起下各方利益

上一節已藉由因果關係、形成事件的條件及相關的因素，運用國際關係理論研究的問題意識或本質與戰略研究的問題性質，從「事實面」討論「中國崛起」的意涵與本質。本節將以中國崛起的「影響面」爲研究核心，運用國際關係理論之利益與戰略研究中的風險兩個面向，從主要、共同及連帶得利者的概念爲主軸，分析中國崛起下的各方利益。

在國際事務中，國家與國家之間的交流與互動，「利益」始終是決策領導者的思考核心。「利益」所涵蓋的層面是全面性的，從大到全球、跨區域、區域、國家、社會、政黨、團體，到最小的個人。每一個層次因內部的權力、能力及資源的不同，對外部的影響力也不同。若從國際關係理論以國家爲主體的視角分析，新現實主義強調國家與國家彼此之間互動的「相對利益」[42]；新自由主義係從相互依賴與國際建制的觀點，認爲國家所追求的是「絕對利益」[43]；而建構主義則藉由國家之間互動產生身分的定位，形成對利益的認知。另從對「利益」的認知概

42 Kenneth N. Waltz, *Theory of International Politics*, p. 102-107.

43 Robert O. Keohane, Joseph S. Nye, *Power and Interdependence*, p. 243-246.

念，可分爲「主觀利益」與「客觀利益」兩個部分。「主觀利益」是指行爲體或國家實現自我身分需求的信念，這個信念就是行爲的直接動機。「客觀利益」則是指行爲體或國家生存、安全與身分再造的需求。[44]依此，本節將分別從中國與美國的觀點分析其國家利益如下。

## 一、中國的觀點

### （一）在「主觀利益」部分

2017年10月18日中國國家主席習近平在中國共產黨第十九次全國大表大會的報告中指出：

> 中國特色社會主義的發展讓中華民族重新站起來，意味著中國特色社會主義成爲發展中國家走向現代化的途徑，中國智慧和中國方案爲國家發展，以及希望保持自身獨立性的國家和民族提供新的選擇。然而在這個過程中，也不否認面臨不少困難和挑戰，主要是發展不平衡，城鄉發展和收入分配差距大。社會生活水準的提升，全面依法治國任務依然繁重，國家治理體系和治理能力有待加強等問題，尚待加強解決，最終目標在實現中華民族復興的中國夢。
>
> 中國希望在2020年到2035年的15年時間，以全面建成小康社會爲基礎，完成社會主義現代化。在經濟實力、科技實力上將大幅躍升，躋身創新型國家前列；在法治社會上，各方面法治制度更加完善，實現國家治理體系和治理能力基本現代化；在社會文明上，國家文化軟實力顯著增強，中華文化影響更加廣泛深入；在人民生活上，中等收入群體比例明顯提高，城鄉區域發展差距和居民生活水準差距顯著縮小，完成基本公共服務平等化。在生態環境上，能有效控制與維護，完成現代社會治理基本格局。2035年至二十一世紀中葉（2049年），建成富強民主文明

44 Alexander Wendt, *Social Theory of International Politics*, p. 230-232.

和諧美麗的社會主義現代化強國。物質、政治、精神、社會及生態文明將全面提升，完成國家治理體系和治理能力現代化，成爲綜合國力和國際影響力領先的國家。[45]

另習近平於2018年12月18日在慶祝改革開放40週年大會上的演講中指出：

我們必須高舉和平、發展、合作、共贏的旗幟，恪守維護世界和平、促進共同發展的外交政策宗旨，推動建設相互尊重、公平正義、合作共贏的新型國際關係。我們要尊重各國人民自主選擇發展道路的權利，維護國際公平正義，宣導國際關係民主化，反對把自己的意志強加於人，反對干涉別國內政，反對以強凌弱。我們要發揮負責任大國作用，支持廣大發展中國家發展，積極參與全球治理體系改革和建設，共同爲建設持久和平、普遍安全、共同繁榮、開放包容、清潔美麗的世界而奮鬥。中國絕不會以犧牲別國利益爲代價來發展自己，也絕不放棄自己的正當權益。中國奉行防禦性的國防政策，中國發展不對任何國家構成威脅。中國無論發展到什麼程度都永遠不稱霸。中國人民具有偉大夢想精神，中華民族充滿變革和開放精神，實現中華民族偉大復興中國夢。[46]

---

45 鞠鵬，〈習近平：決勝全面建成小康社會　奪取新時代中國特色社會主義偉大勝利——在中國共產黨第十九次全國代表大會上的報告〉，《新華網》，2017年10月27日，http://www.xinhuanet.com/politics/19cpcnc/2017-10/27/c_1121867529.htm（檢索日期：2019/07/11）。

46 〈習近平：在慶祝改革開放40週年大會上講話〉，《新華網》，2018年12月18日，http://www.xinhuanet.com/politics/2018-12/18/c_1123872025.htm（檢索日期：2019/07/11）。

因此，從中國的觀點，對於「中國崛起」的「主觀利益」在於保持穩定國際外在環境，積極改革制度、發展經濟，做好中國自我發展的工作，爲成爲具備影響世界的大國做好準備。所以，一個穩定和平的國際秩序是中國主觀利益之所在。

### （二）在「客觀利益」部分

鄧小平所建構之「韜光養晦、有所作爲」的國際及對外戰略思想，深深影響中國的外交政策。其戰略思想的成因，主要在於1989年6月4日中國發生天安門民運事件後，歐、美等已開發國家對中國採取的經濟制裁，以及1989年東歐的劇變至蘇聯解體，促使鄧小平思考中國應如何面對世界局勢的劇變，對中國未來的因應作爲提出戰略指導。鄧小平認爲，未來國際局勢將是「多極」的局面，即使蘇聯解體但仍是一極。而中國也不要貶低自己，也算是一極。[47]（所謂的「極」依據現實主義的觀點是指「強權」的意思。）1989年9月4日鄧小平對中央幹部的談話即明確指出，面對當前國際情勢概括爲三句話──「冷靜觀察、穩住陣腳、沉著應付」，也就是埋頭實幹，做好一件事，我們自己的事，也就是發展經濟。[48]

1990年12月24日鄧小平提出「絕不當頭」的主張，以回應第三世界國家的要求。在國際環境的發展上，認爲中國在國際問題上無所作爲是不可能的，還是要有所作爲，也就是積極推動建立國際政治經濟新秩序。[49]。1992年4月28日，鄧小平再次明確指出，「我們再韜光養晦地幹些年，才能眞正形成一個較大的政治力量，中國在國際上發言的分量就會不同」[50]。鄧小平上述的一系列講話被總結爲「韜光養晦、有所作

47 鄧小平，《鄧小平文選第3卷》，北京：人民出版社，1993年，頁353-354。

48 同前註，頁311-312。

49 同前註，頁363。

50 中共中央文獻研究室編，《鄧小平年譜（1975-1997年）（下）》，北京：

爲」，成爲冷戰後中國二十世紀90年代對外政策的方向和目標。[51]1995年中國前外交部長錢其琛將鄧小平的外交思想概括爲「冷靜觀察、沉著應付、穩住陣腳、韜光養晦、有所作爲」的戰略方針。[52]開始積極加入國際組織與參與國際事務，使中國與國際間建立更緊密的關係，確立「大國是關鍵、周邊是首要、發展中國家是基礎、多邊是舞臺」的外交總體布局。[53]

鄧小平「韜光養晦、有所作爲」的對外戰略方針，進入二十一世紀後，中國隨著經濟發展國力快速增強，對於「韜光養晦」的戰略方針是否有所動搖，中國學者王緝思認爲，中國的國際定位特質爲國力最雄厚的發展中國家、具有全球利益和影響力的亞洲大國，但無法主導亞洲事務。中國正在經歷深刻變革與威脅的政治體制和價值系統獨特的社會主義大國，以及在西方主導之國際規則制約下的現存國際政治經濟秩序受益者、參與者和改革者。因此，在可預見的將來，「雖強猶弱」的中國國際定位不會發生重大變化，中國必然、必須堅持「韜光養晦、有所作爲」的戰略思想。[54]

2012年中國對美國提出「中美新型大國關係」的概念，希望建構一個不衝突、不對抗、相互尊重和合作共贏的中美關係。習近平擔任中國領導人之後，即積極的出訪世界各國，至2017年止，5年內共計出訪28

---

中央文獻出版社，2004年，頁1346。

51 門洪華，〈「韜光養晦、有所作爲」戰略方針與20世紀90年代的中國外交〉，《吉林大學社會科學學報》，第56卷第4期，2016年7月，頁85。

52 錢其琛，〈深入學習鄧小平外交思想，進一步做好新時期外交工作〉，王泰平主編，《鄧小平外交思想研究論文集》，北京：世界知識出版社，1996年，頁6-7。

53 門洪華，〈「韜光養晦、有所作爲」戰略方針與20世紀90年代的中國外交〉，《吉林大學社會科學學報》，第56卷第4期，2016年7月，頁93。

54 王緝思，〈中國的國際定位問題與「韜光養晦、有所作爲」的戰略思想〉，《國際問題研究》，第2期，2011年，頁6。

次56個國家。[55]2018年共出訪4次13國，[56]2019年共出訪8次10個國家。[57]然而對於美國來說，習近平似乎已摒棄鄧小平「韜光養晦」的戰略思想，積極推動「大國外交」。認爲世界仍將朝向多極體系的態勢，美國唯一的「一超」格局將會改變。而中國會以加強合作與競爭的方式，把注意力放在推動中國朝向贏得「國際地位」的目標努力。[58]

因此，從中國在2019年4月27日舉辦的第二屆「一帶一路」國際合作高峰論壇，習近平強調透過「一帶一路」倡議，強化合作機制、推動開放型世界經濟及構建人類命運共同體。[59]並且在中美貿易戰正酣之際，從中國官方媒體中央電視臺新聞回應對美國的態度：「不願打，但也不怕打，必要時不得不打。面對美國的軟硬兩手，中國也早已給出答案：談，大門敞開；打，奉陪到底。」的例證。可以瞭解到中國的「客觀利益」係從建構具影響力的大國身分，逐步改變舊有西方主導的國際

---

55 〈習近平上臺打「大國外交」5年走訪全球56國〉，《TVBS新聞網》，2017年10月19日，https://news.tvbs.com.tw/life/793231（檢索日期：2019/07/17）。

56 高孟陽，〈2018年習近平四次踏出國門，這些亮點讓人印象深刻〉，《央視網新聞》，2018年12月6日，http://m.news.cctv.com/2018/12/06/ARTI9H3W2e2us5PwKl5PLi0O181206.shtml（檢索日期：2020/11/22）。

57 黃宗鼎、梁書瑗，〈習近平主政下的黨建與外事作爲〉，歐錫富、龔祥生主編，《2019評估報告中共政軍發展》（臺北市：財團法人國家安全研究院，2019年），頁30。

58 Jane Perlez, "Leader Asserts China's Growing Importance on Global Stage," *The New York Times*, Nov. 30, 2014, accessed at: https://www.nytimes.com/2014/12/01/world/asia/leader-asserts-chinas-growing-role-on-global-stage.html?_ga=2.238435845.441462200.1563341266-1203000819.1519268923 (2019/07/17).

59 〈習近平在第二屆「一帶一路」國際合作高峰論壇記者會上的開幕辭（全文）〉，外交部，2019年4月27日，https://www.fmprc.gov.cn/web/ziliao_674904/zyjh_674906/t1658730.shtml（檢索日期：2019/07/17）。

政治經濟制度，但不否定美國在國際政治經濟體下的權力與影響力。2020年中國面對美國總統大選，現任總統川普與民主黨總統候選人拜登（Joe Biden）在競選期間，雙方均主打「中國威脅論」以爭取選票，中國領導人習近平則利用2020年10月23日紀念中國人民志願軍抗美援朝出國作戰70週年大會的講話機會，指出中國人民面對侵略者必須以戰止戰、以武止戈，用勝利贏得和平與尊重。但中國人民不惹事也不怕事，如果惹翻了是不好辦的，以暗示回應美國的中國威脅論。[60]

## 二、美國的觀點

2016年美國總統川普在獲得306張總統選舉人團票超過半數（270張）下，惟總票數62,984,825張（46.42%）少於希拉蕊65,853,516張（48.53%）的爭議中當選。[61、62]2020年美國總統大選，民主黨總統候選人拜登以獲得306張選舉人團票、總票數7,964萬1365票贏得2020年總統大選，現任總統川普僅獲得232張選舉人團票，總票數7,366萬1,779票。[63]從得票的各州可以瞭解，希拉蕊及拜登主要獲得東、西兩岸沿海城市州的支持，而川普則主要獲得中、南部農業與製造業各州的支持。

---

60 〈習近平：在紀念中國人民志願軍抗美援朝出國作戰70週年大會上的講話〉，《共產黨員網》，2020年10月23日，http://www.12371.cn/2020/10/23/ARTI1603450621958547.shtml（檢索日期：2020/11/22）。

61 〈美國大選：各地開票情況圖表〉，《BBC中文網》，2016年11月9日，https://www.bbc.com/zhongwen/simp/world/2016/11/161109_us_election_maps（檢索日期：2019/07/20）。

62 劉光瑩、辜樹仁，〈川普爲什麼選勝？〉，《天下雜誌》，2016年11月9日，https://www.cw.com.tw/article/article.action?id=5079306（檢索日期：2019/07/20）。

63 〈【不斷更新】美總統大選拜登306：川普232　喬治亞州手動計票拜登勝出〉，《上報》，2020年11月20日，https://www.upmedia.mg/news_info.php?SerialNo=99431（檢索日期：2020/11/22）。

由於美國的農業及製造業是全球化國際自由貿易制度下的受害者，移民問題也侵蝕美國社會的安定與白人社會的利益，這反映出美國對傳統政治菁英及體制的反感。尤其在「讓美國再次偉大」（Make America Great Again）的競選口號，承諾貿易、稅收、移民及外交決策，將使美國工人及美國家庭受益。[64]因此，川普上臺後開始興建美、墨邊界的圍牆、修改歐巴馬政府的醫療保險法案、發布限制移民禁令及遣返非法移民、廢除《跨太平洋夥伴協定》（TPP）及發起提高各項輸美產品關稅的貿易戰等。

美國總統川普基本上放棄了美國傳統對外的「開放政策」，而採取單邊及保護主義。2017年12月18日川普政府公布的第一份《國家安全戰略》（*National Security Strategy*）報告，以美國優先（America First）爲題，闡述保衛國土、美國人民和美國生活方式、促進美國繁榮、以實力維護和平及增進美國影響力等國家安全戰略的四大支柱。這四大支柱可說是美國總統川普所認知的美國國家利益之所在。[65]然而2020年入主白宮的拜登，面對川普遺留下來的美國外交事務難題，尤其是中美關係的困境上，在短時間內可能無法看到重大改變。[66]其主、客觀利益分析如下。

---

64 "Here's newly sworn-in President Trump's full speech," ShareAmerica, January 20, 2017, accessed at: https://share.america.gov/heres-president-trumps-full-speech/ (2019/07/20).

65 Seal of the President of the United States, "National security strategy of the united states of America", December 2017, p. v-vi.

66 Gladstone, Rick, "Biden to Face Long List of Foreign Challenges, With China No. 1," *The New York Times*, Nov. 7, 2020, accessed at: https://www.nytimes.com/2020/11/07/world/americas/Biden-foreign-policy.html?_ga=2.89785886.48011335.1606025425-1972870614.1570431049 (2020/11/23).

### （一）在「主觀利益」部分

美國總統川普的《國家安全戰略》報告四大支柱中，第一及二項「保衛國土、美國人民和美國生活方式」與「促進美國繁榮」，所表達的應爲美國的「主觀利益」。在保衛國土、美國人民和美國生活方式部分，川普政府認爲開放的自由貿易體系及全球化的網路資訊，侵蝕了美國的權利與義務，美國的敵人一直利用美國的自由民主制度，損害美國的利益。同時，北韓核子武器發展及伊朗支持恐怖組織，目的都是在威脅美國人民。而美國邊境及境內的非法移民，已威脅到美國的國土安全。另全球化的網路時代提供美國敵對者一個廉價且無從查證的機會，攻擊美國關鍵基礎設施。因此，強調透過強化邊境控制、改革移民體系、基礎設施防護及追蹤惡意網路駭客，以保護美國人民及生活方式，並建構分層彈道飛彈防禦系統及防禦聖戰恐怖主義分子進入美國的邊境防線，保護美國本土安全。[67]

在促進美國繁榮部分，川普政府認爲美國工廠、公司及工作機會流向海外，經濟復甦並未提高美國工人的實際收入，以及美國的貿易赤字不斷攀升，主要來自於不公平的國際貿易。因此，美國必須採取公平互惠的經濟關係，解決貿易不平衡問題，維護美國在科技研發方面的領先地位，抵制競爭對手不公平的獲取美國智慧財產權，保護美國經濟不受競爭對手的衝擊。促使美國能源具有支配地位，主要在於釋放充足的能源資源，可刺激美國經濟的增長。

從川普政府對於保衛國土、美國人民和美國生活方式，與促進美國繁榮的《國家安全戰略》報告闡述中，可以瞭解到美國川普政府自我認知的「國家利益」遭受損害，在於中南美洲邊境與境內的非法移民，敵對者的刻意攻擊，以及不公平的國際貿易制度。致使美國總統川普自上

67 Seal of the President of the United States, "National security strategy of the united states of America", December 2017, p. 4-14.

臺以後，積極採取構築邊界圍牆、從嚴修改移民法、廢除《跨太平洋夥伴協定》（TPP）、提高進口關稅及發動中美貿易戰等。從其對外戰略行動的內容，可知所指向的敵對者就是崛起中的中國。尤其在高精密技術上，直接指責中國竊取美國技術，侵蝕美國長期的競爭優勢，威脅到美國的國家利益。[68]

### （二）在「客觀利益」部分

美國總統川普的《國家安全戰略》報告四大支柱中，第三、四項「以實力維護和平」與「增進美國影響力」，所表達的應為美國的「客觀利益」。在以實力維護和平部分，川普政府認為，美國正面臨中國與俄羅斯的修正主義勢力、伊朗和北韓流氓國家及跨國性恐怖與犯罪組織三大威脅的挑戰。在政治、經濟和軍事等領域與美國展開競爭，進而轉變有利於挑戰者的區域權力平衡態勢。中國尋求在印度及太平洋地區取代美國，擴大其國家主導經濟模式，從自身利益重新安排區域秩序。數十年來美國基本政策堅信，支持中國崛起和融入戰後國際秩序，將有助於實現中國自由化。然而，與我們的願望相反，中國以犧牲他國主權的代價來擴張自己的權力。現今大國競爭的現象再度發生，中國和俄羅斯開始主張他們的區域及全球影響力，試圖奪取美國的地緣政治優勢以改變國際秩序。中國、俄羅斯及其他國家和非國家行為者，認為美國經常以二元的觀點看待世界，認為國家不是處於「和平」，就是處於「戰爭」，然而眞實的世界實際上是持續競爭的競技場。因此，強化軍事力量優勢，以獲取嚇阻與保證能力。保持美國在世界經濟主體領導地位，增強經濟、外交工具以獲取美國和其他國家利益。[69]這些是美國面對

---

68 Seal of the President of the United States, "National security strategy of the united states of America", December 2017, p. 21.

69 Seal of the President of the United States, "National security strategy of the united states of America", December 2017, p. 25-29.

「中國崛起」時，所引發對美國及現行國際體系威脅的反應。

在「增進美國影響力」部分，美國認爲中國和俄羅斯投資發展中國家的目標，旨在擴大其影響力和獲得競爭優勢以對抗美國。中國投資數十億美元在全球的基礎設施建設上，同樣的，俄羅斯也透過關鍵能源的掌控和其他基礎設施，對歐洲和中亞部分地區投射經濟影響力。然而美國的發展援助必須支持美國的國家利益，優先與美國利益一致有抱負的夥伴進行合作，美國尋求的是強大而不是弱小的合作夥伴。對於國際多邊論壇上，美國優先致力於服務美國利益的組織中，確保美國及盟友、夥伴的鞏固和支持。當現有的機構和規則需要調整時，美國將領導予以修正。美國必須因應世界上不同的區域制定針對性政策，以保護美國的國家利益。區域權力平衡的變化，可能會產生全球性影響及威脅美國利益，當區域平衡轉變成對抗美國，可能會成爲美國的安全威脅。美國必須集合意願和能力，對抗與防止印度、太平洋、歐洲和中東地區朝向不利的轉變。保持有利的權力平衡，需要盟友和夥伴堅定的承諾與密切的合作，因爲盟友和夥伴可增強美國的力量及擴大美國的影響力。[70]

川普政府的《國家安全戰略》在其最後的結論中，已明確指出其國家安全戰略是以現實主義原則爲指導。此戰略是現實主義論者，因爲它承認權力在國際政治中的中心角色，肯定主權國家是和平世界的最大希望，並且明確定義美國的國家利益。此戰略的原則在於，立足於推展美國原則，促進全球和平與繁榮，以價値觀爲導向，以利益爲紀律。[71]雖然川普的《國家安全戰略》內容所涵蓋的層面是全球性的，但是中美貿易戰的開啟與發展，已充分表現出美國對於中國的強烈威脅感，在地

70 Seal of the President of the United States, "National security strategy of the united states of America", December 2017, p. 38-45.

71 Seal of the President of the United States, "National security strategy of the united states of America", December 2017, p. 55.

域上，不再僅限於區域性（西太平洋）而是全球性的；在領域面向上，不再是單一的軍事、政治、經濟或文化上，而是全方位的相互影響。美國川普政府在主、客觀的利益上，「中國崛起」不僅僅威脅到美國國內的國家利益與安全，更試圖影響及削弱美國在世界各地的國家利益。然而對於「中國崛起」，美國麻省理工學院院長L. RafaelReif在《紐約時報》發表一篇名爲〈中國的挑戰就是美國機會〉（China's challenge is America's opportunity）觀點，認爲美國單獨採取侵略的防禦措施，在某種程度上防止中國技術的成功，以確保美國技術的優勢，這個作法是錯的。美國應該視中國爲一個新興競爭者，借鏡中國的優點，將可激勵美國做得更好。[72]

在中美貿易戰如火如荼之際，2019年7月3日美國傳統領導菁英在《華盛頓郵報》發表一篇〈中國不是敵人〉（China is not an enemy）的公開信，就「中美關係」向川普政府及國會議員提出建言。認爲美國單方面主觀利益對中國崛起的回應政策，所得到的是反效果。美國若採正確之競爭與合作的平衡行動作爲，可增強中國領導者希望在國際事務上扮演建設性的角色。美國試圖將中國視爲敵人，並且減低中國在全球經濟的鏈結，將損害美國的國際角色、聲譽及破壞所有國家的經濟利益。美國無法在不損害自己的情況下，明顯的減緩中國的崛起。如果美國壓迫盟邦將中國視爲經濟與政治敵人，可能會使自己陷入孤立的狀況。試圖孤立中國的政策，只會弱化中國發展更人性與更寬容的社會意圖。面對中國侵蝕美國長期以來在西太平洋的軍事優勢，最好的回應方式不是陷入獲取美國絕對優勢的無止境軍備競賽，而是聯合盟邦維持對中國的

---

72 L. Rafael Reif, "China's Challenge is America's Opportunity," *The New York Times*, Aug 8, 2018, accessed at: https://www.nytimes.com/2018/08/08/opinion/china-technology-trade-united-states.html?_ga=2.241971397.633714922.1565143343-1203000819.1519268923 (2018/08/07).

嚇阻力量，與此同時強化中、美共同控管危機的能力。對於中國角色的「零和」態度，只會鼓勵北京政府不是選擇脫離西方民主政體所建構的全球秩序下的國際體系，就是建構另一套分立的全球秩序，這將損及西方利益。在轉變的世界中，美國要恢復有效的競爭力，以及與其他國家和國際組織共同努力，更能符合美國的利益，而不是促進破壞與牽制中國參與世界的反效果計畫。[73]

依上所述，「中國崛起」所引發美國川普政府的「中美對抗」情勢，就本質而言，「中美對抗」與冷戰時期「美蘇對抗」是有所區別的。冷戰時期的「美蘇關係」是在經濟、政治、軍事、科技及文化上屬於相互獨立的個體與集團，美蘇對抗在於雙方自我實力的增加，以獲取權力的平衡。而中美關係在全球化時代，經濟上則屬於相互依賴的狀況，任何一項貿易壁壘措施不會僅有單方的損失，而是雙方互有損失，也就是中國俗語所說：「殺敵一萬自損八千」的戰略分析概念。就領域來說，所影響的面向是全面性的。除軍事面向是對抗外，在經濟上則是相互依賴，政治上爲相互牽制，文化上爲相互滲透及心理上處於交互影響。

「中國崛起」雖然直接挑戰美國霸權的既得利益，但所引發的「中美對抗」態勢，就區域來說，所影響的廣度是全球性的。以「中美貿易戰」爲例，美國總統川普於2019年5月16日以國家安全爲由，簽署緊急行政命令，要求美國企業禁止出售晶片、零組件給中國企業「華爲」技術公司[74]。從此項政策來看，美國對中國所發動的貿易戰核心目

---

73 M. Taylor Fravel, J. Stapleton Roy, Michael D. Swaine, Susan A. Thornton and Ezra Vogel, "China is not an enemy,' *The Washington Post*, July 3, 2019, accessed at: https://www.washingtonpost.com/opinions/making-china-a-us-enemy-is-counterproductive/2019/07/02/647d49d0-9bfa-11e9-b27f-ed2942f73d70_story.html?utm_term=.3ce128d75d2c (2019/07/31).

74 Atkinson，〈美國科技供應鏈仍視華爲爲出口，禁售令將嚴重衝擊部

標，在於削弱中國的科技發展速度及優勢，尤其中國「華為」公司的5G行動通訊核心技術已然超過歐、美領先全球。[75]而5G是未來人工智慧（AI）與互聯網的核心技術，誰能握有技術主導優勢，誰就能成為或扮演未來全球科技與經濟發展的火車頭。因此，可以瞭解到美國自二次大戰以來一直扮演世界科技、經濟領航者角色的憂慮與擔心。

美國政府運用所有手段，全面封殺「華為」在全球的布局與發展，除了美國政府要求政府機構及國內企業禁止採購華為產品之外[76]，更要求歐洲等各國盟友也禁止採購「華為」設備。[77]然而資訊科技供貨產業鏈與消費鏈擴及全球市場，美國封殺「華為」的結果將對全球造成兩項影響：一在經濟面上，未來世界的5G系統規格將呈現兩套標準，一個是以美歐為主的規格標準，主要市場在所謂西方強權國家；另一個是以中國為主的規格標準，主要市場為非西方強權國家；二在政治面上，將迫使非傳統西方強權國家面臨選邊站的抉擇，進而形成另類兩極冷戰對抗國際體系。因此，「中國崛起」從「利益」的角度觀點分析，中國有其國家發展的需求，美國所思考的是，如何面對中國這個興新大

---

分廠商〉，《財經新報》，2019年5月24日，https://finance.technews.tw/2019/05/24/huawei-vs-trump/（檢索日期：2019/08/09）。

75 林宏文，〈從5G、半導體到品牌，臺灣如何看待華為新霸權的崛起〉，《數位時代》，2019年3月8日，https://www.bnext.com.tw/article/52497/5g-huawei-taiwan（檢索日期：2019/08/09）。

76 Cecilia Kang and David E. Sanger, "Huawei is Target as Trump Moves to Ban Foreign Telecom Gear," *The New York Times*, May 15, 2019, accessed at: https://www.nytimes.com/2019/05/15/business/huawei-ban-trump.html?_ga=2.217963734.1172580198.1565320885-1203000819.1519268923 (2019/08/09).

77 David E. Sanger, Julian E. Barnes, Raymond Zhong, Marc Santora," In 5G Race with China, U.S. Pushes Allies to Fight Huawei," *The New York Times*, Jan. 26, 2019, accessed at: https://www.nytimes.com/2019/01/26/us/politics/huawei-china-us-5g-technology.html (2019/08/09).

國的挑戰，而中美以外國家憂心的則是如何避免選邊站，以獲取國家最大利益。

## 第三節　國際體系的特點、變遷與發展

自二次大戰結束後，由於蘇聯在世界各地區、國家輸出共產革命，面對蘇聯共產主義意識形態對世界的威脅，當時美國總統杜魯門（Truman）在1947年3月12日的《國情咨文》（*State of the Union address*）主張：「美國政策必須支持自由人民抵抗少數武裝分子或外來勢力征服之意圖。」[78]開啟了美蘇冷戰的時代。美國藉由對西歐及亞洲民主國家的援助，對抗共產武裝叛亂所採取的「圍堵政策」，促使國際體系在政治及軍事上分成兩個陣營。一個是以美國爲首，所謂的「自由民主國家」陣營；另一個是以蘇聯爲首，所謂的「共產集團」陣營。而在經濟上，除了以美國爲主的資本主義「市場經濟」國家，以及以蘇聯爲主的社會主義「計畫經濟」國家之外，另有因中國、印度兩個大國採取不結盟政策，與中南美洲及非洲國家所形成的所謂第三世界國家。

因此，從1947年開始，至1991年蘇聯解體的冷戰期間，美蘇兩大陣營不僅在政治、軍事、經濟上相互對抗，在文化及心理面向也是相互對抗的。而第三世界國家在經濟上處於開發中或未開發國家的狀態，然而受到美蘇兩大陣營對國內政治、軍事及經濟的介入，國家政局始終面臨動盪的局面而無法有效發展，對於國際體系則處於被動接受與因應的狀況，不具備影響或改變國際體系的能力。而現今中國取代前蘇聯，成爲威脅美國的對抗目標，但「美中對抗」與冷戰時期的「美蘇對抗」有著本質上不同的特點，值得我們從各個面向做進一步的解析，有利於我們預測國際體系未來可能的發展方向。

---

78 Michael Beschloss, *Our Documents: 100 Milestone Documents From The National Archives* (New York: Oxford University Press, 2006), p. 194.

## 一、國際體系的特點

所謂「國際體系」的概念與定義，簡單地說，就是由國家所組成的無政府社會。[79]閻學通認爲，國際體系基本上是由國際行爲體、國際規範及國際格局三個要素所構成。國際體系的主要行爲體都是主權國家，國際規範則是以《聯合國憲章》爲基礎的主權規範，也就是新自由主義所認爲的國際制度，而國際格局所指的是現實主義所稱的「極」。因此，國際體系如果要發生轉變，需要至少兩個要素的變化。[80]

對於國際體系的特徵，秦亞青認爲，若從華爾滋的結構現實主義觀點，國際體系的秩序是「無政府」，「國家」是國際體系的基本單位。「權力分配」是國際體系結構運作的可變因素，而所謂的「權力」，指的是「經濟、軍事和其他能力」，並以「極」的概念表示國際體系結構。若從新自由主義的觀點，認爲國際體系的特徵就是國際制度，雖然不否認大國之間的權力分配是國際體系結構的重要因素，但是形成國際體系的「過程」與「結構」都屬於國際體系的重要特徵。新自由主義對於國際體系的重心，認爲應從「結構」轉移到「過程」，而「過程」就是國際體系中各個單位（國家）間的互動方式和互動類型。因此，體系結構（極的體系）與國際制度（國際政府組織與非政府組織）是影響國際體系的兩個因素。就溫特建構主義的觀點，國際體系的特徵就是國際文化，提出霍布斯（敵人）、洛克（競爭者）及康德（朋友）三種國際體系結構，認爲「文化」才是國際體系的特徵。[81]

蔡翠紅與倪世雄對於所謂「國際體系」，認爲從現實主義觀點來

---

79 閻學通，〈無序體系中的國際秩序〉，《國際政治科學》，第1卷第1期（總第1期），2016年，頁3。

80 閻學通，〈權力中心轉移與國際體系轉變〉，《當代亞太》，第6期，2012年，頁13-16。

81 秦亞青，《權力・制度・文化》，北京：北京大學出版社，2005年，頁16-18。

說，「國際體系」是一個無政府狀態下，以國家為主角的權力政治，也就是以國家為主體所組成的主權國家體系。而權力政治的運作呈現兩個面向：一是國家力量在國際上的格局；二是國與國之間力量的互動。從溫特社會建構主義的觀點，則認為國際體系的單元有兩個層次，分別為個人與群體（國家），且最終為個人層次。因此，國際體系存在三種角色結構，分別為敵人（霍布斯）、競爭者（洛克）及朋友（康德），因為觀念導致角色的認同差異，從而建構出不同的國際體系。[82]

依據閻學通、秦亞青及蔡翠紅與倪世雄對「國際體系」之定義與意涵的論述，不管從結構現實主義、新自由主義或社會建構主義理論的觀點分析，對於國際體系論述的共通特點，就是國際之間係處於「無政府」的狀態，國際之間的互動是以「國家」為基本單位。然而對國際體系結構的形成與變動，結構現實主義認為是「權力」的分配因素；新自由主義認為是國際體系中各個國家互動的「過程」因素；社會建構主義則認為是「社會共有知識」的「文化」因素。若從國家的角度觀點，國家如何在國際體系間彰顯與維護權力，以獲得國家利益是運作的手段與目標。

1648年歐洲各國結束30年戰爭所簽訂的《西伐利亞條約》（*Treaty of Westphalia*），將以往以民族為主體的「國家」概念具體化，國家對其「領土」與「主權」具有絕對的權力，並成為國家在國際之間基本運作的實體單位。國際間沒有任何一個可高於國家地位的政治實體。因此，國際體系是處於無政府狀態，而國家與國家之間的互動與定位，從國際關係理論來看，獲取國家最大利益是目標，權力的分配、國際制度的政府與非政府組織、國際慣例及國際法，以及國家與國家之間互動所建構的身分，則是達成國家利益的方法與手段。

---

82 蔡翠紅、倪世雄，〈國際體系解構分析：結構、變遷與動力〉，《教學與研究》，第7期，2006年，頁48。

因此，以國家爲單位的國際體系結構，會隨著國家實力的提升與下降，影響國家在國際之間「權力」的改變。而權力的改變直接影響到相關國與國之間權力的分配，同樣的，也影響國家在國際制度中，國際組織的論述權（話語權）與影響力。這樣也間接改變國家在國際中，國與國之間「身分」的調整，從而對國家利益的取向有所改變。奎斯特（George H. Quester）從軍事戰略的「攻擊」與「防禦」觀點，認爲西方的歷史發展過程中，在權力平衡的架構下，軍事戰略的決定會影響國際體系的狀態。[83]認爲軍事科技與實力的改變，影響國際體系的權力平衡，進而發生戰爭。國家唯有提升「防禦」能力，讓傾向採取「攻擊」戰略的一方認爲沒有獲勝機會時，國際體系才得以處於穩定的狀態。

若從「中國崛起」的觀點，在無政府的國際體系架構中。以歐美國家的觀點分析，認爲中國是一個新興的強權，經過40年的國家發展後，在政治、經濟、軍事及文化等各領域的實力與影響力，已具備挑戰現有西方強權國家所建構的國際體系。例如在政治上，中國藉由國際制度的參與，透過經濟實力與周邊國家的互動，改變以美國爲主導的區域權力平衡架構；在經濟上，中國「一帶一路」的倡議與「亞投行」的設立，衝擊以美國等西方強權所主導的世界銀行與國際貨幣基金的國際金融體系；在軍事上，中國軍事現代化的發展，挑戰美國在亞太區域的軍事霸權；在文化上，中國儒家思想的傳播，引發非西方國家對歐美的自由、民主、人權等價值觀的存疑。

然從中國的立場來看，張登及認爲中國的「大國」定位，除了是傳統的「人地大國」之外，也有著所謂「體系大國」、「負責大國」與「反大國／挑戰大國」的傾向。換句話說，中國希望在國際體系中，建

83 喬治・奎斯特著，蘭育璇譯，《國際體系的攻擊與防禦》（*Offense and Defense in the International System*），臺北：國防部史政編譯室，2004年，頁14。

構與美國平等、所謂「一極」的大國身分。[84]因此，對中國來說，國家實力的提升，彰顯中國在國際體系中權力的改變，權力的增加挑戰現有國際制度的平衡穩定性，而中國的大國「身分」則需要與當前的大國美國的互動過程中獲得。2012年中國向美國提出建構所謂「中美新型大國關係」的概念，可以說明「中國崛起」的國家客觀利益目標。

## 二、國際體系的變遷

對於國際體系的變化，蔡翠紅及倪世雄認爲基本上有兩種方式：一是國際體系的組織原則與構成單位；二是體系內成員實力產生變化。第一種變化方式由於無政府狀態仍無改變的跡象，所以此國際體系變化方式短期內是無法預見的；而第二種變化方式主要來自於體系內成員相對實力的改變，促使國際體系產生變化。對於變化的模式，分爲循環性變化的週期論與遞進式或無次序變化的非週期論。週期論是一種霸權的更替論，國際體系的發展將因霸權國家的更迭，而具有規律性的週期特點。但建構主義學派則認爲，社會實踐過程的偶然性與意外後果，使國際體系的轉換具備規律性，國際體系的未來是不斷進步的。因此，對於影響國際體系變遷的動力，理想主義、現實主義及建構主義各有不同的觀點。理想主義認爲，「人性」是主導社會變遷的動力，現實主義認爲，「政治經濟」的實力改變國際體系的變遷來源，建構主義則從文化與認同影響著國際體系的變遷。[85]

秦亞青認爲，國際體系基本上是處於一個延續與變化共存的狀態，國際體系的轉型原則上有三種變與不變的關係：一是體系自身的轉型，也就是體系本身發生質的變化。例如行爲體（國家）的多元化發

---

84 張登及著，石之瑜主編，《建構中國：不確定世界中的大國定位與大國外交》，臺北：揚智文化，2003年，頁264-268。

85 蔡翠紅、倪世雄，〈國際體系解構分析：結構、變遷與動力〉，《教學與研究》，第7期，2006年，頁48-50。

展，國際組織、地區組織、國際公民社會等已成爲影響國際事務的重要因素；二是體系結構的轉型，主要是指實力分布的變化，最典型的特徵就是「極」的概念。例如當前「一超多強」的國際結構格局尚未改變，但多極的趨勢更加顯著，尤其中國等新興國家的影響力逐漸加強；三是國際治理體制的轉型，治理體制指的是維護國際體系秩序的制度性安排，主要是針對國際體制內威脅的協調，權力平衡是大國維持和平穩的機制。[86]

秦亞青亦認爲，國際體系本體仍然延續不變，以主權爲原則，國家是國際體系基本單位的特徵並未改變，但是影響國際體系要素似乎發生了變化。就體系結構而言，「一超多強」的基本格局雖還未改變，但「一超走弱、多強易位」的權力消長趨勢，已明顯呈現出來。就體系制度而言，國際治理體系無法充分展現其有效性與正當性，面對新的安全威脅往往無法提出一個有效治理方案。就國際觀念結構而言，雖然國際社會在議題上具有相當的共識，但觀念上的差異依然存在。惟相較冷戰時期的觀念結構，對抗的成分減弱，對話的成分加大。[87]張登及則認爲，中國崛起的國際格局不同於美蘇對抗，冷戰的美蘇對抗結構，基本上是兩大體系的對抗，而中國的崛起則是在同一套體系內的互動，不存在體系與體系對抗的問題。[88]

葉江認爲，國際體系中權力的擴散與轉移，對體系中的單位產生兩方面的影響：一是具備影響國際體系發展的國家，除了傳統的強權國

---

86 秦亞青，〈國際體系轉型以及中國戰略機遇期的延續〉，《現代國際關係》，第4期，2009年，頁35-36。

87 秦亞青，〈國際體系的延續與變革〉，《外交評論》，第1期，2010年，頁13。

88 陳鄭爲，〈臺學者：中國可以成爲「負責任的挑戰者」〉，《多維新聞》，2018年1月27日，http://news.dwnews.com/taiwan/big5/news/2018-01-27/60037732.html（檢索日期：2019/09/18）。

家，如美國、俄羅斯、英國、法國等之外，新興大國如中國、印度、巴西等，以及中等國家如加拿大、澳洲等，與傳統強國都對國際體系發展具有相當的影響力；二是非國家行爲體，如跨國公司、國際非政府組織及國際政府組織，同樣對國際體系具有某種程度的影響力。因此，從現實主義「極」的觀點，國際體系的發展將會朝向「多元無極」的國際格局。[89]

綜合上述學者對國際體系變遷的理論論述，可以瞭解到影響國際體系變遷的主要因素有三：一是國際體系內單位的權力平衡改變；二是國際體系內的新興強權對體系挑戰；三是國際制度在國際體系的作用。首先，在國際體系內單位權力平衡部分，也就是新興強權的實力增強，或現存的強權實力減弱。當體系內單位的實力發生變化時，基本上權力平衡的結構就會發生改變。若以「中國崛起」爲例分析，中國是一個土地廣大、資源豐富、人口眾多的大國。其經濟實體與發展能力僅次於當今一超的美國，雖然在政治、軍事、文化等方面的能力與影響力仍未超越美國，但對區域乃至於全球，已具備對美國的政策產生一定程度的影響力。且在全球化的自由貿易體系中，新興國家如印度、巴西、俄羅斯等區域大國的興起，使得即使處於「一超多極」的國際體系格局，美國已無法單獨主導區域各國事務，這也已是無法改變的事實。由此，國際體系格局是否會因中美之間的實力消長，而再回到「兩極」體系，將是國際體系變遷的核心因素。

其次，在國際體系內的新興強權對體系挑戰部分，新興強權的意向與現有強權之間的關係，以及現有強權是如何看待新興的強權，都影響著國際體系格局的走向。美國冷戰專家艾利森（Graham Allison）於2017年出版《注定一戰？中美能否避免修昔底德陷阱》（*Destined for*

89 葉江，〈論當前國際體系中的權力擴散與轉移及其對國際格局的影響〉，《上海行政學院學報》，第14卷第2期，2013年3月，頁61-62。

*War: Can America and China Escape Thucydides' Trap*?）一書，認為從希臘雅典與斯巴達爭霸之「伯羅奔尼撒戰爭」開始的西方戰爭史角度分析，認為現今快速崛起的中國，已挑戰美國既有的優勢。兩國將陷入古希臘歷史學家修昔底德所定義的陷阱，也就是兩國的戰爭是無可避免的。[90]艾利森的論點在於崛起的新興國家為其國家的戰略利益與目標，必須透過霸權的伸張來取得，因而與現存霸權國家產生衝突，進而導致戰爭的發生。也就是說，中國崛起後必將如歷史的輪迴一樣，朝向帝國主義稱霸的權力擴張方向發展，基本上這是從美國的霸權立場看待中國的崛起。美國總統川普對中國所採取的貿易戰，似乎可以解釋美國為了抑制中國這樣一個新興大國崛起的挑戰，所採取的一種相對應作為。

但若從中國的立場來看，中國崛起的目的是否如美國的觀點，必將藉由挑戰美國這一超級霸權，以達到中國獨霸的地位呢？從中共十九大工作報告到2019年的國防報告書的內容來看，中國不斷表達、強調中國「永不稱霸」的決心。[91]如果我們排除陰謀論的假設，認為中國政府這樣的宣達就是國家的基本政策，那中國成為一個崛起的新興大國，其國家發展目的或戰略就不應是試圖改變國際制度，或透過戰爭的方式挑戰美國這個既有的霸權。因此，國際體系是否會改變的另一個因素，在於新興強權與既有強權是否有改變現有權力分配的意圖。

第三，國際制度在國際體系的作用部分，在現今全球化時代，以往傳統的美蘇兩極冷戰體系下，在經濟、政治、文化及軍事等各方面，雙方互無交流的意識形態對抗已不復存在。隨著冷戰結束，國際體系在

---

90 Graham Allison, *Destined for War: Can America and China Escape Thucydides's Trap* (New York: Houghton Mifflin Harcourt, 2017), p. vii.

91 丁楊，《新時代的中國國防》白皮書全文，中華人民共和國國防部，2019年7月24日，http://www.mod.gov.cn/big5/regulatory/2019-07/24/content_4846424_2.htm（檢索日期：2019/09/25）。

美國獨霸的「一超多強」格局下，聯合國、世界銀行及世界貿易組織、國際刑警組織等各領域國際政府組織的國際制度，成為美國遂行全球治理的手段。然而各國在解脫政治意識形態的約束後，經濟發展成為追求國家利益的主軸，使得中國、印度、巴西、俄羅斯等新興大國，依循冷戰時期所謂的亞洲四小龍（臺灣、韓國、香港、新加坡）之經濟發展模式，逐漸提升與增強其經濟實力，同時對於區域的政治、軍事、文化等影響力，也隨著經濟實力的增加而增加。尤其區域各國之間合作組織的成立，例如歐洲於1993年簽訂《馬斯垂克條約》後之歐盟、亞洲的東亞峰會與上海合作組織、非洲的東非共同體及美洲的南美洲國家聯盟與中美洲會議等，使得以往開發中及未開發等弱小國家，可藉由區域國家的合作與互助，對抗區域內外的強權。而發展中的新興大國藉由傳統國際性組織的參與，提升對國際組織的影響力，進而改變國際制度，以獲取國際治理的權力。或透過新的國際組織的成立，挑戰既有的國際制度，進而改變國際體系的格局與運作模式。例如中國配合「一帶一路」之倡議所成立「亞洲基礎設施投資銀行」，可以認為是對「國際貨幣基金」與「世界銀行」等國際組織的挑戰，似乎也具有改變既有國際金融體系格局的意涵。

## 三、國際體系的發展

對於國際體系的變遷，秦亞青認為所謂「體系」或「系統」是一個包含許多單元的整體，對於國際體系結構仍然是以相對實力為基礎的國際格局。[92]國際體系的運行，主要在於國與國之間的互動機制。[93]因此，本節將從結構面研究國際體系變遷，並以二次大戰結束為起點，分

92 秦亞青，〈國際體系的延續與變革〉，《外交評論》，第1期，2010年，頁8

93 蔡翠紅、倪世雄，〈國際體系解構分析：結構、變遷與動力〉，《教學與研究》，第7期，2006年，頁51。

爲「冷戰」、「一超多強」及「二極多元」等三個時期，說明國際體系的發展由來與過程。

### （一）冷戰時期（1945-1991年）

二次大戰結束後，美國成爲世界最具影響力的強權，而蘇聯的興起促使以歐洲強權爲主的多極國際體系，轉變爲冷戰時代的兩極國際體系。面對蘇聯與中國在非洲、中南美洲、亞洲等國家，扶植共產黨叛亂團體於各國發起武裝革命，美國總統杜魯門因應此情況對蘇聯及中國採取「圍堵政策」，使得冷戰時代的兩極國際體系成爲各自獨立相互對抗的形式。此時期的國際體系現況，將從軍事、政治、經濟、社會四個面向分析如下。

**1. 軍事面向**

歐洲部分：美國、加拿大與英、法、德等歐洲民主政體國家於1949年4月4日成立「北大西洋公約組織」，統合民主政體國家武裝部隊建構聯合作戰指揮機構，以對抗蘇聯對歐洲的可能威脅與入侵。而蘇聯則採取聯合中歐、東歐共產社會主義國家，於1955年5月14日簽署《華沙公約》，建立聯合武裝部隊及統一的作戰指揮機構，以對抗美國及西歐國家對中歐與東歐國家的入侵。

亞洲部分：1950年代美國分別與日本、南韓、中華民國（臺灣）、菲律賓簽署共同防禦條約，並與泰國簽訂軍事援助協定，以及與泰國、菲律賓、澳洲、法國、紐西蘭、巴基斯坦（包括東巴基斯坦，也就是現在的孟加拉國）、英國成立「東南亞條約組織」（Southeast Asia Treaty Organization, SEATO）。[94]這些美國與其他國家簽署防禦條約的主要目的，在於防止中國的共產革命對亞洲國家的威脅。雖然美國於1979年與

94 Shane Paltridge, “Australia and the Defense of Southeast Asia,” *Foreign Affairs*, Vol. 44, Oct. 1965, p. 50.

中華民國斷交，並廢除共同防禦條約，但美國與臺灣仍然保有實質的軍事交流與軍售協定。

大洋洲部分：1951年美國與澳洲、紐西蘭簽署《太平洋安全條約》（Australia, New Zealand, United States Security Treaty, ANZUS），其目的在於確保南太平洋的安全。

**2. 在政治上**

美國在歐洲與法、德爲主的歐洲共同體（歐盟前身）及英國具有同盟關係，共同對抗蘇聯的威脅；在亞洲與日本、南韓、菲律賓、泰國、巴基斯坦、孟加拉具有同盟關係；在大洋洲與澳洲、紐西蘭亦屬同盟關係；在美洲由美國成立「美洲國家組織」，用以對抗歐洲強權對拉美國家的介入，冷戰期間則用以對抗蘇聯對拉美國家可能的入侵。而蘇聯在面對美國圍堵戰略的過程，在歐洲聯合歐洲共產國家對抗美國與歐盟的圍堵；在拉美國家則支持古巴及委內瑞拉成爲社會主義國家，以對抗美國，並支持中南美洲國家的武裝叛亂團體革命；在亞洲則加強與印度、越南的政治、軍事及外交關係，以對抗共產中國。

**3. 在經濟上**

二戰結束後，由美國於1945年所主導建構的「布列敦森林體系」（Bretton Woods system），分別成立「國際貨幣基金」（International Monetary Fund, IMF）與「國際復興暨開發銀行」（International Bank for Reconstruction and Development, IBRD），也就是「世界銀行」（World Bank）的前身兩大機構組織。[95]另各國在此體系下，針對貿易關稅問題成立《關稅暨貿易總協定》（*General Agreement on Tariffs and*

---

95 Thomas Kohlmann，〈布雷頓森林體系的後繼者們面對頂頭風〉，《DW德國之聲》，2019年7月27日，https://www.dw.com/zh/布雷顿森林体系的后继者们面对顶头风/a-49718099#（檢索日期：2019/08/13）。

*Trade, GATT*），也就是「世界貿易組織」（World Trade Organization, WTO）前身。[96]以上三個機構組織，使得美國至今仍為世界貿易體系的核心，而美元仍為世界貨幣體系中主要貨幣流通的匯率基準。

然而蘇聯為抗拒美國在歐洲的《馬歇爾計畫》，以及布列敦森林體系。於1949年由蘇聯邀集保加利亞、匈牙利、波蘭、羅馬尼亞、捷克斯洛伐克，宣布成立「經濟互助委員會」，但直到1959年才完成法律程序，主要目的是希望簽約國在「國際分工」的原則基礎上，發展全面的經濟合作。[97]

**4. 在社會上**

以美國為主的「自由民主」陣營與以蘇聯為主的「共產極權」陣營，雙方政府在意識形態上相互對抗，並在政府意識形態的教育與宣傳相互攻訐下，使得雙方人民及社會產生相互敵視與互不信任的潛在意識。

依上分析，冷戰時期的美蘇對抗體系，基本上在政治、軍事、經濟、社會是各自獨立運作，相互之間沒有交集。中國、印度等所謂第三世界國家與美蘇的關係，由於其自身能力尚不足，僅能成為美蘇對抗中相互拉攏、牽制的一個政策手段，對美蘇兩極體系的整體戰略對抗思維影響不大。

### （二）一超多強時期（1991-2010年）

1991年蘇聯解體宣告冷戰時代的結束，分崩離析的蘇聯各邦國紛紛獨立。由俄羅斯繼承前蘇聯在國際法上的所有權利，但國家的經濟卻

---

96 經濟部國際貿易局，〈GATT/WTO歷史沿革〉，《WTO入口網站》，2011年11月14日，http://wto.trade.gov.tw/cwto/Pages/Detail.aspx?nodeID=339&pid=312887（檢索日期：2019/08/13）。

97 洪茂雄，〈東歐和前蘇聯統合模式解析〉，《新世紀智庫論壇》，第13期，2001年3月30日，頁38-39。

陷入嚴重混亂。雖然俄羅斯軍事能力與科技仍保有一定實力，但在經濟及政治上，短時間內已無法有效抗衡美國的牽制。此時美國已然成爲世界唯一的超級強權，而具有成爲美國未來威脅的大國，只有中國及印度兩個國家。日本、英國、法國、德國等強權國家，雖然在工業與科技能力上可與美國媲美，但由於受限於領土較小、資源缺乏及人口數量相對較少，也只能成爲強權但無法成爲大國。中國自1979年改革開放以來的經濟發展與社會現代化成果，至2010年已成爲僅次於美國的世界第二大經濟體。[98]尤其在軍事現代化的發展上，中國海、空軍及太空與網路戰已具備延伸至第二島鏈的作戰能力。[99]對於美國來說，中國雖具有潛在的可能威脅，但不具有立即與實質的威脅。主要在於中國自身的經濟調整、轉型與發展，需要一個和平、穩定的外在國際環境。

而印度自獨立以來國家的經濟發展政策，所採取的是計畫經濟，使得印度經濟始終陷於困境。有鑑於中國1979年改革開放的成果，致使印度於1991年開始實施全方位經濟改革。2010年印度經濟成長率高達8.5%，[100]擠進世界前十名成爲第九大經濟體。[101]但由於工業與高科技技術仍落後，尤其在軍事武器裝備仍須仰賴外援，並在與鄰國巴基斯坦交惡的狀況下，印度的國家戰略方向與發展也僅限於印度區域。相較中國

98 〈中國成爲世界第二大經濟體〉，《BBC中文網》，2010年1月21日，https://www.bbc.com/zhongwen/trad/business/2010/01/100121_china_economy（檢索日期：2019/08/25）。

99 Office of the Secretury of Defense, "Military and Security Developments Involving the People's Republic of China 2010," Department of Defense of United States of America, p. 22-28.

100 行政院經濟建設委員會，《中華民國99年國家建設計畫執行檢討》，編號（100）024.103，2011年6月，頁13。

101 〈2010年世界GDP排名（名義GDP國內生產總值世界排名）〉，《世界GDP網》，2018年6月22日，http://www.gdp6.com/2018/0622/33.html（檢索日期：2019/08/25）。

而言，對美國未來可能的潛在威脅能力較低。

相對的，美國自2001年9月11日遭受恐怖攻擊之後，所有的注意力都集中在中東事務上。此時的美國需要中國與俄羅斯的合作，以利打擊伊斯蘭教極端恐怖組織。在此情勢發展下，中國與俄羅斯也利用美國的反恐政策，對內部的分離主義組織實施打擊與控制。美國遂於一個月後，也就是2001年10月7日發動冷戰後的第一場戰爭——阿富汗戰爭，直到2019年，美國始終都在尋求如何結束戰爭撤軍。[102]2003年美國及英國以伊拉克「擁有大規模毀滅性武器」為由，對伊拉克發動反恐戰爭並推翻海珊政權，經過短暫42天的軍事行動後占領伊拉克。但於戰爭後美國及英國始終無法證明伊拉克海珊政權擁有大規模毀滅性武器（核武），直到2016年7月6日英國「伊拉克戰爭調查」（The Iraq Inquiry）主席齊爾考特（Chilcot）發表公開聲明與報告指出，「軍事行動在當時至少不是手段」。[103]

伊拉克海珊政權的垮臺，由美國扶植境內的伊斯蘭教什葉派領袖組成臨時政府治理伊拉克人民。使得失去政權的遜尼派在美國的追趕與什葉派的排擠下，加入伊斯蘭國（ISIS）恐怖組織後，助長其興起與壯大，造成敘利亞、伊拉克、阿富汗、黎巴嫩等中東國家十幾年來的戰爭威脅與人民的痛苦。2011年在美國主導下的北約，分別介入中東敘利亞及非洲利比亞的內戰。「阿拉伯之春」的民主運動，使得這兩個國家陷入短期內無法停止的內戰。敘利亞阿賽德政府在俄羅斯的支持下，得以抵抗美國的軍事攻擊，敘利亞反政府軍則在美國的支持下，頑強地抵

102 侯文婷、嚴思祺，〈為終結17年阿富汗戰爭　美與塔利班的6輪和談登場〉，《中央通訊社》，2019年5月1日，https://www.cna.com.tw/news/aopl/201905010165.aspx（檢索日期：2019/08/25）。

103 “Chilcot report: Key points from the Iraq inquiry,” *The Guardian*, July, 6. 2016, accessed at: https://www.theguardian.com/uk-news/2016/jul/06/iraq-inquiry-key-points-from-the-chilcot-report (2019/08/25).

抗政府軍的攻擊。因此，敘利亞政府軍與反抗軍雙方分別在俄羅斯及美國支持下，短期內內戰是無法停止的。[104]而在北非的利比亞雖結束格達費的獨裁政權，但也爲利比亞造成永無止境的內戰傷害。[105]雖然2020年10月24日交戰雙方在聯合國軍事委員會的見證下，同意簽署永久停火協議，但是仍無解決利比亞國家統一的問題。[106]而利比亞內戰期間，美國與中國在武器的輸出上都扮演重要的角色，同時美國始終都派有軍事及準軍事人員派駐利比亞。

冷戰結束後，美國的反恐戰爭雖然採取的是單邊主義的強勢作爲，且英、法等傳統資本主義西方強權也配合美國的政策執行全球治理，但卻給中國一個轉移成爲美國目標的契機，讓中國獲得持續發展的機會。雖然此時中國在國際上的能力尚不足以威脅美國，但中國在國際上的影響力，已逐漸超越傳統的西方資本主義強權。

### （三）二極多元時期（2010-2049）

中國自1978年推行改革開放政策以來，到2010年已成爲僅次於美國的世界第二大經濟體。中國經濟發展的成就，以西方的觀點認爲是採取所謂「國家資本主義」（State Capitalism）政策[107]，簡言之，就是由

---

104 呂翔禾，〈敘利亞內戰難息　叛軍要土耳其提防〉，《聯合新聞網》，2019年5月28日，https://udn.com/news/story/6809/3838599（檢索日期：2019/08/25）。

105 David D. Kirkpatrick，〈內戰陰雲籠罩利比亞，派系紛爭威脅北非局勢〉，《紐約時報中文網》，2019年8月25日，https://cn.nytimes.com/world/20140825/c25libya/zh-hant/（檢索日期：2019/08/25）。

106 〈利比亞和平露曙光　內戰雙方簽永久停火協議〉，《中央通訊社》，2020年10月24日，https://www.cna.com.tw/news/firstnews/202010240178.aspx（檢索日期：2020/11/23）。

107 Jeremy Page, "1989 and the Birth of State Capitalism in China," *The Wall Street Journal*, May 31, 2019, accessed at: https://www.wsj.com/articles/1989-and-the-birth-of-state-capitalism-in-china-11559313717?mod=article_inline (2019/08/25).

國家主導與管制，以市場爲導向的經濟發展與國家治理，[108]中國則稱爲「中國特色社會主義」制度。[109]因此，中國的復興不僅僅是經濟實力挑戰以美國爲主的西方資本主義國際經濟體制與治理，同時在政治、軍事、社會及文化等各個領域，在國際上發揮影響力與滲透力，其所挑戰的是傳統所謂西方白人主義價值。在軍事實力上，中國不管在世界上或是亞洲及亞太地區的排名爲第三，僅次於美國及俄羅斯。但若增加從經濟實力、政治影響力、社會穩定度及文化滲透力等因素，則中國對世界、對國際的影響力應僅次於美國排名第二。

由於美國在阿富汗、伊拉克的駐軍，除了增加美國的財政負擔外，美國人民對於美軍在中東的人員傷亡也產生不滿的聲浪。因此，美國的「反恐戰爭」隨著小布希政府的結束而結束。2008年美國的金融海嘯重創其金融業，嚴重打擊美國的基礎工業，造成大規模失業。美國稅收銳減18%，軍事支出增加4%。[110]美國前總統歐巴馬遂於2009年上臺後，開始著手美國中東撤軍與裁軍的計畫。[111]從美國軍方的角度來看，在一個「一超多強」的美國時代，如何減低裁軍的影響，即是美國各軍種最關心的大事。由此，美國海軍與空軍創造所謂「空海一體戰」的概

108 劉智賢，〈中國國家資本主義：一個新的政治經濟學研究議程〉，《臺灣政治學刊》，第19卷第2期，頁46-51。

109 〈習近平在慶祝改革開放40週年大會上的講話〉，《人民網》，2018年12月18日，http://cpc.people.com.cn/BIG5/n1/2018/1219/c64094-30474974.html（檢索日期：2019/08/25）。

110 財政部國庫署，〈金融海嘯各國財政政策之比較研究〉，計畫編號：98mof005，2009年12月，頁38。

111 Peter Philipp/李魚，〈美軍邁出撤離伊拉克的第一步〉，《DW德國之聲》，2009年6月29日，https://www.dw.com/zh/%E7%BE%8E%E5%86%9B%E8%BF%88%E5%87%BA%E6%92%A4%E7%A6%BB%E4%BC%8A%E6%8B%89%E5%85%8B%E7%9A%84%E7%AC%AC%E4%B8%80%E6%AD%A5/a-4441236#（檢索日期：2019/08/29）。

念[112]，將亞太地區的中國視為未來潛在的威脅，歐巴馬政府的「亞太再平衡」戰略構想也隨之應運而生。

2017年美國總統川普上臺後，面對歐巴馬政府對中國的「亞太再平衡」戰略，未能發揮壓制中國對亞太地區影響力的情況下，推出「亞太再平衡」戰略擴大版的「印太戰略」[113]，明確將中國與俄羅斯視為修正主義者，並將中國定義為美國的「戰略競爭者」。而中國在2008年世界性的金融海嘯期間，雖然以歐美市場為主的中國出口貿易受到衰退影響。[114]但就已開發及開發中的國家來說是相對穩定的，由於外匯資金充裕，G20國家希望中國在這場危機中能採取積極措施以提振全球景氣[115]，中國也藉此獲得國際貨幣基金與世界銀行更高的投票權重。[116]自2009年至2013年，美國始終是僅次於歐盟的中國第二大貿易夥伴，2013年中國對美國出口貿易額度為5,210億美元，比重為12.5%。[117]

2013年9、10月中國國家主席習近平分別訪問中亞的哈薩克及東南亞的印尼，提出「絲綢之路經濟帶」及「海上絲綢之路」，進而形成

---

112 Chairman's Assessment of the Quadrennial Defense Review, "Quadrennial Defense Review," February 2010, p. 32.

113 Seal of the President of the United States, "National Security Strategy of the United States of America," December 2017, p. 45-46.

114 〈2009年中國對外貿易發展情況〉，中華人民共和國商務部，2010年4月27日，http://zhs.mofcom.gov.cn/aarticle/Nocategory/201004/20100406888239.html（檢索日期：2019/08/29）。

115 張弘遠，〈全球金融風暴下的中國角色與地位〉，《展望與探索》，第6卷第12期，2008年12月，頁11。

116 楊惟任，〈全球金融危機對國際政治的啟示〉，《全球政治評論》，第42期，2013年4月，頁55。

117 〈2013年中國對外貿易發展情況〉，中華人民共和國商務部綜合司，2014年5月14日，http://zhs.mofcom.gov.cn/article/Nocategory/201405/20140500570675.shtml（檢索日期：2019/08/30）。

中國所謂「一帶一路」國家發展的大戰略。2014年10月24日在中國的主導下，正式成立「亞洲基礎設施投資銀行」（簡稱亞投行），2017年5月在北京召開的「一帶一路」國際合作高峰論壇，[118]對美國來說，中國「一帶一路」倡議中的「亞投行」，對絲路沿線國家的鉅額投資，目的在重塑全球經濟秩序。[119]美國總統川普已明確指出中國「一帶一路」倡議的發展，可能會干擾全球貿易，具有冒犯性。美國國會議員也認爲，中國「一帶一路」倡議最終的目標，即是建立一個由中國主導的世界經濟秩序，[120]因此鼓勵「一帶一路」沿線各國對中國說不，這反映出美國對中國在全球影響力擴大的焦慮。[121]尤其在「一帶一路」的金融體系上，似乎可作爲西方所主導的金融體系替代品，提供開發中國家另一種的選擇。[122]

---

118 白光裕，〈「一帶一路」倡議的提出〉，《商務歷史》，http://history.mofcom.gov.cn/?newchina=%E4%B8%80%E5%B8%A6%E4%B8%80%E8%B7%AF%E5%80%A1%E8%AE%AE%E7%9A%84%E6%8F%90%E5%87%BA（檢索日期：2019/09/01）。

119 Jane Perlez, Yufan Huang, "Behind China's $1 Trillion Plan to Shake Up the Economic Order," *The New York Times*, May 12, 2017, accessed at: https://www.nytimes.com/2017/05/13/business/china-railway-one-belt-one-road-1-trillion-plan.html?_ga=2.151833657.1440116331.1567302600-1813969612.1566700335 (2019/09/01).

120 莉雅，〈川普：「一帶一路」倡議具有冒犯性〉，《VOA美國之音》，2018年8月9日，https://www.voacantonese.com/a/china-bri-20180808/4520152.html（檢索日期：2019/09/01）。

121 〈美國沿「一帶一路」鼓勵各國對中國說不〉，《BBC中文網》，2018年10月25日，https://www.bbc.com/zhongwen/trad/chinese-news-45969055（檢索日期：2019/09/01）。

122 Gerald F. Seib, "U.S. Is Learning That China Like Its Own Model," *The Wall Street Journal*, May 27, 2019, accessed at: https://www.wsj.com/articles/u-s-is-learning-that-china-likes-its-own-model-11558964778?mod=article_inline

中國的崛起已成爲美國無法忽視的威脅與國際的挑戰。然而在全球化時代下的中美衝突，開啟的第一槍不再是傳統的軍事武力，而是經濟的封鎖。但在經濟相互依存的過程中，中美貿易戰的結果不僅僅是雙方互有損失，同時也影響全球的經濟發展，以及國際體系的走向。世界各國對於中國崛起與美國霸權維護，已不再從意識形態的角度選邊站，而是從國家利益與經濟發展需求的角度，並尋求在中美衝突中獲取雙方利益或減低損失。冷戰時期的美蘇兩個集團的對抗體系，與中美兩國的對抗，在本質上有所不同，主要在於中美兩大國以外的強權都脫離不了與中美的經濟合作。因此，如果依據中共十九大習近平的工作報告內容，已明確指出國家發展目標，中華人民共和國的建國第二個百年目標，是在二十一世紀中葉建立社會主義現代化國家。依此可以瞭解「一極多強」的國際體系至少會維持到2049年。若中國於2049年一如預期，達到其所計畫的國家發展目標，則「二極多元」的國際體系格局方有可能出現。換言之，「一極多強」之國際體系格局的轉捩點（所謂拐點）應是在2049年。

## 第四節　面對中國崛起的挑戰與策略

十八世紀以來，中國度過歐洲列強殖民主義的侵略與勢力瓜分，以及二次大戰日本帝國主義的侵略。雖然失去對周邊「藩屬國」，如越南、朝鮮等象徵性的主權與邊界部分領土，但中國領土仍具備足以和美國、俄羅斯及加拿大並列的大國。然就國際體系來看，大國不僅僅是擁有廣大的領土主權，還需要包含領土內的自然資源、人口數量、各領域工業技術與生產能力，以及創新科技研發能力等。對於國家領土排名世界第一、二的俄羅斯與加拿大而言，雖然是具有廣大的土地及自然資源，且工業技術與科技研發能力在世界上亦具有一定的地位，但人口密

---

(2019/09/01).

度稀疏與大部分領土位於嚴寒區域，抑制了國家經濟擴展能力，尤其是俄羅斯在軍事科技與工業能力上，許多領域都可與美國媲美或超越美國。

反觀領土面積位於世界第三、四大的中國與美國，美國自1900年工業產值已達世界第一位，並經歷二次大戰後成爲世界主要債權國，從冷戰時期到二十一世紀初，始終是世界第一的強權大國。而中國則在1978年開始推行改革開放政策前，二戰後的內戰與意識形態的文化大革命浩劫，使得二十世紀的中國仍處於貧窮、落後、低度開發國家之列。然而中國經歷40年的經濟發展後，2010年已超越日本成爲世界第二大經濟體。並且大多數的經濟學家認爲，中國將在10-15年內超越美國成爲世界第一大經濟體。[123]對於以美國爲主的「一超」國際體系而言，將如何面對「中國崛起」的挑戰與策略，以及其他強權國家如何因應國際體系改變的影響，本節將運用國際關係理論解析「中國崛起」的發展趨勢，並對中國崛起的國際體系將產生何種挑戰進行分析，以及如何建構因應中國崛起的策略與作爲提出觀點。

## 一、中國崛起的國關理論解析

「中國崛起」所代表的是新興強權的出現，意味著未來的國際體系將會出現變化。尤其崛起的中國強權與英國、德國、日本及法國等傳統強權的不同點，在於中國不僅僅是一個強權，同時也是一個「大國」。相對的，大國不等同於強權，如印度、巴西。本節試著運用國際關係新現實主義、新自由主義及社會建構主義三大理論，解析「中國崛起」的發展趨勢。

---

123 黃安偉，〈美國vs.中國：一個大國競爭的新時代〉，《紐約時報中文網》，2019年6月27日，https://cn.nytimes.com/china/20190627/united-states-china-conflict/zh-hant/（檢索日期：2019/09/26）。

### （一）新現實主義理論觀點

新現實主義理論的核心爲：在無政府狀態下的國際社會，國家以追求權力來獲取安全。在追求權力的過程中，以權力平衡爲手段以獲取相對利益。若從美國的觀點，「中國崛起」挑戰了自冷戰結束後，以美國爲主的「一超多強」國際體系格局。不可否認自1991年蘇聯解體後，「中國威脅論」開始甚囂塵上，成爲美國等西方強權討論的重點。美國歐巴馬政府時代的國家安全戰略核心是「亞太再平衡」戰略，主要戰略競爭者就是設定在亞洲區域的中國。川普政府的國家安全戰略，則是將原有的「亞太再平衡」戰略擴大成爲「印太戰略」，將印度洋一併納入戰略區域，期望獲取印度的支持以牽制中國。雖然川普政府在其全球戰略構想中，將俄羅斯與中國設定爲「修正主義國家」的戰略競爭對手，但中國仍是美國「印太戰略」中，國家安全戰略的核心重點。2017年川普政府的第一本《國家安全戰略》報告結論就明確指出，川普政府的國家安全戰略是以現實主義爲指導原則。

美國這個既有的超級強權，面對「中國崛起」這個新興強權大國，從川普政府在政治、軍事、經濟及文化上，所採取的一系列對中國政策，可以看得出美國基本上就是運用現實主義「權力平衡」的手段來因應中國的崛起。在政治上忽視中國於2012年期望建構「中美新型大國關係」的提議。在東北亞的北韓核武危機的議題上，試圖排除中國對朝鮮半島的影響力。在南亞的議題上刻意拉攏印度，以對抗中國透過「一帶一路」倡議，擴張在南亞與中東的政治影響力。在非洲方面，2018年12月13日川普政府正式公布美國新的非洲戰略，強調面對中國與俄羅斯兩個大國競爭對手，正在迅速擴大其在非洲的金融與政治影響力。美國將慎重且積極的在該區域選定目標市場投資，以增加美國的競爭優勢。尤其對擁有「非洲之角」之稱的吉布地（Djibouti）多哈雷（Doraleh）集裝碼頭的控制權交由中國企業管理，將可能產生有利於中國的權力平衡感到憂慮。[124]

然而對一個新興大國中國來說，中國一再強調，在國家經濟發展的地位上，仍處於所謂「社會主義初級階段」，也就是「開發中」的國家地位。在軍事上，著重「積極防禦」戰略，其戰略目標設定在海洋領土的區域安全防禦。在文化上，運用全球性「孔子學院」的設置，宣揚中國的世界觀與價值。在政治上，不否定美國的超強霸權地位。以中美貿易戰爲例，面對美國所採取之現實主義「權力平衡」的手段，中國明確表達的立場爲「不願打、不怕打、必要時不得不打」，強調「談，敞開大門；打，奉陪到底」的因應原則。是否可以假設中國似乎並未積極採取同樣的手段以因應美國的作爲，而是被動的採取美國主導下的權力平衡應對作爲。

因此，一個既有霸權（美國）對一個新興強權（中國），採取未雨綢繆的壓制、抗衡政策，以避免未來的優勢被取代，以及權力受損、利益降低的可能。如果從新現實主義權力平衡的角度分析，從美國的立場觀點，可以說符合「中國崛起」就是對美國這個既有霸權的挑戰。但無法解釋一個新興強權大國的中國，爲何沒有對美國採取積極性的「權力平衡」手段，或許也可以解釋2049年前中國的實力，尚未達到足以和美國抗衡的能力。

### （二）新自由主義的觀點

新自由主義理論的核心，認爲國家的利益在於獲取絕對利益，雖然同意國際體系處於無政府狀態，但在全球化時代跨國企業的產業分工發

124 The White house, “Remarks by National Security Advisor Ambassador John R. Bolton on the The Trump Administration’s New Africa Strategy,” December 13, 2018, accessed at: https://www.whitehouse.gov/briefings-statements/remarks-national-security-advisor-ambassador-john-r-bolton-trump-administrations-new-africa-strategy/ (2019/09/27).

展，國與國之間具有相互依賴的特性，堅信國際制度與機制可以促使國家之間的合作。美國的崛起可說是從美國第28任總統威爾遜（Woodrow Wilson）於一次大戰後，提出著名的「十四點和平原則」成爲理想主義的典範開始。[125]在從理想主義到新自由主義的演變過程中，可以瞭解二戰結束後，隨之而來的是美蘇冷戰的意識形態對抗。美蘇之間就國家整體實力而言，除了軍事領域外，美國基本上超越蘇聯主導全球的政治、經濟與科技發展方向，蘇聯則始終處於被動抗衡的地位。聯合國雖然在蘇聯的抵制下無法有效運作，但其他政府與非政府國際組織的運作則在美國的主導下，仍能發揮一定效能，促使國與國之間的合作與衝突的解決。

1991年冷戰結束後，在「一超多強」的局面，美國運用聯合國機制成立聯軍部隊，將入侵占領科威特的伊拉克軍隊驅逐出境，恢復科威特的國家主權，可說是新自由主義對於國際機制理論運作效能的實證。1999年美國繞過聯合國安理會直接由北約介入科索沃戰爭，2003年美國與英國以伊拉克擁有毀滅性武器爲名入侵伊拉克，推翻伊斯蘭教遜尼派的海珊政權，扶植什葉派的政府。2000年起，美、英、法等西方強權以支持自由民主人權爲名，介入東歐、中亞、中東及北非等國家的「顏色革命」、「茉莉花革命」或「阿拉伯之春」等所謂「民主化革命」，造成這些地區的國家一直處於動亂的局面。從新自由主義理論的觀點，國際機制確實發揮對區域政治的影響作用，然而不可否認西方強權國家亦

125 美國總統伍德羅·威爾遜在一次大戰後的「巴黎和會」中，提出「十四點和平原則」，包括：1.無祕密外交。2.航海自由。3.消除國際貿易障礙。4.限制軍備。5.平等對待殖民地人民。6.德軍撤出俄國領土。7.恢復比利時獨立性。8.德國歸還亞爾薩斯及洛林予法國。9.根據民族性原則，重塑義大利邊境。10.奧匈帝國的民族自決。11.同盟國撤出羅馬尼亞、塞爾維亞與蒙特內哥羅。12.鄂圖曼帝國的民族自決。13.恢復波蘭獨立性。14.成立國際聯盟以維持世界和平，並以此作爲合約的指導綱領。

從中獲得各自的絕對利益，但是並未給區域內國家、人民帶來和平，此爲區域國家運用國際機制干預其他區域弱小國家的案例。

若從新興大國中國的立場觀點，2018年美國發動的「中美貿易戰」，讓美國的「鷹派」菁英認爲「中國崛起」的後果，在於2001年美國支持中國加入「世界貿易組織」（WTO），使得中國有機會透過國際機制的運作損害美國的利益。[126]美國之所以會這樣的反映，主要是期望中國藉由加入國際社會的自由貿易市場，改變中國走向自由民主體制。但對美國來說似乎是事與願違，反而成爲美國難以駕馭的競爭對手，並看到中國似乎循著美國以往走向超級強權的歷史軌跡，邁向強權大國挑戰美國的霸權。2008年由美國金融體系所引起的世界性金融海嘯，顯示出美國的經濟實力及影響力正在減弱。所產生的後續影響是美國在全球的政治與軍事影響力也跟著退縮，因而美國需要獲得區域強國更多的支持，以抗衡中國的崛起。

對於中國，除運用其經濟實力在既有的國際組織發揮其影響力外，亦建構由其主導的國際組織，尤其是「一帶一路」的倡議與「亞投行」的設立。從美國立場來說，中國就是藉由國際機制的運作，試圖改變符合中國利益的國際規則與制度，挑戰了美國霸權。因此，美國總統川普對中國及世界各國開打的貿易戰，可說放棄了新自由主義的政策路線，而回到的新現實主義路線，揚言退出「世界貿易組織」及多國貿易協定等，似乎國際合作不再是美國優先的選項。反觀中國卻強調全球化、自由貿易、多邊主義及國際合作，點出中國期待運用新自由主義的政策獲得國家的絕對利益。

---

126 Philip Levy, "Was Letting China Into the WTO a Mistake?, " *Foreign Affairs*, April 2, 2018, accessed at: https://www.foreignaffairs.com/articles/china/2018-04-02/was-letting-china-wto-mistake (2019/09/28).

### （三）社會建構主義的觀點

社會建構主義的理論觀點認為，國家是一個具有意圖、理性和利益思考等人性特徵的行為體。有目的行為者的身分與利益，是由這些共享觀念所建構的，不是自然給定的。溫特認為社會體系的結構除包含物質條件、利益及觀念三個因素外，還包含另一部分「社會共有知識」。而身分具有「自我持有」與「他者持有」的觀念。所以，身分可說是由內部和外部兩者結構建構而成的。沒有利益，身分就失去動機力量。沒有身分，利益就失去方向。

2013年中國向美國表達建構「中美新型大國關係」的構想，並認為太平洋有足夠的空間容納中美兩大國。[127]美國戰略學家認為，中國的提議似乎希望可以與美國平起平坐，建立對等的大國關係。同樣的，是否也意味著中國試圖改變二戰後由美國所主導的國際秩序。然而美國對此未必接受，因為美國仍是世界唯一的超級大國，保持這樣的國際格局符合美國的利益。[128]若從社會建構主義理論分析，中國在國際體系中是否為一個大國，依據物質條件中國是一個具有廣大領土、自然資源豐富、世界最多的人口，及經濟、軍事及科技發展快速的國家，就自我意識的角度來看，不可否認中國具備成為「大國」的身分。但從國際體系的觀點來看，「身分」除具有內部「自我持有」外，還需要外部「他者持有」的觀念，也就是既有的霸權美國是如何看待中國的「身分」。因為「身分」的定位是行為體與其他行為體，經過有意義互動後的結果。

美國對於中國提出的「中美新型大國關係」提議，以及表達「太平

---

127 周慧盈，〈習近平：太平洋夠大可容納中美〉，《中央通訊社》，2013年6月8日，https://www.cna.com.tw/news/firstnews/201306080019.aspx（檢索日期：2019/09/29）。

128 加藤嘉，〈美國戰略家眼裡的中國崛起〉，《紐約時報中文網》，2013年7月2日，https://cn.nytimes.com/china/20130702/cc02kato/zh-hant/（檢索日期：2019/09/29）。

洋有足夠的空間容納中美兩個大國」的表述。所思考的是美國是否應該給予中國一個「大國的身分」，這牽動著美國超強地位是否受到挑戰，或是美國已無法阻擋中國的崛起，以及美國自身實力的降低，而不得不做的選擇。雖然中國強調建構「中美新型大國關係」的目的，在於期望降低中美未來可能的潛在衝突，透過合作與共同利益遂行國際治理。[129]以社會建構主義來說，中國希望與美國建構一個國際社會的「共有知識」，也就是所謂「康德文化」（朋友關係）的國際社會。然而2016年具有白人主義色彩的美國總統川普，上臺後即將中國定位爲「修正主義國家」，美國的戰略競爭對手。面對「中國崛起」的議題，相對歐巴馬政府而言，美國川普政府則將中美關係定義爲「霍布斯文化」的「敵人」關係。所以，川普政府對中國在政治、經濟、軍事及文化等領域，採取壓制或反擊戰略手段是可以預見的。

對於「中國崛起」，美國不管是運用軟性手段，期望運用國際機制的方式，降低中國威脅的歐巴馬政府；或是採取強硬手段，運用美國霸權壓制中國威脅的川普政府，基本上，美國的政治菁英都一致認爲，美國不應給中國「大國」的身分，保持一個超級強權的身分，才能確保美國的絕對利益。然而中國的「一帶一路」倡議，如果在未來的10年、20年能夠達到一定的成功，並獲得大多數國家對其「大國」身分的認同。此時即使美國仍保有超級強權的地位，仍將在不情願的狀況下被迫接受此一事實，更何況發生中美之間實力差距縮小或相等的狀況。

從上述三大國際關係理論對「中國崛起」後發展趨勢的解析，美國川普總統是典型的新現實主義者，權力平衡是美國政府面對「中國崛起」的政策。而中國則運用新自由主義理論國際機制爲手段，並運用社

---

129 〈習近平關於構建中美新型大國關係10論述〉，《新華網》，2015年9月14日，http://www.xinhuanet.com//world/2015-09/14/c_128227100.htm（檢索日期：2019/09/29）。

會建構主義理論，建構所謂「大國」的「身分」。因此，中美之間互動的目標，中國在追求符合其「大國」身分的利益。相對的，會迫使美國必須放棄其「絕對利益」的維持，與中國達成「相對利益」，以確保美國超強的相對優勢。雖然2021年美國將由民主黨的拜登主政，對於川普政府對中國所採取的強硬政策是否有所改變。大部分的學者認爲，短時間內改變的可能機率不大，但方式可能較爲緩和。

## 二、中國崛起對國際體系的挑戰

對於「中國崛起」的議題感受最深、關注最多的學者、專家，大部分是美國的學者、專家，2001年8月美籍華人章家敦出版《中國即將崩潰》（*The Coming Collapse of China*）一書，一時間洛陽紙貴，認爲由於中國的經濟制度體質，政府運用預算及強迫銀行放款給營運不良的大型國有企業，預測中國在10年內經濟就會崩潰。[130]祁懷高則比較美國學者裴敏欣（Minxin Pei）的《中國蹣跚轉型：發展型威權政府的局限》（*China's Trapped Transition: The Limits of Developmental Autocracy*），以及帕倫勃（Randall Peerenboom）的《中國現代化：對西方的威脅還是其他國家的榜樣？》（*China Modernizes: Threat to the West or Model for the Rest?*）兩本書對「中國崛起」的觀點分析，認爲裴敏欣的觀點是，中國只要在現有政權崩潰時才會有成功的民主轉型。而帕倫勃的觀點則認爲，中國人普遍相信經濟比民主優先，但並不意味中國人排斥民主，而是民主不是當前亟需考量的議題。作者祁懷高經裴敏欣與帕倫勃兩者觀點，認爲其差異在於國家發展是以民主爲優先或是經濟爲優先。[131]

---

130 章家敦著，侯思嘉、閻紀宇譯，《中國即將崩潰》（*The Coming Collapse of China*）（臺北：雅言文化，2002年），頁8-10。

131 祁懷高，〈中國現代化的「顏色」：裴敏欣的《中國蹣跚轉型》VS.帕倫勃的《中國現代化》〉，《二十一世紀雙月刊》，2010年6月號（總第119

對於中國未來經濟發展的分析，懷特（John Milligan-Whyte）認爲美國應接受中國經濟將會比美國更加強大的事實，[132]而美國前財政長鮑爾森（Henry M. Paulson）則認爲，中國提出建構「中美新型大國關係」的目的，除想獲取大國的地位外，更希望中國在繼續進行現代化和經濟發展的同時，避免與美國發生衝突。[133]然而中國《環球時報》對美國著名中國研究學者專訪後，出版《我們誤判了中國》（*China Misunderstood*）一書，對於中美兩國建構「新型大國關係」的觀點，季辛吉（Kissinger）認爲，中美兩國都不具備支配對方的地位，也不應支配對方。雙方應成爲夥伴或朋友關係，爲建構新型大國關係共同努力。[134]奈伊（Joseph Nye）認爲，與中國、印度及巴西等快速發展的新興國家相較，美國的確略失世界的主導地位，而這是屬於相對衰弱而不是絕對衰弱，但這不意味其他國家會超越美國。[135]恩道爾（Frederick William Engdahl）認爲，中國近年來的快速發展，以及更爲獨立的作爲，引發美國強硬派認爲應對中國採取針對性的戰略與政策，已削弱中國的增長與力量。[136]

米爾斯海默（John J. Mearsheimer）則認爲，中國是否能和平崛起尚需時間來衡量，但可以肯定的是中國會繼續崛起，並成爲美國眞正的

---

期），頁124。

132 約翰．米勒-懷特、戴敏著，《中美關係新戰略：跨越零和博弈的中美雙贏之路》（*China and America's Emerging Partnership: A Realistic New Perspective*），北京：中信出版，2008年，頁137。

133 亨利．鮑爾森著，王宇光、朱淵等譯，《與中國打交道——美國前財長鮑爾森的二十年內幕觀察》（*Dealing with China: An Insider Unmasks the New Economic Superpower*），臺北：時報文化，2015年，頁393-394。

134 季辛吉等著，谷棣、謝戎彬譯，《我們誤判了中國》（*China Misunderstood*），臺北：風雲時代出版社，2015年，頁34。

135 同前註，頁42。

136 同前註，頁97。

挑戰者。但是美國還未處於「想打誰就打誰」的狀態，在亞太地區美國軍力沒有強到可以單挑中國的程度。而核子武器的存在使得大國之間的戰爭變得更謹慎。[137]薩勃拉曼尼亞（Arvind Subramanian）認爲，如果美國想要維持自己的權力，以保持超強的地位，而中國作爲一個新興的強權，行使自己應有的權力，中美衝突就會發生。從經濟與貿易的角度來看，沒有任何國家可以阻擋中國的崛起，即使是超強的美國也是如此。[138]中國積極參加國際組織和國際治理機制不僅有利於國家的利益，也有利於支持中國所謂的和平崛起。[139]中國的崛起讓200年來以西方思想爲主的國際社會，不再是唯一的評判標準。而非西方社會也不再由西方思想所代表，隨著世界走向多元化，對秩序有著不同理解的各個國家，將開始影響全球關於區域和國際體系結構的討論。[140]

哈丁（Harry Hardingt）認爲，中美之間由於雙方在價値觀、政治制度、利益、發展水平及對現有國際制度看法上有很深的歧見，中美關係走向合作的機會不大，至少中短期內是看不到的。但中美之間爆發純軍事對抗的可能性也不大，因爲兩國具有經濟高度相互依賴的特性。如果關係破裂，彼此都將付出高昂的代價。而且兩國都是核武大國，中美雙方或許無法合作，但卻可以遏制軍事衝突的發生。因此，中美之間可能出現的型態是以競爭爲主，並夾雜合作與不合作的混合狀態，也就是

---

137 同前註，頁116。

138 同前註，頁369。

139 羅斯瑪麗・福特著，沈大偉主編，〈美中在全球治理與國際組織的交流〉，《糾纏的大國：中美關係的未來》，北京：新華出版社，2015年，頁260。

140 麥克爾・巴爾著，石竹芳譯，《中國軟實力：誰在害怕中國》（*Who's Afraid of China? The Challenge of Chinese Soft Power*），北京：中信出版，2013年，頁122。

「競合」關係。[141]

2016年美國學者沈大偉（David Shambaugh）在《中國的未來》（*China's Future*）一書指出，中國的所有問題都是政治制度造成的，除非改變政治制度，否則中國絕無光明的未來。中國是世界的一部分，中國的未來離不開世界大勢。另由於美國相對新強權的衰落、國際霸權的消失，使得國際事務中權力分散，世界將更加多極。[142]傅立民（Chas W. Freeman, Jr.）則認為，面對中國崛起，中國這一個反民主霸權的新興國家，將與美國及其他國家共同主導一個多邊的全球治理體系。在這一個寡頭政治秩序中，中國將享有巨大的威望，但不會像目前的美國享有壟斷權。[143]

由上述美國學者、專家對「中國崛起」的各種認知觀點，可以確認中國自2001年11月獲准加入「世界貿易組織」以來，度過1997年的亞洲金融風暴，並從2002年起到2018年，中國除了度過世界金融危機外，2010年已成為世界第二大經濟體。2019年第二季由於受到中美貿易戰與非洲豬瘟的影響，經濟增長率仍有6.2%。[144]可以看得出中國並未崩潰，經濟反而發展得更好。因此，「中國崛起」應是一個肯定的未來式。然而在國際體系中美國將如何因應，才是國際體系挑戰的重點，因為中國這個新興大國的崛起已是無法阻擋的態勢。美國總統川普試圖透

141 哈里・哈丁著，沈大偉主編，〈美國對中美關係未來的展望〉，《糾纏的大國：中美關係的未來》，北京：新華出版社，2015年，頁291-292。

142 David Shambaugh, *China's Future* (Malden: Polity Press, 2016), p. 137-138.

143 傅立民著，王柏松、王在允譯，《有趣的時代：美國應如何處理中美關係》（*Interesting Times: China, America, and the Shifting Balance of Prestige*），北京：社會科學文獻出版社，2018年，頁234。

144 Ana Nicolaci da Costa, "China's economic slowdown: How bad is it?," *BBC News*, 26 September 2019, accessed at: https://www.bbc.com/news/business-49791721 (2019/09/30).

過貿易戰，採取全方位、全領域的政策，企圖壓制中國的崛起。然而在二十一世紀的全球化時代下，跨國企業的產業分工、國與國之間相互的經濟依賴，已無法在短時間改變的狀況下，既有的霸權勢必無法運用單一國家的力量改變國際制度與規則。

因此，「中國崛起」對國際體系的挑戰，若從中國與美國的立場來看，如果依據中國十九大的發展願景觀察，中國期望於二十一世紀中葉（2049年）成爲社會主義現代化強國的目標可以達成的話，換句話，中國的國家實力已達到與美國相媲美的情況。由此可以大膽預測，在2049年前國際體系仍將會是以美國爲首的「一超多強」格局。而對其他西方強權來說，如何在中美的競合關係中，尋求自己國家的最大利益，將是一個兩難的決定。尤其在既有霸權的美國要求這些國家選邊站，配合美國一起採取對抗中國的政策，而美國又無法提出相對應的利益，以彌補在中國的利益損失時，美國是否會被迫與中國妥協，這是需要美國政治與軍事菁英花時間轉變的。相對於新興國家而言，對於長久以來由美國控制的國際政治、經濟及軍事等體系的壓榨，反而比較願意與中國形成合作夥伴。此時，將會形成「二極」體系格局，但在自由貿易的體系下，印度、巴西及俄羅斯等新興國家實力的增加，對國際制度與規則亦有一定的發言權與影響力。所以隨著中美戰略意圖與實力的消長，國際體系格局將會走向「二極多元」體系是可以預見的。

## 三、因應中國崛起的策略與作為

2019年5月31日新加坡總理李顯龍在香格里拉亞洲安全對話中表示，中美兩國都要接受中國崛起的現實，並做出相應的調整，美國應該將中國的期望納入目前的規則體系之中。中國的發展，改變了世界的戰略平衡和經濟重心，而且這種改變還在持續。所以，中國和世界其他國家都必須爲這種新的現實做出調整。[145]另李顯龍在2019年國慶群眾大會演講時表示，對於中美兩國的緊張問題，再次強調美國必須容納一個影響力不斷增加與日益強大的中國。同時美國也必須接受，阻擋中國的崛起是不可能、也是不明智的。美國必須與中國尋求建設性的關係，以及在經濟上互相依存的關係。[146]從新加坡總理李顯龍對中美兩國緊張關係的未來發展所提出的建言，可以說明「中國崛起」除了是一個無法改變的事實外，並在可預測的未來都將是如此。對於美國這個既有霸權的大國該如何面對，而其他國家又該如何面對中美兩大國相互關係變化所產生的影響，將是本節分析的重點。

2019年7月3日美國國慶前夕，美國近百位來自學術、外交、軍事及商業界的學者、專家，在《華盛頓郵報》發表一篇名爲〈中國不是敵人〉的公開信給美國總統川普及國會。指出美國試圖把中國視爲敵人、剝奪其在全球經濟上的立足點，只會傷害美國的全球角色、聲譽，並損及所有國家的經濟利益。美國的反對無法阻止中國經濟的持續擴張、無法阻止中國企業在世界市場的占比，也無法限制中國在全球事務上的角色。[147]此一公開信所表達的是，對美國總統川普發動中美貿易戰的憂心。認爲川普2017年12月所公布的《國家安全戰略》報告中，將中國視爲「修正主義」的戰略競爭對手，逐漸走向將中國視爲「敵人」的身

---

145 〈李顯龍：美中都需要接受中國崛起並做出調整〉，《美國之音》，2019年6月1日，https://www.voacantonese.com/a/singapore-urges-not-to-be-forced-to-take-sides-31052019/4941187.html（檢索日期：2019/10/06）。

146 〈李顯龍總理2019年國慶群眾大會演講〉，《新加坡獅城新聞》，2019年8月19日，https://www.shicheng.news/show/841851（檢索日期：2019/10/06）。

147 M. Taylor Fravel, J. Stapleton Roy, "China is not an enemy," *The Washington Post*, July 3, 2019, accessed at: https://www.washingtonpost.com/opinions/making-china-a-us-enemy-is-counterproductive/2019/07/02/647d49d0-9bfa-11e9-b27f-ed2942f73d70_story.html (2019/10/06).

分，是一個錯誤的政策方向。

艾利森認為，中美兩國要避免陷入所謂修昔底德陷阱，必須透過美國的自我調適、共產黨政權受到國內的挑戰、透過談判達成長久和平及重新定義中美之間的關係等四個面向達成。而奈伊則認為，一次世界大戰結束後，不到10年的時間就發生第二次世界大戰，主要原因在於美國取代英國的全球霸權，但未承接英國對全球提供公共財的作用，致使世界秩序衰弱進而引發戰爭，即所謂「金德爾柏格陷阱」。龐中英認為，中美關係要克服「修昔底德陷阱」及「金德爾柏格陷阱」，最好的方式就是中美共建「全球治理」共識，才能避免戰爭。[148]

美國總統川普面對中國的崛起所採行的作為，從新現實主義的觀點，就是運用權力平衡的政策壓制中國。美國的「印太戰略」目的就是運用聯盟關係圍堵中國的影響力，這樣的結果也迫使傳統美國盟友（如日本、澳洲等）之外的國家，在美國與中國對抗的概念下選邊站。其結果在南亞地區印度選擇保持與中美均友好的中立立場，即使中印邊界發生衝突，但都在雙方保持克制的狀況下，仍維持穩定關係。[149]在東北亞地區，南韓為確保與北韓的和平發展，選擇更為親中的政策。在東南亞地區，菲律賓為其國家的發展需求，也選擇親中的政策路線。即使越南與中國在南海主權上仍有爭端，但在政治、經濟上卻必須與中國維持友好關係。因此，美國的現實主義權力平衡的戰略構想是否能成功，尚待觀察。還是如歐巴馬政府的「亞太再平衡」戰略一樣，無疾而終。

另就未來戰爭型態而言，由於中美均具備核武攻擊能力，誰也無法

---

148 龐中英，〈龐中英：通過克服「金德爾柏格陷阱」來治理「修昔底德陷阱」〉，《每日頭條》，2019年4月3日，https://kknews.cc/zh-tw/news/9gjl3mb.html（檢索日期：2019/10/06）。

149 〈中印邊境衝突：經濟因素「降低中印大打出手的可能」〉，《BBC NEWS/中文》，2020年9月30日，https://www.bbc.com/zhongwen/trad/world-54355563（檢索日期：2020/11/23）。

保證不會遭受核子武器攻擊。並且當核武戰爭開啟後，相互毀滅的報復結果是人類的災難，世界各國都無法免除核子輻射汙染的威脅。所以，中美兩大國即使發生衝突的情況，網路、經濟等非傳統領域的手段仍是優先選項。傳統全面性的軍事戰爭發生機率並不高，但有限度軍事衝突的發生機率仍具有可能性。然在中美經濟相互依存的關係下，美國如果持續採取對抗的戰略，在全球化時代不僅中美兩大工業製造國的經濟將遭受重大損失，全球各國的經濟也因中美的對抗而衰退。[150]

相對中國而言，自2012年習近平以副主席的身分訪問美國時，提出與美國建構「新型大國關係」開始，到中美貿易戰的談判過程中，對美國的期待是中美能夠走向「合作共贏」的關係。如果從社會建構主義「身分」的觀點解析中國的戰略取向，中國認爲以中國目前的經濟實力，以及軍事與科技的未來發展能力來看，中國已不再是以往貧窮落後的大國，而是一個具備區域與全球影響力的大國。雖不願取代美國霸權的地位，但也必須獲得強權大國的地位。中國崛起的另一個本質問題，在於世界的中心是否從西方轉到東方，全球的經濟是否由歐洲與美洲轉向亞洲。這個問題點在於東方價値雖然尙未取代西方價値，但卻可提供發展中國家另一個發展途徑的選擇。

因此，對於中國有關中美關係發表的立場與建議，如果排除陰謀論的偏見，可以預測中國未來發展在中、短期內不會走向「國強必霸」的道路。而美國又將如何面對「中國崛起」的發展趨勢，其態度與戰略取向將是中美關係的關鍵因素。因爲除了美國是既有霸權外，中國的實力

---

150 Nelson D. Schwartz, Jack Ewing, Matt Phillips, Stephen Grocer, “Marks Are Shaken by New Signs of Global Economic Trouble,” *The New York Times*, Aug. 14, 2019, accessed at: https://www.nytimes.com/2019/08/14/business/economy/economy-world-trade.html?_ga=2.64136294.850565637.1570296525-1813969612.1566700335 (2019/10/06).

也尚未達到超越美國的地步。而美國政治菁英擔心中國未來將超越美國的論點，似乎忽略美國與此同時也在發展與進步，也就是假設美國未來必然在中國的影響下走向衰弱。由此可以大膽假設，未來世界要能走向和平的前提，在於中美兩國是否處於穩定、和平的關係。換句話說，以社會建構主義有關無政府「文化」的理論，說明中美兩國關係的發展，應該摒除「霍布斯文化」的敵人關係，並從「洛克文化」的競爭者關係，藉由美國對中國的「大國」身分的認定，以及透過彼此之間有意義的互動，建構「集體身分」，形成所謂「命運共同體」的共同利益，走向「康德文化」的朋友關係，進而促使中美共同達到全球治理的目標，創造世界和平的目的。這樣的未來「兩極多元」之國際體系格局發展，才能創造一個和平穩定的世界秩序。

## 第五節　小結

本章運用第三章所提整合戰略與國際關係理論的研究架構，解析「中國崛起」對於國際體系的變遷。長此以往，國際關係理論所關心的是國家在國際間互動的本質，用以對國家行爲者未來可能的戰略取向及作爲執行預測。而戰略研究則著重於確認目標後，透過分析內外環境、敵我能力及主客觀利益，擬定因應的戰略指導與作爲。然而國際關係著重的面向在於政治與外交領域，而戰略研究則著重於安全與軍事領域。因此，運用戰略與國際關係理論研究的邏輯思考原則，由上而下從事實面、影響面、發展面、戰略面到執行面等五個面向，解析中國崛起與國際體系的變遷。

在「中國崛起」的事實面部分，就國際關係理論的問題意識或本質，美國認爲中國將成爲新興的霸權，準備挑戰美國這個既有的霸權。而從戰略研究的問題性質來看，則中國似乎已具備挑戰美國霸權的能力，美國則爲因應中國未來各領域可能的挑戰預作準備。

在影響面部分，從主、客觀的「利益」角度分析，中國有其國家發展的需求，而美國所思考的是，如何面對中國這個新興大國的挑戰。對於中美以外的國家，其所憂心的是如何避免選邊站，以獲取國家最大利益。

在發展面部分，由於中美在經濟上是相互依存的，貿易戰的結果不僅僅是雙方互有損失，同時也影響全球的經濟發展，以及國際體系的走向。世界各國對於中國崛起與美國霸權維護，已不再從意識形態的角度選邊站，而是從國家利益與經濟發展需求的角度，在中美衝突中尋求從雙方得利或減低損失。

在戰略面部分，美國川普總統是典型的新現實主義者，權力平衡是美國政府面對「中國崛起」的手段。而中國則運用新自由主義國際機制爲手段，藉由社會建構主義觀點，建構所謂「大國」的「身分」。而中美之間互動的目標，中國在於追求符合其「大國」身分的利益。相對的會迫使美國必須放棄其「絕對利益」的維持，與中國達成「相對利益」的協定，以確保美國超強的相對優勢。

在最後結論的執行面部分，中美兩國關係的發展，應該摒除敵對關係，並藉由美國對中國「大國」身分的認定，以及透過「集體身分」的建構，從競爭者走向朋友關係，進而促使中美共同達到全球治理的目標，創造世界和平的目的。

上述透過五個面向對事件的邏輯思考，有利於我們瞭解事實的問題本質，以確立因應的戰略目標，到分析可行的執行方案與作爲。因此，「中國崛起」對國際體系變遷的未來走向，本文分析結論認爲，未來國際體系將隨著中國實力的增強，逐漸形成「兩極多元」的國際體系格局。其結果是否如此，仍然取決於美國政治菁英的感受與態度。

# 第五章

# 全球氣候變遷與碳排放機制

第一節　氣候變遷及其衍生問題
第二節　碳排放機制之建立及其發展
第三節　碳排放機制相關理念
第四節　全球主要經濟體的碳排放策略
第五節　碳排放機制的檢討與評估
第六節　小結

一般而言，氣候變遷（climate change）指的是：「氣候狀態的變化，並得以透過其特徵的平均值及／或變率的變化予以判定，例如利用統計檢驗。氣候變遷具有一段延伸期間，通常爲數十年或更長期間。氣候變遷乃是隨時間發生的任何變化，無論是自然變率，抑或是人類活動引起的變化。」[1]簡言之，氣候變遷乃是經過長時期觀察與統計氣候狀態後所得到的結論；當然，這種變化與人類的各種活動息息相關。

由於人類在十八世紀工業革命之後，大量使用化石燃料的結果，使得溫室氣體（greenhouse gas）的排放量大幅增加，溫室效應亦隨之產生，嚴重危害生態體系及人類生命安全。依據《京都議定書》（*Kyoto Protocol*）及歐盟執委會（EU Commission）在2009年做出的第406/2009號決議（No 406/2009/EC），明確地指出，所謂的溫室氣體，包括二氧化碳、甲烷（Methane, $CH_4$）、氧化亞氮（Nitrous Oxide, $N_2O$）、氫氟碳化物（Hydrofluorocarbons, HFCs）、全氟碳化物（Perfluorocarbons, PFCs）及六氟化硫（Sulfur Hexafluoride, $SF_6$）。另外，按《杜哈修正案》（*Doha Amendment to the Kyoto Protocol*）第1條的規定，從2013年後，溫室氣體包括三氟化氮（Nitrogen Trifluoride, $NF_3$）在內，[2]原爲六種溫室氣體，已經增加至七種。

1992年《聯合國氣候變遷綱要公約》（*United Nations Framework Convention on Climate Change, UNFCCC*）的內容中陳述：「各締約方承認地球氣候的變化及其不利影響，是人類共同關心的問題。令人感到憂慮的是，人類活動已大幅增加大氣中溫室氣體的濃度，這種增加強化

---

1 引自洪德欽，〈「氣候變遷與歐美政策回應」專題緒論〉，《歐美研究》，第43卷第1期，2013年3月，頁1。

2 洪德欽，前引文，頁2；“Decisions Adopted Jointly by the European Parliament and the Council,” *Official Journal of the European Union*, L 140/136, May 6, 2009, accessed at: https://eur-lex.europa.eu/legal-content/EN/TXT/PDF/?uri=CELEX:32009D0406&from=EN (2019/12/20).

了自然溫室效應，如此將造成地表與大氣層平均溫度的上升，可能會對自然生態系統與人類產生嚴重影響。」[3]雖然全球對氣候變遷所衍生的問題已經有所警覺，相對地，也發展與提出因應的機制，但是，這是一條漫長且艱辛的奮鬥過程，仍須各國的配合，方能有效處理相關問題。

## 第一節　氣候變遷及其衍生問題

在當前的國際社會中，如何永續發展已經成爲各國所思考的問題，然而，國家或國際社會的生存發展卻面臨許多變數，其中最爲關鍵的影響因素之一即爲氣候變遷。氣候變遷不僅是天候異常的狀況，也連帶產生許多附加性的問題，嚴重影響人類的永續生存與發展。世界各國莫不亟思因應之道。

自十八世紀的工業革命興起之後，代表人類開始大量使用化石燃料，讓人類在無形中大量增加溫室氣體的排放，因此，工業革命成爲二氧化碳排放量大量增加的起點。再加上土地利用型態的改變，大氣的組成因而產生明顯變化，使得溫室效應逐漸嚴重，全球暖化的程度也日益明顯。氣溫升高的結果，連帶使得降雨模式產生變化，水災、乾旱、風災等異常氣候發生的強度與頻率更是驟然改變，天候狀況變得更爲無常；海平面的上升，湧升流與洋流模式的改變等氣候變遷現象，已經直接或間接地影響到自然生態系統，[4]特別是對動物棲息地、食物鏈與生物多樣性（bio-diversity）等議題所產生的影響。

---

3　曹俊漢，〈全球治理與氣候變遷：評估哥本哈根會議（COP15）決策機制的衝擊與對策〉，《歐美研究》，第43卷第1期，2013年3月，頁90；"United Nations Framework Convention on Climate Change," United Nations, 1992, p. 2, accessed at: https://unfccc.int/files/essential_background/background_publications_htmlpdf/application/pdf/conveng.pdf.

4　李培芬，〈氣候變遷對生態的衝擊〉，《科學發展》，第424期，2008年4月，頁34。

從十九世紀中葉開始，科學家們即已知悉二氧化碳是主要的溫室氣體，直接從大氣與空氣中的測量得知，從1800-2012年，大氣中的二氧化碳增加40%；其他的溫室氣體同樣因為人類的活動而增加。自1900年之後，發現全球地表溫度的上升是與大氣中二氧化碳的增加一致的。[5]

質言之，氣候變遷已對氣候與環境因子產生影響，這些變化有逐漸加速與日趨嚴重的態勢。在二十世紀，全球平均氣溫上升攝氏0.6 ± 0.2度，也因而使得地表受冰雪覆蓋的區域減少。1960年代後期以來，全球受覆蓋的面積減少約10%。在降雨方面，二十世紀中，北半球中高緯度和赤道地區，分別以每10年0.5-1%和0.2-0.3%的速率增加，但在亞熱帶地區則普遍減少，速率約每10年減少0.3%。在溫度與降雨的作用下，海平面上升成為嚴重的威脅。在過去的百年當中，全球平均海平面升高0.1-0.25公尺。氣候變遷造成生態系統改變的環境因子，主要是來自溫度上升、降雨型態與分布的改變、海平面上升、紫外線增加、二氧化碳濃度增加、水質改變、極端氣候頻率與嚴重性的增加等。環境因子的改變，更造成生態系統的變遷，國外的統計顯示，超過80%的物種，無論是軟體動物、哺乳動物或是禾草與樹木，都有一些明顯的改變，顯示氣候變遷對生態系統產生影響，且範圍廣大。[6]

關於氣候變遷所帶來的影響，許多的研究報告及學術論文都曾點出可能出現的問題。例如一篇2018年在哈佛商學院（Harvard Business School）刊載的文章指出，氣候變遷所產生的影響是：海平面上升、氣候類型改變與極端氣候、對水資源與食物造成壓力、政治與安全風險、

---

5 The National Academy of Sciences, the Royal Society, “Climate Change Evidence & Causes: An overview from the Royal Society and the US National Academy of Sciences,” p. 5, accessed at: http://dels.nas.edu/resources/static-assets/exec-office-other/climate-change-full.pdf (2019/07/03).

6 李培芬，〈氣候變遷對生態的衝擊〉，《科學發展》，第424期，2008年4月，頁35-36。

人類健康風險、對野生動物與生態系統的影響。[7]聯合國「政府間氣候變遷專門委員會」（Intergovernmental Panel on Climate Change, IPCC）[8]在2018年發表的一份報告也警示，全球氣溫即將上升攝氏1.5度，這可能帶來一系列災難性後果，包括使數百萬人貧困，並引發大規模移民危機。[9]

國內學者林春員的研究指出，氣候的變異會直接或間接對人類社會造成風險與人權侵害。直接的方式，例如溫度上升或降雨變化；間接方式則擴及自然資源的減少、疾病傳染、糧食減少、工作機會喪失、流離失所、社會衝突等。[10]

吳志中的研究表示，氣候的變遷造成許多負面影響，包括水資源短缺加劇、生態系統和食物安全保障受到嚴重破壞，對開發中國家的發展更是不利。例如某些非洲國家，在2020年的時候，農作物產量可能會減少50%。受到全球暖化、氣候變遷與物種滅絕警訊的影響，貿易對於環境所造成的影響，也逐漸成爲國際間的主流議題。[11]

---

7 Rebecca M. Henderson, Sophus A. Reinert, Polina Dekhtyar, Amram Migdal, "Climate in the 2018: Implications for Business," *Harvard Business School*, January 30, 2018, accessed at: https://www.hbs.edu/environment/Documents/climate-change-2018.pdf (2019/07/03).

8 是全球最權威的氣候科學研究組織，附屬於聯合國之下的跨政府機構，在1988年由世界氣象組織與聯合國環境署等兩個單位合作成立。主要工作是發表與執行《聯合國氣候變遷綱要公約》有關的專題報告，並根據成員互相審查對方報告及已發表的科學文獻來撰寫評核。

9 鄭宇茹，〈小布希退出京都議定書　川普喊退巴黎協議　沒有美國的氣候B計畫該怎麼訂？〉，《CSR@天下》，2019年11月12日，https://csr.cw.com.tw/article/41238。

10 林春元，〈氣候變遷調適法制的建構與意義——從國際到國內的連結變動軌跡〉，《科技法學評論》，第12卷第1期，2015年，頁143-144。

11 吳志中，〈全球化下的自由貿易與正義——發展與環境領域中全球治理之挑戰〉，《人文與社會科學簡訊》，第15卷第3期，2014年6月，頁71。

大規模氣候變遷的風險，是全球面對的主要問題之一。地球變暖在科學社群中已有廣泛的共識，而地球變暖的原因是人類排放溫室氣體（主要是二氧化碳、甲烷、一氧化二氮），持續暖化的後果似乎是更加嚴重的，這同樣是全球關切的議題。依據美國民間智庫「匹優研究中心」（Pew Research Center）對40個國家進行的調查顯示，大部分的民調都認爲，氣候變遷是嚴重的問題；從1880-2015年，全球的地表溫度平均上升攝氏0.9度，大氣中的二氧化碳濃度也有上升趨勢。[12]大氣中的二氧化碳含量在1960年代的平均年增率約爲0.8ppm，1980年代則達到每年1.6ppm，1990年代每年增加1.5ppm，2000年代年增率達到2.0ppm，2014年首次上升至400ppm以上。美國夏威夷莫納羅天文臺（Mauna Loa Observatory）在2020年5月的資料顯示，大氣中二氧化碳濃度已經達到417.2ppm。[13]

溫室氣體過度的累積，不僅會使全球氣溫上升，並造成冰河退減、海平面上升、熱浪、颶風等極端氣候的出現。到2030年時，氣溫上升的結果將會有更多的熱浪、酷暑，海平面也將上升更多。[14]

英國國防部於2014年出版的《戰略趨勢評估報告》中即指出，氣候變遷、海平面上升、沙漠化，以及生物多樣性的減少，都是在未來數十年內會影響我們的議題，其層面涵蓋農業生產及漁獲，甚至會加劇人

---

12 Quoted from Rebecca M. Henderson, Sophus A. Reinert, Polina Dekhtyar, Amram Migdal, “Climate in the 2018: Implications for Business,” *Harvard Business School*, January 30, 2018, accessed at: https://www.hbs.edu/environment/Documents/climate-change-2018.pdf (2019/07/03).

13 〈封城無助減碳　5月大氣二氧化碳濃度再創新高〉，《環境資訊中心》，2020年6月8日，https://e-info.org.tw/node/224982。

14 呂宜瑾，〈英國推動低碳經濟以因應氣候變遷〉，財團法人國家實驗研究院科技政策研究與資訊中心，2018年10月30日，https://portal.stpi.narl.org.tw/index/article/10427。

類危機。[15]目前已出現的狀況是，全球各地發生極端氣候的頻率越來越高，這除了會直接威脅人類生活和生存之外，也可能會因爲水資源和糧食的爭奪及氣候難民，惡化原本已經存在的經濟、社會和政治的矛盾，引發國家內部和國家之間的衝突，甚至是造成戰爭，使得氣候變遷成爲國家和全球安全的問題。[16]亦即，因氣候變遷所帶來的環境汙染、全球暖化與異常天災等問題，已經威脅國家安全的防護，以及全球的繁榮與和諧，[17]這是任何人或國家都無法忽視的重大課題。

氣候變遷對於國家安全的影響，主要來自於水資源爭奪、糧食生產與供給短缺，以及氣候難民，這些因素可能惡化原本已經存在的經濟、社會和政治問題，引發國家內部和國家之間的衝突，對國家安全造成威脅。[18]2008年3月，歐盟列舉出氣候變遷對國際安全可能產生的威脅，這些事項包括：[19]

1. 極端氣候引發重大自然災害，對人類生命與財產帶來的重大損失；

2. 對生態多樣性與生態平衡的威脅，以及物種滅絕與不明病疫的傳染；

3. 海平面水位上升引發環境難民問題及疆界爭端等問題；

4. 水資源短缺及爭奪問題；

---

15 Ministry of Defence, *Strategic Trends Programme: Global Strategic Trends - Out to 2045* (UK: Development, Concepts and Doctrine Centre, Ministry of Defence, 2014), p. xiii-xiv.

16 Matt McDonald, "Discourses of Climate Security," *Political Geography* (Amsterdam), Vol. 33 (March 2013), p. 43-44.

17 〈超限未來10大趨勢〉，http://www.ylib.com/hotsale/extreme_future/。

18 楊惟任，〈氣候變遷對國家和全球安全的影響〉，《展望與探索》，第12卷第2期，2014年2月，頁68。

19 洪德欽，〈歐盟氣候變遷政策的規範、策略與實踐〉，《科技法學評論》，第9卷第2期，2012年，頁100。

5. 糧食短缺及飢餓問題；

6. 能源供應短缺；

7. 各國及國際組織面對重大災害的治理不足與挑戰；

8. 氣候變遷缺乏一個全球性組織，來從事有效規範與治理。

綜合言之，氣候變遷所影響的範圍，包括資源、災害、疾病、糧食、人口流動、社會、環境、生態、土地等面向，每一個面向所衍生的問題，都是人類社會不可漠視或等閒視之。特別是如何透過有效的溫室氣體排放機制，來減緩全球暖化所帶來的氣候變遷問題，即爲全球各國與人類社會所應共同關注的。

## 第二節 碳排放機制之建立及其發展

在二氧化碳、甲烷、氧化亞氮、氫氟碳化物、全氟碳化物、六氟化硫、三氟化氮等溫室氣體中，二氧化碳的排放是最受到關注的。聯合國「政府間氣候變遷專門委員會」認爲，在過去一個世紀裡，汽車、飛機、發電廠、工廠中燃燒大量的煤和石油，造成二氧化碳大量排放，因而使得溫室效應顯得更加劇烈，若我們繼續依現在程度排放，地球在未來將會變得越來越溫暖。[20]因此，在對抗氣候變遷與全球暖化的任務中，如何減少或降低二氧化碳的排放量，即成爲當務之急，碳排放機制在處理全球暖化的議題上，扮演相當重要的角色。在國際社會中，有關碳排放問題的處理機制，最爲重要且爲人熟知的，莫過於《聯合國氣候變遷綱要公約》及其相關制度，如《京都議定書》與《巴黎協定》（*Paris Agreement*）等。

1987年，各國爲採取適當措施避免臭氧層遭受破壞，進而造成全

---

20 "What is the Greenhouse Effect?" *Intergovernmental Panel on Climate Change*. accessed at: https://archive.ipcc.ch/publications_and_data/ar4/wg1/en/faq-1-3.html；〈溫室效應與全球暖化〉，《氣候變遷生活網》，https://ccis.epa.gov.tw/know/detail。

球氣溫上升的問題，因此簽訂《蒙特婁破壞臭氧層物質管制議定書》（*The Montreal Protocol on Substances that Deplete the Ozone Layer*），規定各國有共同努力保護臭氧層的義務，要求已開發國家將氯氟碳化物（chlorofluorocarbons, CFCs）的生產凍結在1986年時的規模，在1988年減少50%的製造，並自1994年起全面禁止生產。[21]顯見在當時大家即已知悉減緩溫室效應對人類社會的必要性及迫切性。

在1988年時，氣候變遷議題開始成為聯合國大會討論的項目，嗣後氣候變遷問題便在國際社會引發廣泛的關注。聯合國大會因而在1990年決議設立「政府間氣候變遷框架公約談判委員會」（Intergovernmental Negotiating Committee for a Framework Convention on Climate Change, INC/FCCC），並授權起草有關氣候變遷公約條文與所有被認定為有必要的法律文件，以及開始推動《聯合國氣候變遷綱要框架公約》的協商工作，以因應全球氣候變遷導致的各種問題，降低極端氣候所帶來的危害。[22]談判委員會於1991年2月4日至14日在美國華盛頓召開第一次會議，自此，氣候變遷議題正式躍上聯合國舞臺。在歷經5次會議，以及超過150個國家參與談判後，該委員會最後在1992年5月9日於聯合國總部通過《聯合國氣候變遷綱要公約》，對「人為溫室氣體」（Anthropogenic Greenhouse Gases）的排放做出全球性的管制目標協議，以便對溫室效應所形成的全球氣候暖化問題加以規範。1992年6月，在巴西里約熱內盧（Rio de Janeiro）召開的「聯合國環境與發展會議」（The United Nations Conference on Environment and Development, UNCED），亦即所謂的「地球高峰會」中，開放與會各國領袖簽署《聯合國氣候變遷綱要公約》，此一公約於1994年3月21日正式生效，祕書處設於德國

---

21 楊惟任，〈國際氣候政治的爭論：氣候正義的觀點〉，《遠景基金會季刊》，第15卷第1期，2014年1月，頁145。

22 同前註，頁146。

波昂（Bonn），目前有197個締約方。綱要公約主要包含：「締約方會議」（Conferences of the Parties, COPs）、「京都議定書大會」（Conference of the Parties Serving as the Meeting of the Parties to the Kyoto Protocol, CMP）、附屬機構的會議，以及一系列的研討會。締約方會議是公約的最高權力機構，下設兩個常設附屬機構：「附屬科學和技術諮詢」（Subsidiary Body for Scientific and Technological Advice, SBSTA）和「附屬履行機構」（Subsidiary Body for Implementation , SBI），其中CMP爲《京都議定書》的最高權力機構。[23]

幾乎全世界所有國家都簽署《聯合國氣候變遷綱要公約》，成爲其會員國。綱要公約設立一個長期的、以科學爲基礎的目標，要求大氣中溫室氣體濃度的穩定到達安全程度，與前工業時期的水準相較，將會限制全球平均溫度的上升低於攝氏2度。公約同樣設立一些原則，以及成立機構與程序來引導達成前述目標的國際磋商。有超過100個國家的部會首長經常性地參與年度的締約方會議，其中有不少是國家元首。[24]自1995年於德國柏林召開第一次締約方會議後，幾乎每年定期召開一次會議，共同商議公約規範的執行。

聯合國在1992年通過《聯合國氣候變遷綱要公約》之後，由於國際普遍認爲各會員國未認眞執行公約所訂之溫室氣體減量目標，因此，必須制定一個具國際法約束力議定書的共識，隨後便在1997年12月於日本京都召開的第3屆締約方會議（COP-3）中通過《京都議定書》，並於2005年2月16日正式生效，主要是規範工業國溫室氣體排放目標，希望

---

23 《聯合國氣候變遷綱要公約》簡介，清大國際氣候變遷發展及法制研究室，2011年11月28日，http://namasnthu.blogspot.com/2011/11/cop17unfccc.html。

24 Jacob Werksman, Jürgen Lefevere and Artur Runge-Metzger, “The EU and International Climate Change Policy,” in Jos Delbeke, Peter Vis eds., *EU Climate Policy Explained* (European Union, 2016), p. 95.

能夠減少溫室效應對全球環境所產生的影響。該議定書規範已開發國家須以個別或共同的方式，控制人爲排放之溫室氣體數量，將大氣中的溫室氣體含量穩定在一個適當的水平，以保證生態系統的平滑適應、食物的安全生產和經濟的可持續發展；且須在2008-2012年間將溫室氣體排放量降至比1990年平均水準還要再減少5.2%。[25]

《京都議定書》讓各締約方承擔「共同但有區別的責任」（common but differentiated responsibilities）[26]，但是僅對已開發國家規範第一承諾期（從2008-2012年）減量責任的目標。例如歐盟削減8%、美國7%，而日本、加拿大、匈牙利、波蘭爲6%，冰島、澳洲、挪威則各削減10%、8%、1%，平均削減率爲5.2%。其次，藉由《京都議定書》所創的跨國減量三種機制，締約方得以自其他國家執行的減量活動中，獲得較多的氣體減量配額，以達到自身承諾的減量承諾目標，其中最爲人所知的就是碳排放交易（Emission Trade）機制。[27]《京都議定書》所創設的三種機制分別爲：聯合執行（Joint Implementation, JI）、國際排

---

25 《京都議定書》，中華民國外交部，https://www.mofa.gov.tw/igo/cp.aspx?n=CC8DB086CB67B600。

26 所謂的共同原則的概念，意旨爲因全球氣候變遷所造成的影響，並不會局限在某個國家或地區，而是具有跨國界乃至全球性。換言之，全球氣候變遷所可能產生的影響，不僅具有跨地域性，甚至攸關全人類生存所共同面臨的棘手問題，因此，氣候變遷問題具有共同性。另一方面，造成當今氣候變遷與溫室氣體大量增加的原因與責任又具有差別性，因此若在氣候變遷治理機制中，一開始即要求各國擔負起一致性的責任與能力分擔，似乎並不具有論述與政策正當性。對此，在區別原則方面，則考量到不同國家之能力，以及不同國家在面臨氣候變遷問題時，所面臨的不同程度影響等因素，進而課以不同之責任與義務。參見蔡東杰、蘇義淵，〈生態政治學的反思：氣候變遷法制化之政治因素分析〉，《政治與政策》，第1卷第2期，2011年10月，頁65-89。

27 《京都議定書》，中華民國外交部，https://www.mofa.gov.tw/igo/cp.aspx?n=CC8DB086CB67B600。

放交易（International Emissions Trading, IET）及清潔發展機制（Clean Development Mechanism, CDM），這些使得締約方得以自其他國家執行的減量活動中獲得減量信用，以達到其減量承諾。[28]在1997年的會議之後，世界各國即逐步建立許多減碳的概念與機制。

例如「清潔發展機制」在第6屆的締約方會議（COP-6）中通過，確立「碳權」的概念。2003年的第9屆締約方會議（COP-9）則建立「調適基金」（Adaptation Fund），協助各國減輕極端氣候的傷害。「碳匯」（Carbon Sink）[29]、「綠色氣候基金」（Green Climate Fund）等機制與概念，也在後續的會議中陸續被決議通過。爲避免後京都時期之規範空窗期，從2005年的第11屆締約方（COP-11）蒙特婁會議開始，各國開啟「後京都談判」。2007年的第13屆締約方會議（COP-13）在印尼通過「峇里路線圖」（Bali Roadmap），確立後京都談判相關要點，並設定2009年爲後續談判的期限。峇里會議亦做成關於「調適基金」的規劃，作爲協助開發中國家減碳行動的基金。[30]

2009年第15屆締約方會議（COP-15）通過《哥本哈根協議》（*Copenhagen Accord*），協議重要內容包括保持全球平均溫度，較前工業化

---

28 "Joint Implementation," *United Nations Framework Convention on Climate Change*. accessed at: https://unfccc.int/process/the-kyoto-protocol/mechanisms/joint-implementation; "The Clean Development Mechanism," *United Nations Framework Convention on Climate Change*. accessed at: https://unfccc.int/process-and-meetings/the-kyoto-protocol/mechanisms-under-the-kyoto-protocol/the-clean-development-mechanism; "Emissions Trading," *United Nations Framework Convention on Climate Change*. accessed at: https://unfccc.int/process/the-kyoto-protocol/mechanisms/emissions-trading.

29 是指從空氣中清除二氧化碳的過程與機制，如植物捕捉大氣中的二氧化碳。

30 許耀明，〈國際氣候變遷法制2.0：巴黎協議評析〉，《人文與社會科學簡訊》，第20卷第4期，2019年9月，頁15。

時代的升幅不超過攝氏2度的政治承諾，並考慮將長期目標設立爲攝氏1.5度以內。另外，協議規定已開發國家在2010年和2012年間，須提供300億美元的緊急援助資金，用於支持開發中國家應對氣候變化。在長期資金方面，其規模在2020年時，須達1,000億美元，並將成立「哥本哈根綠色氣候基金」（Copenhagen Green Climate Fund）來管理。[31]

在2010年舉行的第16屆締約方會議（COP-16）中，達成著名的《坎昆協議》（*Cancun Agreement*），包含部分開發中國家在內，一同加入全球自願減量承諾的行列，[32]同時也通過「綠色氣候基金」的成立。2011年，在南非德班召開的第17次締約方會議（COP-17）達成協議，原訂在2012年到期的《京都議定書》，延長其法律效力5-8年。2012年12月8日，在卡達召開的第18屆聯合國氣候變遷大會（COP-18）通過《杜哈修正案》（*Doha Amendment to the Kyoto Protocol*），以便延續《京都議定書》之效力，決定將本應於2012年到期的《京都議定書》延長至2020年，爲第二承諾期做出安排，替締約方規定量化減排指標，使整體在2013-2020年的承諾期內，將溫室氣體全部排放量從1990年的

---

31 "Copenhagen United Nations Climate Change Conference Ends with Political Agreement to Cap Temperature Rise, Reduce Emissions and Raise Finance," United Nations, December 19, 2009. accessed at: https://unfccc.int/files/press/news_room/press_releases_and_advisories/application/pdf/pr_cop15_20091219.pdf；〈哥本哈根協議爭議中產出〉，《環境資訊中心》，2009年12月20日，https://e-info.org.tw/node/50376。

32 劉哲良，〈國際氣候變遷談判與全球減碳目標之演進〉，《綠色貿易資訊網》，2015年12月29日，https://www.greentrade.org.tw/zh-hant/knowledge/%E7%B6%A0%E8%89%B2%E8%B2%BF%E6%98%93%E7%A0%94%E7%A9%B6%E9%99%A2/%E5%9C%8B%E9%9A%9B%E6%B0%A3%E5%80%99%E8%AE%8A%E9%81%B7%E8%AB%87%E5%88%A4%E8%88%87%E5%85%A8%E7%90%83%E6%B8%9B%E7%A2%B3%E7%9B%AE%E6%A8%99%E4%B9%8B%E6%BC%94%E9%80%B2。

水準至少減少18%，修正案也將三氟化氮納入列管的溫室氣體中。

2015年，第21屆締約方會議（COP-21）在法國巴黎召開，各國領導人及代表在會議中達成全球性的共識目標——「使全球平均氣溫升幅低於攝氏2度，並努力保持至攝氏1.5度」，並將相關談判的內容整理且通過爲《巴黎協定》，是繼《京都議定書》後的全球氣候共識。[33]要求各國提出「國家自定預期貢獻」（Intended Nationally Determined Contributions, INDC），說明各國在2030年之前的溫室氣體減量目標與計畫，是全球首次達成涵蓋所有國家因應氣候變遷的共同協定，於2016年11月4日正式生效，其重要內容爲：[34]

1. 全球目標升溫小於攝氏2度，並致力於限制在攝氏1.5度以內。

2. 所有國家均以「國家自訂貢獻」（Nationally Determined Contributions, NDCs）作爲減量目標之機制進行減排或限排，工業化國家必須有絕對減量目標值。

3. 由已開發國家提供綠色氣候基金，協助開發中國家執行氣候變遷減緩與調適。

4. 具有法律拘束的申報制度——「國家自訂預期貢獻」，於簽署後正式成爲NDCs，並且每5年或10年提交報告及檢討，將於2023年進行首次全球盤點、透明公開地呈現檢討報告。

《杜哈修正案》除將《京都議定書》的框架從2012年延續至2020年之外，也確立2015年必須要產出「後京都議定書」的條約，此一條約就是在其後通過的《巴黎協定》。有別於《京都議定書》的設定，《巴黎

33 劉哲良、吳珮瑛、朱敏嘉，〈歐盟面對氣候變遷的因應政策——排放交易機制之現況、發展及挑戰〉，《臺灣國際研究季刊》，第13卷第4期，2017年冬季號，頁118，http://www.tisanet.org/quarterly/13-4-6.pdf（檢索日期：2019年7月3日）

34 《巴黎協定（*Paris Agreement*）》，《氣候變遷生活網》，https://ccis.epa.gov.tw/know/pact2。

協定》不再使用「溫室氣體減量」作爲各國對抗氣候變遷的標準，而是以「升溫上限」作爲全球共同努力的目標。《巴黎協定》也不再用「由上而下」權威的方式賦予各國減碳的義務，所有國家必須自主提出「國家自願減碳貢獻」，期望透過「由下而上」的方式，達成各國「共同但有區別的減碳責任」。[35]

2018年12月3日至12月15日，來自全球的195國官方代表、數千位非政府組織與學術研究專家、企業界人士，齊聚波蘭南方的卡托維茲（Katowice）共同參與第24屆締約方會議（COP-24），並通過《巴黎協定》的大部分內容。最後在各國延長一日的努力討論下，通過大部分「巴黎協定工作計畫」的內容，產出長達156頁的「規則書」，即爲《卡托維茲文件》（*Katowice Climate Package*）。《巴黎協定》即是類似防止全球氣候變遷而約束各國碳排放的「母法」，其執行需要採取全球氣候行動，而「規則書」則是《巴黎協定》的「施行細則」，亦即協定於2020年生效後所需的操作手冊與透明度執行框架，有人稱之爲《巴黎協定2.0》，其中「南南合作」在應對氣候變化和實施可持續發展議程的過程中發揮著關鍵作用。

截至2020年，締約方已經召開25次會議，討論諸多氣候變遷議題，產生許多因應氣候變遷的機制，特別是有關於碳排放的問題。

## 第三節　碳排放機制相關理念

一般而言，因應全球暖化的方式有兩類：一是減緩（mitigation）氣候變遷的程度；二是調整適應（adaptation）氣候變化之後的環境。

---

35 〈COP大事件——《京都議定書》與《巴黎協定》〉，臺灣青年氣候聯盟，2018年11月2日，http://twycc.org.tw/cop%e5%a4%a7%e4%ba%8b%e4%bb%b6%ef%bc%8d%e3%80%8a%e4%ba%ac%e9%83%bd%e8%ad%b0%e5%ae%9a%e6%9b%b8%e3%80%8b%e8%88%87%e3%80%8a%e5%b7%b4%e9%bb%8e%e5%8d%94%e5%ae%9a%e3%80%8b/。

減緩是較爲積極的作法，以減少溫室氣體排放量爲主，與環境保護政策工具相似，其政策工具可分爲三大類：分別是行政管制、市場經濟工具〔包括價格政策（如碳稅）與數量政策（如碳交易）〕，以及其他如自願協議等。[36]在《京都議定書》中訂有：聯合執行、清潔發展機制、國際排放交易等三種彈性機制，協助締約國進行減量工作，其目的主要是希望能夠透過國際合作方式，以最小成本的方式來達成減量目標。[37]在第3屆締約方會議中，曾針對包括二氧化碳在內之氟氯碳化物等六種溫室氣體，訂出具體的減量目標，惟鑑於溫室氣體管制及減量在當時係全新概念，加上先進國家及新興工業國家基於各自利益考量，仍有爭議。[38]當時提出的三種跨國彈性減量機制分別爲：[39]

**1. 聯合執行（Joint Implementation, JI）**

容許所有附件一所列締約方以推動共同排放減量計畫的方式，向其他附件一締約方交換或取得所謂「排放減量單位」（Emission Reduction Units, ERU）。

**2. 清潔發展機制（Clean Development Mechanism, CDM）**

符合公平正義與成本有效性原則，容許所有附件一所列締約方可以

---

36 蕭代基、洪志銘、羅時芳，〈碳稅與碳交易之比較與搭配〉，《台電工程月刊》，第747期，2010年11月，頁59-66，http://econ.ccu.edu.tw/manage/990827.pdf。

37 羅時芳，〈全球碳市場趨勢及對我國金融產業之啓示〉，《證券櫃檯》，第141期，2009年6月，頁92，http://www.tpex.org.tw/web/about/publish/monthly/monthly_dl.php?l=zh-tw&DOC_ID=689（檢索日期：2019/07/03）。

38 Jacob Werksman, Jürgen Lefevere and Artur Runge-Metzger, “The EU and International Climate Change Policy,” in Jos Delbeke, Peter Vis eds., *EU Climate Policy Explained* (European Union, 2016), p. 97.

39 《京都議定書（*Kyoto Protocol*）》，《氣候變遷生活網》，https://ccis.epa.gov.tw/know/pact1。

在非附件一所列之開發中國家，推動相關排放減量計畫，以協助開發中國家進行溫室氣體減量，而附件一締約方則可以取得所謂「經驗證減量額度」（Certified Emission Reduction, CER）。

**3. 國際排放交易（International Emissions Trading, IET）**

容許所有附件一所列締約方以交易方式，向排放量尚未達到容許排放配額的其他附件一所列締約方，取得尚未使用或剩餘之排放配額（unused or surplus emission units）額度。

在國際法上，議定書（protocol）通常為某框架公約的附件，框架公約一般僅就議題之原則達成協議，並未就具體行動計畫或數值目標做規範，因此，為補充框架公約之不足，再制定與國際公約同具約束力之議定書。而協定（agreement）通常是較為技術性質（行政性、事務性）的具體條文，從聯合國成立至今所簽署的各類文件檢視，簽署《巴黎協定》的數量國遠遠大於其他議定書、宣言（statement）、聲明（declaration）或聯合公報（Joint Communiqués）等，因此，可以說是比《京都議定書》更具約束力的國際行動。[40]

《巴黎協定》所陳述各種因應氣候變遷的相關作為，包括：減緩、調整適應、資金（Finance）、能力建構（Capacity-Building）、技術發展移轉（Technology Development and Transfer）等，並增列損失與損害（Loss and Damage），開啟對受到氣候變遷衝擊影響國家進行損害賠償相關研究與討論，2020年後由已開發國家投入每年1,000億美元綠色氣候基金的承諾不變，也要求各國應履行其「國家自訂貢獻」（Nationally Determined Contributions, NDCs），並規劃每5年對全球氣候行動總體進展進行盤點，提交報告及檢討，以提升減量企圖心，提升

40 鍾兆晉，〈從京都議定書到巴黎協定，看臺灣溫室氣體減量策略〉，《新北市環境教育輔導團電子報》，第131期，2017年8月1日，https://www.sdec.ntpc.edu.tw/epaper/10608/4.htm。

氣候行動的透明度（Transparency Action and Support）。[41]

## 一、碳定價

「碳定價」（Carbon Pricing）是常見減緩氣候變遷的措施。所謂的碳定價或是「給碳一個價格」（Putting a Price on Carbon），「是一種向排放二氧化碳的政府、企業或地方等來源收取費用的市場機制，以達到節能減碳、抑制全球暖化的目的。」[42]世界銀行（World Bank）對碳定價的界定是：「通過各種機制來合理呈現及確切反映碳排放的成本，並將此成本納入排放者決策中，以導正決策者之決策行爲。」在政策實務上，協助碳定價進行的機制包括：碳稅（Carbon Taxes, CTs）、排放交易機制（Emission Trading Schemes, ETS）、減量抵換機制（Offsets）及以減量成果爲基礎的融資（Result-Based Financing, RBF）措施等。碳定價工具包括前述在《京都議定書》機制下的聯合執行、清潔發展機制及國際排放交易；若以國家或地方政府層面觀之，則大多採用排放交易機制及碳稅。[43]透過碳定價，可以鼓勵企業和經濟參與者在制定運營決策和長期投資規劃時，將碳的價值考慮在內。

---

41 《巴黎協定（*The Paris Agreement*）》，《氣候變遷生活網》，https://ccis.epa.gov.tw/know/pact2。

42 葉怡辰，〈三分鐘瞭解碳定價〉，《低碳生活部落格》，2015年9月9日，https://lowestc.blogspot.com/2015/09/blog-post_9.html。

43 林宗昱、朱敏嘉、劉哲良，〈全球碳定價現況及趨勢發展〉，《環保署國家溫室氣體登錄平臺電子報》，第38期，2016年4月29日，https://ghgregistry.epa.gov.tw/epaper/38/1.%E5%85%A8%E7%90%83%E7%A2%B3%E5%AE%9A%E5%83%B9%E7%8F%BE%E6%B3%81%E5%8F%8A%E8%B6%A8%E5%8B%A2%E7%99%BC%E5%B1%95.pdf（檢索日期：2019/07/03）；劉哲良、吳珮瑛、朱敏嘉，〈歐盟面對氣候變遷的因應政策——排放交易機制之現況、發展及挑戰〉，《臺灣國際研究季刊》，第13卷第4期，2017年冬季號，頁119，http://www.tisanet.org/quarterly/13-4-6.pdf（檢索日期：2019/07/03）。

在碳的定價上，全球的單價差異頗大，從每公噸排放低於1美元，甚或高達120美元皆有，主要原因是各國政策、規範、低碳技術、產業的不同，進而影響碳價的水準；國際貨幣基金（International Monetary Fund, IMF）指出，全球平均碳價落於每公噸二氧化碳當量2美元，且仍有超過50%的碳價制度低於每公噸10美元。[44]例如在2019年時，南韓每單位碳權價格從22美元上漲至33美元；瑞士排放交易制度的碳權價格，從每單位5美元調漲到19美元；葡萄牙碳稅則從14美元新增至26美元。

在2020年，全球碳價大概管制全球溫室氣體排放量之120億公噸二氧化碳，增加10億公噸的管制排放量，這些貢獻主要來自以下國家：[45]

1. 加拿大：2019年加拿大聯邦政府的全加碳價制度（Pan-Canadian Pricing on Carbon Pollution）正式生效，聯邦的法定要求下，各地政府依法有最低的碳價規範義務，包含化石燃料費底價規範與排放標竿定價制度（Output-Based Pricing System, OBPS），亦即加拿大的排放交易制度。

2. 墨西哥：2020年啟動示範排放交易機制，涵蓋墨西哥37%的碳排放，爲拉丁美洲、加勒比海地區第一個碳排放交易制度。

3. 德國：爲填補歐盟排放交易制度外的碳價漏洞，德國將在2021年於其境內施行碳排放交易制度。

綜上所述，政府可以透過碳交易與碳稅這兩種減緩的機制或方式，來限制二氧化碳和其他溫室氣體的排放。

## 二、碳排放交易與碳權機制

碳排放交易又稱「總量管制與排放交易」，是藉著提高二氧化碳排

---

44 倪茂庭，〈世界銀行【WB】：2020全球碳定價現況及趨勢發展報告〉，風險社會與政策研究中心，2020年7月10日，https://rsprc.ntu.edu.tw/zh-tw/m01-3/en-trans/en-news/1455-0710-carbonprice.html。

45 同上註。

放價格的方法，減少碳的排放量；一開始的時候，由國家立法用以管制或限制二氧化碳和其他溫室氣體的排放量，接著便是發行數量有限的許可，涵蓋排放一定數量二氧化碳和其他溫室氣體的權利。[46]

簡言之，碳排放權交易，是指在一定區域內，確定一定時限內的溫室氣體二氧化碳排放總量，以配額或排汙許可證的形式分配給個體或組織，使其有合法的碳排放權利，並允許這種權利像商品一樣，在市場參與者之間進行交易，確保碳實際排放不超過限定的排放總量。[47]

碳交易體系的核心要素包括：配額總量、覆蓋範圍、配額分配、排放資料的監測報告與核查、履約考核、抵消機制及市場交易。碳交易的初衷是控制溫室氣體的排放量，通過設定配額總量，確保碳排放權的「稀缺性」是碳交易的實踐前提。配額總量的多少，決定碳交易市場上配額的供給，進而影響配額的價格。「物以稀爲貴」，通常情況下，配額總量越多，則碳價越低；配額總量越少，則碳價越高。[48]

碳排放交易可說是《京都議定書》中爲促進全球溫室氣體減量，並以國際公法作爲依據的溫室氣體排放減量交易。在所有被要求減排的溫室氣體中，二氧化碳的比重最高。碳排放交易也是一種以市場爲導向

---

46 威廉・諾德豪斯，〈《氣候賭局》：「碳交易」與「碳稅」兩種碳定價機制，有哪些優缺點與重大差異？〉，《The News Lens關鍵評論》，2019年11月28日，https://www.thenewslens.com/article/127856。

47 〈全國碳排放權交易市場啟動　少排可以賣配額多排就要掏錢買〉，《新華網》，2018年09月15日，http://www.xinhuanet.com/2018-09/15/c_1123433719.htm。

48 清華大學中國碳市場研究中心、北京中創碳投科技有限公司，《地方政府參與全國碳市場手冊》，北京：北京中創碳投科技有限公司，2020年，頁15，https://www.efchina.org/Attachments/Report/report-lceg-20200320/%E5%9C%B0%E6%96%B9%E6%94%BF%E5%BA%9C%E5%8F%82%E4%B8%8E%E5%85%A8%E5%9B%BD%E7%A2%B3%E5%B8%82%E5%9C%BA%E5%B7%A5%E4%BD%9C%E6%89%8B%E5%86%8C.pdf。

的環境政策工具，其理論基礎爲寇斯定理（Coase Theorem），該定理主張：「原本財產權定義不明的公共財（如空氣、氣候、汙染權等），藉由產權界定與自由交易，以有效解決溫室氣體排放問題，但前提爲排放交易必須建立在總量管制基礎下，即所謂的『總量管制』與『排放交易』。」[49]透過碳排放權的交易，買賣雙方都能獲得最大的利益，同時又可以降低環境汙染及氣候變遷程度，以達到能源、環境與經濟的三贏。其好處是，能夠用最具經濟效益的方式促進減排，當配額市場價格高於企業減排成本時，企業將能從減排和出售配額中獲得利潤；反之，減排成本高於市場價格的企業則願意購買配額。[50]

「碳交易」也可視爲是數量工具，又可稱爲數量型貨幣政策工具，是控制貨幣供應數量的調控工具。首先，政府會先設立溫室氣體的總量管制目標；然後，再分配二氧化碳的排放權給各個排碳的業者，每個業者的排碳量不能超過自身所擁有的排放權，如果排碳量低於所規定的排碳權，就可以將多餘的排碳權與其他業者進行交易。[51]總量管制與交易體系是有價值的工具，能以比其他政策選項更具成本效益的方式來減少溫室氣體的排放，這意味著用同樣的成本可以實現更大規模的減排量。[52]

---

49 謝德勇，〈歐盟碳排放交易制度之缺陷分析〉，《能源知識庫》，2013年1月2日，https://km.twenergy.org.tw/ReadFile/?p=Reference&n=2013129425.pdf（檢索日期：2019/07/03）。

50 葛復光，〈全球減碳利器——碳交易市場〉，《科學月刊》，第585期，2018年9月1日，https://www.scimonth.com.tw/tw/article/show.aspx?num=1767&kind=1003&page=5。

51 邱詠程，〈減碳任務：碳稅與碳交易的優與劣〉，《科技大觀園》，2018年3月5日，https://scitechvista.nat.gov.tw/c/sgXf.htm。

52 葛復光，〈全球減碳利器——碳交易市場〉，《科學月刊》，第585期，2018年9月1日，https://www.scimonth.com.tw/tw/article/show.aspx?num=1767&kind=1003&page=5。

承上所述，碳排放交易可謂是與「碳權」（carbon right）概念息息相關。碳權讓企業持有者能釋出定量的二氧化碳或其他溫室氣體。一個單位的碳權相當於1公噸的二氧化碳。此種方式可給私人企業雙重誘因，並努力減排溫室氣體。首先，企業如果碳排放過量會遭到罰款處分；其次，若減排成功，則能省下碳權，轉賣給其他公司。[53]在以往，碳權額度市場（carbon credit market）大多集中在所謂的《京都議定書》機制，如清潔發展機制與聯合執行，然而自2019年開始，逐漸有私部門主導的自願減量市場出現，有取代原碳權額度市場的趨勢，據統計，約有三分之二的碳權額度來自《京都議定書》機制之外的額度機制。[54]

全球碳交易市場被區分爲兩種型態：第一種型態是配額型交易（Allowance-based transactions），是在總量管制下產生的排放減量交易，如歐盟排放交易體系（European Emissions Trading System, EU ETS）、澳洲新南威爾斯排放減量制度（Australian New South Wales Greenhouse Gas Reduction Scheme, New South Wales GGAS）、芝加哥氣候交易所（Chicago Climate Exchange, CCX）、美國區域溫室氣體倡議（Regional Greenhouse Gas Initiative, RGGI）；第二種型態是計畫型交易（Project-based transactions），指因進行減量計畫而獲得的排放權，在《京都議定書》機制下的聯合執行、清潔發展機制計畫，以及其他自願性減量計畫皆屬之。[55]目前碳排放交易市場以歐盟、英國、澳洲、美

---

53 〈減排成主流，期盼「綠色復甦」！歐盟碳權價飆14年高〉，《科技新報》，2020年7月14日，https://technews.tw/?p=623160。

54 倪茂庭，〈世界銀行【WB】：2020全球碳定價現況及趨勢發展報告〉，風險社會與政策研究中心，2020年7月10日，https://rsprc.ntu.edu.tw/zh-tw/m01-3/en-trans/en-news/1455-0710-carbonprice.html。

55 陳俐君，〈全球碳交易市場之概況與發展趨勢〉，《國合會電子報》，第137期，2010年4月15日，http://www.icdf.org.tw/epaper_file/no137/137edm9.html（檢索日期：2019/07/03）。

國及日本等國較具規模，其中又以歐盟排放交易體系爲目前全球最大的碳排放交易市場。

## 三、碳稅機制

碳稅則係針對一般常見能源產品，如油品、煤炭、電力及天然氣等，以其碳含量爲基準所課徵之稅目；二氧化碳稅是溫室氣體稅之主要成分。[56]二氧化碳減量主要是依靠減少排放源、家戶節約能源之行動，或是使用其他新的或是再生能源技術，因此，徵收碳稅可促使人們節約能源，或積極研發新能源，從而減少碳排放量。[57]

碳稅亦可稱爲提高碳排放價格，是限制溫室氣體排放的第二種方法，主要由政府直接對二氧化碳的排放課稅。其基本理念是，當燃燒化石燃料時會導致一定數量的二氧化碳進入大氣層，碳稅就是對每種燃料的二氧化碳含量進行課稅。碳稅是對碳排放的數量課稅，碳交易則是限制碳排放的數量。[58]亦即，碳稅制度的設計，是由政府訂出一定的稅率標準，當排放源減量的邊際成本小於碳稅稅率時，則會繼續減量；反之，若排放源減量的邊際成本大於碳稅稅率時，則不再減量。基此，政府可藉由碳稅稅率之調控，控制整體經濟之二氧化碳排放量。[59]

碳稅是一種價格工具，又可稱爲價格型貨幣政策工具，是藉由調

---

56 蕭代基、洪志銘、羅時芳，〈碳稅與碳交易之比較與搭配〉，《台電工程月刊》，第747期，2010年11月，http://econ.ccu.edu.tw/manage/990827.pdf（檢索日期：2020/06/10）。

57 同前註。

58 威廉・諾德豪斯，〈《氣候賭局》：「碳交易」與「碳稅」兩種碳定價機制，有哪些優缺點與重大差異？〉，《The News Lens關鍵評論》，2019年11月28日。參見https://www.thenewslens.com/article/127856。

59 蕭代基、洪志銘、羅時芳，〈碳稅與碳交易之比較與搭配〉，《台電工程月刊》，第747期，2010年11月，http://econ.ccu.edu.tw/manage/990827.pdf（檢索日期：2020/06/10）。

控價格來影響消費行為，也就是針對碳排放所徵收的稅。碳稅就是附加在使用者身上，對使用者的每單位之溫室氣體排放量徵收稅目。當使用者進行減碳的費用低於碳稅時，就有誘因能夠成功的推動使用者主動減碳，所以減碳的成效關鍵在於碳稅制定的高低。[60]

基本上，碳稅與碳交易相互為「競爭性的政策工具」，也就是兩者優缺點頗為互補，一者的優點，往往是另一者的缺點，反之亦然，這也意味著環境政策工具選擇的不易。[61]無論是哪一種方式，都對溫室氣體排放的管制，以及減緩氣候變遷衍生的問題助益良多，但最終仍須各國捐棄成見，共同承擔責任以努力達成目標。

## 第四節　全球主要經濟體的碳排放策略

氣候變遷是全球性的議題，因此，如何減緩氣候變遷帶來的衝擊與影響，是各國應共同承擔的責任。由於認知到已開發國家需為當前空氣中高度的溫室氣體排放負責，特別是那些已經進行超過150年工業活動的國家，是故，在《京都議定書》中「共同但有區別的責任」的原則下，要求已開發國家承擔更多的責任。[62]歐盟、美國及中國不僅是全球最大的溫室氣體排放國，而且在全球事務舉足輕重，對國際氣候談判及全球氣候治理體系的建立，擁有絕對的影響力。[63]以下就歐盟、美國、中國等主要經濟體的碳排放策略加以說明。

---

60 邱詠程，〈減碳任務：碳稅與碳交易的優與劣〉，《科技大觀園》，2018年3月5日。參見https://scitechvista.nat.gov.tw/c/sgXf.htm。

61 蕭代基、洪志銘、羅時芳，〈碳稅與碳交易之比較與搭配〉，《台電工程月刊》，第747期，2010年11月，http://econ.ccu.edu.tw/manage/990827.pdf（檢索日期：2020/06/10）。

62 "What is the Kyoto Protocol?", *United Nations Framework Convention on Climate Change*, accessed at: https://unfccc.int/kyoto_protocol.

63 楊惟任，〈從國際氣候政治看川普　退出巴黎氣候協定〉，《國會季刊》，第45卷第4期，2017年12月，頁61。

## 一、歐盟的碳排放策略與目標

歐盟涵蓋27個會員國（英國脫歐已經排除在外），2020年時的人口約4億472萬人，是目前全球最重要的經濟體之一。歐盟的能源有六成仰賴進口，由於溫室氣體排放導致的氣候變遷日益嚴重，且歐盟爲符合既定之減量目標，各國採取多種策略加以因應。從1990年代開始，歐盟即在國際氣候變遷政策的發展上扮演著領導性的角色，在過去20年間，國際氣候變遷政策也形塑著歐盟內部的氣候變遷政策。[64]歐盟一直以來爲國際氣候政策的領先者，其目標在追求經濟及環境的永續低碳社會，這也是歐盟氣候政策的主要規劃方向。[65]歐盟執委會在2009年做出承諾，要於2020年前降低溫室氣體的排放。[66]

歐盟在減緩氣候變遷的努力上，可回溯到歐洲經濟共同體（European Economic Community）的年代。1972年10月，歐洲共同體巴黎高峰會第一次提出「環境政策」的重要性，並指示歐盟機構於1973年7月31日前建立一項環境行動計畫。高峰會聲明指出，經濟發展並不是目的，而應提高人類生命與生活福祉，包括更好的環境保護。[67]

歐盟於1991年起，採取一系列氣候變遷的因應措施，以有效控制

---

64 Jacob Werksman, Jürgen Lefevere and Artur Runge-Metzger, "The EU and International Climate Change Policy," in Jos Delbeke, Peter Vis eds., *EU Climate Policy Explained* (European Union, 2016), p. 94.

65 劉哲良、吳珮瑛、朱敏嘉，〈歐盟面對氣候變遷的因應政策——排放交易機制之現況、發展及挑戰〉，《臺灣國際研究季刊》，第13卷第4期，2017年冬季號，頁120，http://www.tisanet.org/quarterly/13-4-6.pdf（檢索日期：2019/07/03）。

66 "Decisions Adopted Jointly by the European Parliament and the Council," *Official Journal of the European Union*, L 140/136, May 6, 2009, accessed at: https://eur-lex.europa.eu/legal-content/EN/TXT/PDF/?uri=CELEX:32009D0406&from=EN.

67 洪德欽，〈歐盟氣候變遷政策的規範、策略與實踐〉，《科技法學評論》，第9卷第2期，2012年，頁106。

二氧化碳的排放量，以及改善能源使用效率。1998年6月，歐盟提出「氣候變遷：歐盟邁向後京都時期戰略」（Climate Change-Towards an EU Post-Kyoto Strategy），詳細說明歐盟因應氣候變遷的基本立場和戰略方針。依據前述戰略，歐盟進一步達成《責任分享協定》（*Burden Sharing Agreement, BSA*），同意由歐盟執委會統一將《京都議定書》減排承諾分配給各會員國，讓會員國把工作重心放在履行本國的減排計畫上。[68]

歐盟執委會於2000年6月推動第一期「歐洲氣候變遷計畫」（European Climate Change Program, ECCP），其目標在於辨識所有必要條件，以發展一項履行《京都議定書》的歐盟戰略。2005年10月，歐盟繼續推動第二期的「歐洲氣候變遷計畫」。[69]

在法理基礎方面。1992年2月7日，《歐洲聯盟條約》在荷蘭馬斯垂克（Maastricht）簽署，並於1993年11月1日生效。其中有關環境的條文，是規定於《歐洲聯盟條約》第130條，歐盟條約前言揭示歐盟追求環境保護的決心；第130條則明文規定歐盟環境應以追求「高標準保護」（a high level of protection）為目標，另在界定與執行歐盟其他政策

---

68 王啟明、李玫憲，〈歐盟氣候治理中的責任分享問題——利益與規範的整合性分析〉，《國家發展研究》，第13卷第2期，2014年6月，頁77-113，http://thuir.lib.thu.edu.tw/bitstream/310901/25584/2/%E7%B8%BD%E4%BA%8C%E7%8E%8B%E5%95%9F%E6%98%8E-%E6%AD%90%E7%9B%9F%E6%B0%A3%E5%80%99%E6%B2%BB%E7%90%86%E4%B8%AD%E7%9A%84%E8%B2%AC%E4%BB%BB%E5%88%86%E4%BA%AB%E5%95%8F%E9%A1%8C%EF%BC%9A%E5%88%A9%E7%9B%8A%E8%88%87%E8%A6%8F%E7%AF%84%E7%9A%84%E6%95%B4%E5%90%88%E6%80%A7%E5%88%86%E6%9E%90%28%E5%AE%8C%E7%A8%BF%29.pdf。

69 洪德欽，〈歐盟氣候變遷政策的規範、策略與實踐〉，《科技法學評論》，第9卷第2期，2012年，頁107。

時，須同時整合環境保護的要求。[70]

歐盟排放交易體系是歐盟氣候變遷政策的基石，是應對氣候變遷、符合成本效益原則，以及減低溫室氣體排放的關鍵工具。該體系建立於2005年，目前是全球第一個，而且也是最大與主要的碳排放交易市場，係依據「限額和交易」的原則運作，占國際碳交易總量的四分之三以上。交易體系涵蓋廠房設施某些溫室氣體的排放，訂有排放總量上限，該上限會隨著時間的推移而降低，因而得以降低排放總量。在上限內，企業購買或獲得排放配額，可依需要進行配額的交易，亦可購買國際減排信用額。每年年終，企業必須繳納足夠的配額，以涵蓋其所有的排放，否則將面臨高額罰款。如果一家企業排放量減少，則可以儲存剩餘的配額以備未來之需，或將剩餘配額向另一家缺乏配額的企業出售。[71]

歐盟各國政府決定將二氧化碳排放量自2005年起加以分配。各國政府可將95%的二氧化碳排放量免費分配給業者，其餘5%可以拍賣給業者；核定分配的二氧化碳排放許可量可以在市場上交易。依當時的估計，每一公噸二氧化碳的排放價格約15歐元；歐盟執委會認爲執行《京都議定書》的成本可因此降低35%，每年約節省13億歐元。在第一階段（2005-2007年）的市場規模限定爲歐盟國家，第二階段（2008-2012年）才會擴展到歐盟以外的國家。[72]

2014年1月22日，歐盟執委會提出「2030氣候和能源架構」（2030 Climate & Energy Framework），歐盟爲2030年所設定的目標爲：[73]

---

70 同前註。

71 〈歐盟排放交易體系（EU ETS）〉，《歐盟氣候行動網》，https://ec.europa.eu/clima/policies/ets_zh。

72 侯萬善，〈歐盟碳排放交易機制〉，《能源報導》，2007年12月5日，https://energymagazine.itri.org.tw/Cont.aspx?CatID=27&ContID=1239。

73 "2030 Climate & Energy Framework," *European Commission Climate Action*, ac-

1. 與1990年的溫室氣體排放量相較，至少降低40%；

2. 至少分攤32%的再生能源；

3. 至少提升32.5%的能源效率。

在歐盟的治理體系下，成員國必須在2021-2030年間，採取一個整合性的「國家能源與氣候計畫」（National Energy and Climate Plans, NECPs），並於2018年之前提交草案計畫，最終計畫在2019年底前完成。同樣地，依照治理體系，成員國也必須發展國家長期的戰略，以確保國家戰略與國家能源及氣候計畫的一致性。[74]這樣的好處是：[75]

1. 在2030年之前的聯合途徑，可協助確保對投資者的監管確定性與整合歐盟國家的努力。

2. 架構可協助引導朝氣候中和經濟（climate-neutral economy）前進，建立一種能源體系，爲所有消費者確保可負擔的能源；增加歐盟能源供應的安全；減少對能源進口的依賴；爲可持續性的成長與綠色工作創造新的機會；透過減少空氣汙染帶來環境與身體的健康。

2014年10月23、24日，歐盟會員國領袖同意到2030年止，執行一項新的「2020年氣候和能源包裹方案」（2020 Climate & Energy Package），計畫在2020年之前達成「三個20%」：[76]

1. 將溫室氣體排放量減至比1990年的排放量少20%；

2. 再生能源占能源總消耗量的比例提高至20%；

3. 煤、石油、天然氣等化石燃料消耗量減少20%。

上述目標是於2007年由歐盟領袖共同設定，並在2009年立法，歐盟

---

cessed at: https://ec.europa.eu/clima/policies/strategies/2030_en.

74 *Ibid.*

75 *Ibid.*

76 "2020 Climate & Energy Package," *European Commission Climate Action*. accessed at: https://ec.europa.eu/clima/policies/strategies/2020_en.

也在數個領域採取行動以符合目標的要求，這是讓歐盟靈活、可持續及包容性成長（inclusive growth）的策略。[77]

2018年11月28日，歐盟公布減排計畫，目標是在2050年將碳排放量降至零，歐盟氣候和能源專員卡內特（Miguel Arias Canete）表示，「有了這個計畫，歐洲將成爲世界上第一個在2050年將碳排放量降至零的經濟體，有必要達成《巴黎協定》長期溫度目標，靠目前的技術與未來將部署的技術是可能的。」原先歐盟的目標是在2030年至少減少40%的碳排放量，但這樣還不足以滿足《巴黎協定》所訂定的氣溫控制目標；就此，卡內特也指出，隨著氣候變化，一切照舊並不是一種選擇，人類無法承擔無所作爲的代價，因爲「氣候中和（climate-neutral）是必要的，也符合歐洲的利益。」[78]

歐洲環境署（European Environment Agency）的報告顯示，歐盟在2018年的溫室氣體排放量爲43.92億公噸二氧化碳當量，較1990年減少23.2%，平均每位公民的二氧化碳當量從12.2公噸，下降爲8.9公噸。減少的排放量有三分之二是能源發電，燃煤的排放量減少將近5,000萬公噸。[79]就實際數據而言，歐盟的減排計畫是有效果的。

在2050年之前逐步降低溫室氣體排放的目標，是爲讓歐盟向低碳經濟轉化。前述的計畫是歐盟執委會提出的「2020年氣候和能源包裹方案」，是以「三個20%」爲目標的強制性協議。歐盟執委會估計，落實前述方案將耗資1,000億歐元，但有此碳交易制度，預期獲利將可超過支出。歐盟排放交易體系是歐盟最主要的減少溫室氣體排放的關鍵工

---

77 *Ibid.*

78 李秉芳，〈聯合國報告：全球碳排4年來首度「不減反增」，美國不相信，歐盟怎麼做？〉，《The News Lens關鍵評論》，2018年11月29日，https://www.thenewslens.com/article/109187（檢索日期：2019/07/03）。

79 〈能源轉型減少燃煤　歐盟溫室氣體排放量再下降〉，《自由時報》，2020年5月30日，https://news.ltn.com.tw/news/world/breakingnews/3182030。

具，含括歐盟45%的溫室氣體排放量，2020年的目標是將電力、工業、航空等部門的排放量較2005年減少21%。[80]這樣的戰略考量是：[81]

1. 提升歐盟的能源安全，降低對進口能源的依賴，以及有助於達成「歐洲能源聯盟」（European Energy Union）；

2. 創造工作機會，推進綠色成長（green growth），使歐洲更具競爭力。

對2050年的長程目標，歐盟已通過歐洲溫室氣體排放量減少80-95%（以1990年爲基準）的長期目標。歐盟執委會並公布建設歐洲低碳經濟路線圖，以使歐洲成爲高效節能的低碳經濟體。因此，歐盟到2050年的長期戰略是：達到氣候中和目標，成爲溫室氣體零排放的經濟體，此一目標是《歐洲綠色政綱》（*European Green Deal*）的核心，以及符合歐盟的全球氣候行動，特別是對《巴黎協定》的承諾。[82]

## 二、美國的碳排放策略與目標

美國國土面積爲9,826,675平方公里，是世界第三大國，人口密集也是全球第三高，總人口數約3.14億。以美國的經濟規模言，碳排放量是相當可觀的，其人均碳排放量高居世界之冠。波士頓大學政治系教授克勞福德（Neta Crawford）的研究指出，如果把美國國防部當成一個國家，那麼他會是全球第五十五大溫室氣體排放國，美國軍方在2017年的溫室氣體排放量約爲5,900萬公噸。[83]依據克勞福德的估計，從2001-

---

80 "2020 Climate & Energy Package," *European Commission Climate Action*, accessed at: https://ec.europa.eu/clima/policies/strategies/2020_en.

81 *Ibid.*

82 "2050 Long-term Strategy," *European Commission Climate Action*, accessed at: https://ec.europa.eu/clima/policies/strategies/2050_en.

83 Neta C. Crawford, "The US Defense Department Is Worried About Climate Change – And Also A Huge Carbon Emitter," *World BEYOND War*, June 12, 2019.

2017年，美國國防部（包括所有服務部門）總共排放1.2億公噸的溫室氣體。[84]

在「全球氣候變遷倡議」（Global Climate Change Initiative）中，小布希（George W. Bush, Jr.）首度提出減量目標，並認爲適合的策略是鼓勵各國在經濟自由發展成長的情況下，逐漸降低二氧化碳排放密度，才符合美國利益。因此，美國在2002年初提出與《京都議定書》迴然不同的減量目標，設定在2012年時將溫室氣體密集度（每單位GDP的溫室氣體排放量）比2002年減少18%。[85]

1998年，美國訂定「國家能源總合戰略」（Comprehensive National Energy Strategy），之後接連推動多項聯邦層級的能源相關法案，如2005年推出《能源政策法案》（*Energy Policy Act of 2005*），爲能源政策、能源科技研發及能源產業發展奠定法源基礎。2011年歐巴馬政府公布「能源安全未來藍圖」（Blueprint for a Clean and Secure Energy Future），爲美國達到能源自主的願景奠定基礎，提出確保美國未來能源安全的三大策略，除要降低對進口石油的依賴外，也要使用更潔淨的替代能源及提高能源效率。[86]

---

accessed at: https://worldbeyondwar.org/the-us-defense-department-is-worried-about-climate-change-and-also-a-huge-carbon-emitter/;〈研究：美軍方碳排放超過葡萄牙全國〉，《中央廣播電臺》，2019年6月24日。參見https://www.rti.org.tw/news/view/id/2025009。

84 Neta C. Crawford, "The US Defense Department Is Worried About Climate Change – And Also A Huge Carbon Emitter," *World BEYOND War*, June 12, 2019. At: https://worldbeyondwar.org/the-us-defense-department-is-worried-about-climate-change-and-also-a-huge-carbon-emitter/.

85 蔡東杰、洪銘德，〈美國全球環境政策之國家利益分析：兼論美中雙邊互動〉，《展望與探索》，第6卷第6期，2008年6月，頁77。

86 黃郁棻，〈美國能源及氣候變遷政策進程之啟示（一）〉，科技政策研究與資訊中心，2017年5月22日，https://portal.stpi.narl.org.tw/index/ar-

美國也曾和加拿大、澳洲、日本、挪威等國簽訂雙邊協議，共同推動應對氣候變遷的合作工作。2009年，美國和中國簽署《美中兩國關於加強氣候變化、能源和環境合作的諒解備忘錄》（*US-China Memorandum of Understanding to Enhance Cooperation on Climate Change, Energy and Environment*），期望加強雙方在氣候變遷、能源及環境領域的對話與合作，爲解決全球氣候問題做出貢獻。[87]2014年，美中兩國更進一步簽署《美中氣候變遷聯合聲明》（*US-China Joint Announcement on Climate Change*），就溫室氣體排放問題達成重要協議。[88]

美國在歐巴馬（Barack Obama）政府時期，爲宣示美國與世界各國共同對抗氣候變遷的決心，於2013年發布《總統氣候行動方案》（*President Obama's Climate Action Plan*），此爲美國最全面的氣候變遷應對計畫。2015年8月，美國公布有關溫室氣體減排的「潔淨能源計畫」（Clean Power Plan），這個計畫設定一個可達成的標準，亦即在2030年時，以2005年爲基準減少二氧化碳32%的排放量，透過這樣的目

---

ticle/10320；"President Obama's Blueprint for a Clean and Secure Energy Future," The White House, March 15, 2013, accessed at: https://obamawhitehouse.archives.gov/the-press-office/2013/03/15/fact-sheet-president-obama-s-blueprint-clean-and-secure-energy-future.

87 "Memorandum of Understanding on Enhancing Cooperation on Climate Change, Energy and the Environment at the U.S. - China Strategic and Economic Dialogue," U.S. Department of State, July 28, 2009, accessed at: https://2009-2017.state.gov/r/pa/prs/ps/2009/july/126597.htm.

88 "U.S.-China Joint Announcement on Climate Change," The White House, November 12, 2014, accessed at: https://obamawhitehouse.archives.gov/the-press-office/2014/11/11/us-china-joint-announcement-climate-change；楊惟任，〈從國際氣候政治看川普退出巴黎氣候協定〉，《國會季刊》，第45卷第4期，2017年12月，頁61-62。

標設定，可為各州創造量身訂做的計畫，以符合需求。[89]此為歐巴馬應對氣候變遷政策的核心，是美國有史以來對抗氣候變遷所採取的最大規模措施。

然而，美國一向對國際氣候協定充滿疑慮，主要係美國質疑開發中國家未能合理承擔減排責任，危害美國經濟利益。雖然歐巴馬在2009年上臺後，將對抗全球暖化列為施政重點，並以行政命令批准《巴黎協定》，但是此舉卻造成共和黨反彈，川普（Donald Trump）在當時便宣稱，若當選總統就要退出協定。[90]川普在正式就任美國總統後，也眞如先前所提出的想法，著手研擬退出《巴黎協定》。

2017年5月，川普出席在義大利舉辦的七大工業國高峰會（G7 Summit）。然而對美國共同支持捍衛《巴黎協定》，以及遵守減少溫室氣體排放承諾的訴求，川普非但拒絕回應，還表示要檢討美國氣候外交政策，就是否退出《巴黎協定》做出決定。高峰會結束後，川普隨即召開記者會宣布美國將退出《巴黎協定》。[91]

2019年5月2日，美國眾議院以231對190票通過《氣候現時行動法案》（*Climate Action Now Act*），要求美國留在《巴黎協定》；法案還要求美國政府要制定政策限制排放溫室氣體，履行《巴黎協定》中的承諾，到2025年減少溫室氣體排放至2005年的水平約七成。然而，國會的立法要求仍擋不住川普的決心。11月4日，美國正式通知聯合國退出協定，美國是唯一退出這個協定的國家。國務卿蓬佩奧（Mike R. Pom-

---

89 "Climate Change and President Obama's Action Plan," The White House, accessed at: https://obamawhitehouse.archives.gov/president-obama-climate-action-plan；黃郁菜，〈美國能源及氣候變遷政策進程之啟示（一）〉，科技政策研究與資訊中心，2017年5月22日。參見https://portal.stpi.narl.org.tw/index/article/10320。

90 楊惟任，〈從國際氣候政治看川普退出巴黎氣候協定〉，頁59。

91 同前註。

peo）宣布在退出一年後生效，因爲美國方面認爲《巴黎協定》對其形成「不公平的經濟負擔」。[92]川普政府發出通知後，意味美國會澈底退出《巴黎協定》，不再參與限制全球碳排放，以及潔淨能源的取代計畫，同時也會退出援助發展中國家降低汙染的承諾。[93]

空氣汙染物影響著人類的健康與環境。美國排放的標準從1970-2018年下降74%，溫室氣體的排放在2005-2017年間減少了13%，然而美國的經濟成長卻超過19%；依據蓬佩奥的說法，美國的途徑是，整合全球混合能源及潔淨地、有效率地使用所有能源資源與科技的事實，包括化石燃料、核能、再生能源。[94]

美國雖然拒絕參加《京都議定書》機制，但爲確保本身不會在全球

---

92 Mike R. Pompeo, “On the U.S. Withdrawal from the Paris Agreement,” U.S. Department of State, November 4, 2019, accessed at: https://www.state.gov/on-the-u-s-withdrawal-from-the-paris-agreement/；〈美眾議院通過法案促特朗普重返《巴黎協定》〉，《香港01》，2019年5月3日，https://www.hk01.com/%E5%8D%B3%E6%99%82%E5%9C%8B%E9%9A%9B/324611/%E7%BE%8E%E7%9C%BE%E8%AD%B0%E9%99%A2%E9%80%9A%E9%81%8E%E6%B3%95%E6%A1%88-%E4%BF%83%E7%89%B9%E6%9C-%97%E6%99%AE%E9%87%8D%E8%BF%94-%E5%B7%B4%E9%BB%8E%E5%8D%94%E5%AE%9A。

93 陳博悟，〈美國需時1年退出《巴黎協定》　若總統換人可再加入〉，《香港01》，2019年11月5日，https://www.hk01.com/%E5%8D%B3%E6%99%82%E5%9C%8B%E9%9A%9B/394836/%E6%96%B0%E8%81%9E%E8%83%8C%E5%BE%8C-%E7%BE%8E%E5%9C%8B%E9%9C%80%E6%99%821%E5%B9%B4%E9%80%80%E5%87%BA-%E5%B7%B4%E9%BB%8E%E5%8D%94%E5%AE%9A-%E8%8B%A5%E7%B8%BD%E7%B5%B1%E6%8F%9B%E4%BA%BA%E5%8F%AF%E5%86%8D%E5%8A%A0%E5%85%A5。

94 Mike R. Pompeo, “On the U.S. Withdrawal from the Paris Agreement,” U.S. Department of State, November 4, 2019, accessed at: https://www.state.gov/on-the-u-s-withdrawal-from-the-paris-agreement/.

氣候議題被邊緣化，因而積極啟動一系列國際合作計畫，包括：「亞太地區清潔發展和氣候夥伴計畫」（Asia Pacific Partnership on Clean Development and Climate, APPCDC）、「再生能源與能源效益夥伴計畫」（Renewable Energy and Energy Efficiency Partnership, REEEP）、「碳搜集領導人論壇」（Carbon Sequestration Leadership Forum, CSLF）、「甲烷市場化夥伴計畫」（Methane to Markets Partnership, M2MP）、「氫能經濟國際夥伴計畫」（International Partnership for a Hydrogen Economy, IPHE）。[95]

## 三、中國的碳排放策略與目標

中國是世界上人口最多的國家，在2019年時突破14億；中國同時也是全球最大碳排放國。自2004年以來，中國的碳足跡持續名列世界第一。荷蘭環境評估署（Netherlands Environmental Assessment Agency）的數據顯示，2017年中國的二氧化碳排放量爲全球總量的28.3%；甲烷排放量爲17億公噸，占全球總量的18.8%；一氧化二氮排放量爲5.45億公噸，占全球總量的18.4%。均超過印度、法國、德國和俄羅斯的總和，是全球最大溫室氣體排放國。[96]

工業是中國煤炭消費的主體。2015年，製造業、農業、礦業和建築業共計占中國能源使用量的67.9%。這些產業的煤炭使用量占中國煤炭使用總量的54.2%。值得一提的是，這還不包括發電用煤。中國有41.8%的煤炭消耗量用於發電。爲免來自國際社會的壓力，同時又能維

95 蔡學儀，〈國際氣候政治的發展與變遷〉，《淡江人文社會學刊》，第48期，2011年12月，頁117-118。

96 ChinaPower Team, “How is China Managing its Greenhouse Gas Emissions?” *ChinaPower* (Washington, DC: Center for Strategic and International Studies), July 19, 2018, accessed at: https://chinapower.csis.org/china-greenhouse-gas-emissions/?lang=zh-hant.

持經濟成長，中國在《巴黎協定》中承諾減少60-65%碳排放強度。[97]

大量二氧化碳的排放，讓中國面對國際社會的壓力倍增。若能實現減少排放的巨大潛力，將在因應全球氣候變遷上發揮重大作用。在連續數年煤炭消耗量攀升，導致2011年發生嚴重霾害後，中國啟動一項大規模國家計畫：遏止煤炭消耗量的增長、改善空氣品質，並幫助國家限制總排放量。[98]2009年，中國亦曾參與簽署無約束性的《哥本哈根協議》，承諾到2020年時，單位GDP二氧化碳排放量將比2005年下降40-45%；非化石能源占一次性能源消費比重達到15%。[99]中國作爲最大的開發中國家，以及最大的碳排放國家，一直以來都相當在意開發中國家在國際資源格局中的分配，故在碳排放權上錙銖必較。習近平便將汙染防治作爲十九大之後，其執政的三大攻堅戰[100]之一，在他提出的經濟結構改革中，也涉及高能耗、高汙染產業的升級與改造。[101]

中國的碳市場工作在2011年就已經起步。中國「國家發展和改革委員會」於2011年發布「關於開展碳排放權交易試點工作的通知」，選定北京、天津、上海、重慶、湖北、廣東及深圳市等七個省市作爲試點，開始推動碳排放權交易試點工作，試點時間爲2013-2015年，爲建立全國統一的碳排放權交易市場奠下基礎，試點碳市場涵蓋電力、鋼鐵、水

---

97 *Ibid*.

98 Ma Jun, “How China Can Truly Lead the Fight Against Climate Change,” *Time*, September 12, 2019. accessed at: https://time.com/5669061/china-climate-change/.

99 ChinaPower Team, *op. cit*.

100 三大攻堅戰爲：防範化解重大風險、精準脱貧、汙染防治。

101 江流，〈世界爭吵未果　習近平爲何逆勢承諾「碳中和」？〉，《香港01》，2020年10月1日，https://www.hk01.com/%E8%A7%80%E5%AF%9F%E5%88%86%E6%9E%90/530603/%E4%B8%96%E7%95%8C%E7%88%AD%E5%90%B5%E6%9C%AA%E6%9E%9C-%E7%BF%92%E8%BF%91%E5%B9%B3%E7%82%BA%E4%BD%95%E9%80%86%E5%8B%A2%E6%89%BF%E8%AB%BE-%E7%A2%B3%E4%B8%AD%E5%92%8C。

泥等多個行業，將近3,000家重點排放單位。[102]

2012年6月13日，中國發布《溫室氣體自願減量交易管理暫行辦法》，以建立中國自願減量交易註冊登錄系統，目的在確保交易的公開、公正和透明，提高交易效率，降低交易成本。[103]

2013年，深圳率先啟動碳排放權的實際交易，拉開中國碳市場的帷幕，各試點省市也逐步啟動運行。到2017年11月，累計配額成交量達到2億公噸二氧化碳當量。[104]

2014年6月2日，中國常駐聯合國副代表王民於向聯合國祕書長交存中國政府《京都議定書杜哈修正案》的接受書。宣布2020年單位國內生產毛額（GDP）的二氧化碳排放，要比2005年下降40-45%。[105] 2014年12月，中國國家發改委發布《碳排放權交易管理暫行辦法》，爲其全國碳市場建設提供法律基礎及管理框架。

2015年9月，中美兩國元首發表《中美元首氣候變化聯合聲明》，第一次明確提出啟動全國碳市場的時間和範圍，中國計畫於2017年啟動全國碳排放交易體系。2016年3月，《國民經濟和社會發展第十三個五年規劃綱要》（簡稱「十三五」）提出「建立健全碳排放權初始分配制度，推動建設全國統一的碳排放交易市場，實行重點單位碳排放報告、

---

102 林群熚、王登楷，〈中國大陸碳市場發展現況介紹〉，《綠基金會通訊》，2013年10月，頁10，https://www.tgpf.org.tw/upload/publish/publish_70/%E4%B8%AD%E5%9C%8B%E5%A4%A7%E9%99%B8%E7%A2%B3%E5%B8%82%E5%A0%B4%E7%99%BC%E5%B1%95%E7%8F%BE%E6%B3%81%E4%BB%8B%E7%B4%B9.pdf。

103 同前註。

104 趙展慧，〈全國碳排放交易體系啟動　中國碳市場會是什麼樣？〉，《人民網》，2017年12月20日，http://finance.people.com.cn/BIG5/n1/2017/1220/c1004-29717867.html。

105 〈大陸接受京都議定書修正案〉，《中時新聞網》，2014年6月3日，https://www.chinatimes.com/realtimenews/20140603002809-260409?chdtv。

核查、核證和配額管理制度，健全統計核算、評價考核和責任追究制度，完善碳排放標準體系」，碳市場建設成為「十三五」期間落實中國綠色發展理念的具體憑藉之一。

2017年底，中國自然資源保護協會發布《全國碳排放權交易市場建設方案（發電行業）》，明確以發電行業為突破口，啟動並建立全國碳排放交易體系。該方案等於給二氧化碳一個「定價」，鼓勵企業減排。自該方案發布之後，各區域碳市場已累計交易共3,800萬噸二氧化碳。隨著中國經濟的發展，一氧化二氮和甲烷的排放量亦扶搖直上。2018年3月，中國宣布已完成在《哥本哈根協議》中提出的2020年減排目標，包括減少碳排放強度40-45%，以及將非石化能源比重提升至15%。[106]中國在《巴黎協定》中訂定2030年的目標為：二氧化碳的排放量達到峰值；碳強度在2005年的基準降低60-65%；非化石能源在能源需求比例中提升至20%。[107]

依據《全國碳排放權交易市場建設方案（發電行業）》的說明，中國要建立一個「堅持市場導向、政府服務，堅持先易後難、循序漸進，堅持協調協同、廣泛參與，堅持統一標準、公平公開」的碳排放權交易市場。方案中也載明，中國的碳市場將由三個主要制度，以及四個支撐系統構成運行骨架。三個主要制度為：「碳排放監測、報告與核查制度」、「重點排放單位的配額管理制度」、「市場交易相關制度」；四個支撐系統為：「碳排放數據報送系統」、「碳排放權註冊登記系統」、「碳排放權交易系統」和「碳排放權交易結算系統」。[108]

106 ChinaPower Team, *op. cit.*

107 *Ibid.*

108 趙展慧，〈全國碳排放交易啟動　中國碳市場會是什麼樣？〉，《人民網》，2017年12月20日，http://industry.people.com.cn/BIG5/n1/2017/1220/c413883-29717602.html。

交易體系具有很強的政策性，政府強制性設定碳排放交易體系的涵蓋範圍、排放總量、各企業的排放限額；同時，交易體系又要堅持市場化導向，納入交易體系的企業，碳減排成本高低不同，減排成本低的企業超額完成減排任務，可以將剩餘的碳排放配額賣給超配額排放的企業獲取收益，透過這樣的市場化方式，激勵企業改進生產、轉型升級，實現成本最小化的減排。[109]

「碳市場是一種基於價格的政策工具，只有在完善的市場機制中才能有效發揮作用。」2018年，中國國務委員兼外交部長王毅表示，碳市場建設有必要和能源市場、電力市場的改革統籌規劃、協同進行，利用建設碳市場的契機，進一步加大能源與電力市場開放力度，引入市場機制，深入推進改革。[110]

中國在碳市場建設初期，本著「抓大放小」的原則制定碳市場的准入行業和門檻，即石化、化工、建材、鋼鐵、有色金屬、造紙、電力、航空等八大行業中，每年二氧化碳排放量在2.6萬噸以上（綜合能源消費量1萬噸標準煤以上）的企業被納入。據統計，符合上述標準的企業大約有7,000家，總排放量占中國工業部門碳排放總量的75%以上。其中，率先納入的電力企業合計1,700多家，總排放規模35億公噸，占中國全國碳排放總量的39%。[111]

---

109 同前註。

110 〈全國碳排放權交易市場啟動　少排可以賣配額　多排就要掏錢買〉，《新華網》，2018年09月15日，http://www.xinhuanet.com/2018-09/15/c_1123433719.htm。

111 清華大學中國碳市場研究中心、北京中創碳投科技有限公司，《地方政府參與全國碳市場手冊》，北京：北京中創碳投科技有限公司，2020年，頁17，https://www.efchina.org/Attachments/Report/report-lceg-20200320/%E5%9C%B0%E6%96%B9%E6%94%BF%E5%BA%9C%E5%8F%82%E4%B8%8E%E5%85%A8%E5%9B%BD%E7%A2%B3%E5%B8%82%E5%9C%BA%E5%B7%A5%E4%BD%9C%E6%89%8B%E5%86%8C.pdf。

2019年1月，中國自然資源部、國家發展和改革委員會、生態環境部、財政部、農業農村部等九個部門聯合印發《建立市場化、多元化生態保護補償機制行動計畫》，旨在踐行「綠水青山就是金山銀山」的理念，積極推進市場化、多元化生態保護補償機制建設。「健全碳排放權抵消機制」，作爲該行動計畫的重點任務之一，具體內容包括：「建立健全以國家溫室氣體自願減排交易機制爲基礎的碳排放權抵消機制，將具有生態、社會等多種效益的林業溫室氣體自願減排專案優先納入全國碳排放權交易市場，充分發揮碳市場在生態建設、修復和保護中的補償作用。引導碳交易履約企業和對口幫扶單位，優先購買貧困地區林業碳匯專案產生的減排量。鼓勵通過碳中和、碳普惠等形式支持林業碳匯發展。」[112]

中國是全球溫室氣體排放量最大的國家，其煤炭消耗量超過世界其他國家的總和。2020年9月22日，中國國家主席習近平在聯合國第75屆會議中以視訊談話表示，全球應開展綠色革命，而中國會提高《巴黎協定》中承諾減少碳排放的目標，提高國家自主貢獻力度，採取更加有力的政策和措施，力爭在2030年之前達到二氧化碳排放峰値，並在2060年之前實踐碳中和，是中國首次發布實現二氧化碳淨零排放的具體計畫。[113]

2019年12月2日至13日，《聯合國氣候變遷綱要公約》第25屆締約方會議（COP-25）在西班牙馬德里舉行，會議中「德國看守」（German Watch）智庫、「新氣候研究所」（New Climate Institute）和「氣候行動網絡」（Climate Action Network）共同發表《2020年氣候變遷績

---

112 同前註，頁24。

113 〈中國國家主席習近平聯大致辭：中國積極投身國際抗疫合作　爭取2060年前實現碳中和〉，《聯合國新聞》，2020年9月22日，https://news.un.org/zh/story/2020/09/1067222。

效指標》（*Climate Change Performance Index*），報告中顯示全球煤炭消費量下跌，再生能源投資逆勢成長，共有31國繳出碳排下降的成績單；報告同時也指出，阻止全球碳排放的機會持續上升，但很大程度上還是取決於中國的下一步動作，還有美國2020年的大選結果，美中兩國都處於轉型的十字路口。[114]大國之間在氣候變遷與碳排放交易的博弈，在相當程度上會決定對抗全球暖化的執行成效。

## 第五節　碳排放機制的檢討與評估

《聯合國氣候變遷綱要公約》設立的初衷，是要控制人爲活動產生的二氧化碳排放，希冀透過國家間的合作與共識，進行減緩或調適行動。1997年通過的《京都議定書》，要求簽署條約的「附件一國家」[115]擔負起溫室氣體減量的義務，以有效控制人爲產生的溫室氣體排放。然而，事情並未如想像中的順利。

全球氣候變化主要是由溫室氣體過度排放所導致。「政府間氣候變遷專門委員會」的報告指出，「以化石燃料燃燒爲主的人類活動，是導致大氣中溫室氣體含量增加的主要原因」。因此，減緩氣候變化的關鍵就是減少化石燃料的使用，從而減少以二氧化碳爲主的溫室氣體排

[114] Jan Burck et al., *Climate Change Performance Index-Results 2020* (Bonn, Germany: Germanwatch, December 2019), accessed at: https://newclimate.org/wp-content/uploads/2019/12/CCPI-2020-Results_Web_Version.pdf.

[115] 附件一國家包括：澳洲、奧地利、白俄羅斯、比利時、保加利亞、加拿大、捷克斯洛伐克、丹麥、歐洲共同體、愛沙尼亞、芬蘭、法國、德國、希臘、匈牙利、冰島、愛爾蘭、義大利、日本、拉脫維亞、立陶宛、盧森堡、荷蘭、紐西蘭、挪威、波蘭、葡萄牙、羅馬尼亞、俄羅斯、西班牙、瑞典、瑞士、土耳其、烏克蘭、英國、北愛爾蘭與美國。在1997年12月5日COP-3通過：土耳其由附件一國家名單中刪除，捷克斯拉夫（Czechoslovakia）分爲斯洛伐克（Slovakia）與捷克（Czech Republic）、克羅埃西亞（Croatia）與斯洛文尼亞（Slovenia）等。

放。[116]然而，在2020年5月時，大氣中二氧化碳的濃度卻攀升到418ppm左右，是人類有史以來的最高濃度。[117]讓人不禁產生懷疑，爲因應氣候變遷而產生的各種碳排放機制，是否如預期般地發揮其效用。

特別是，在史無前例且致命的全球新冠肺炎（COVID-19）發生期間，許多人類的消費、旅遊及工業活動減緩了；幾乎每種耗能產業都遭逢疫情的衝擊，僅能選擇停工或放緩活動，結果就是近代史上人爲二氧化碳排放量的大幅減少。在2020年最初的幾個月，全球二氧化碳的日排放量平均比2019年下降17%；在封鎖最嚴格且影響層面最廣的時期，有些國家的排放量和2019年平均相比，減少比例更達30%。[118]但是，即便是因爲受到疫情關係影響，而導致二氧化碳的排放量降低，我們也不能夠過度樂觀。

英國《衛報》（*The Guardian*）的報導指出，受到新冠肺炎疫情的影響，全球約80%的航班被迫取消，石油產業也因疫情停擺。在2020年2-4月期間，全球的碳排放量比往年同時間減少約4.6%。在新冠肺炎疫情的影響與衝擊下，許多國家爲嚴防病毒傳播，實施邊境管制政策及封城令，民眾因此減少外出及旅遊。由於疫情而導致生活型態的改變，使得碳排放量及其他溫室氣體排放量減少，氣候變遷與全球暖化似乎有好轉的跡象，但暖化的問題仍然存在，北極的冰川仍持續融化。[119]

---

116 清華大學中國碳市場研究中心、北京中創碳投科技有限公司，《地方政府參與全國碳市場手冊》，頁5。

117 Alejandra Borunda, “Plunge in Carbon Emissions from Lockdowns Will Not Slow Climate Change,” *National Geographic*, May 20, 2020, accessed at: https://www.nationalgeographic.com/science/2020/05/plunge-in-carbon-emissions-lockdowns-will-not-slow-climate-change/.

118 *Ibid.*

119 “Coronavirus Pandemic Prompts Record Drop in Global Emissions, Study Finds,” *The Guardian*, July 10, 2020, accessed at: https://www.theguardian.com/environment/2020/jul/10/coronavirus-global-emissions-study.

在新冠肺炎造成的封鎖期間，電廠、工業和其他各種碳排放活動，仍持續地排出溫室氣體。卡內基美隆大學（Carnegie Mellon University）的能源與氣候專家薩瑪拉思（Constantine Samaras）說：「瘟疫是降低排放量最糟的手段，所以沒什麼好慶祝的。我們必須認清這一點，要降低排放量，唯一和最好的方法就是從科技、行爲，以及結構上做出改變。」[120]特別是全球主要經濟體，能否引領世界各國，共同正視並合作對抗氣候變遷的問題。而各國碳排放策略的施行成效如何，也是發人省思的問題。

## 一、歐盟碳排放策略的檢討與評估

謝德勇的研究指出，在歐盟排放交易體系推動的前8年中，至少有40%計畫作假。另根據「國際河網」（International Rivers）的調查資料，超過60%計畫「不具額外性」。此外，聯合國清潔發展機制執行理事宣布，共有6家中國企業在國際碳交易中套利舞弊，涉及12,617萬公噸碳信用額度的八個清潔發展機制計畫遭受調查。[121]2008年，歐盟宣稱其排放交易體系協助歐盟減少3%，約5千萬公噸的排放量，但該年度來自開發中國家的清潔發展機制抵換量高達8千萬公噸，因此，歐盟管制區內的排放量實際上是增加1.8%，約3千萬公噸。[122]

在企業的研究與發展上，能否跟上法規所預設的碳排放目標，也是問題。例如按歐盟的相關規定，從2020年1月1日開始，歐盟境內95%的新車，每公里二氧化碳的排放量不得超過95公克。在2021年之後，所有

120 Alejandra Borunda, “Plunge in Carbon Emissions from Lockdowns Will Not Slow Climate Change.” *op. cit.*

121 謝德勇，〈歐盟碳排放交易制度之缺陷分析〉，《經濟部工業局產業節能減碳資訊網》，2012年，頁11，https://km.twenergy.org.tw/ReadFile/?p=Reference&n=2013129425.pdf。

122 同前註。

新登記車輛的二氧化碳排放量則需低於每公里95公克的標準。因此，福斯汽車可能因爲在2021年無法達到歐盟所訂定的二氧化碳排放量目標，而面臨高達45億歐元的罰款。[123]

歐盟氣候變遷政策的責任分享，同時涉及對規範的制定與約束、制度的建立、義務的遵守、成本的分擔等議題之討論，但無論歐盟會員國決定分享減排責任的出發點爲何，建構並發展出符合公平、正義與效率的責任分享模式，才是強化會員國減排承諾以維持減排機制運作的重要關鍵。不容諱言，除歐盟會員國因經濟發展程度不同而對公平正義的標準存在認知差距外，會員國國內政治情勢的變遷，亦可能改變它對歐盟排放交易體系的政策立場。[124]

歐盟執委會稅務與關務總署（General Taxation and Customs Union）署長羅阿（Vicente Hurtado-Roa）表示，在《歐洲綠色政綱》中爲達成2050年淨零排放的目標，會藉由碳邊境調整機制（carbon border adjustment mechanism），拉起歐盟碳價防線。但如此可能會衍生的問題有：[125]

---

123 〈歐盟汽車業難達成碳排放目標　恐面臨巨額罰款〉，《鉅亨網》，2020年2月24日，https://news.cnyes.com/news/id/4445538。

124 王啟明、李玫憲，〈歐盟氣候治理中的責任分享問題：利益與規範的整合性分析〉，《國家發展研究》，第13卷第2期，2014年6月，頁77-113，http://thuir.lib.thu.edu.tw/bitstream/310901/25584/2/%E7%B8%BD%E4%BA%8C%E7%8E%8B%E5%95%9F%E6%98%8E-%E6%AD%90%E7%9B%9F%E6%B0%A3%E5%80%99%E6%B2%BB%E7%90%86%E4%B8%AD%E7%9A%84%E8%B2%AC%E4%BB%BB%E5%88%86%E4%BA%AB%E5%95%8F%E9%A1%8C%EF%BC%9A%E5%88%A9%E7%9B%8A%E8%88%87%E8%A6%8F%E7%AF%84%E7%9A%84%E6%95%B4%E5%90%88%E6%80%A7%E5%88%86%E6%9E%90%28%E5%AE%8C%E7%A8%BF%29.pdf。

125 倪茂庭，〈拉起氣候碳價防線：綠色政綱的碳邊境調整機制〉，風險社會與政策研究中心，2020年5月4日，https://rsprc.ntu.edu.tw/zh-tw/m01-3/

1. 在國際經貿動盪的局勢下，碳邊境調整措施會被視爲貿易保護措施，恐將伴隨政治風險衝擊制度的施行。

2. 若歐盟的規範被視爲貿易保護主義，美國方面表示將採取相關反制行動。

歐盟已提出制定碳關稅提案，擬對來自高排碳、能源密集國家的進口產品課徵「碳邊境稅」（carbon border tax），藉此保護歐洲企業免於受到不公平的競爭。[126]這個機制每年大約可以爲歐盟帶來50-140億歐元的額外收入。[127]在2021年，歐盟執委會將會提案修改「能源稅指令」以確保擁有更有效率的「碳定價」，並準備由邊境調整機制，負起歐盟的碳價防線。[128]2020年1月22日，歐盟執委會主席馮德萊恩（Ursula von der Leyen）在達沃斯（Davos）舉辦的「世界經濟論壇」（World Economic Forum）中就指明：「如果輸入歐盟的二氧化碳還在增加，那麼僅單純在歐盟境內進行溫室氣體減排是沒有意義的，因爲這不僅是氣候問題，更是公平問題。」因此，推行碳邊境調節稅將會是歐盟氣候政策的核心內容之一。[129]

除碳邊境稅的推動之外，歐盟還須面對「碳洩漏」（carbon

---

climate-change/1401-1090504-green-deal.html。

126〈面對供應鏈綠化與歐盟擬徵碳稅，再生能源重要性大增〉，《科技新報》，2020年7月22日，https://technews.tw/2020/07/22/offshore-wind-taiwan/。

127〈歐盟碳邊境調節稅恐面臨阻力〉，《中外對話》，2020年9月1日，https://chinadialogue.net/zh/1/66850/。

128倪茂庭，〈拉起氣候碳價防線：綠色政綱的碳邊境調整機制〉。

129“Keynote Speech by President von der Leyen at the World Economic Forum,” European Commission, January 22, 2020, accessed at: https://ec.europa.eu/commission/presscorner/detail/en/SPEECH_20_102；〈歐盟碳邊境調節稅恐面臨阻力〉，《中外對話》，2020年9月1日，https://chinadialogue.net/zh/1/66850/。

leakage）[130]的問題。歐盟內部是透過歐盟碳排放交易系統對碳排放進行定價，高碳排放的行業需爲每公噸的排放量支付25歐元，但是外國企業無需負擔此項費用，這會讓其產品增加競爭優勢，因此，碳洩漏的風險也會隨之增加，電力、鋼鐵和水泥等高碳產品的生產，可能會轉移到其他排放政策比較不嚴格的國家。[131]

## 二、美國碳排放策略的檢討與評估

2017年6月1日，川普在白宮玫瑰園召開的記者會中表示，如果美國要兌現《巴黎協定》的減碳承諾，其國內生產毛額將流失近3兆美元，同時減少650萬個工作機會，爲維護美國經濟利益，美國必須要退出《巴黎協定》，不再承擔這項協定加諸在美國的沉重財務與經濟負擔，[132]因爲川普認爲這是對美國不利的交易，除會重挫美國經濟外，也會讓外國資金、國際的倡議分子獲得美國財富，[133]但是，川普似乎忘了美國是僅次於中國，排名全球第二的溫室氣體排放國。

在川普眼中，實質的經濟利益似乎要重於《巴黎協定》的減碳承諾。2019年8月26日，在法國比亞里茨（Biarritz）召開的七大工業國高

---

130 亦即，先進工業國家爲降低自身的碳排放量，於是將汙染工業設在其他開發中國家，再把所生產之產品運回本國使用，導致全球碳排放總量並未降低，只是生產地有異之狀況。

131 〈歐盟碳邊境調節稅恐面臨阻力〉，《中外對話》，2020年9月1日，https://chinadialogue.net/zh/1/66850/。

132 "Statement by President Trump on the Paris Climate Accord," The White House, June 1, 2017, accessed at: https://www.whitehouse.gov/briefings-statements/statement-president-trump-paris-climate-accord/; "Trump on Paris Accord: 'We're getting out'" *CNN,* June 2, 2017. accessed at: https://edition.cnn.com/2017/06/01/politics/trump-paris-climate-decision/index.html.

133 〈川普閃人巴黎氣候協定，法總統趁機呼籲投靠「讓地球再度偉大」〉，《The News Lens關鍵評論》，2017年6月2日，https://www.thenewslens.com/article/69735。

峰會結束後，川普與法國總統馬克宏（Emmanuel Macron）舉行聯合記者會，會中川普表示：「我認爲美國擁有巨大的財富，這些財富就蘊藏在我們地下，是我讓這些財富活了起來……我們現在是全球第一大能源生產國，而且很快就會遙遙領先。」、「我不打算爲夢想和風車失去那些財富，坦率地說，這些風車運轉得並不好。」[134]

2019年11月4日，美國川普政府正式通知聯合國，美國將退出《巴黎協定》。國務卿蓬佩奧則在推特（Twitter）宣布美國退出的聲明中表示：「美國的作法結合了全球能源結構的現實，乾淨、高效地使用所有能源和技術，包括化石燃料、核能和可再生能源。」蓬佩奧同時聲稱：「巴黎協定將給美國經濟帶來無法承受的負擔」，這和川普「民主政策與科學共識將會摧毀經濟」的觀點，是不謀而合的。[135]

川普政府退出《巴黎協定》的主要原因是，若依照歐巴馬簽署的協定內容運行，美國必須援助開發中國家改善碳排放的情況，其中「綠色氣候基金」（Green Climate Fund）會消耗美國許多財富。此外，美國也必須嚴加管理能源、經濟限制，到2025年美國國內可能損失270萬個工作機會，並可能導致鋼鐵、水泥、煤炭產量下跌。另外，2014年時，美國已經支付10億美元給「綠色氣候基金」，但中國卻沒有支付任何費用，且從中獲得許多利益。[136]

---

134 "On Climate, Trump Says He Won't Lose Nation's Wealth to 'Dreams and Windmills'," *USA TODAY*, August 26, 2019, accessed at: https://www.usatoday.com/story/news/politics/2019/08/26/donald-trump-nations-wealth-wont-traded-dreams-and-windmills/2118191001/.

135 鄭宇茹，〈小布希退出京都議定書　川普喊退巴黎協議　沒有美國的氣候B計畫該怎麼訂？〉，《CSR@天下》，2019年11月12日，https://csr.cw.com.tw/article/41238。

136 〈川普不爽中國「怒退巴黎氣候協定」　裴洛西率團打臉〉，《ETtoday新聞雲》，2019年12月3日，https://www.ettoday.net/news/20191203/1593012.htm#ixzz6cJTDLRC8。

一直以來，美國民主與共和兩大政黨的氣候外交政策本來就有差異。民主黨認為氣候變遷對人類生存危害越來越大，美國應該積極參與國際氣候合作，與其他國家採取共同行動，對抗全球暖化。但是，共和黨卻認為，限制溫室氣體排放將影響製造業和石化產業等傳統部門的競爭力，不利美國經濟利益，因此，對氣候外交政策抱持保守的態度。[137]隨著民主黨的總統候選人拜登（Joe Biden）在2020年總統選舉中獲勝，未來美國是否會改弦更張地調整氣候與碳排放政策，是值得注意的。特別是拜登在競選期間曾提出的氣候政見，包括運用20億美元投資乾淨能源，以便在2035年前達到電力零碳；提高建築物和房屋的能源效率；促進電動汽車的生產和農業領域的保育工作；承諾保留40%的潔淨能源資金於能源部署、減少殘留汙染和協助弱勢社群。[138]

其實，就川普的政策論之，與其說面對碳排放的議題，不如說是美國更疑懼中國經濟潛能的威脅。如果因減排二氧化碳，而使美國的經濟喪失優勢或衰退，則會讓中國有機可乘，甚至取而代之成為全球最主要且重要的經濟體，這是美國所不願樂見的。國內學者蔡東杰、洪銘德的研究發現，美國藉由反對簽署《京都議定書》的方式，來掩飾弱化中國的眞正意圖，因為，藉由強烈反對開發中國家排放源未納入管制的理由，迫使中國遵守溫室氣體減排的規範，藉此拖緩其經濟發展的速度，以便讓中國無法與美國競逐霸權。[139]因此，在互有猜忌、無法信任，且試圖競逐更多利益的情況下，國際社會的減排工作，難免會因主要經濟

---

137 楊惟任，〈從國際氣候政治看川普　退出巴黎氣候協定〉，《國會季刊》，第45卷第4期，2017年12月，頁66。

138 "What is the Green New Deal and How Does Biden's Climate Plan Compare?" *Independent*, November 4, 2020, accessed at: https://www.independent.co.uk/environment/green-new-deal-biden-what-is-cost-b1503522.html.

139 蔡東杰、洪銘德，〈美國全球環境政策之國家利益分析：兼論美中雙邊互動〉，《展望與探索》，第6卷第6期，2008年6月，頁82。

體的影響而產生變化。

作爲全球第二大溫室氣體排放國的美國，在2020年11月4日正式退出《巴黎協定》，成爲全球第一個退出此一協定的締約國。就此，《聯合國氣候變遷綱要公約》執行祕書艾斯皮諾沙（Patricia Espinosa）表示：「美國退出將讓我們的機制，以及全球努力達成《巴黎協定》的目標與雄心壯志出現缺口。」[140]

## 三、中國碳排放策略的檢討與評估

依照中國方面的說法，清潔能源占其能源消費的比重達23.4%，煤炭消費占比下降至57.7%。在2019年年底時，中國單位GDP二氧化碳排放與2005年相較降低48.1%，已提前完成2020年下降40-45%的目標。[141]但是這樣的數據表現是否值得信賴，將會成爲舉世關注的焦點議題。

《紐約時報》（*The New York Times*）的分析報導即指出，在碳排放機制的運作與執行上，中國要面對的基本挑戰是，如何說服企業界將「信任」和「資本」投入這個規模有限的二氧化碳市場上，其中大多數企業在排放汙染物時並未權衡環境成本。此外，中國雖然從2013年開始，開展七個碳交易試點項目，但是由於中國不嚴格的統計數據，以及執行不力的情況，可能會束縛全國市場。觀察中國碳排放交易的團體──「中國碳論壇」（China Carbon Forum）的研究與項目經理斯萊特（Huw Slater）就表示：「在中國，不能眞的等到掌握了精確數據

140 Valerie Volcovici and Kate Abnett, "US Exits Global Climate Pact," *The Courier*, November 4, 2020, accessed at: https://www.thecourier.com.au/story/6997766/us-exits-global-climate-pact/?cs=10230.

141 〈以習近平生態文明思想引領美麗中國建設〉，《中國共產黨新聞網》，2020年8月14日，http://theory.people.com.cn/BIG5/n1/2020/0814/c40531-31821860.html。

再開始，因爲永遠等不到那一天。」[142]如何開誠布公地揭露相關數據資訊，成爲是否信任個別國家已經達成減排目標的難題。

隨著世界經濟和排放格局的變化，中國參與全球氣候治理角色的重要性不斷增強。中國共產黨的十九大報告中指出，中國正「引導應對氣候變化的國際合作，成爲全球生態文明建設的重要參與者、貢獻者、引領者」。[143]2018年5月18日至19日，在中國的「全國生態環境保護大會」上，習近平強調：「要實施積極應對氣候變化國家戰略，推動和引導建立公平合理、合作共贏的全球氣候治理體系，彰顯我國負責任大國形象，推動構建人類命運共同體。」[144]

我國學者楊惟任的研究就指出，隨著中國意識到極端氣候的破壞越來越大，不得不正視氣候變遷的問題。更爲重要的是，中國有意將自身形象塑造爲負責任的大國，希望在國際氣候合作扮演建設性角色，因而先後與美國、歐盟及印度等主要排碳大國簽署雙邊協定，致力氣候合作。[145]中國清華大學教授張希良表示：「碳市場的成功啟動，將大大提

---

142 Chris Buckley, "Xi Jinping Is Set for a Big Gamble With China's Carbon Trading Market," *The New York Times*, June 23, 2017, accessed at: https://www.nytimes.com/2017/06/23/world/asia/china-cap-trade-carbon-greenhouse.html?_ga=2.86052318.776098756.1604830370-122149984.1604401569；〈啟動全國碳交易市場，習近平的一場豪賭〉，《紐約時報中文網》，2017年6月26日，https://cn.nytimes.com/china/20170626/china-cap-trade-carbon-greenhouse/zh-hant/。

143 清華大學中國碳市場研究中心、北京中創碳投科技有限公司，《地方政府參與全國碳市場工作手冊》，頁12。

144 〈大國擔當！中國引領全球氣候治理〉，《中國共產黨新聞網》，2018年6月13日，http://cpc.people.com.cn/BIG5/n1/2018/0613/c419242-30053638.html。

145 楊惟任，〈從國際氣候政治看川普　退出巴黎氣候協定〉，《國會季刊》，第45卷第4期，2017年12月，頁62。

升中國在應對氣候變化方面的國際地位。」[146]顯見中國是意欲透過參與對抗全球暖化的機制，改善其原本的形象，提升國際政治地位。

雖然，我們不容否認中國在碳排放的工作上有所努力與建樹，但是，若將政治考量融入應對氣候變遷與全球暖化的策略中，反而會將原本單純的議題落入複雜的利益算計中，在各懷鬼胎且無法相互信任的情況下，減少碳排放的工作不啻緣木求魚。

## 第六節　小結

2018年8月，當時年僅15歲的瑞典女孩桑柏格（Greta Thunberg）發起每週五的「氣候罷課」（Fridays for Future）行動，呼籲各國對抗地球暖化的行動，在全球各地掀起熱議與響應。2019年9月23日，桑柏格受邀到「聯合國氣候行動峰會」（United Nations Climate Action Summit）中對世界各國領袖發表簡短演說，她表示：「我本來應該在大西洋另一端上學，但你們卻向我們這樣的小孩尋求希望，你們怎麼敢。你們用空洞的承諾，偷走了我的夢想、我的童年，我還算幸運的一群。許多人在受苦，甚至死去。整個生態系統正在崩塌。我們站在大滅絕的起點。……而你們所談論的卻只有錢，和經濟無止盡成長的童話故事。你們怎麼有這樣的膽子！」[147]這是非常嚴厲的指控，但同時也反映了一項事實，也就是世界各國在制定因應全球暖化的政策或機制時，是否將自

---

[146] Chris Buckley, “Xi Jinping Is Set for a Big Gamble With China’s Carbon Trading Market,” *The New York Times*, June 23, 2017, accessed at: https://www.nytimes.com/2017/06/23/world/asia/china-cap-trade-carbon-greenhouse.html?_ga=2.86052318.776098756.1604830370-122149984.1604401569.

[147] “‘You Have Stolen My Dreams and My Childhood’: Greta Thunberg Gives Powerful Speech at UN Climate Summit,” *Time*, September 23, 2019, accessed at: https://time.com/5684216/greta-thunberg-un-climate-action-summit-climate-speech/.

身的經濟利益考量置於全球共同的環境利益之上，這或許是全球公共財（collective goods）容易產生的搭便車（free rider）問題。也無怪乎全球努力已久的抗暖化行動，仍潛存一些問題。

氣候變遷是全球性的問題，唯有各國政府、企業與人民之間的通力合作，才能遏止暖化現象的持續惡化。關於氣候變遷不僅涉及環境與生態的議題，也包含政治意義在其中；碳排放意味著環境氣候，其背後還是一個國家的產業發展問題。對於已經完成工業化，且清潔能源或是清潔技術推廣更為普遍的已開發國家，與尚未完成工業化，仍需要發展時間的開發中國家來說，兩者對於碳排放的需求是不同的。[148]雖然《巴黎協定》為解決開發中與已開發國家之間的衝突，取消原先《京都議定書》中對國家的分類，承認各國皆須承擔氣候變遷的相關義務，並以較具有靈活性的條文規範方式，調整已開發和開發中國家所應負擔的義務差異。[149]但是實際的執行層面，依然是存在問題的，各國的策略、方法與考量都會影響碳排放政策的推展。

首先是碳排放降低與經濟成長的拉鋸戰問題。對先進國家而言，降低碳排放量可能會衝擊產業結構，甚或使經濟成長減緩，在政治人物必須面對選民的情況之下，其最終決定就會直接或間接影響氣候政策的執行，在川普領導下的美國即是最為明顯的例子，因為他在乎的是經濟負擔與工作機會。

---

148 江流，〈世界爭吵未果　習近平為何逆勢承諾「碳中和」？〉，《香港01》，2020年10月1日，https://www.hk01.com/%E8%A7%80%E5%AF%9F%E5%88%86%E6%9E%90/530603/%E4%B8%96%E7%95%8C%E7%88%AD%E5%90%B5%E6%9C%AA%E6%9E%9C-%E7%BF%92%E8%BF%91%E5%B9%B3%E7%82%BA%E4%BD%95%E9%80%86%E5%8B%A2%E6%89%BF%E8%AB%BE-%E7%A2%B3%E4%B8%AD%E5%92%8C。

149 許耀明，〈國際氣候變遷法制2.0：巴黎協議評析〉，《人文與社會科學簡訊》，第20卷第4期，2019年9月，頁16。

第二，各有盤算的策略設計與政策宣示。與美國的拒絕簽署《京都議定書》，以及退出《巴黎協定》相較，中國的策略就比較積極，從某方面而言，也是對美國政策與行動的回應。當然，這也是習近平在面對氣候變遷行動的國際趨勢時，不得不採取的態度方式，畢竟中國是全球最大的碳排放國，動見觀瞻。因此，在全球暖化議題上，對國際社會做出承諾，意味中國願意承擔更多國際義務，成爲負責任的國際關係利害者，此舉可改善中國的國際形象，提升其國際地位。

第三，是相互猜忌與不信任的問題。氣候變遷與暖化問題猶如國際社會的公共財，應對或處理的好壞，都會無差別地影響已開發國家或開發中國家，因此，其成功與否須賴各國公平、無私、相互信賴，且開誠布公地執行與檢討精進。但是，在各國錙銖必較的考量下，隱瞞或造假的情況便可能發生。例如歐盟的碳排放數據未必都是正確的；中國的碳交易數據並非以嚴格的方式產出的。

第四，政府、企業乃至個人均須通力合作。氣候變遷所造成的影響是全面性的，若僅靠政府間的合作與努力是不足的。從事經貿活動的企業，通常是以獲利的角度去思考其產業的發展與布局，哪一個國家的政策與機制對其較有利，企業可能會將總部與工廠遷移至碳排放管制機制較爲寬鬆，或是碳定價與碳稅較爲便宜的地方。歐盟即因其制度設計，而須面臨碳洩漏或產業轉移的問題。

從人類社會開始發現氣候變遷與全球暖化帶來的嚴峻問題之後，國際社會便著手研擬相關制度加以因應。自《聯合國氣候變遷綱要公約》於1994年生效以來，幾乎每年都召開締約方會議討論，並規範溫室氣體的排放，無論是《京都議定書》或《巴黎協定》，都是會議研討後的產物，也都對全球暖化的減緩有所貢獻。然而，即便是制定了相關的機制，但都是在各締約方境內施行，因此，各國如何摒除自私心態、捐棄成見，共同爲對抗全球暖化的努力做出貢獻，是刻不容緩的事情。畢竟，再高的經濟成長與獲利，都抵不上一個健康的地球重要性。

## 參考文獻

《巴黎協定》，中華民國外交部，https://www.mofa.gov.tw/igo/cp.aspx?n=5BCEFD9636EDFFE4。

《京都議定書（*Kyoto Protocol*）》，《氣候變遷生活網》，https://ccis.epa.gov.tw/know/pact1。

《京都議定書》，中華民國外交部。參見https://www.mofa.gov.tw/igo/cp.aspx?n=CC8DB086CB67B600。

〈超限未來10大趨勢〉，http://www.ylib.com/hotsale/extreme_future/。

〈溫室效應與全球暖化〉，《氣候變遷生活網》，https://ccis.epa.gov.tw/know/detail。

〈歐盟排放交易體系（EU ETS）〉，《歐盟氣候行動網》，https://ec.europa.eu/clima/policies/ets_zh。

〈哥本哈根協議　爭議中產出〉，《環境資訊中心》，2009年12月20日，https://e-info.org.tw/node/50376。

《聯合國氣候變化綱要公約》簡介，清大國際氣候變遷發展及法制研究室，2011年11月28日，http://namasnthu.blogspot.com/2011/11/cop17unfccc.html。

〈大陸接受京都議定書修正案〉，《中時新聞網》，2014年6月3日，https://www.chinatimes.com/realtimenews/20140603002809-260409?chdtv。

〈川普閃人巴黎氣候協定，法總統趁機呼籲投靠「讓地球再度偉大」〉，《The News Lens關鍵評論》，2017年6月2日，https://www.thenewslens.com/article/69735。

〈全國碳排放權交易市場啟動　少排可以賣配額多排就要掏錢買〉，《新華網》，2018年9月15日，http://www.xinhuanet.com/2018-09/15/c_1123433719.htm。

〈COP大事件——《京都議定書》與《巴黎協定》〉，臺灣青年氣候聯盟，2018年11月2日，http://twycc.org.tw/cop%e5%a4%a7%e4%ba%8b%e4%bb%b6%ef%bc%8d%e3%80%8a%e4%ba%ac%e9%83%bd%e8%ad%b0%e5%ae%9a%e6%9b%b8%e3%80%8b%e8%88%87%e3%80%8a%e5%b7%b4%e9%bb%8e%e5%8d%94%e5%ae%9a%e3%80%8b/。

〈大國擔當！中國引領全球氣候治理〉，《中國共產黨新聞網》，2018年6月13日，http://cpc.people.com.cn/BIG5/n1/2018/0613/c419242-30053638.html。

〈歐盟汽車業難達成碳排放目標　恐面臨巨額罰款〉，《鉅亨網》，2020年2月24日，https://news.cnyes.com/news/id/4445538。

〈能源轉型減少燃煤　歐盟溫室氣體排放量再下降〉，《自由時報》，2020年5月30日，https://news.ltn.com.tw/news/world/breakingnews/3182030。

〈封城無助減碳　5月大氣二氧化碳濃度再創新高〉，《環境資訊中心》，2020年

6月8日，https://e-info.org.tw/node/224982。

〈面對供應鏈綠化與歐盟擬徵碳稅，再生能源重要性大增〉，《科技新報》，2020年7月22日，https://technews.tw/2020/07/22/offshore-wind-taiwan/。

〈以習近平生態文明思想引領美麗中國建設〉，《中國共產黨新聞網》，2020年8月14日，http://theory.people.com.cn/BIG5/n1/2020/0814/c40531-31821860.html。

〈歐盟碳邊境調節稅恐面臨阻力〉，《中外對話》，2020年9月1日，https://chinadialogue.net/zh/1/66850/。

〈中國國家主席習近平聯大致辭：中國積極投身國際抗疫合作　爭取2060年前實現碳中和〉，《聯合國新聞》，2020年9月22日，https://news.un.org/zh/story/2020/09/1067222。

Ma Jun著，王國仲譯，〈中國世界第一的碳排量，主因是毫不自律的跨國企業〉，《The News Lens關鍵評論》，2019年9月27日，https://www.thenewslens.com/feature/timefortune/125125。

江流，〈世界爭吵未果　習近平爲何逆勢承諾「碳中和」？〉，《香港01》，2020年10月1日，https://www.hk01.com/%E8%A7%80%E5%AF%9F%E5%88%86%E6%9E%90/530603/%E4%B8%96%E7%95%8C%E7%88%AD%E5%90%B5%E6%9C%AA%E6%9E%9C-%E7%BF%92%E8%BF%91%E5%B9%B3%E7%82%BA%E4%BD%95%E9%80%86%E5%8B%A2%E6%89%BF%E8%AB%BE-%E7%A2%B3%E4%B8%AD%E5%92%8C。

吳志中，〈全球化下的自由貿易與正義——發展與環境領域中全球治理之挑戰〉，《人文與社會科學簡訊》，第15卷第3期，2014年6月，頁68-75。

呂宜瑾，〈英國推動低碳經濟以因應氣候變遷〉，財團法人國家實驗室科技資訊政策與研究中心，2018年10月30日，https://portal.stpi.narl.org.tw/index/article/10427。

李秉芳，〈聯合國報告：全球碳排4年來首度「不減反增」，美國不相信，歐盟怎麼做？〉，《The News Lens關鍵評論》，2018年11月29日，https://www.thenewslens.com/article/109187（瀏覽日期：2019年7月3日）。

李培芬，〈氣候變遷對生態的衝擊〉，《科學發展》，第424期，2008年4月，頁34-43。

林宗昱、朱敏嘉、劉哲良，〈全球碳定價現況及趨勢發展〉，《環保署國家溫室氣體登錄平臺電子報》，第38期，2016年4月29日，https://ghgregistry.epa.gov.tw/epaper/38/1.%E5%85%A8%E7%90%83%E7%A2%B3%E5%AE%9A%E5%83%B9%E7%8F%BE%E6%B3%81%E5%8F%8A%E8%B6%A8%E5%8B%A2%E7%99%BC%E5%B1%95.pdf。

林春元，〈氣候變遷調適法制的建構與意義——從國際到國內的連結變動軌跡〉，《科技法學評論》，第12卷第1期，2015年，頁139-189。

林群煒、王登楷，〈中國大陸碳市場發展現況介紹〉，《綠基金會通訊》，頁10-12，2013年10月，https://www.tgpf.org.tw/upload/publish/publish_70/%E4%B8%AD%E5%9C%8B%E5%A4%A7%E9%99%B8%E7%A2%B3%E5%B8%82%E5%A0%B4%E7%99%BC%E5%B1%95%E7%8F%BE%E6%B3%81%E4%BB%8B%E7%B4%B9.pdf。

邱祈榮、林俊成，〈由京都議定書到巴黎協議——論森林在全球氣候變化議題中角色的轉變〉，《人文與社會科學簡訊》，第42卷第4期，2016年8月，頁3-11。

邱詠程，〈減碳任務：碳稅與碳交易的優與劣〉，《科技大觀園》，2018年3月5日，https://scitechvista.nat.gov.tw/c/sgXf.htm。

侯萬善，〈歐盟碳排放交易機制〉，《能源報導》，2007年12月5日，https://energymagazine.itri.org.tw/Cont.aspx?CatID=27&ContID=1239。

威廉·諾德豪斯（William Nordhaus），〈《氣候賭局》：「碳交易」與「碳稅」兩種碳定價機制，有哪些優缺點與重大差異？〉，《The News Lens關鍵評論》，2019年11月28日，https://www.thenewslens.com/article/127856。

洪德欽，〈歐盟氣候變遷政策的規範、策略與實踐〉，《科技法學評論》，第9卷第2期，2012年，頁97-189。

洪德欽，〈「氣候變遷與歐美政策回應」專題緒論〉，《歐美研究》，第43卷第1期，2013年3月，頁1-25。

倪茂庭，〈拉起氣候碳價防線：綠色政綱的碳邊境調整機制〉，風險社會與政策研究中心，2020年5月4日，https://rsprc.ntu.edu.tw/zh-tw/m01-3/climate-change/1401-1090504-green-deal.html。

倪茂庭，〈世界銀行【WB】：2020全球碳定價現況及趨勢發展報告〉，風險社會與政策研究中心，2020年7月10日，https://rsprc.ntu.edu.tw/zh-tw/m01-3/en-trans/en-news/1455-0710-carbonprice.html。

徐千偉，〈我國政府因應氣候變遷的治理政策〉，《臺灣林業》，第15卷第2期，2014年3月，頁25-32，https://www.most.gov.tw/most/attachments/dec465bb-5dc6-42db-9812-e4fa1e2cc4e4。

曹俊漢，〈全球治理與氣候變遷：評估哥本哈根會議（COP15）決策機制的衝擊與對策〉，《歐美研究》，第43卷第1期，2013年3月，頁89-148。

清華大學中國碳市場研究中心、北京中創碳投科技有限公司，《地方政府參與全國碳市場工作手冊》，2020年，https://www.efchina.org/Attachments/Report/report-lceg-20200320/%E5%9C%B0%E6%96%B9%E6%94%BF%E5%BA%9C%E5%8F%82%E4%B8%8E%E5%85%A8%E5%9B%BD%E7%A2%B3%E5%B8%82%E5%9C%BA%E5%B7%A5%E4%BD%9C%E6%89%8B%E5%86%8C.pdf。

許耀明，〈國際氣候變遷法制2.0：巴黎協議評析〉，《人文與社會科學簡訊》，

第20卷第4期，2019年9月，頁14-19。
陳俐君，〈全球碳交易市場之概況與發展趨勢〉，《國合會電子報》，第137期，2010年4月15日，http://www.icdf.org.tw/epaper_file/no137/137edm9.html（檢索日期：2019年7月3日）。
陳昱安，〈從巴黎協議看全球氣候變遷議題走向〉，《農政與農情》，第284期，2016年2月，https://www.coa.gov.tw/ws.php?id=2504327。
陳博悟，〈美國需時1年退出《巴黎協定》　若總統換人可再加入〉，《香港01》，2019年11月5日，https://www.hk01.com/%E5%8D%B3%E6%99%82%E5%9C%8B%E9%9A%9B/394836/%E6%96%B0%E8%81%9E%E8%83%8C%E5%BE%8C-%E7%BE%8E%E5%9C%8B%E9%9C%80%E6%99%821%E5%B9%B4%E9%80%80%E5%87%BA-%E5%B7%B4%E9%BB%8E%E5%8D%94%E5%AE%9A-%E8%8B%A5%E7%B8%BD%E7%B5%B1%E6%8F%9B%E4%BA%BA%E5%8F%AF%E5%86%8D%E5%8A%A0%E5%85%A5。
黃郁棻，〈美國能源及氣候變遷政策進程之啟示（一）〉，科技政策研究與資訊中心，2017年5月22日，https://portal.stpi.narl.org.tw/index/article/10320。
楊惟任，〈氣候變遷對國家和全球安全的影響〉，《展望與探索》，第12卷第2期，2014年2月，頁63-80。
楊惟任，〈從國際氣候政治看川普　退出巴黎氣候協定〉，《國會季刊》，第45卷第4期，2017年12月，頁58-76。
葉怡辰，〈三分鐘瞭解碳定價〉，《低碳生活部落格》，2015年9月9日，https://lowestc.blogspot.com/2015/09/blog-post_9.html。
趙展慧，〈全國碳排放交易體系啟動　中國碳市場會是什麼樣？〉，《人民網》，2017年12月20日，http://finance.people.com.cn/BIG5/n1/2017/1220/c1004-29717867.html。
劉哲良，〈國際氣候變遷談判與全球減碳目標之演進〉，《綠色貿易資訊網》，2015年12月29日，https://www.greentrade.org.tw/zh-hant/knowledge/%E7%B6%A0%E8%89%B2%E8%B2%BF%E6%98%93%E7%A0%94%E7%A9%B6%E9%99%A2/%E5%9C%8B%E9%9A%9B%E6%B0%A3%E5%80%99%E8%AE%8A%E9%81%B7%E8%AB%87%E5%88%A4%E8%88%87%E5%85%A8%E7%90%83%E6%B8%9B%E7%A2%B3%E7%9B%AE%E6%A8%99%E4%B9%8B%E6%BC%94%E9%80%B2。
劉哲良、吳珮瑛、朱敏嘉，〈歐盟面對氣候變遷的因應政策——排放交易機制之現況、發展及挑戰〉，《臺灣國際研究季刊》，第13卷第4期，2017年，頁117-142，http://www.tisanet.org/quarterly/13-4-6.pdf。
蔡東杰、洪銘德，〈美國全球環境政策之國家利益分析：兼論美中雙邊互動〉，

《展望與探索》，第6卷第6期，2008年6月，頁69-82。
蔡東杰、蘇義淵，〈生態政治學的反思：氣候變遷法制化之政治因素分析〉，《政治與政策》，第1卷第2期，2011年10月，頁65-89。
蕭代基、洪志銘、羅時芳，〈碳稅與碳交易之比較與搭配〉，《台電工程月刊》，第747期，2010年11月，頁59-66，http://econ.ccu.edu.tw/manage/990827.pdf（檢索日期：2020年6月10日）。
儲百亮，〈啟動全國碳交易市場，習近平的一場豪賭〉，《紐約時報中文網》，2017年6月26日，https://cn.nytimes.com/china/20170626/china-cap-trade-carbon-greenhouse/zh-hant/。
謝德勇，〈歐盟碳排放交易制度之缺陷分析〉，《能源知識庫》，2013年1月2日，https://km.twenergy.org.tw/ReadFile/?p=Reference&n=2013129425.pdf（檢索日期：2019年7月3日）。
鍾兆晉，〈從京都議定書到巴黎協定，看臺灣溫室氣體減量策略〉，《新北市環境教育輔導團電子報》，第131期，2017年8月1日，https://www.sdec.ntpc.edu.tw/epaper/10608/4.htm。
羅時芳，〈全球碳市場趨勢及對我國金融產業之啟示〉，《證券櫃檯》，第141期，頁91-103，2009年6月，http://www.tpex.org.tw/web/about/publish/monthly/monthly_dl.php?l=zh-tw&DOC_ID=689（檢索日期：2019年7月3日）。
"2020 Climate & Energy Package," *European Commission Climate Action*. accessed at: https://ec.europa.eu/clima/policies/strategies/2020_en
"2030 Climate & Energy Framework," *European Commission Climate Action*. accessed at: https://ec.europa.eu/clima/policies/strategies/2030_en
"2050 Long-term Strategy," *European Commission Climate Action*. accessed at: https://ec.europa.eu/clima/policies/strategies/2050_en
"Climate Change and President Obama's Action Plan," The White House. accessed at: https://obamawhitehouse.archives.gov/president-obama-climate-action-plan
"What is the Greenhouse Effect?" *Intergovernmental Panel on Climate Change*. accessed at: https://archive.ipcc.ch/publications_and_data/ar4/wg1/en/faq-1-3.html
"United Nations Framework Convention on Climate Change," United Nations. accessed at: https://unfccc.int/files/essential_background/background_publications_htmlpdf/application/pdf/conveng.pdf (1992).
"Copenhagen United Nations Climate Change Conference Ends with Political Agreement to Cap Temperature Rise, Reduce Emissions and Raise Finance," United Nations. accessed at: https://unfccc.int/files/press/news_room/press_releases_and_advisories/application/pdf/pr_cop15_20091219.pdf (2009/12/19).
"President Obama's Blueprint for a Clean and Secure Energy Future," The White House.

accessed at: https://obamawhitehouse.archives.gov/the-press-office/2013/03/15/fact-sheet-president-obama-s-blueprint-clean-and-secure-energy-future (2013/03/15).

"Statement by President Trump on the Paris Climate Accord," The White House. accessed at: https://www.whitehouse.gov/briefings-statements/statement-president-trump-paris-climate-accord/ (2017/06/01).

"Trump on Paris Accord: 'We're getting out'" *CNN*. accessed at: https://edition.cnn.com/2017/06/01/politics/trump-paris-climate-decision/index.html (2017/06/02).

"'You Have Stolen My Dreams and My Childhood': Greta Thunberg Gives Powerful Speech at UN Climate Summit," *Time*. accessed at: https://time.com/5684216/greta-thunberg-un-climate-action-summit-climate-speech/ (2019/09/23).

"Keynote Speech by President von der Leyen at the World Economic Forum," European Commission. accessed at: https://ec.europa.eu/commission/presscorner/detail/en/SPEECH_20_102 (2020/01/22).

"What is the Green New Deal and How Does Biden's Climate Plan Compare?" *Independent*. accessed at: https://www.independent.co.uk/environment/green-new-deal-biden-what-is-cost-b1503522.html (2020/11/04).

Borunda, Alejandra, "Plunge in Carbon Emissions from Lockdowns Will Not Slow Climate Change," *National Geographic*. accessed at: https://www.nationalgeographic.com/science/2020/05/plunge-in-carbon-emissions-lockdowns-will-not-slow-climate-change/ (2020/05/20).

Buckley, Chris, "Xi Jinping Is Set for a Big Gamble With China's Carbon Trading Market," *The New York Times*. accessed at: https://www.nytimes.com/2017/06/23/world/asia/china-cap-trade-carbon-greenhouse.html?_ga=2.86052318.776098756.1604830370-122149984.1604401569 (2017/06/23).

Burck, Jan, Ursula Hagen, Niklas Höhne, Leonardo Nascimento, Christoph Bals, 2019. *Climate Change Performance Index- Results 2020.* Bonn, Germany: Germanwatch. accessed at: https://newclimate.org/wp-content/uploads/2019/12/CCPI-2020-Results_Web_Version.pdf

China Power Team, "How Is China Managing Its Greenhouse Gas Emissions?" *China Power*. Washington, DC: Center for Strategic and International Studies. accessed at: https://chinapower.csis.org/china-greenhouse-gas-emissions/?lang=zh-hant (2018/07/19).

Crawford, Neta C., "The US Defense Department Is Worried About Climate Change – And Also A Huge Carbon Emitter," *World BEYOND War*. accessed at: https://worldbeyondwar.org/the-us-defense-department-is-worried-about-climate-change-and-also-a-huge-carbon-emitter/ (2019/06/12).

Henderson, Rebecca M., Sophus A. Reinert, Polina Dekhtyar, Amram Migdal, "Climate in the 2018: Implications for Business," *Harvard Business School*. accessed at: https://www.hbs.edu/environment/Documents/climate-change-2018.pdf (2019/07/03)

Jun, Ma, "How China Can Truly Lead the Fight Against Climate Change," *Time*. accessed at: https://time.com/5669061/china-climate-change/ (2019/09/12).

McDonald, Matt, 2013/03. "Discourses of Climate Security," *Political Geography* (Amsterdam), *33*, 43-44.

Ministry of Defence, *Strategic Trends Programme: Global Strategic Trends - Out to 2045*. UK: Development, Concepts and Doctrine Centre, Ministry of Defence (2014).

Pompeo, Mike R., "On the U.S. Withdrawal from the Paris Agreement," U.S. Department of State. accessed at: https://www.state.gov/on-the-u-s-withdrawal-from-the-paris-agreement/ (2019/11/04).

Rayner, Tim, Andrew Jordan, "Climate Change Policy in the European Union." accessed at: https://oxfordre.com/climatescience/view/10.1093/acrefore/9780190228620.001.0001/acrefore-9780190228620-e-47?print=pdf (2016/08).

The National Academy of Sciences, the Royal Society, "Climate Change Evidence & Causes: An overview from the Royal Society and the US National Academy of Sciences." accessed at: http://dels.nas.edu/resources/static-assets/exec-office-other/climate-change-full.pdf (2019/07/03).

Werksman, Jacob, Jürgen Lefevere and Artur Runge-Metzger, "The EU and International Climate Change Policy," in Jos Delbeke, Peter Vis eds., *EU Climate Policy Explained*. European Union, p. 94-107, (2016).

# 第六章

# 網路革命與後眞相民主政治

第一節　前言

第二節　相關文獻分析

第三節　辨別假新聞尋找眞相

第四節　網路革命的政治意涵及效應

第五節　小結

## 第一節 前言

第一次工業革命又被稱爲產業革命，起源於十八世紀中期英國發明蒸汽機，讓人類自此得以機械化的生產方式取代過去傳統手工生產方式。機械化生產方式的運用，讓許多工廠得以加快產品的生產、製造與販售。之後發生在十九世紀後期的第二次工業革命，又被稱爲第二次科技革命，則是從英國發展至歐洲各國、美國與日本，當時因爲電燈的發明與電力的大規模普遍應用，使得生產變得更加便宜與快速。再到二十世紀由於電腦的發明，進入了第三次工業革命，即資訊革命的年代，電腦自動化的生產方式促使各種產業效能的再次提升。電腦發明之後迎來了網際網路（Internet）時代，所有文字、影像等資訊的傳播從此變得更加迅速、廉價與普及；世界自此邁入第四次工業革命浪潮，朝向人工智慧（artificial intelligence）、智慧化生產、大數據（big data）、區塊鏈（blockchain）、3D列印等高科技技術的運用。[1]但網路時代的來臨，卻也同時劇烈改變了人們現今所處的世界與接收資訊的方式；例如過去只能從報章雜誌或透過電視與平面媒體記者的實地採訪、專業報導，人們方能瞭解另一地區或另一國所發生的事情與後續相關情勢的發展。現在，透過任一平凡民眾的網路直播、拍攝和社群媒體（如Facebook, Twitter, Instagram）等傳播與發布，透過在當地的即時影像、現場拍照、攝影和上傳，無論是發生在亞洲、非洲、美洲或歐洲等世界上任一地區的事件，皆能在幾秒間立即傳播至全世界各個角落，而這當中卻也很可能摻雜著錯誤資訊、假新聞、個人情緒或偏激、主觀的敘述、描繪與報導，導致身處於事件外、區域外的民眾無法得知該新聞或該起事件的眞實全貌。

當《牛津辭典》將「後眞相」選爲2016年的代表字彙後，「假新

---

1 關於四次工業革命的歷程，可參閱：克勞斯・施瓦布著，世界經濟論壇北京代表處譯，《第四次工業革命》，臺北：天下文化，2017年。

聞」一詞開始充斥網路與媒體。隨著科技的快速發展，第三次工業革命以來電腦和電子資訊普及之後，迎來的網路時代使得各行各業的工作方式、人類的聯繫方式、生活模式在在產生了巨大的變化。但身處在資訊爆炸、快速傳播的年代，面臨第四次工業革命浪潮、數位革命時代的到來，民眾究竟該如何獲取正確資訊，成爲一項困難的工作。就國際關係與國際政治面向來看，網路時代的來臨提高了資訊接收的複雜度，同時也仍然如全球化時代般，透過資訊的快速傳播、公民政治參與度的提升，導致一國內政和外交界線之模糊，造成政府施政之困難。許多政治新聞往往在引發廣泛討論或批判後，才在事後得到澄清與解釋，但所造成的負面效應、連鎖反應，卻往往難以消除與抹滅。因此，本章首先將以文獻評論方式介紹、評析與網路革命、後眞相民主政治有關之國內外幾篇文章與書籍，再分析網路革命的政治意涵和效應，包含網路科技對於政治運作、政治行銷和社會運動之影響與效用，並佐以相關之國內外實際案例說明，最後再以國際關係理論探討網路革命對於國際關係和國際政治經濟運作所帶來的可能影響與衝擊。

## 第二節　相關文獻分析

土耳其學者米凱（Elnur Hasan Mikail）與艾特慶（Cavit EmreAytekin）在他們的著作〈國際關係中的通訊和網路革命〉（The Communications and Internet Revolution in International Relations）一文中，[2]主要探究通訊和網路革命在國際關係中的作用。他們認爲有必要發展國際關係中關於通訊和網路革命概念和理論的驗證。這樣的需求來自人類生活中技術和結構的發展，以及它們對於傳統國際關係的瞭解。通訊和網

2 Elnur Hasan Mikail, Cavit Emre Aytekin, "The Communications and Internet Revolution in International Relations," *Open Journal of Political Science*, 2016, *6*(4), p. 345-350.

路科技的革命性發展雖能有效推進全球化的發展，然而它們作爲全球化進程中重要的推動力，以及將通訊和資訊技術轉化爲新的世界資訊經濟核心的能力，卻開始遭受質疑。因此，吾人必須瞭解全球網路壯大的原因。米凱和艾特慶期望瞭解全球通訊的興起，是否從本質上改變國際關係的運作。他們認爲，爲提供一個全面的解答，必須清楚分析通訊和網路的革命、社群網路和不斷增長的資訊傳播速度。兩位作者指出，過去國際法建立的基礎——所謂的「西伐利亞主權體系」，[3]正受到通訊和網路革命的挑戰。在西伐利亞現代國際體系當中，每個國家對自己的領土和國內政策、事務，握有絕對主權，並排除外部勢力的干擾；各國亦不干涉他國內政，各國在國際法中皆爲平等。然而，這樣子的國際體系基礎正受到來自全球化（globalisation）發展過程和網路通訊革命的影響，而逐漸分解（dissolving）。不管在過去或未來當中，科技都將持續在塑造國際關係的過程中發揮重要作用。如同對國家體制的經典理解一樣，國家的地緣政治和戰略選擇都將發生轉變，且國家將會獲得新的政策工具。科技的發展和網路革命將建構新的國家行爲和聯盟結構。在全球世界經濟當中，國家將利用相對他國的科技優勢超越他國。因此，獲得技術和控制資訊將是國家權力概念的絕對性因素。

美國學者費德門（Maryann P. Feldman）同樣在她出版的〈網路革命和地理創新〉（The Internet Revolution and the Geography of Innovation）一文中指出，[4]歷史見證了尋求各種以較低成本，且能較爲精準傳播超越聲音所達距離以外的資訊傳遞方式。一開始從文字的出現以手寫的方式，逐漸加上印刷術的發明，資訊與通訊技術以相當快速的方式變

3 關於西伐利亞國際體系之介紹，詳見：Luis Moita, “A Critical Review on the Consensus Around the Westphalian System,” *Janus.net*, fall, 2016, *3*(2), p. 17-42.

4 Maryann P. Feldman, “The Internet Revolution and the Geography of Innovation,” *International Social Science Journal*, 2002, *54*(171), p. 47-56.

化，例如從電報、收音機、傳真機和最近的網際網路的發明與發展。過去人類必須面對面溝通，但科技的發展使得遠距資訊的交換與溝通成爲可能，甚至還能夠傳輸、儲存和取得更加複雜、先進的資料。這樣的結果最後便是降低了通訊的成本，相應而來的還有經濟關係亦變成易於進行跨越地理空間的談判，地理上不相連的區域活動也因此得以被更容易地連結；地域分離不再意味著資訊傳遞的斷聯。費德門試圖提供一個框架思考網路如何影響創新活動的地理群集化（geographical cluster）發展，特別是創新是否會因網路和相關數位科技的發明，而在地理上變得更加分散。畢竟過去很少有實證研究觀察資通訊技術會如何影響經濟活動的地理格局。她認爲創新是經濟活動的一種特定類型，以及創造新穎的產品、過程或組織方式皆與商業應用有關。在分辨發明、最初的想法和作爲其商業實現的創新，她提供一個架構檢驗網路如何影響創新活動的地理位置。費德門指出，創新具有與其他類型的經濟活動不同的特徵，它是一種依賴知識創造和特別運用知識密集型的經濟活動。網路能夠加速資訊的交換，能夠提高管理的效能和提供消費者更多的選擇；但相反的，創新仰賴的是知識的創作與開展，網路可以提供工具，使個人得以容易進入資訊和創新活動。因此，她從個人、社會面向和地理面向探討網路對於創新活動的衝擊與影響。雖然該篇文章從商業面向討論網路科技發展對經濟活動創新地點的影響，未論及網路對國際政治運作的衝擊與影響，仍然提供本章對於網路革命對人類活動不同面向影響之瞭解。

除網路革命此關鍵字外，後眞相民主亦爲本章討論重點。在「後眞相」（post-truth）這個字彙出現後，一時之間國際關係學界、學者興起對於此字彙和現象之熱烈討論。在目前已經出版的外文書籍中，美國學者凱斯（Ralph Keyes）是第一位將此字彙放置於其著作之標題上出版者。他於2004年出版的《後眞相時代——當代生活中的不誠實與欺騙》（*The Post-Truth Era: Dishonesty and Deception in Contemporary Life*）一書中，[5]指出欺騙在現今媒體驅動的世界中，似乎已經成爲一個普遍的現象，謊言不再被視爲不可原諒，甚至在某些情況下還被視爲可以接受；自此開始了後眞相時代。他認爲在後眞相時代欺騙別人已經成爲一種挑戰、遊戲，甚至是習慣；但它對公共輿論、媒體、商業、文學、學術界和政治活動的影響卻是深遠的。因此，凱斯在該書中以三大項目——誠信下滑（Honesty Decline）、使不誠實（Enabling Dishonesty）和結果與結論（Consequences and Conclusions），一共16篇章節試圖研究人們爲何要說謊，而這些謊言和行爲又會對社會造成何種影響。在該書中，他搜集了大量證據，所有證據都證明美國人生活中普遍存在著不誠實。作者因此提出一個有趣的問題，試問我們是否已經達到了「超越誠實」的社會發展階段？他觀察到欺騙已經在當代生活的各個層面變得司空見慣，且遍布在美國文化當中。凱斯在該書中不僅批評柯林頓總統（Bill Clinton）和高爾（Al Gore）副總統所做過的一些陳述皆爲虛假，亦攻擊布希總統（George W. Bush）爲「典型的嬰兒潮一代」（quintessential baby boomer），指責他和他所屬的那個年代的人皆拒絕面對眞相，更不用說要求他們說眞話了。凱斯相信人類過去也曾撒謊，但他認爲當前的說謊者在撒謊方面已經發展出不同的技巧和細微的差別，這在人類經驗當中是前所未有的。他將這個不誠實的新時代標籤爲「後眞理」，他指出我們生活在後眞理時代。凱斯在書中說明，當我們的行爲與我們的價值觀相衝突時，最有可能做的就是重新建構我們的價值觀；因爲我們不想認爲自己說謊的行爲是不道德的，所以設計了替代道德的方法。他嚴肅地指出偶然的欺騙是破壞社會結構的根源，因爲它會造成人與人之間的不信任和懷疑，而且欺騙所造成的後果可能會很嚴重。該書從美國文化層面解析後眞相政治在政治人物操控下，對於政治行爲及

---

5 Ralph Keyes, *The Post-Truth Era: Dishonesty and Deception in Contemporary Life*. New York: St. Martin's Publishing Group, 2004.

公共輿論產生之影響與衝擊，意即政治風貌已與過往不同。

另一本從政治層面剖析後眞相現象的著作是希爾俊（Philip Seargeant）在2020年最新出版的《說政治故事的藝術——爲何故事能在後眞相政治贏得選票》（*The Art of Political Storytelling: Why Stories Win Votes in Post-truth Politics*）。[6]作者在該書中提出幾個問題：例如說故事的藝術是否有助於解釋幾個當今成功的政治運動？說故事的技巧可以轉化爲選票嗎？希爾俊在書中爬梳解釋當今的新媒體、民粹主義和游擊黨的結合如何使得故事具有說服力，說故事的能力亦成爲政治過程中越來越重要的一部分。作者試圖分析政治人物們如何建構自己的故事和論述，並解釋爲什麼相較於可驗證的事實，選民反而較爲喜歡好的故事。透過該書，讀者們便能瞭解政治故事的製作方式，以及此類政治故事又是如何塑造我們所認知的世界。該書分爲四大部分：啟示性的政治、塑造故事、語言和修辭、虛構與現實等，論述多項議題；解釋如何塑造故事、解釋故事、何謂陰謀政治、讓謊言成眞等以假亂眞的方式，使一個好故事成爲現實。希爾俊試圖在該書中向讀者解釋，爲什麼講一個好故事在現代政治中比可驗證的事實更爲重要？而語言又在假新聞、眞相和超級黨派時代起著何種重要作用？吾人對講故事藝術的理解，是否有助於解釋當今成功的各種政治運動？故事可以轉化爲投票箱內的選票嗎？該書說明說政治故事的藝術，著眼於故事的創建、共享和爭論，政治人物們製造的具有說服力的故事，形塑了我們對於所處政治世界的理解。該書提供一種新穎、獨特的視角，讓吾人瞭解當今後眞相政治的混亂世界與當前政治環境，思考如果吾人被所謂的政治語言包裹的故事而非事實所吸引時，或某些故事並非正確時，該怎麼辦？或者，當民眾自身成爲政客製造的故事參與者時，該如何控制自身的命運。

---

6 Philip Seargeant, *The Art of Political Storytelling: Why Stories Win Votes in Post-truth Politics*. UK: Bloomsbury Academic, 2020.

麥當納（Hector Macdonald）在其中文翻譯著作《後眞相時代》（*Truth: How the Many Sides to Every Story Shape Our Reality*）中則論述，[7]任何一組事實都可以從不同面向推論，解讀成很多個不同的「眞相」或故事。麥當納解釋表述眞相的方式有很多種，但每個人都會選擇對於自己處境最有利的眞相，他將此稱爲「矛盾眞相」（competing truths）。而聽眾或是選民，也習慣選擇自己相信或自我詮釋、解讀的說法。在該書中，麥當納從「部分眞相」（所謂溝通者選擇的眞相）、「主觀眞相」（可以改變的眞相）、「人爲眞相」（人們一手打造的眞相），到後記「最終眞相」依次論述。麥當納認爲所謂的「眞相」，只是一面破裂成無數碎片的鏡子，而每個人都以爲自己握有的那一小塊碎片就是事實的全部或全貌，其實它可能只是部分眞相。然而，人們自己選擇的那一小部分眞相卻左右了他們對過去、對事情的見解，而這些見解又反過來驅使人們現在的行動。主觀眞相則是人們可以改變的眞相，人爲眞相則是人們自己一手打造的眞相。麥當納認爲人們所瞭解的眞相，其實只是一種集體想像的虛構故事，但是只要用對敘述，就可以讓假的變成眞的。在該書中麥當納以玫瑰舉例，他試問如果玫瑰不叫玫瑰，是否有損它的芬芳。至於未知的眞相就是影響未來的眞相，作者認爲我們可以將預測（prediction）看作持續修正中的未來；因爲如果不預測，人類就什麼事都無法做成。此外，麥當納也認爲信念很重要，只要人們無法證明信念是錯的，信念對這些人而言便是一種眞理，而此眞理足以用來團結群眾、改變世界。麥當納認爲在假新聞（fake news）與另類事實（alternative fact）大行其道之際，人們應該更加關注眞相（truth），並且指出誤導世人的所謂的誤導性眞相（misleading truth），方能進而形成一股監督力量，嚴格要求政治人物、商業領袖、

7 海特．麥當納著，林麗雪及葉織茵譯，《後眞相時代》，臺北：三采，2018年。

社會運動人士和其他專業溝通人士，對其個人言論的眞實性（veracity）擔負起責任。

至於媒體與政治人物的關係和對於政治活動報導的相關分析，則可參見美國傳播學者韋斯特（Darrell West）的著作《媒體體制的興衰》（*The Rise and Fall of the Media Establishment*）。[8]韋斯特在著作中解釋美國記者如何報導新聞，他將1789-2000年間不同的媒體時代進行爬梳，藉由個案研究從黨派性媒體（Partisan Media）、商業性媒體（Commercial Media）、客觀媒體（Objective Media）、詮釋性媒體（Interpretive Media）、分化的媒體（Fragmented Media）與媒體的未來（Future of Media）等不同時期的劃分，分析媒體如何影響美國的社會文化和政治運動、政治發展。韋斯特認爲，媒體的興衰包含在200多年的美國歷史當中，而媒體對於社會的影響力卻逐漸下滑。他說明早期媒體因爲多由政黨資助，因此具有鮮明的黨派色彩和觀點；然而，隨著廉價報紙、雜誌的發行和通訊及交通設備的發明，媒體開始具備商業色彩，開始關注消費者，媒體也逐漸握有權力。隨著美國第一個新聞學院的成立，媒體開始朝向專業化發展，並以客觀、專業的報導提高了媒體的公信力，進而形成一股政治力量，主導新聞的傳播。至1970年代開始，媒體開始加入許多專家學者的分析觀點，有時夾雜過多個人的主觀評論。至1990年代開始，網路科技的發達、有線電視的出現，造就許多非主流媒體的興起，雖然增加民眾接觸媒體的機會，但無形中也降低媒體的專業程度；專業記者無法掌握民眾對於全國事件的看法和反應，主流媒體更因此失去對於新聞的控制權。韋斯特認爲這樣的結果並不利於美國社會、政治和文化的發展。他認爲未來媒體的發展趨勢有三種可能：因爲分化和激烈的競爭，影響新聞專業進而造成公眾不滿；或是媒

8 Darrell M. West, *The Rise and Fall of the Media Establishment.* USA: Palgrave, 2001.

體帝國的出現，濫用民眾的信任；或者朝向歐洲黨派媒體的發展。他特別關注媒體與政治未來關係之發展，韋斯特指出媒體是監督政府的主要力量，對於民主治理相當重要，吾人應該思考媒體對於政治運作的作用和影響力，以及如何將新媒體導向共同利益之發展，維持媒體的客觀立場和對政府實行有效的監督。以上各篇文章及專書皆從不同角度解釋網路革命和後眞相政治、媒體與政治的關係，提供本章許多參考意見；下一節本文將探討網路革命對於政治活動的意涵和因此所引起的政治效應。

## 第三節　辨別假新聞尋找真相

網路科技帶來的是新興媒體、社群媒體與主流媒體的激烈競爭，爲吸引觀眾的眼光，百家爭鳴的結果便是假新聞和不實言論的漫天飛舞；因此，本節將就網路媒體興起所引發的眞假新聞，我國因新聞查核所設立的第三方公正機構或獨立查核機構做一討論。對於假新聞的澄清與查證，臺灣有許多查核機構，諸如「臺灣事實查核中心」（Taiwan FactCheck Center）、「MyGoPen」（麥擱騙）、「眞的假的Cofacts」與「蘭姆酒吐司」（Rumor & Truth）等查證機制。例如成立於2018年的「臺灣事實查核中心」，由臺灣媒體觀察教育基金會與優質新聞發展協會共同支持成立，[9]爲一非營利單位且爲臺灣第一個事實查核中心。

---

9　「臺灣媒體觀察教育基金會」成立於1999年6月，以「維護新聞自由、落實媒體正義、促進媒體自律、保障人民知之權利」作爲宗旨，結合社會力量推廣全民媒體素養教育，進行媒體觀察與監督工作，落實有益於臺灣社會的傳播政策。「優質新聞發展協會」則於2011年4月30日成立，以提升公民意識、改善媒體環境爲宗旨，致力於鼓勵與產製優質調查報導與公民新聞，除建置臺灣第一個調查與深度報導募資平臺weReport，亦於每年7月參與主辦調查報導工作坊。詳見：「臺灣事實查核中心」官方網頁，https://tfc-taiwan.org.tw/about/purpose。

該中心在其官網宣示：「假新聞與假資訊破壞人類溝通最爲根本的眞實原則，傷害民主運作最爲基礎的信賴原則……特別是在數位時代的今天，錯誤資訊藉由新傳播科技不斷進化，更已成爲人類追求理想社會的巨大障礙」，[10]該中心參考國外具代表性之事實查核機制，配合我國傳播生態需求，將依照專業、透明、公正原則，執行公共事務相關訊息的事實查核。根據該中心公布之查核準則，其作業流程依循嚴謹的查核方法，所有查核項目皆經會議討論後決定，且查核報告於公布前至少須經3位查核人員核校後方予公布。事實查核所依據之相關資料亦皆公開，以使讀者自行複核或提供新資料；若查核報告有誤，亦會立即更正與公告。此外，爲共同抑制和打擊網路假訊息，「臺灣事實查核中心」亦成爲臉書（Facebook）在臺灣的第一個、全球第五十四個第三方事實查核夥伴。臉書將根據該中心之評斷，降低假新聞在臉書動態消息中出現的次數，減少其流傳。

「MyGoPen」事實查證網站成立於2015年，[11]並於2019年11月登記爲「識實數據有限公司」（MGP Fact Check Ltd），提供事實查證網站服務、一對一人工闢謠回覆、數據分析研究與快速查證機器人服務。組織架構除負責人外，分爲資訊部門與事實查核部門。事實查核部門負責事實查證內容，統整查核編輯撰文內容，與進行事實查證審核探究與分析。資訊部門則主要協助網頁和機器人功能維護、接收資訊並轉入事實查證部門，與進行數據系統開發。根據其官方網頁說明，MyGoPen訊息來自民眾以LINE做快速查證之服務和眞人一對一官方帳號爲主；此

---

10 關於該中心成立宗旨、組織架構和組織章程，可參見：「臺灣事實查核中心」官方網頁，https://tfc-taiwan.org.tw/about/purpose。

11 「MyGoPen」取自臺語諧音「麥擱騙」，關於其成立宗旨和組織架構，可參見：「MyGoPen事實查證網站」官方網頁，https://www.mygopen.com/p/blog-page_58.html。

外，亦持續監控各社交和主流媒體中流傳之錯誤或可疑資訊，包含錯誤的政策宣導內容、內容與標題不符之文章、詐騙訊息、虛假帳號與釣魚網站連結、合成影片、不正確之養生健康醫療知識、遭竄改或過期之訊息與謠言。該網站說明會將訊息來源先做分類與篩選，優先處理影響民眾生活、健康與公共事務之相關訊息；根據訊息的傳播程度（如擴散範圍）、是否對社會造成直接的影響（如對人造成傷害、恐慌或影響公共衛生）、訊息性質（如社會名人觀點評論、政府公告資訊、人身安全）等列爲優先查證。再經由討論對可疑訊息進行系統性驗證，例如使用Google或Yandex的以圖搜圖工具，反向搜索確認該訊息圖片來源，並驗證該圖片過往是否曾出現於其他訊息中。此外，亦會以時間檢索過濾、搜尋相關網站社群與文字訊息的來源。該網站同時會與有關當局或地方警察聯繫，驗證是否爲當地發生之狀況。爲仔細查證，亦會追溯流傳訊息的參考報導並調查原始文獻出處，藉以比對數據或說法，並請教專家學者，同時聯繫原始訊息發布者。完成訊息驗證後，研究員將進行事實查證報告之撰寫，並送交部門主管審核後發布查證報告，亦會提供完整文獻連結，方便讀者自行驗證。至於經費來源，其官方網頁描述，該公司原爲一自發性之服務，依靠志工夥伴進行事實查證工作，爲維持其運作獨立性以建構良好之網路訊息環境，僅依賴販售LINE貼圖和網路讀者小額贊助，不接受政府、政黨及政治人物捐款。「眞的假的Cofacts」則是在LINE上提供闢謠功能的聊天機器人，爲一套連結網路訊息與事實查核的協作型系統。[12]該網站透過LINE chatbot搜集使用者所回報，出現於LINE上的轉傳訊息，網站編輯們再從網路上尋找現有查證文章或是撰寫之回應，做一事實查證。比較特別的是，民眾不只能將訊息轉進此網站，亦能進行編輯工作，在該網站上一同合作，貢獻內容至公眾領域。其網頁說明該團隊曾受「公民科技創新獎助金」補助，

12 「眞的假的Cofacts」網頁，https://medium.com/cofacts。

爲一業餘、非營利、完全由一般民眾發起經營的專案團隊；邀請有心將各種政治、食安、交通等資訊呈現更多元、公開、透明的民眾加入。

「蘭姆酒吐司」（Rumor & Truth）查核網站在其網頁解釋，「蘭姆酒吐司」的名稱「蘭姆酒」（RUM）來自「謠言」（RUMOR），吐司來自「眞相」（TRUTH），取其諧音而成；[13]該網站使命在於破除網路謠言、還原眞相。以上查核機構亦與臉書（Facebook）和LINE進行合作；例如LINE於2019年3月宣布啟動「LINE數位當責計畫」，[14]該計畫包含建立「LINE謠言查證」官方網站和帳號、「查核中」與「查證完畢」訊息列表網站。不只於LINE TODAY中強化「謠言破解」專區與舉辦媒體識讀等活動，LINE亦連結臺灣上述四家事實查核機構，提供用戶於「LINE謠言查證」官方帳號中提報可疑資訊，以使各大查核機構進行查核與回報。此外，「LINE謠言查證」也連結「行政院即時新聞澄清專區」，[15]方便政府相關部門於第一時間澄清所有與國家安全、民生消費、災害防治相關之訊息。在官方機制方面，爲防止有心人士以社群和通訊軟體發布假新聞，行政院特別於官方網頁成立「即時新聞澄清專區」，並於2018年5月10日正式上線，[16]以提供民眾瞭解正確的政府施政內容，並對媒體錯誤的報導內容或是錯誤消息，立即做出澄清與說明。此外，政府亦於「我的E政府」網站當中設立「各部會爭議訊息

---

13 「蘭姆酒吐司」（Rumor & Truth）網頁，https://www.rumtoast.com/。

14 〈假新聞OUT！FACEBOOK，LINE啟動第三方事實查證幫你把關〉，《聯合報》，2019年6月23日，https://udn.com/news/story/7088/3888412?from=udn-catebreaknews_ch2。

15 行政院「即時新聞澄清專區」，https://www.ey.gov.tw/Page/5519E969E8931E4E。

16 〈防假新聞流竄　政院即時澄清專區上線〉，《中央社》，2018年5月10日，https://www.cna.com.tw/news/firstnews/201805100364.aspx。

澄清專區」，[17]該專區除彙整各部會對相關政策之澄清與說明外，亦列出行政院對假消息之澄清，即時提供民眾正確資訊。

## 第四節 網路革命的政治意涵及效應

除各國政府與民間建立之新聞查核機制，尋求新聞事件的原貌和查證外，網路浪潮的來臨對於國內外政治活動和國際關係運作，亦發生深刻影響。對於政治人物而言，網路革命所引發的政治意涵中，首先，最大的改變便是政治行銷（marketing）及宣傳手法的改變，從事政治操作和活動的費用不再昂貴與遙不可及。透過電腦鍵盤上一個按鈕，便能迅速散播政治人物、民意代表候選人想要民眾獲得與接收的訊息，進而提高網路流量、快速累積人氣。在政治選舉上，網路行銷與傳播費用低廉的確具有廣大效應，候選人不再需要花費金錢印製大量競選布條與大批傳單，只要透過粉專小編或網路直播方式，便能與選民維持雙向互動，亦能透過網路行銷引導政治風向球，掌控話語權。在當今著名的政治人物當中，美國前總統歐巴馬（Barack Obama）是最早運用網路平臺，成功製造話題並贏得選戰的候選人。當年（2008年）歐巴馬在競選總統時，藉由網路自我宣傳與行銷，不僅成功引領政治風向球，還以小額捐款的方式獲得大量政治捐款。藉由300萬平凡民眾的資助而非大財團和企業的捐獻，歐巴馬成功獲得6.4億美元最終贏得選戰，[18]其中絕大多數的捐款來自線上捐款。透過成立專屬的社群平臺MyBO（my.barackobama.com），歐巴馬競選團隊讓支持者可以在網路上互相交流、發表意見，或進行評論、提出建議，時間與空間的界線在網路平臺上瞬間消失，且民眾所有的意見都能迅速得到歐巴馬競選團隊的回應。當時累積了200萬支持者加入歐巴馬的社群平臺，300萬人加入歐巴馬的

17 國家發展委員會「我的E政府」，https://www.gov.tw/。

18 新媒體世代，〈社群媒體開啟的2016年美國總統大選之路〉，《TVBS新聞網》，2015年7月31日，https://news.tvbs.com.tw/ttalk/detail/life/1343。

臉書（Facebook），12萬人追蹤他的推特（Twitter）。[19]透過社群媒體與網路行銷，歐巴馬成功拉近與美國民眾的距離，創造互動與帶動網路政治的流行。另一個實際案例則是川普於2015年6月16日宣布參選美國總統至2016年11月9日贏得選戰就職以來，因爲其針對國內外議題發表之激烈言論屢屢引起爭議，導致某些美國主流媒體如*CNN*、《紐約時報》、《華盛頓郵報》，以及社會大眾和其他國家對於其發言和政策提出批評。川普因此認爲許多媒體對他並不友善，不僅點名拒絕特定媒體之採訪，更主動以其個人推特帳號化被動爲主動，發表個人意見和對相關議題做出評論，最後反而吸引國內外媒體緊迫關注報導川普對於重大事件或政策之看法。在臺灣，則有臺北市市長（2014-2022年）柯文哲如法泡製歐巴馬的競選手法，運用廉價的網路引導市長選戰風向，藉由網路空戰的方式，從傳統藍綠政治人物當中以素人之姿突圍，最終贏得首都市長寶座並於2018年連任成功。

網路革命的另一個政治意涵便是造成舊有政黨政治版圖或家族政治的瓦解，許多國家的青年與政治素人紛紛投入地方與國會選舉，許多人爲首次參選。以臺灣爲例，過去政治人物許多爲家族事業的傳承，無論是以草根性、家族傳承、派系結盟的方式與民眾搏感情深耕地方多年，或以政治權貴之姿，所謂的「政二代」、「政三代」在政壇無往不利。然而，在網路革命浪潮掀起的科技革命來臨後，素人在沒有家族或過去包袱的壓力之下，反而能以年輕族群喜歡的方式，透過網路平臺直播宣傳、包裝自己，建立粉絲專業和獨特個人色彩的官方網頁，凝聚支持者網絡。以2014年九合一大選臺北市議員選舉爲例，當選的新科議員中，最年輕的只有29歲，議會平均年齡爲46歲。[20]至2018年時，許多年輕世

19 同前註。

20 〈北市年輕議員崛起　六都議會唯一年輕化〉，《TVBS新聞網》，2014年12月1日，https://news.tvbs.com.tw/politics/556637。

代參選議員勝過政壇老將成功當選；許多人甚至是第一次參選，便以經營網路或網軍的力量打贏選戰。當時在臺北市8個選區中，應選63席，但卻有124人登記參選。選舉結果爲國民黨29席、民進黨19席、親民黨3席、時代力量3席、新黨2席、無黨籍7席、社會民主黨1席。許多選區出現首次參選的新人擊敗政壇老將，[21]成功當選議員。無獨有偶，紐西蘭在2019年10月每三年舉行一次的市議員和地區議員選舉中，出現年紀只有19歲且高中剛畢業的臺灣第二代移民王費雪（Fisher Wang），以第七高票當選羅托魯亞湖市（Rotorua Lakes）的市議員。[22]從小便對政治產生興趣的他，時常關心國內外新聞並參與模擬聯合國的活動。據他自述，他於2017年與當時正在參選的現任總理阿爾登（Jacinda Ardern）會面後，開始思考參選的可行性。[23]該屆選舉具有種族多元、參選人年輕化、男女性別更加平等等特色；其中，在奧克蘭市更有17位華人投入選戰，8人成功當選議員；在威靈頓有6位年紀不到30歲的年輕候選人勝出，其中最年輕的當選人甚至只有18歲。[24]總理阿爾登自身亦是紐西蘭歷史上第三位女總理，成爲紐西蘭史上和全球最年輕的女性國家領導人。阿爾登於2017年10月當選總理時，只有37歲。當時媒體認爲「政治少年風（瘋）」從歐洲吹向亞洲，[25]繼39歲的法國總統馬克宏（Emmanuel Macron）和31歲的奧地利總理庫爾茲（Sebastian Kurz）後，紐

21 〈政壇新秀擠下老將！盤點8位備受矚目的北市新科議員〉，《上報》，2018年11月28日，https://www.upmedia.mg/news_info.php?SerialNo=53107。

22 〈多一些年輕聲音！19歲臺裔當選紐西蘭市議員參選保證金不到4,000元〉，《未來城市Future City@天下》，2019年10月25日，https://futurecity.cw.com.tw/article/1032。

23 同前註。

24 同前註。

25 〈紐西蘭37歲女總理阿爾登掀起狂熱〉，《中時電子報》，2017年10月20日，https://www.chinatimes.com/newspapers/20171020000494-260119?chdtv。

西蘭也產生新世代領導人，形成「賈欣達狂熱」（Jacindamania）。

網路革命所帶來的第三個政治意涵，便是民眾參與政治和公民運動，社會運動的途徑改變，進而導致政治面貌的劇烈變遷。例如2010年12月發生於北非突尼西亞的反政府示威，最終引起突尼西亞「茉莉化革命」、[26]埃及「尼羅河革命」和約旦、葉門、利比亞和巴林等國的民主運動和多國獨裁政權的倒臺。[27]由「阿拉伯之春」（The Arab Spring）引發的一連串政治動盪，如利比亞的內戰（civil war）等，而這樣的社會運動浪潮所引發的政治動盪，又造成許多人流離失所成爲難民；爲尋求安定的生活，大批難民和非法移民湧入了歐盟，最終造成歐盟政治版圖的變遷。以突尼西亞爲例，發生於該國的群眾抗爭事件始於一名以擺攤爲生的年輕人穆罕默德・布瓦吉吉（Mohamed Bouazizi）因受到執法人員取締，貨品又被沒收，經投訴無門後決定自焚。該起事件經由網路傳播，自此引發民眾憤怒。爲表達對於獨裁政權的不滿，國內各地爆發了大規模的示威遊行活動爭取民主，全國進入緊急狀態；總統班阿里（Zine El Abidine Ben Ali）因此逃亡至沙烏地阿拉伯，最終結束其對於突尼西亞長達23年的極權統治。該起事件經當地青年透過如臉書、YouTube、推特等網路和交友平臺、各種社群媒體，將示威活動和警民衝突影像即時、迅速地傳播至非洲及全球各地。因此，這場由年輕一代使用網路科技和新興媒體所引發的民主革命運動，亦被稱作「Twitter革命」。突尼西亞的茉莉花革命影響了埃及、葉門、利比亞等國的民主革命運動，民眾紛紛起義反抗獨裁政權，最終導致阿拉伯世界政治版圖巨變。例如，除突尼西亞前總統班阿里流亡沙烏地阿拉伯外，統治

---

26 茉莉花爲突尼西亞的國花，因此被稱爲「茉莉花革命」。

27 關於中東民主化運動之詳細討論，可參閱：陳婉容，《茉莉花開：中東革命與民主路》，臺北：圓桌文化，2014年；湯智貿主編，《和平與衝突研究》，臺北：五南圖書，2017年。

埃及長達30年之久的總統穆巴拉克（Hosni Mubarak）亦因此下臺，之後被判終身監禁；執政長達33年的葉門總統沙雷（Ali Abdullah Saleh）也被迫退位。非洲國家中掌權最久、長達42年的利比亞強人領袖格達費（Muammar Gaddafi）不只被推翻，最後還遭擊斃。[28]。

網路革命所帶來的多元、豐富的網路媒介，亦影響了社會運動的結構與組織型態。國內一些學者以實際個案探討網路媒介如何影響社會運動的動員和組織型態；例如發生於2008年11月的野草莓學運、臺灣環境運動組織、太陽花運動等，皆受網際網路和新媒體影響甚多。蕭遠在其研究中指出，[29]網路普及之後，許多非政府組織（non-government organization）利用各種網路科技媒介進行社會運動的動員部落格中，其中，野草莓學運是臺灣第一個使用網路（BBS）發起學生運動、進行參與者討論、發布新聞稿、架設網路視訊，使參與者瞭解活動進行狀況。因此，網路媒介的重要性對於野草莓學運的進行，影響重大。該份研究指出，野草莓學運使用網路媒介動員的「虛擬生態圈」（virtual ecology），雖然能迅速完成動員，但也同時吸引「人際網絡枝節斷裂」（segmented）的參與者加入，最終形成「無領導的民主行動群」扁平式組織。[30]網路平臺在速度上能迅速完成動員，然而卻不一定能成功領導運動，畢竟過去成功的社會運動依賴的是人際網絡的結合與緊密。這說明在社會運動中，網路可以號召和動員的廣度相當大，但深度可能有待驗證。王維菁帶領研究生探討網際網路時代的社會運動，[31]則以荒野

28 關於中東各國發生的一系列民主革命運動，可參閱：厲以壯，〈埃及民主運動爲伊斯蘭世界開展新紀元〉，《清流月刊》，2011年3月號。

29 蕭遠，〈網際網路如何影響社會運動中的動員結構與組織型態？以臺北野草莓學運爲個案研究〉，《臺灣民主季刊》，第8卷第3期，2011年9月，頁45-85。

30 同前註，頁45。

31 王維菁、馬綺韓、陳釗偉，〈網際網路時代的社會運動：以臺灣環境運動

保護協會、綠色陣線、臺灣環境資訊協會、臺灣環境保護聯盟、主婦聯盟環境保護基金會、臺灣綠黨、綠色公民行動聯盟，以及地球公民基金會等八個臺灣環境運動組織爲個案研究，由組織成員提供該組織的網路社運經驗與反省，分析臺灣環境運動組織的實際網路運用狀況與網路運用的問題。該份研究指出，自網際網路迅速發展以來，許多社運組織皆以網路作爲傳播媒介，推廣運動理念或動員，但事實上社會運動的實際網路運用和效益，與理想情境有一定落差。以網路作爲環境運動與社會運動的媒介，因爲參與門檻低和廉價，提高群眾參與社運的機會；然而，欲以網路操作來改變社會既有的權力結構，仍有一定難度。此外，一個運動是否能推動或進行成功，仰賴的是詮釋生產、組織工作和組織目標下的具體實踐，網路只是實踐運動的媒介或工具。網路動員必須與其他動員系統共同進行，方能眞正推動運動。總體而言，相較於過往，網路科技仍在迅速連結公民社會基層，對於社會運動的進行扮演相當重要角色。

## 第五節　小結

網路科技時代來臨後，因爲網路新興媒體的興起，讓新聞製造與發布的技術變得廉價、普及與低門檻，各種新聞、資訊因此隨手可得，在這當中便夾雜許多假新聞。在民眾生活當中，因爲許多不實訊息的散布，特別是在災害發生之際，引起民眾恐慌，搶購、囤積民生用品，造成社會不安。在政治當中，政治人物在選舉期間遭受競爭對手散布假訊息，則可能造成名譽受損或競選失敗。在國際關係當中，也因爲許多不實之訊息與謠言，造成區域政治動盪，可見尋找新聞眞相與事實原貌對於民眾生活與國內外政治運作相當重要。爲防止網路假訊息的散布，2018年6月28日歐盟理事會通過針對網路媒體制定的《歐盟虛假訊

組織爲例〉，《資訊社會研究》，第25期，2013年，頁1-22。

息實踐準則》（*EU Code of Practice on Disinformation*），從政治廣告的透明度到關閉虛假帳戶、去除假消息傳播者的牟利機制、賦予消費者和研究社群權力等，列出五項承諾和作法。該準則附件共有12頁，分為目的（Purposes）、承諾（Commitments）、準則有效性的測量和監測（Measuring and Monitoring the Code's Effectiveness）、評估期（Assessment Period）、簽署（Signatories）和生效（Entry in Force）等實施細則。[32]包含Facebook、Google、Twitter、YouTube與Mozilla等線上平臺公司皆已於2018年10月簽署；微軟（Microsoft）和TikTok則分別於2019年5月、2020年6月簽署。[33]《歐盟虛假訊息實踐準則》的制定，顯示歐盟對於網路不實訊息和假新聞傳播的憂心與高度關注。為打擊假訊息，我國「國家傳播通訊委員會」（National Communications Commission）於2017年邀請網路平臺、傳播通訊軟體和社群媒體、專家學者和民間團體等舉行會議，試圖建構網路假訊息、不實訊息處理機制和溝通互動平臺。目前政府機關各部門皆已設置闢謠專區，如行政院官網設置的「即時新聞澄清專區」等，以即時提供正確報導，並有效澄清網路不實謠言。[34]2018年5月，NCC舉行相關會議，各方代表大多肯定業者自律行為，反對以立法方式管制業者，期望透過公民團體的第三方監督，共同推動網路消息查核機制。目前，包含Facebook、Google、LINE和Yahoo等業者，在臺灣皆已建立社群守則和營運政策，和第三方團體亦有合作推動訊息查核機制。就國際關係與國際政治面向來看，網路革命提高資

---

32 關於該準則內容細項，可參閱："Code of Practice on Disinformation," European Commission, September 26, 2018, accessed at: https://ec.europa.eu/digital-single-market/en/news/code-practice-disinformation。

33 "Code of Practice on Disinformation," *European Commission*.

34 國家傳播通訊委員會新聞稿，2018年5月29日，https://www.ncc.gov.tw/chinese/news_detail.aspx?site_content_sn=8&is_history=0&pages=0&sn_f=39223。

訊接收速度與公民政治參與，但有時亦對政府施政造成困難。許多新聞常在發生負面效應，引發強烈批判後，才在事後得到澄清與解釋，但所造成的負面效應、連鎖反應卻往往難以抹滅。因此，在後眞相時代，各國政府與民間共同合作的事實查核機制有其重要性與必要性。網路革命對於國內外政治，對於人類生活帶來的效應，如同「水能載舟、亦能覆舟」，因此如何分辨眞假新聞，給予和傳遞民眾正確新聞極其重要。

## 參考文獻

克勞斯・施瓦布著，世界經濟論壇北京代表處譯，《第四次工業革命》，臺北：天下文化，2017年。

陳婉容，《茉莉花開：中東革命與民主路》，臺北：圓桌文化，2014年。

湯智貿主編，《和平與衝突研究》，臺北：五南圖書，2017年。

海特・麥當納著，林麗雪及葉織茵譯，《後眞相時代》，臺北：三采，2018年。

蕭遠，〈網際網路如何影響社會運動中的動員結構與組織型態？以臺北野草莓學運爲個案研究〉，《臺灣民主季刊》，第8卷第3期，2011年9月，頁45-85。

王維菁、馬綺韓、陳釗偉，〈網際網路時代的社會運動：以臺灣環境運動組織爲例〉，《資訊社會研究》，第25期，2013年，頁1-22。

厲以壯，〈埃及民主運動爲伊斯蘭世界開展新紀元〉，《清流月刊》，2011年3月號。

新媒體世代，〈社群媒體開啟的2016年美國總統大選之路〉，《TVBS新聞網》，2015年7月31日，https://news.tvbs.com.tw/ttalk/detail/life/1343。

〈政壇新秀擠下老將！盤點8位備受矚目的北市新科議員〉，《上報》，2018年11月28日，https://www.upmedia.mg/news_info.php?SerialNo=53107。

〈多一些年輕聲音！19歲臺裔當選紐西蘭市議員參選保證金不到4,000元〉，《未來城市Future City@天下》，2019年10月25日，https://futurecity.cw.com.tw/article/1032。

〈紐西蘭37歲女總理阿爾登掀起狂熱〉，《中時電子報》，2017年10月20日，https://www.chinatimes.com/newspapers/20171020000494-260119?chdtv。

〈假新聞OUT！FACEBOOK、LINE啟動第三方事實查證幫你把關〉，《聯合報》，2019年6月23日，https://udn.com/news/story/7088/3888412?from=udn-catebreaknews_ch2。

〈防假新聞流竄　政院即時澄清專區上線〉，《中央社》，2018年5月10日，https://www.cna.com.tw/news/firstnews/201805100364.aspx。

「臺灣事實查核中心」官方網頁，https://tfc-taiwan.org.tw/about/purpose。

「MyGoPen事實查證網站」，https://www.mygopen.com/p/blog-page_58.html。

「眞的假的Cofacts」網頁，https://medium.com/cofacts。

「蘭姆酒吐司」（Rumor & Truth）網頁，https://www.rumtoast.com/。

行政院「即時新聞澄清專區」，https://www.ey.gov.tw/Page/5519E969E8931E4E。

國家發展委員會「我的E政府」，https://www.gov.tw/。

國家傳播通訊委員會新聞稿，2018年5月29日，https://www.ncc.gov.tw/chinese/news_detail.aspx?site_content_sn=8&is_history=0&pages=0&sn_f=39223。

Luis Moita, "A Critical Review on the Consensus around the Westphalian System," *Janus.net*, fall, 2016, *3*(2), p. 17-42.

Maryann P. Feldman, "The Internet Revolution and the Geography of Innovation", *International Social Science Journal*, 2002, *54*(171), p. 47-56.

Keyes, Ralph. *The Post-Truth Era Dishonesty and Deception in Contemporary Life.* New York: St. Martin's Publishing Group, 2004.

Mikail, Elnur Hasan and Aytekin, Cavit Emre, (2002) "The Communications and Internet Revolution in International Relations." *Open Journal of Political Science*, 2016, *6*(4), p. 345-350.

Philip Seargeant, *The Art of Political Storytelling: Why Stories Win Votes in Post-truth Politics.* UK: Bloomsbury Academic, 2020.

Darrell M. West, *The Rise and Fall of the Media Establishment.* USA: Palgrave, 2001.

"Code of Practice on Disinformation," European Commission, September 26, 2018, accessed at: https://ec.europa.eu/digital-single-market/en/news/code-practice-disinformation.

# 第七章

# 中國一帶一路與美國戰略競爭

## 第一節　前言

若以網路搜尋引擎Google尋找與「一帶一路」有關的中文資料，在0.35秒之後，立即出現830萬筆資料；若以英文「one belt one road」搜尋，則能在0.52秒獲得5億6200萬筆資料；由中外文資料量即可顯示「一帶一路」受國際關注的力量遠勝中國國內。自中國政府於1979年放寬對外貿易限制，全力發展經濟並取得快速的經濟增長後，美國與中國逐漸在國際格局中形成兩強概念。美國智庫彼得森國際經濟研究所（Peterson Institute of International Economics）創辦人暨高級研究員，同時也是著名的經濟學家伯格斯坦（Fred Bergsten）於2005年提出「兩國集團」（G2-The Group of Two）的概念。[1]當時伯格斯坦提出的G2概念，是指美國與中國應當合作並共同主導世界事務，美國如果希望中國在全球經濟中承擔更多的責任，就應該和中國分享全球經濟的領導地位。[2]然而，當2010年中國超越日本成為世界第二大經濟體之後，美國對於中國的戒心逐漸升高，美國國內圍堵中國崛起的聲浪逐步高漲。回顧自1979年建立正式外交關係以來的美中關係，雙方似乎因為交往的越密切，產生越多紛爭，多年磨合下來，彼此之間充滿怨懟，兩國關係從交往走向競爭和對抗；雙方你來我往在許多國際和區域事務各個層面之間針鋒相對。

就國家發展戰略層面考量，中國於2013年9月國家主席習近平出訪陸地國家哈薩克（Kazakhstan）和10月訪問海洋國家印尼（Indonesia）時，分別提出共同建立陸上「絲綢之路經濟帶」和「21世紀海上絲綢之

---

1 〈中美競爭加劇　華府專家卻重提G2〉，《臺灣中評網》，2018年9月16日，http://www.crntt.tw/doc/1051/9/8/4/105198421.html?coluid=7&kindid=0&docid=105198421。

2 同前註。

路」。[3]中國繼而在2017年5月於北京舉行第一屆「一帶一路國際合作高峰論壇」（Belt and Road Forum for International Cooperation）；[4]2019年4月召開第二屆。[5]自中國「一帶一路」倡議（The Belt and Road Initiative）提出以來，外界多將此中國國家發展（National Development）戰略視爲其國家安全（National Security）戰略的全面涵蓋。無獨有偶，川普自2017年1月上臺後，將過往美國亞洲外交政策中習慣使用的「亞太」（Asia-Pacific）字眼改爲「印太」（Indo-Pacific），川普政府的「印太戰略」（Indo-Pacific Strategy）自此被視爲美國版的「一帶一路」，或爲圍堵（contain）、制約中國「一帶一路」的外交新戰略。因此，本章將先就學界現有相關文獻進行介紹與評論，再分別就中國一帶一路倡議（BRI），和美國印太戰略提出之政策內涵和戰略考量與目的進行分析，進而探究美中權力競爭對於整過國際關係發展及亞太地緣政治之影響。

## 第二節　相關文獻分析

國際關係學界對於美國與中國關係發展之研究論述相當豐富，特別是自1990年代中國因爲經濟改革開放的成功，使得國家總體力量（comprehensive national power）大幅提升之後，一時之間有關「中國威脅論」（China-Threat Theory）的聲浪不絕於耳。對於美中關係的發

3 〈中國發表《共建「一帶一路」倡議：進展、貢獻與展望》報告〉，《新華社》，2019年4月22日，http://www.mod.gov.cn/big5/topnews/2019-04/22/content_4840020.htm。

4 〈一帶一路國際合作高峰論壇〉，中國外交部，2019年8月，https://www.fmprc.gov.cn/web/wjb_673085/zzjg_673183/gjjjs_674249/gjzzyhygk_674253/ydylfh_692140/gk_692142/。

5 〈第二屆「一帶一路」國際合作高峰論壇達成廣泛共識取得豐碩成果〉，《人民網》，2019年4月29日，http://cpc.people.com.cn/BIG5/n1/2019/0429/c419242-31055869.html。

展，大致上分爲充滿樂觀看法，呼籲雙方進行合作的新自由主義學派（Neo-Liberalism）；抑或是以悲觀、霸權競逐態度論述，雙方最後必將走向戰爭和衝突局面的新現實主義（Neo-Realism）看法，以及從國家利益（national interest）、身分（identity）及國際社會當中國家之間互動（interaction）所產生的結果，來分析美中關係的建構主義（Constructivism）。以下就與本章題目相關之重要學術著作進行介紹與評析。

由中國學者劉連第所主編的《中美關係的軌跡》一書，回顧1993-2000年中美雙方關係之發展；[6]該書從柯林頓總統時期，中國與美國的政治外交、經貿科技、軍事安全、美國國會議員對中國動態和涉中議案等回顧與整理雙方關係。該書認爲中美關係在柯林頓政府第一任期四落四起，第二任期雖有較大改善和發展，卻也曾遭遇重大挫折。該書指出柯林頓總統第一任期時，美國對中國政策搖擺，致使雙方關係起伏不定、麻煩不斷；例如柯林頓總統雖於1993年以行政命令宣布延長中國最惠國待遇（Most-Favored-Nation Treatment）一年，卻又規定此延長需附加七項人權條件。中方認爲美國此舉形同將貿易與人權議題連結（issue-linkage），逼迫中國在貿易議題上讓步，突顯美國對中強硬立場。此外，美國也以中國向巴基斯坦出售導彈零件，對中國實行貿易制裁，同時反對中國申請舉辦2000年奧林匹克運動會，雙方就知識財產權議題的談判也停滯，最讓中國不滿的是，美國允許臺灣總統李登輝訪問美國等，種種行爲皆顯示美國對中國極不友善。該書指出，柯林頓總統第二任期對中政策雖較第一任期務實和積極，卻仍防止和牽制中國的崛起；直到雙方元首互訪後，兩國關係才得到很大的改善和發展。雙方不只在經貿、能源、環保、軍事安全和司法領域等，進行密切合作與交流，同時亦在國際問題上加強協商與合作。總體而言，中美元首對於兩國關係

---

6 詳見劉連第主編，《中美關係的軌跡》，北京：時事出版社，2001年。

之發展，皆認為雙方應該以談判（negotiation）和協商（consultation）的方式解決彼此的分歧，推動雙方關係之發展。該書完整記錄柯林頓政府時期，中美兩國所發生之種種紛爭與問題解決的過程，從中得以瞭解美中關係發展過程雖有起伏，大致上仍以對話和協商方式解決問題。由於該書重點在於介紹柯林頓政府之美中雙方互動，因此未能提供進入二十一世紀後的美中關係互動與往來，因此本章將在下一節中對此做一補充說明。

另一本同樣由中國學者所著作的《美國全球霸權與中國命運》，[7] 則以上、下篇章論述美中關係的往來與互動。上篇章從美國全球霸權（Hegemony）的特徵，論述美國的單極獨霸、實力政策、新強權政治、美元陷阱、新砲艦政策和文化侵略等。下篇章分析美國對中國的威脅與中國可能的選擇，分析美國對中國的軍事威脅、政治經濟紛爭、科技封鎖與輿論態勢等。該書指出美國全球戰略的核心在於維持其單極稱霸地位，防止任何大國或集團之興起並與之抗衡。合著該書的三位學者批評政治民主化、經濟全球化、金融整合與軍事技術化等，皆是美國向全球擴張所使用的戰略手段；美國以其絕對優勢的軍事力量操縱全球，強化自身霸權地位，以維持美國在國際事務中的絕對權威，進而獲取最大利益。該書認為當時美國的戰略重點在歐洲，但若解決完歐洲和中東問題後，便會將重點轉向亞太地區，透過聯合日本和韓國的力量，強化美國在亞太地區的主導地位；儘管美國暫時不會對中國的國家安全產生直接威脅，仍具有不可忽視的影響。該書與大多數中國學者看法類似，皆將美國視為威脅未來中國國家安全與國家發展的主要來源；因此多以負面觀點論述美國，且並未對中國應有的因應之道提出建議。因此，本章將從客觀角度分析中國與美國國家發展戰略，以及由此出發觀察雙方

7 趙魯杰、何仁學與沈方吾，《美國全球霸權與中國命運》，北京：北京出版社，1999年。

之互動及國際關係動態發展情勢。

美國美利堅大學（American University）國際關係學院教授兼亞洲研究理事會主席趙全勝，於2009年在北京出版簡體字版的《大國政治與外交——美國、日本、中國與大國關係管理》一書，[8]隔年在臺灣出版完整的繁體字版本。趙全勝在該本著作中，以美國、日本和中國三個國家爲主要研究對象，觀察這三個國家的政治與外交互動、外交政策的發展和其制定過程，同時亦對東亞國際關係之演變與發展提出大國關係管理架構，並對一系列具體的政策問題進行案例考察。該書試圖從政治與外交之間的關係，從各國國內政治、外交關係和國際關係爬梳，內容分爲三大區塊：美國政治外交與中美關係、日本的政治外交與中日關係、亞太地區兩大熱點問題。趙全勝在該書第一部分，以中美實力變動的對比作爲案例分析，針對冷戰後美國單極超強地位與中國崛起所引發的全球政治發展與變化，作者以權力轉移理論、美國外交政策制定、人權問題和美中關係演變等做一論述。第二部分聚焦在日本，從分析日本政治中非正規機制研究著手，探討日本政策制定過程中具有自身特點之機制，輔以一系列政策案例觀察中美日三邊架構下的中日關係發展，說明日本外交帶傾向性的中間路線發展。該書第三部分專門研究亞太地區的兩大熱點問題，作者指出亞太地區的國際關係熱點、大國利益交錯之處在於朝鮮半島南北韓問題和臺灣問題。趙全勝說明中國在朝鮮半島中的作用，尤其在北韓發展核武和六方會談議題上，同時分析此議題中的國際因素。就臺海問題上，趙全勝除解釋中國在此問題上的一些基本考慮外，亦說明兩岸不同的政治內涵。作者將朝鮮半島和臺海問題做一比較，說明其異同處及中國與美國在大國關係管理問題上的發展途徑。該書不僅提供瞭解美中關係發展之途徑，亦觸及美中關係發展中最棘手的

8 趙全勝，《大國政治與外交——美國、日本、中國與大國關係管理》，臺北：五南圖書，2010年。

臺海問題；認爲美中應該試圖發展一種新安全架構與機制，共同管理在臺海議題上的利益競爭性。作者認爲共同管理模式對於中美雙方而言雖是次優選擇，但卻是避免發生戰爭的唯一可行辦法。

《紐約時報》與《華盛頓郵報》資深駐外記者郃培德（Patrick Tyler）所寫的《中美交鋒——1996年臺海危機的內幕》（*A Great Wall: Six Presidents and China*），[9]同樣聚焦美中關係發展，就30年來美國6位總統與中國領導人的對抗與結盟做一詳細分析。該書仔細回顧和爬梳尼克森、福特、卡特、雷根、布希和柯林頓政府時期的美中關係，包含發生於1969年中蘇邊境衝突、1989年天安門事件和1996年臺海危機等重大事件。進入千禧年之際，當時作者對於未來20年（2000-2020年）美中關係的發展提出許多問題：例如中國領導層在對內追求經濟發展的同時，是否會在區域內推動和平穩定？或是將更多資源移轉至軍事用途上，以便稱霸亞洲？中國是否會以武力逼迫臺灣，按照北京提出之條件完成統一？中國是否會無視於亞洲各國的權益，強行占有南海石油和礦物資源，並破壞美國在亞洲的權力布局和影響力？中國軍力是否能宰制亞洲並威脅美國在亞洲的軍力部署？然而，郃培德認爲美中關係中存在的許多問題幾乎都無定論，因爲雙方在不同時期偶有衝突、偶有合作，當中又牽涉許多特殊利益團體（interest groups）的運作和複雜的內政問題。他認爲美中雙方領導人必須理性釐清和排序國家利益，方能維持穩定的雙邊關係架構。郃培德指出，美國應該在未來盡量避免與中國爆發衝突，並且應該接受中國勢必成爲亞洲強權之事實；在中國崛起之際，或許某些國家利益會與美國相衝突，但美國應致力謀求最好的結局。時過20年，該書提供本章對於美中關係發展中，多項重要議題的思考；期望透過對於中國和美國國家發展戰略之研究，對以上問題提供一些看法。

---

9 郃培德著，聯合報編譯組譯，《中美交鋒——1996年臺海危機的內幕》，臺北：聯經出版社，2000年。

另外，由多位美國和中國在國際政治、經濟、國際關係和環境研究等領域的知名學者，經由多場會議溝通、討論和交流後，所集結出版的《力量與克制——中美關係的共同願景》（*Power and Restraint*）一書，[10]同樣具有重要參考價值。美國學者奈伊（Joseph Nye）、羅斯克蘭斯（Richard Rosecrance）、賽奇（Anthony Saich）、梅伊（Ernest May），以及中國學者劉遵義、王緝思、楊潔勉、俞可平、賈慶國等人，透過該書整理美中學界對於美中關係未來可能的發展，提出各種看法。學者們透過合著或分別論述的方式，就權力轉移（power transition）、中國軟實力（soft power）的興起及其對美國之影響、美中經濟交往、軍事關係和軍備控制、危機管理（crisis management）、中國的自由化和民主化發展、美中分歧點、全球暖化和地區治理等種種議題著手，探究美中關係未來發展。全書分爲美中達成的共識與存在的分歧兩大部分共13章；在雙方達成的共識部分，由哈佛大學亞洲研究中心主任賽奇所發表的〈中國與美國：兩個互動的社會〉一文中，[11]明白指出美中兩國社會皆會繼續發展，但中國將會經歷最大的變化。賽奇認爲中國社會和政治體制演進的方式，將會對中美關係的性質產生深遠影響；對於中國政府和人民及其他國家而言，這種變化則會帶來機遇和挑戰，但關鍵在於中國共產黨能否發展出一種可持續的政治模式，結合經濟自由與集權化的機構。賈慶國和羅斯克蘭斯指出，[12]中美建交以來雙方關係

10 理查德·羅斯克蘭斯與顧國良主編，《力量與克制——中美關係的共同願景》，北京：社會科學文獻出版社，2010年。

11 賽奇著，理查德·羅斯克蘭斯與顧國良主編，〈中國與美國：兩個互動的社會〉，《力量與克制——中美關係的共同願景》，北京：社會科學文獻出版社，2010年，頁89-104。

12 賈慶國與理查德·羅斯克蘭斯著，理查德·羅斯克蘭斯與顧國良主編，〈中美互動〉，《力量與克制——中美關係的共同願景》，北京：社會科學文獻出版社，2010年，頁194-201。

出現巨大變化，從過去少數問題領域擴展至涵蓋經濟、政治和軍事安全等多個問題領域的全面關係。隨著中國走向全球化，融入外部世界和參與各種國際組織和國際制度，中國成爲現行國際制度的利益攸關方（stakeholder），中國與外部世界和美國的關係走向共利雙贏；美國應當鼓勵中國作爲利益攸關方行事。以上多篇文章與專書各自從不同角度，剖析美中關係互動與發展，皆能提供本章許多參考價值。本章下節將分別解釋中國和美國各自的國家發展和國家安全戰略內容與意涵，以中國一帶一路倡議與美國印太戰略爲例。

## 第三節　中國國家發展戰略

按照中國國家發展戰略規劃，「一帶一路」倡議（The Belt, and Road Initiative）或稱爲「帶路倡議」，爲中國促進與沿線國家共同合作發展、促進區域整合的理念，試圖將過去中國與各國既有的多項雙邊和多邊機制串聯起來，作爲推廣合作的平臺。因此，此倡議於中國國家發展戰略上，具有極爲重要之政治、經濟發展戰略意涵；但對於美國與一些國家而言，此倡議充滿北京對於國家安全戰略與地緣政治的精心布局與安排。

### 一、經濟發展與區域整合戰略考量

就國際經濟合作層面來看，根據2020年3月24日至26日於杜拜舉行的「國際投資年會」（Annual Investment Meeting）資料顯示，[13]「一帶一路」倡議橫跨亞洲、歐洲、非洲和太平洋地區等多個國家；此計畫涵蓋交通、能源、礦產、資通訊產業等基礎建設和工業園區、經濟特區、觀光旅遊業和城市發展等多個項目。此計畫沿線經過除中國以外的126

13 〈獨家的一帶一路倡議活動：爲國際合作與投資鋪平道路〉，國際投資年會，2020年3月24日，https://www.aimcongress.com/。

個國家，且已有152個國家表達參與此計畫之興趣。計畫實施後，預計將使占世界人口70%的44億人受惠。首先，就中國國內經濟發展層面而言，帶路倡議作爲中國經濟發展經驗與模式的對外輸出，透過投資基礎建設帶動國際貿易與經濟成長。藉由建設國際經貿發展所需要的交通運輸網從中國國內延伸至歐亞大陸，不僅能縮短交通路程，還能有效提升中國與各國的經貿往來。根據美國蘭德（RAND）公司的研究，一帶一路區域內鐵路交通網絡若能有效改善，整個區域內的出口貿易總額將能成長2.8%；空運和海運的距離如果能縮短10%，貿易量也將能夠增加0.4%和0.1%；公路密度提高10%，則有助於貿易成長0.34%。[14]因此，爲保持經濟成長的動能，中國積極尋求與帶路倡議沿線區域內國家合作，協助其完善公路、鐵路等交通網和興建港口等基礎建設，此舉同時亦能保障中國進口和運送石油、天然氣等能源線的運輸安全。

一帶一路倡議的第二個經濟戰略意涵，就在於與沿線國家的油氣合作，因爲能源安全（energy security）等同於國家安全，爲國家重要生命線。以石油而言，石油爲全世界第一大出口產品，2018年石油占全球出口產品價值的5.9%。[15]雖然全球前五大石油生產國爲美國、沙烏地阿拉伯、俄羅斯、加拿大和中國，[16]但全球前十大石油出口國卻是沙烏地阿拉伯、俄羅斯、伊拉克、加拿大、阿拉伯聯合大公國、科威特、伊朗、美國、奈及利亞和哈薩克。[17]中國自1993年開始成爲石油淨進口

---

14 〈中國一帶一路倡議：復興絲綢之路對世界貿易有何影響〉，RAND歐洲事業部，2018年，https://www.rand.org/content/dam/rand/pubs/research_briefs/RB10000/RB10029/RAND_RB10029z1.zhs.pdf。

15 "World's Top 10 Oil Exporters," *Investopedia*, October 23, 2019. accessed at: https://www.investopedia.com/articles/company-insights/082316/worlds-top-10-oil-exporters.asp.

16 "The World's Top Oil Producers of 2019," *Investopedia*, April 22, 2020. accessed at: https://www.investopedia.com/investing/worlds-top-oil-producers/.

17 "World's Top 10 Oil Exporters," *Investopedia*.

國，[18]能源高度仰賴進口，且目前爲全球最大原油進口國，自2017年11月開始，還成爲美國原油最大買主。2018年中國進口石油達4.4億噸，對石油的進口依賴程度接近七成，達到69.8%；天然氣進口量則爲1,254億立方公尺，天然氣對外依賴程度爲45.3%。[19]爲分散風險且擺脫美中貿易戰籠罩之陰影與困局，中國勢必持續強化與一帶一路沿線國家的交通運輸及油氣合作。第三，透過帶路倡議的向外布局，不只能平衡中國國內不同區域的發展，緩和國內財富分配不均的問題，同時亦能緩解中國國內在高速經濟起飛後，所出現的原物料與許多基礎產業產能過剩的困境，爲中國產業尋找外部市場，並進行經濟結構轉型和產業結構調整。

最後，透過建立帶路倡議所涵蓋的區域內國家之間緊密和相互依賴的經貿網路，強化與各國的經貿及投資關係，進而塑造以中國爲主的全球價值鏈（global value chains），鞏固中國的區域領導地位，最終掌握對於國際事務的話語權和主導全球經濟局勢之發展。

## 二、國家安全與地緣政治戰略考量

「帶路倡議」藉由連結中國與亞洲、非洲及歐洲等國的經貿往來與合作，對外輸出、形塑有別於西方和美國的中國文化與價值觀；但從美國角度和地緣政治來看，中國的帶路倡議似乎有拉攏歐、亞與非洲各國與美國相抗衡的戰略意圖。對於中國而言，維持穩定的經濟發展必須有一穩定的周遭區域，因此帶路倡議的戰略目標在於保護國家安全，國家安全包含經濟安全、能源安全、政治安全、環境安全等各面向議題。首先，以國家生命線的能源安全爲例，國家能源供應的來源必須朝多元、

---

18 林竣達，〈中國能源轉型的現狀、前景，以及阻礙〉，《The News Lens關鍵評論》，2018年9月17日，https://www.thenewslens.com/article/103729。

19 〈能源高度仰賴進口　中國成石油、天然氣最大宗買家〉，《自由時報》，2019年1月21日，https://ec.ltn.com.tw/article/breakingnews/2678463。

多角化發展以分散風險；中國雖能自己生產石油與天然氣，但仍需依賴大量進口。2017年開始，中國成爲全球的第一大原油進口國，石油對外依賴程度將近70%；天然氣部分則在2018年超越日本，成爲全球第一大天然氣進口國，對外依賴程度超過45%。[20]

| 石油進口來源國 | 金額（10億美元） | 占總進口比例（%） |
|---|---|---|
| 沙烏地阿拉伯 | 40.1 | 16.8 |
| 俄羅斯 | 36.5 | 15.3 |
| 伊拉克 | 23.7 | 9.9 |
| 安哥拉 | 22.7 | 9.5 |
| 巴西 | 18.5 | 7.8 |
| 阿曼 | 16.4 | 6.9 |
| 科威特 | 10.8 | 4.5 |
| 阿拉伯聯合大公國 | 7.3 | 3.1 |
| 伊朗 | 7.1 | 3 |
| 英國 | 6.3 | 2.7 |
| 剛果 | 5.54 | 2.3 |
| 馬來西亞 | 5.5 | 2.3 |
| 哥倫比亞 | 5.4 | 2.3 |
| 利比亞 | 4.8 | 2 |
| 委內瑞拉 | 4.4 | 1.9 |

圖一 2019年中國主要石油進口來源國

資料來源：Daniel Workman, "Top 15 Crude Oil Suppliers to China," July 11, 2020. accessed at: http://www.worldstopexports.com/top-15-crude-oil-suppliers-to-china/。

20 江泰傑，〈中國成全球能源進口第一大國原油對外依存度今年破七成〉，《鉅亨網》，2019年1月21日，https://news.cnyes.com/news/id/4271178。

中國石油主要多從中東地區、西非、俄羅斯和中南美洲進口。[21]中國石油最大進口來源國爲俄羅斯、沙烏地阿拉伯和伊拉克，[22]占石油進口總量的42%。[23]其餘重要石油進口來源國如圖一所示。中國管道天然氣主要從土庫曼、烏茲別克、哈薩克、緬甸、俄羅斯進口；[24]海上天然氣則主要從澳洲輸入；2019年中國液化天然氣主要進口國爲澳洲（43.7%）、卡達（17.2%）、馬來西亞（10.7%）和印尼（9.1）。[25]在中國「第十三個五年規劃」的能源發展規劃中，[26]提及將擴大海上天然氣的進口，[27]因此澳洲便成爲重要合作夥伴。2016年12月，中國公布「能源生產和消費革命戰略（2016-2030）」，當中亦提及必須「加強

---

21 〈APEC各會員體能源資訊分析〉，臺灣經濟研究院，https://apecenergy.tier.org.tw/energy2/china.php。

22 孫秀娟，〈我國進口原油供應格局的變與不變〉，《中國石油新聞中心》，2020年1月7日，http://news.cnpc.com.cn/system/2020/01/07/001758820.shtml。

23 沙烏地阿拉伯原爲中國最大原油進口來源國，但自2016年起被俄羅斯取代，2019年又重回第一大來源國。

24 〈中國天然氣進口增勢趨穩〉，《人民網》，2020年10月29日，http://energy.people.com.cn/BIG5/n1/2020/1029/c71661-31910915.html。

25 〈2019全球、中國LNG出口、航運、港口接收詳細情況一覽〉，信德海事網，2020年1月16日，https://www.xindemarinenews.com/world/17521.html。

26 2016年3月中國「全國人民代表大會」和「中國人民政治協商會議」審議通過《國民經濟和社會發展第十三個五年規劃綱要》，簡稱「十三五」規劃綱要。該綱要規劃2016-2020年中國經濟和社會發展藍圖。根據該綱要，中國要在2020年全面實現小康社會，實現國內生產總值至100兆人民幣，國民平均收入至10,000美元，且要讓7,000萬農村的貧困人口脫貧。因此，計畫實施的5年當中，每年經濟成長率不能低於6.5%。詳見：林德昌，〈中國大陸「十三五」規劃綱要概述〉，行政院陸委會大陸與兩岸情勢簡報，2016年4月，頁11-14，http://www.mac.gov.tw/public/Attachment/642915445566.pdf。

27 〈APEC各會員體能源資訊分析〉，臺灣經濟研究院。

全方位國際合作，打造能源命運共同體」，[28]包括「實現海外油氣資源來源多元穩定，完善海外重點合作區域布局……暢通一帶一路能源大通道……增強國際能源事務話語權……，以掌握能源安全主動權」等。[29]爲分散風險，中國計畫欲重新恢復與俄羅斯的天然氣管道，同時提高自澳洲、馬來西亞、印尼、俄羅斯和巴布亞紐幾內亞進口天然氣。[30]由此可見，穩定的交通運輸路線與緊密的夥伴合作，才能保障中國能源安全，維護國家安全，最終實現習近平提出的「中國夢」（Chinese Dream），建立以中國爲主的區域秩序。因此，中國帶路倡議具有重要國家安全與地緣政治戰略考量。

### 三、外交政策與戰術、機制運用

截至2020年1月底，中國已經與包含亞洲37國和非洲44國等，共138國和30個國際組織簽署共建「一帶一路」合作文件。[31]由於參與中國帶路倡議合作的國家累計多達65個，這些國家合計占全球GDP的三分之一，占全球總人口數的60%。爲提供帶路倡議所需之基礎建設、金融及產業合作、資源開發、民生項目等計畫所需資金，並擺脫由西方國家主導之國際金融機制，中國國家主席習近平於2014年11月8日宣布成立規模400億美元的「絲路基金」。[32]習近平主席在「加強互聯互通夥伴關係對話會」上表示，「絲路基金是開放的，歡迎亞洲區域內外的投資者

28 〈能源生產和消費革命戰略（2016-2030）〉，中國國務院，2016年12月，http://www.gov.cn/xinwen/2017-04/25/5230568/files/286514af354e41578c57ca38d5c4935b.pdf。

29 同前註，頁28-31。

30 〈APEC各會員體能源資訊分析〉，臺灣經濟研究院。

31 〈中非共譜「一帶一路」合作新篇章〉，《人民網》，2020年4月5日，http://world.people.com.cn/n1/2020/0405/c1002-31662381.html。

32 林蕙禎編譯，〈中國絲路基金擬注資沙特阿美IPO　金額上看100億美元〉，《鉅亨網》，2019年11月6日，https://news.cnyes.com/news/id/4406269。

積極參與」。[33]同年12月29日絲路基金隨即在北京正式註冊成立。[34]在絲路基金與新加坡亞洲基礎設施辦公室（Infrastructure Asia）倡議和中星兩國合作下，絲路基金與新加坡盛裕集團（Surbana Jurong）於2019年4月29日在中國國務院總理李克強與新加坡總理李顯龍於北京共同見證下，[35]簽署「中國—新加坡共同投資平臺」架構協議；[36]顯示新加坡對於中國帶路倡議的主動和積極。根據該架構協議，中星共同投資平臺將出資5億美元，以股權、債權等多種方式投資東南亞等地區的基礎設施。盛裕集團將按照等量出資原則共同進行投資。爲建設更多民生項目計畫，習近平主席於2017年5月14日在第一屆「一帶一路國際合作高峰論壇」上宣布將擴大金額投入，新增1,000億美元於絲路基金，[37]並在未來3年爲參與一帶一路計畫的發展中國家與國際組織提供600億美元援助。[38]「一帶一路高峰論壇」爲一帶一路計畫架構內，最高層級和規模

---

33 〈中國將出資4百億美元成立絲路基金〉，《BBC中文網》，2014年11月8日，https://www.bbc.com/zhongwen/trad/world/2014/11/141108_china_silkroad-fund。

34 「絲路基金」官方網頁，http://www.silkroadfund.com.cn/cnweb/19854/19858/index.html#sylj。

35 新加坡盛裕集團於1982年成立於澳洲布里斯班，總部位於新加坡，爲一全球性城市和基礎設施諮詢公司，具70年以上專業領域經驗，業務團隊遍及全球40多個國家、120多個辦事處，員工超過14,000人。有關該集團詳細介紹可見其官方網頁，盛裕控股集團，https://surbanajurong.com/about-us/?lang=zh-hans。

36 〈絲路基金與新加坡盛裕集團成立共同投資平臺〉，國家外匯管理局，2019年7月12日，https://www.safe.gov.cn/big5/big5/www.safe.gov.cn:443/hebei/2019/0712/1414.html。

37 林蕙禎編譯，〈中國絲路基金擬注資沙特阿美IPO　金額上看100億美元〉，《鉅亨網》，2019年11月6日，https://www.bbc.com/zhongwen/trad/world/2014/11/141108_china_silkroadfund。

38 沈旭凱，〈絲路基金增資4,400億〉，《人間福報》，2017年5月15日，

最大的國際會議。在第一屆論壇中，計有130多國和70多個國際組織共29位各國領袖、1,500名代表參加。[39]第二屆「一帶一路國際合作高峰論壇」則於2019年4月25日於北京舉行，共有37國領袖和2個國際組織代表出席，但無民間團體參加。[40]有別於首屆論壇，美國未派代表參加第二屆論壇；印度則連續兩屆皆拒絕參加。

中國除投入巨額的絲路基金之外，亦於2015年底成立資本額1,000億美元的「亞洲基礎設施投資銀行」（Asian Infrastructure Investment Bank, AIIB），並於2016年1月開始運營。[41]當時即使遭逢來自美國的壓力，仍有英國、盧森堡、奧地利、荷蘭、挪威、德國、澳洲、紐西蘭和韓國、新加坡等多國加入亞投行，成爲創始會員國。[42]總部設於北京的亞投行，截至2020年6月已經擁有82個會員和20個準會員，通過75項計畫，分布於21個經濟體，承諾的融資金額超過160美元，其中以能源、金融機構、交通運輸及水資源項目爲主。[43]即使中國宣稱亞投行將與金磚國家新開發銀行、世界銀行和其他多邊開發機構共同合作，訂定一帶一路融資原則，亞投行的成立仍象徵中國企圖繞過由歐洲、美國和日本主導的國際貨幣基金組織（International Monetary Fund）和世界銀行（World Bank）、亞洲開發銀行（Asian Development Bank）的遊戲規

---

https://www.merit-times.com.tw/NewsPage.aspx?unid=473466。

39 同前註。

40 李宗憲，〈中國「一帶一路」高峰論壇在質疑聲浪中開幕〉，《BBC中文網》，2019年4月24日，https://www.bbc.com/zhongwen/trad/chinese-news-48044005。

41 周子欽，〈區域整合脈絡下的「一帶一路」　地緣政治經濟觀點〉，臺灣經濟研究院，2020年2月7日，https://www.tier.org.tw/comment/pec1010.aspx?GUID=9d24986e-0e42-4024-95ca-3eb2083553a5#_ftn1。

42 「亞洲基礎設施投資銀行」官方網頁，https://www.aiib.org/en/about-aiib/governance/members-of-bank/index.html。

43 同前註。

則，力圖建構全新多邊金融體制。

## 第四節　美國態度與回應

川普政府對於中國經濟力量的急劇上升和中國勢力的急速崛起備感威脅，2017年10月18日當時的國務卿蒂勒森（Rex W. Tillerson）在「戰略與國際研究中心」（Center for Strategic & International Studies）演講時表示，中國未以負責任的方式興起，有時還破壞國際上的規則性秩序。此外，中國在南海的挑釁行爲，直接挑戰美國和印度兩國維護的國際法和國際慣例。同時在國際之間進行掠奪式的經濟政策。[44]因此，維持一個自由而開放的印度—太平洋地區對於美國而言相當重要；蒂勒森強調印度是美國的「主要防衛夥伴」（Major Defense Partner）。[45]同年12月18日年底，川普政府在發表的第一份《國家安全戰略》（*National Security Strategy*）當中要求恢復美國在海外的尊嚴，恢復美國國內的信心。該份文件言明美國國家利益主要體現在保衛國土、美國人民和美國生活方式；促進美國繁榮；以實力維護和平；增進美國在世界的影響等「四大支柱」。[46]在論及美國世界地位面臨的重大挑戰和趨勢時，該份戰略文件將中國和俄羅斯定位爲「修正型大國」（revisionist pow-

---

44 〈國務卿雷克斯蒂勒森（Rex Tillerson）以此確定下一個世紀我們與印度的關係爲題發表講話〉，美國駐華大使館和領事館，2017年10月18日，https://china.usembassy-china.org.cn/zh/remarks-on-defining-our-relationship-with-india-for-the-next-century-zh/。
Rex W. Tillerson, "Remarks on Defining Our Relationship with India for the Next Century," *Center for Strategic & International Studies*," October 18, 2017, Washington, DC. accessed at: https://www.state.gov/secretary/ remarks/2017/10/274913.htm.

45 同前註。

46 〈美國國家安全戰略綱要〉，美國在臺協會，2017年12月18日，https://www.ait.org.tw/zhtw/white-house-fact-sheet-national-security-strategy-zh/。

ers）、現狀挑戰者，將其視爲競爭對手；認爲中俄採取技術、宣傳和脅迫等方式試圖形塑與美國利益和價値觀對立的世界。此外，美國還面臨區域獨裁者擴散恐怖威脅鄰國，發展大規模毀滅性武器；聖戰恐怖主義分子以邪惡意識形態名義煽動仇恨，鼓動對無辜民眾行使暴力，同時跨國犯罪集團亦向美國社區投放毒品，煽動暴力等威脅。[47]

美國《國家安全戰略》整份58頁，許多篇幅涉及中俄兩國對美國形成的威脅，例如第8頁說明大規模殺傷性武器（Weapons of Mass Destruction）時，指出中國和俄羅斯正在開發可能威脅美國關鍵基礎設施和指揮、控制架構的先進武器和能力。[48]第27頁說明更新美國競爭優勢（Renew America's Competitive Advantages）時，再次提及中俄兩國，明言大國競爭又回來了，因爲中俄開始在區域和全球擴散他們的影響力，他們不受民主國家固有的隱私權規則及法律的約束，他們運用複雜的政治、經濟和軍事行動，滿足於隨著時間的推移獲得戰略收益；美國必須爲這場比賽做好準備，應對挑戰，以保護美國利益並提升我們的價値觀的競爭性遊戲。[49]第46頁談及印太區域時，該份文件大篇幅說明儘管美國尋求繼續與中國合作，但是中國卻正在使用經濟誘因和懲罰措施，搭配暗示性的軍事威脅和具影響力的運作，說服其他國家聽從其政治和安全議程。[50]中國的基礎設施投資和貿易戰略都在加強它的地緣政治願望，中國在南海建立軍事化前哨基地的動作，不僅危害自由貿易，也威脅其他國家的主權、破壞區域穩定。中國發動了一場快速的軍事現代化運動，旨在限制美國進入印太區域；中國將其對此區域的野心視爲

---

47 同前註。

48 "National Security Strategy of the United States," The White House, December 18, 2017, p. 18. accessed at: https://www.whitehouse.gov/wp-content/uploads/2017/12/NSS-Final-12-18-2017-0905.pdf.

49 同前註，頁27-28。

50 同前註，頁46。

互惠互利的目標，但中國的統治地位可能會削弱印太區域各個國家的主權。因此，美國在印太區域的軍事和安全領域優先行動，根據「一個中國原則」（One China Policy）與臺灣保持堅固的聯繫，包括在《臺灣關係法》（*Taiwan Relations Act*）中，提供臺灣合法的防務需求和威懾力量；擴大與印度－美國的主要國防夥伴的國防和安全合作，並支持印度在該地區日益增長的關係。美國亦將重新振興與其盟友菲律賓、泰國的關係，並加強與新加坡、越南、印尼、馬來西亞和其他國家的合作，使其成爲美國的海上合作夥伴。[51]第47頁論及歐洲時，《國家安全戰略》報告指出，中國正在擴大不公平的貿易行爲，並投資於關鍵行業、敏感技術和基礎設施，以獲得在歐洲的戰略據點。因此，美國在歐洲經濟領域的優先行動是與合作夥伴阻止中國的不公平貿易和經濟行爲，限制其對敏感技術的獲取。[52]論及中亞和南亞時，則直言美國將在中國增加對此地區之影響力時，幫助南亞國家維持其主權。[53]第52頁論及非洲區域時，該文件指出，中國正在擴大其經濟和軍事實力在非洲的存在，從20年前僅爲非洲大陸的一個小投資者，成長爲今日非洲最大的貿易夥伴；中國通過腐敗菁英、統治採礦業用不可逆的承諾鎖定某些國家，以及不透明的債務等作法，破壞了非洲的長期發展。美國對此回應爲繼續支持非洲國家之間的經濟整合；尋求超越援助範圍的國家合作，以及發展、促進繁榮的夥伴關係；提供美國商品和服務，以取代中國在非洲大陸開採的經濟足跡。[54]

2018年1月19日美國國防部發布《國防戰略報告》（*National Defense Strategy*），分析和評估美國所面臨的戰略環境，說明中國與俄羅

51 同前註，頁47。

52 同前註，頁47-48。

53 同前註，頁50。

54 同前註，頁52-53。

斯等大國競爭的挑戰，甚於恐怖主義帶給美國的威脅；因此，川普政府將重建美軍，制定《國家軍事戰略》。[55]該份報告分爲五個章節，除引言和結論外，包含戰略環境、國防部目標、戰略途徑。第一章引言指出，中國爲美國戰略對手，中國以掠奪式經濟活動威脅鄰國，又在南海島礁實施軍事化活動；因此，美國的繁榮與安全的主要挑戰爲長期戰略競爭再次出現。第二章說明這些競爭來自修正主義大國——中國與俄羅斯，企圖形塑與其集權模式一致的世界，以獲取對其他國家經濟、外交和安全議題的否決權。中國利用其軍事現代化、具影響力的行爲和掠奪式經濟活動威脅鄰國，塑造對中國有利的印太地區秩序；隨著其經濟和軍事力量的大幅提升，中國勢必繼續追求軍事現代化，以獲得印太地區的霸權，進而在未來取代美國在全球的主導權。因此，美國國防戰略的目標在於讓美中軍事關係朝向透明和互不侵犯。

該份國防戰略報告指出，中俄兩國正在破壞二次世界大戰後，美國與其盟友所建立的自由開放的國際秩序原則和規則。爲在新的安全環境下取得勝利，美國將加強戰備建立聯合部隊、加強同盟關係和發展更多盟友、改革政府機構以提高工作效率和保障。在加強同盟關係和發展更多盟友上；首先，美國將擴大印太同盟和夥伴關係，建設能防止入侵，維護穩定、安全的航行自由，採取雙邊和多邊安全關係維持自由、開放的國際體系。第二，美國將強化跨大西洋的北大西洋公約組織同盟，期待歐洲盟國履行承諾，增加國防和軍事現代化支出，以提升聯盟共同面對安全問題的能力。第三，美國將在中東地區建立持久的同盟，推動建設安全和穩定的中東，維持全球能源市場和貿易進行的安全路線。第四，維持美國在西半球的優勢地位，以降低美國本土面臨的安全威脅；

---

55 關於此份報告中文版內容，可參見：〈美國2018年國防戰略概要〉，《安全內參》，2018年3月11日，https://www.secrss.com/articles/1337。

最後，支持建立應付非洲恐怖主義威脅的夥伴關係。[56]

緊接著，2018年2月2日，美國國防部公布《核態勢評估報告》（*Nuclear Posture Review*）；[57]根據該份報告，美國將大幅擴張核威懾適用範圍，以為其盟友和夥伴提供安全保證，並準備應對未來不確定的戰略環境。該報告內容分為美國核政策和戰略簡介、不斷發展的不確定國際安全環境、美國核能力、確保國家目標和核武在美國國家安全戰略的角色、量身定制的戰略和靈活的能力、美國應對當代威脅的策略、當前和未來的美國核能力、核武器基礎設施、反核恐怖主義、不擴散和軍備控制等十個章節。當時的國防部長馬提斯（Jim Mattis）在該份報告〈序言〉中說明，[58]2017年1月27日時，川普總統指示國防部進行新的「核態勢評估」（NPR），以確保美國國家安全，讓美國擁有能保障和保護國土安全的有效核武器，同時確保盟國的威懾力，最重要的是能威懾對手。馬提斯宣稱數十年來，美國在減少核武器角色和數量方面，一直處於世界領先地位；1991年的《削減戰略武器條約》（*Strategic Arms Reduction Treaty*）規定最高限額6,000個戰略核彈頭，為冷戰以來的最大降幅，且短程核武器幾乎被完全淘汰。他指出，美國的核武器與冷戰時期的最高水平相比，庫存下降了85%以上；許多人希望為進一步削減全球核武庫設置條件。俄羅斯最初亦跟隨美國的領導，而做出類似的大

---

56 關於美國《國防安全戰略》報告，全文可見：Allie Zech, "2018 National Defense Strategy," *Homeland Security Digital Library*, January 22, 2018. accessed at: https://www.hsdl.org/c/2018-national-defense-strategy/。

57 此份《核態勢評估報告》，全文可見："2018 Nuclear Posture Review," *US Department of Defense*, February 2, 2018. accessed at: https://dod.defense.gov/News/SpecialReports/2018NuclearPostureReview.aspx。

58 "2018 Nuclear Posture Review Resource," *Federation of American Scientists*, February 6, 2018. accessed at: https://fas.org/wp-content/uploads/media/2018-Nuclear-Posture-Review.pdf.

幅削減其戰略核力量，但保留大量非戰略核武器；但現今俄羅斯正在使這些武器及其他戰略系統現代化，更令人不安的是，俄羅斯採取了軍事戰略，依靠核升級取得成功的能力。此外，俄羅斯併吞克里米亞和對美國盟國的核威脅，顯示莫斯科決定重返大國競爭。至於中國，同樣正在現代化和擴大其原已龐大的核力量；如同俄羅斯，中國正在尋求量身定制的全新核武能力，以實現特定的國家安全目標，和挑戰美國在西太平洋的傳統軍事優勢。該報告雖然指出美國對其他地方戰略形勢變化的擔憂，例如北韓發展核武對世界和區域造成的威脅；伊朗的核野心仍未得到解決；全球範圍內，核恐怖主義仍然是眞正的危險。該份報告明言美國不希望將俄羅斯或中國視爲對手，並且尋求與兩國保持穩定的關係；美國長期以來尋求與中國進行對話，以增進彼此對各自的核政策和能力的理解，以及提高透明度，管理計算錯誤和降低誤解的風險。美國和俄羅斯過去也保持持續的戰略對話，以應對核競爭和管理核風險。[59]

該份報告指出，現在存在著前所未有的威脅範圍和混合威脅，其中包括重大威脅、傳統、化學、生物、核武、太空和網絡威脅，以及暴力的非國家行爲者。此外，國際關係是不穩定的，俄羅斯和中國正在與美國和美國的盟友、合作夥伴、成員共同努力建構國際準則及秩序，並進行競爭。儘管美國繼續減少核武器的數量，但包括俄羅斯和中國在內的其他國家，則朝相反的方向發展。俄羅斯擴大並改善其戰略和非戰略核力量，中國的軍事現代化則導致核力量的擴大，且幾乎沒有透明化其意圖。該份報告第二章指出，美國25年來首次面臨重回大國競爭，因爲俄羅斯和中國都有增強其軍事能力以追求全球強權地位；其他國家則在追求先進技術，包括曾經是獨家的軍事技術，這種趨勢只會持續下去。在不同程度上，俄羅斯和中國已經明確表示，尋求實質性修改後冷戰國際秩序和行爲規範。俄羅斯和中國正在採取不對稱的方式和手段來對抗美

59 同前註，頁VI。

國的常規能力，從而增加錯誤計算的風險和與美國及其盟國、夥伴對抗的軍事潛力。中俄兩國都在發展反太空軍事能力，使美國無法進行太空情報、監視和偵察；兩者都尋求發展進攻性的網絡空間能力，以威懾、破壞或擊敗依賴電腦網絡。兩者都在部署一系列區域拒止對抗美國精確常規打擊的能力和地下設施能力，並增加美國加強歐洲和亞洲的盟友、夥伴關係的成本。

該份報告第21頁談到，與中國國家主席習近平在第十九次黨代表大會的演講一致，中國的軍事將在2050年前完全轉變爲第一層力量，中國將繼續增加數量、功能和保護其核力量。中國開發戰略洲際彈道導彈（intercontinental ballistic missile）新型多彈頭，以及裝備有新型先進潛射彈道導彈（submarine-launched ballistic missiles）的彈道導彈潛艇；中國還宣布開發新的具有核能力的戰略轟炸機，並部署中程彈道導彈能攻擊陸地和海上目標。該份報告第四章第24頁談到，鑑於核武在俄羅斯和中國國防政策中的重要性日益增加，以及未來環境的不確定性威脅，美國核能力和快速修改它們的能力，對於緩解或克服風險至關重要；避險能力有助於威懾並減少潛在對手的信心。[60]報告中的第六章第31頁亦談到，中國的軍事現代化和追求區域優勢，成爲對美國在亞洲利益的重大挑戰；許多美國的盟友或夥伴與中國發生各種歷史和邊境糾紛，包括領土邊界、聲索有爭議的島嶼領土和在南海島嶼的建設工作。中國擁有能夠攻擊到達美國領土、美國盟國、區域合作夥伴部隊和基地的核彈頭。中國也不斷擴大無核軍事能力，包括太空和網絡戰能力，這些能力都有可能會決定性地影響衝突的結果。中國正在發展打擊該地區美國力量投射的能力，並否認美國有能力保護盟國和合作夥伴利益的行動自由；中美之間直接的軍事衝突，將具有核升級的可能。我們針對中國制定的戰略，旨在防止北京錯誤地斷定，可以通過有限地使用戰區核能力，或即

---

60 同前註，頁24。

讓使用任何有限的核武器，獲得任何優勢的行爲可以被接受。美國將對不可容忍的威脅損害，保持可靠的能力；無論以何種程度升級軍事衝突，中國領導人在計算成本和收益時，會發現中國部署核能力的成本超過任何利益。美國會對中國的無核或核武侵略做出果斷的回應，美國在亞太地區的演習就展示了增強美國威懾力的此種準備，提高對中國有限的使用核武，做出有效反應的能力。[61]2018年公布的75頁《核態勢評估報告》，雖然解釋美國不希望將中俄兩國視爲敵人，亦尋求與其建立穩定關係，並與中國進行對話以瞭解各自的核政策、理念和能力，以提高透明度，減少誤判和誤解的風險；不過，卻也突出中國和俄羅斯對於美國造成的威脅。

針對一帶一路計畫，美國認爲中國企圖使用一帶一路制定與西方不同的遊戲規則；反制中國的方式便是以「印太戰略」回應中國的國家大戰略。[62]自2017年10月18日蒂勒森在「戰略與國際研究中心」（CSIS）演講〈定義下個世紀我們與印度的關係〉（Defining Our Relationship with India for the Next Century）中，多次提及「印度洋及太平洋地區」（Indo-Pacific Region），批評中國未以負責任的方式興起，甚至還破壞國際秩序；「印太」自此取代歐巴馬總統時代的「亞太」。同年12月18日發布的《國家安全戰略》，將「印太」正式納入官方文件。在川普設計的美國、日本、澳洲、印度組成和建構的兩洋戰略安全網——印太戰略中，特地納入向來與中國處於競爭狀態的印度。美國從印度洋著手，建構從荷姆茲海峽、麻六甲海峽到宮古海峽的兩洋戰略安全網，[63]抑制

---

61 同前註，頁31-32。

62 關於印太戰略緣起及意涵，可參見：高佩珊著，李大中主編，〈川普政府亞洲政策分析：印太戰略與意涵〉，《川習時期——美中霸權競逐新關係》，臺北：淡江大學，2019年，頁55-72。

63 謝志淵，〈美國印太戰略的機遇與挑戰〉，《海軍學術雙月刊》，第52卷第3期，頁62。

一帶一路中的「海上絲綢之路」。美印戰略合作也同時能對欲藉由一帶一路由中國南部和西部發展至亞歐的中國陸上戰略，使其產生壓力。然而，相較於帶路倡議的主動與積極，川普提出的印太戰略，學界普遍認爲此戰略清晰但戰術模糊。

## 第五節　小結

外界多將帶路倡議的正式提出，視爲中國與美國對抗的基本戰略；透過海上和陸上國家經濟合作的方式，中國能突破美國在亞太地區對於中國的圍堵策略。相較於其他國家的積極參與，美國對於帶路倡議除由白宮國家安全會議亞洲事務資深主任博明（Matthew Pottinger）於2017年5月12日，率團參加第一屆「一帶一路國際合作高峰論壇」外，美國未再參與此計畫。2018年11月，美國副總統彭斯（Mike Pence）在巴布亞紐幾內亞舉行的APEC亞太經合會議上，針對「一帶一路」表示，中國不透明的開發貸款可能會造成驚人債務。彭斯警告小國不要被中國誘惑，並將這個計畫稱作「壓縮帶」和「單行路」，呼籲參與「一帶一路」的國家與美國站在一起，美國不會強迫、腐蝕或損壞這些國家的獨立。[64]該次會議由於美國和中國的角力戰，造成APEC會議第一次無法在閉幕時發表領導人宣言。此外，爲避免中國擴大對太平洋島嶼國家的影響力，美國與日本、澳洲、紐西蘭政府簽署協議，承諾投入17億美元爲巴布亞紐幾內亞提供電力供應及網路。美國與澳洲還將在巴紐共同建設海軍基地，保護太平洋島嶼的主權和海洋權。中國外界則將此舉解讀爲遏止中國擴大影響力。[65]與此同時，中國在該次會議與9個太平洋島國領袖和代表開會，太平洋島國東加亦宣布加入「一帶一路」

---

64 〈APEC峰會首次無公報收場　暴露中美角力〉，《BBC中文網》，2018年11月19日，https://www.bbc.com/zhongwen/trad/world-46259309。

65 同前註。

倡議，同時獲得中國同意延期償還貸款。[66]隨著中國經濟力量的大幅提升，在各種國際場合與經貿體系上，中國嘗試建構與歐美不同的模式，提供各國不同的選擇。對於與美國關係的發展，雙方自2018年3月22日爆發貿易戰以來，衝突場面已從貿易擴大至科技、疫情、媒體、軍事演習和關閉使領館等不同層面；以上皆顯示美中雙方皆已改變對彼此角色的定義與看法，遂採取不同競爭策略。長期而言，雙方仍然會維持競爭與合作關係，只是隨著美國不同的政府時期，競爭與合作比例有所調整。川普政府下的美中關係前景，仍將充滿較多的對抗與競爭。

## 參考文獻

劉連第主編，《中美關係的軌跡》，北京：時事出版社，2001年。

高佩珊著，李大中主編，〈川普政府亞洲政策分析：印太戰略與意涵〉，《川習時期——美中霸權競逐新關係》，臺北：淡江大學，2019年，頁55-72。

謝志淵，〈美國印太戰略的機遇與挑戰〉，《海軍學術雙月刊》，第52卷第3期，頁62-75。

趙魯杰、何仁學與沈方吾，《美國全球霸權與中國命運》，北京：北京出版社，1999年。

趙全勝，《大國政治與外交——美國、日本、中國與大國關係管理》，臺北：五南圖書，2010年。

Patrick Tyler著，聯合報編譯組譯，《中美交鋒——1996年臺海危機的內幕》，臺北：聯經出版社，2000年。

理查德．羅斯克蘭斯與顧國良主編，《力量與克制——中美關係的共同願景》，北京：社會科學文獻出版社，2010年。

賽奇著，理查德．羅斯克蘭斯與顧國良主編，〈中國與美國：兩個互動的社會〉，《力量與克制——中美關係的共同願景》，北京：社會科學文獻出版社，2010年，頁89-104。

賈慶國與理查德．羅斯克蘭斯著，理查德．羅斯克蘭斯與顧國良主編，〈中美互動〉，《力量與克制——中美關係的共同願景》，北京：社會科學文獻出版社，2010年，頁194-201。

〈中美競爭加劇　華府專家卻重提G2〉，《臺灣中評網》，2018年9月16日，

66 同前註。

http://www.crntt.tw/doc/1051/9/8/4/105198421.html?coluid=7&kindid=0&docid=105198421。

〈中國發表《共建「一帶一路」倡議：進展、貢獻與展望》報告〉，《新華社》，2019年4月22日，http://www.mod.gov.cn/big5/topnews/2019-04/22/content_4840020.htm。

〈一帶一路國際合作高峰論壇〉，中國外交部，2019年8月，https://www.fmprc.gov.cn/web/wjb_673085/zzjg_673183/gjjjs_674249/gjzzyhygk_674253/ydylfh_692140/gk_692142/。

〈第二屆「一帶一路」國際合作高峰論壇達成廣泛共識取得豐碩成果〉，《人民網》，2019年4月29日，http://cpc.people.com.cn/BIG5/n1/2019/0429/c419242-31055869.html。

〈獨家的一帶一路倡議活動：爲國際合作與投資鋪平道路〉，國際投資年會，2020年3月24日，https://www.aimcongress.com/。

〈中國一帶一路倡議：復興絲綢之路對世界貿易有何影響〉，RAND歐洲事業部，2018年，https://www.rand.org/content/dam/rand/pubs/research_briefs/RB10000/RB10029/RAND_RB10029z1.zhs.pdf。

林竣達，〈中國能源轉型的現狀、前景，以及阻礙〉，《The News Lens關鍵評論》，2018年9月17日，https://www.thenewslens.com/article/103729。

〈能源高度仰賴進口　中國成石油、天然氣最大宗買家〉，《自由時報》，2019年1月21日，https://ec.ltn.com.tw/article/breakingnews/2678463。

江泰傑，〈中國成全球能源進口第一大國原油對外依存度今年破七成〉，《鉅亨網》，2019年1月21日，https://news.cnyes.com/news/id/4271178。

〈APEC各會員體能源資訊分析〉，臺灣經濟研究院，https://apecenergy.tier.org.tw/energy2/china.php。

孫秀娟，〈我國進口原油供應格局的變與不變〉，《中國石油新聞中心》，2020年1月7日，http://news.cnpc.com.cn/system/2020/01/07/001758820.shtml。

〈中國天然氣進口增勢趨穩〉，《人民網》，2020年10月29日，http://energy.people.com.cn/BIG5/n1/2020/1029/c71661-31910915.html。

〈2019全球、中國LNG出口、航運、港口接收詳細情況一覽〉，《信德海事網》，2020年1月16日，https://www.xindemarinenews.com/world/17521.html。

林德昌，〈中國大陸「十三五」規劃綱要概述〉，行政院陸委會大陸與兩岸情勢簡報，2016年4月，頁11-14，http://www.mac.gov.tw/public/Attachment/642915445566.pdf。

〈能源生產和消費革命戰略（2016-2030）〉，中國國務院， 2016年12月，http://www.gov.cn/xinwen/2017-04/25/5230568/files/286514af354e41578c57ca38d5c4935b.pdf。

〈中非共譜「一帶一路」合作新篇章〉，《人民網》，2020年4月5日，http://world.people.com.cn/n1/2020/0405/c1002-31662381.html。

林蕙禎編譯，〈中國絲路基金擬注資沙特阿美IPO 金額上看100億美元〉，《鉅亨網》，2019年11月6日，https://news.cnyes.com/news/id/4406269。

〈中國將出資4百億美元成立絲路基金〉，《BBC中文網》，2014年11月8日，https://www.bbc.com/zhongwen/trad/world/2014/11/141108_china_silkroadfund。

「絲路基金」官方網頁，http://www.silkroadfund.com.cn/cnweb/19854/19858/index.html#sylj。

盛裕控股集團，https://surbanajurong.com/about-us/?lang=zh-hans。

〈絲路基金與新加坡盛裕集團成立共同投資平臺〉，國家外匯管理局，2019年7月12日，https://www.safe.gov.cn/big5/big5/www.safe.gov.cn:443/hebei/2019/0712/1414.html。

沈旭凱，〈絲路基金增資4,400億〉，《人間福報》，2017年5月15日，https://www.merit-times.com.tw/NewsPage.aspx?unid=473466。

李宗憲，〈中國「一帶一路」高峰論壇在質疑聲浪中開幕〉，《BBC中文網》，2019年4月24日，https://www.bbc.com/zhongwen/trad/chinese-news-48044005。

周子欽，〈區域整合脈絡下的「一帶一路」 地緣政治經濟觀點〉，臺灣經濟研究院，2020年2月7日，https://www.tier.org.tw/comment/pec1010.aspx?GUID=9d24986e-0e42-4024-95ca-3eb2083553a5#_ftn1。

「亞洲基礎設施投資銀行」官方網頁，https://www.aiib.org/en/about-aiib/governance/members-of-bank/index.html。

〈國務卿雷克斯蒂勒森（Rex Tillerson）以此確定下一個世紀我們與印度的關係為題發表講話〉，美國駐華大使館和領事館，2017年10月18日，https://china.usembassy-china.org.cn/zh/remarks-on-defining-our-relationship-with-india-for-the-next-century-zh/。

〈美國國家安全戰略綱要〉，美國在臺協會，2017年12月18日，https://www.ait.org.tw/zhtw/white-house-fact-sheet-national-security-strategy-zh/。

〈美國2018年國防戰略概要〉，《安全內參》，2018年3月11日，https://www.secrss.com/articles/1337。

〈APEC峰會首次無公報收場暴露中美角力〉，《BBC中文網》，2018年11月19日，https://www.bbc.com/zhongwen/trad/world-46259309。

“World’s Top 10 Oil Exporters,” *Investopedia*, October 23, 2019. accessed at: https://www.investopedia.com/articles/company-insights/082316/worlds-top-10-oil-exporters.asp.

“The World’s Top Oil Producers of 2019,” *Investopedia*, April 22, 2020. accessed at: https://www.investopedia.com/investing/worlds-top-oil-producers/.

Rex W. Tillerson, "Remarks on Defining Our Relationship with India for the Next Century," *Center for Strategic & International Studies*," October 18, 2017, Washington, DC. accessed at: https://www.state.gov/secretary/ remarks/2017/10/274913.htm.

"National Security Strategy of the United States," The White House, December 18, 2017, p. 18. accessed at: https://www.whitehouse.gov/wp-content/uploads/2017/12/NSS-Final-12-18-2017-0905.pdf.

Allie Zech, "2018 National Defense Strategy," *Homeland Security Digital Library*, January 22, 2018. accessed at: https://www.hsdl.org/c/2018-national-defense-strategy/.

"2018 Nuclear Posture Review," *US Department of Defense*, February 2, 2018. accessed at: https://dod.defense.gov/News/SpecialReports/2018NuclearPostureReview.aspx.

"2018 Nuclear Posture Review Resource," *Federation of American Scientists*, February 6, 2018. accessed at: https://fas.org/wp-content/uploads/media/2018-Nuclear-Posture-Review.pdf.

# 第八章

# 歐洲移民問題與排外極右風潮影響

第一節　前言

第二節　影響歐洲移民問題與極右排外風潮之興起

第三節　歐盟族群保護政策之具體實踐與推動

第四節　歐盟政策成效評估與政治現況

第五節　小結

## 第一節　前言

「民主的退潮」與「民主的防衛」、「全球化」與「逆全球化」、「民主」與「民粹」、「右派」與「左派」，當今國際政治運行最突出的現象；「退」與「守」、「正」與「反」有時並非相對的概念，反而可能是同時並存，並且互相連結或相伴而生的。以美國爲例，川普上臺以來所採行的貿易保護（protectionism）政策、反移民與緊縮移民措施等，皆被視爲反全球化（anti-globalisation）之舉措。無獨有偶，歐洲近期幾項重大事件的發生，皆揭櫫全球化浪潮下，逆全球化風潮正席捲各國。過去主張自由貿易（free trade）、人口跨國界自由移動（freedom of movement）、高舉人權（human rights）大旗的歐洲聯盟國家內部，各自迎來逆全球化勢力的崛起與挑戰。這股勢力表現在政治上，成爲「極右派勢力」重振旗鼓的好時機；在社會上則成爲排外運動的一股推力；在經濟上，則成爲保護本土產業和本國民眾就業市場、反對外國產品進入本國市場、反對開放外來移民或引進外籍勞工、移工等浪潮。最後，這些浪潮在恐怖攻擊頻繁發生之際，加上媒體大舉報導和傳播之下，民眾情緒高漲，從反移民變成疑歐、脫歐，再演變成反全球化，種種因爲難民、移民問題所引起的排外主義，讓歐盟國家對內、對外都出現許多難以協調和處理的挑戰和困難。從政策決策者角度而言，這股逆全球化風潮和難民、移民危機帶來的風險，各國必須謹慎以對，盡早就戰略目標、途徑與資源之運用做好最好的戰略規劃，否則將造成如英國脫歐（Brexit）難題和英國首相梅伊（Theresa May）的下臺、德國梅克爾（Angela Merkel）總理政治前途的受挫或法國黃背心示威運動、歐盟多國內部要求獨立公投等政治危機。因此，本文欲以歐盟爲例，探討歐洲難民、移民問題與排外勢力崛起之遠因及近因，以及此議題之短、中、長期的發展趨勢，包含歐盟從過去至今對此所提出的解決之道，與對於族群保護所做出之具體實踐及其成效，意即歐盟對於難民、移民問題所做出的戰略選擇，最後對此做出評估與結論。

## 第二節　影響歐洲移民問題與極右排外風潮之興起

事實上，歐盟自1980年代以來，幾個重要國家在此期間便因爲經歷一些政治、經濟危機的波動，造成右派勢力的崛起，但當時右派勢力與今日的極端勢力尚未做結合。然而，在2010年歐洲債務危機（debt crisis）爆發、中東茉莉花革命、敘利亞內戰以來所造成的混亂局面，使得歐盟在內部與外部皆面臨極大的挑戰，各國領袖意見不一且出現嚴重分歧。之後歐洲又遭逢普遍經濟表現不佳、就業前景不明、年輕人失業問題嚴重與大量難民、非法移民湧入歐盟、恐怖攻擊事件的層出不窮，演變成民眾藉由選票表達不滿，使得歐洲政治版圖震盪變遷、國家「孤立主義」（Isolationism）、逆全球化浪潮、極右派勢力的再起、英國的脫歐，甚至瑞典也有脫歐浪潮的崛起。此外，獨立浪潮風起雲湧的西班牙加泰隆尼亞省與義大利北部區域等，皆從未放棄尋求獨立；這些現象伴隨社會大規模的排外運動與示威遊行，屢屢躍上國際媒體版面。觀諸以上這些現象都有共同的關鍵字，亦源自於類似的問題，即「經濟」（economy）、「難民」（refugee）與「恐怖攻擊」（terrorist attack）。

此波歐洲難民、移民危機，源自於2010年底阿拉伯之春、中東革命、敘利亞內戰爆發以來，無論是眞正的難民或是非法移民，又或是所謂的經濟移民，大批從中東、非洲和亞洲經由海路的地中海及陸路的巴爾幹半島進入歐盟國家；其中大多數難民來自敘利亞（Syria）、阿富汗（Afghanistan）和厄利垂亞（Eritrea）。當時又恰逢歐債危機爆發，難民與非法移民因此被認爲是造成歐洲嚴重社會及經濟問題的緣由。民眾反移民的態度與情緒在政治人物轉移焦點，採取嚴厲的口吻批評政府與歐盟的難民政策之下，更加得到助長。他們認爲正是歐盟人口自由流動這個最高指導原則及邊界開放的政策，巨大地影響了歐盟地區國家與社會的安全與穩定，最後導致恐怖主義的頻繁發生；右派民粹主義藉由利用、操作此次難民、移民問題，在多場國內大選及地方選舉中趁勢崛起，吸引民眾注意力，進而獲得選票，贏得席次。

至於歐洲排外主義的起因，香港作家陳婉容在談到當今歐洲排外主義與排外運動的興起時，認爲1970、1980年代歐洲國家的大右轉，才是現代歐洲種族主義崛起的源頭。[1]她指出極右政黨並非現在才出現，而是原本就存在於二次大戰後的歐洲，只是在戰後數十年的黃金時期中，當時在凱恩斯學派（The Economics of Keynes）極盛時期，戰後共識也就是在標榜國家資本管制、全民就業與福利國家的凱恩斯共識下，民眾深受國家的福利保障，極右政黨在當時自然無法得到民眾的支持，在選舉中也因此無法勝出。然而，1970年代兩次石油危機所造成的經濟動亂與蕭條，造成整個大環境的劇變，物價飛漲、經濟停止增長；之後又有英國柴契爾（Margaret Thatcher）夫人與美國雷根（Ronald Reagan）總統在大西洋兩岸的勝選，所採取的一系列措施讓戰後共識崩潰，加速了新自由主義（Neoliberalism）學派的盛行。柴契爾主義（Thatcherism）帶領的「大右轉」（swing to the right），讓左派失勢，極右派趁勢崛起。陳婉容認爲，這是歐洲政治體制的結構性問題，她因此質疑是否眞是「文明的衝突」造成歐洲「種族主義」的再起？民眾對於難民潮的反感與反彈，是否其實是「政治操控式的恐懼」，抑或是「民粹」情緒？

學者陳偉信則認爲，難民問題不只造成歐盟國家內部資源分配的問題，同時衝擊歐盟作爲超國家（supranational）體制的穩定程度，也挑戰了歐盟當初成立的核心價值。陳偉信在談論歐洲移民議題時指出，對歐盟民眾而言，大批難民、移民的湧入，不只造成社會福利資源分配與就業市場的競爭與保障的問題，也影響國家安全（national security）與

---

1 陳婉容，〈歐洲排外思潮對難民潮的反彈？〉，《端傳媒》，2015年9月10日，http://theinitium.com/article/20150910-opinion-chanyuenyung-refugee/。

社會治安（social security）；[2]在歐洲經濟發展前景不明的狀態下，民眾自然對外來移民加以排斥。對歐盟國家而言，接受難民與否，涉及各自國家的綜合能力，包含經濟表現、基礎建設及社會結構等。國家擁有的資源及面對壓力的差距程度，造成歐盟內部出現巨大矛盾。陳偉信指出，近年來幾起重大恐怖攻擊事件，恰巧又多爲移民或移民的後代，因宣洩難以融入當地社會的不滿而發動的攻擊事件，自然讓歐盟民眾更加地排外；但若因此就將難民、移民的湧入認爲是恐怖攻擊的來源，似乎是本末倒置的作法。陳偉信認爲，歐盟領袖們應該思考的是，如何改善合法移民與當地社會融入的問題，以及如何協助難民的安置與支援，或許可以降低民眾對於外來移民之排斥。

長期研究歐盟的臺灣學者卓忠宏在其文章〈地中海困境與非傳統安全：移民與難民浪潮再起〉指出，[3]處理歐盟難民、移民問題的兩個困境，在於歐洲南部邊境控管的不易，以及區域內各會員國移民與難民政策的難以調和。此外，各國又因爲所處地緣位置之不同，對於責任的分攤自然無法形成共識。南歐國家由於身處歐洲第一防線，自然無法負荷大批難民之不斷湧入；北歐國家則批評南歐國家邊境防守過於鬆散，導致難民進入歐洲後便往北方移動。卓教授認爲，研究難民、移民問題必須先定義難民、移民與極右派興起之關聯性；另外，應瞭解歐盟成員國對於難民、移民之立場與態度，以及歐盟治理方式的改變，方能清楚瞭解歐盟移民政策困境。此篇文章呼應國內學者高佩珊所撰寫之〈歐盟邊境管理困境——難移民問題研究〉中所指出的，[4]歐盟成員國面臨大

---

2 陳偉信，〈默克爾艱難的抉擇〉，《端傳媒》，2015年9月4日，http://theinitium.com/article/20150902-opinion-chanwaishun-merkel/。

3 卓忠宏，〈地中海困境與非傳統安全：移民與難民浪潮再起〉，《第十六屆全球戰略與臺海安全學術研討會報告書》，2018年11月23日，頁19-33。

4 高佩珊，〈歐盟邊境管理困境——難移民問題研究〉，《移民政策與法制》，臺北：五南圖書，2019年，頁255-282。

批來自中東、非洲難民的壓力，因爲各國所處之地理位置不同而感受不同。高佩珊在該篇文章中將此波難民潮發生之歷史背景和原因，以及歐盟與主要國家就難民問題處理之措施及態度，做一詳細分析。她指出歐盟面對二戰以來最大的難民潮危機，在無法有效防止難民的進入後，東歐與南歐一些國家，如保加利亞與希臘，便在邊境築起高牆，並派兵防守，以阻止非法移民進入歐洲。巴爾幹地區國家，如克羅埃西亞和斯洛伐克等國更直接宣布關閉邊境，拒絕難民利用該國進入歐盟。但是，因爲歐盟並無共同移民政策，且各國經濟發展程度與民情皆不同，各國民眾對於難民的看法自然不相同。

以單一國家作爲個案研究，張心怡所發表的〈疑歐主義、英國獨立黨與英國的脫歐公投〉，則能作爲瞭解英國疑歐主義、[5]疑歐政黨興起的背景及原因，再到英國何以公投選擇脫歐。張心怡指出，儘管一直以來「疑歐主義」長期存在英國國內，造成政府各部門與民間產生重要分歧，英國獨立黨（UK Independent Party）號召捍衛英國國家主權和民族認同的疑歐政治理念趁勢崛起，但初期並未獲得多數選民的支持；然而，在歐盟東擴、全球金融危機與歐債危機等事件的爆發後，加上操作移民和經濟議題，該黨成功從邊緣疑歐政黨，成爲英國主流政治的中心，最後造成公投的決定脫歐。未來英國應當思考如何有效解決經濟問題與外來移民的衝擊，同時重新定位與歐盟的關係。同樣分析英國面對大批難民潮而引起的脫歐困局，進而造成歐盟整合前景不佳的文章，則有吳振逢的〈英國脫歐效應及歐洲整合前景〉。[6]他在該篇文章中指出，英國脫歐問題使得因爲難民問題、恐怖攻擊和經濟困局，已經顯得

---

5 張心怡，〈疑歐主義、英國獨立黨與英國的脫歐公投〉，《全球政治評論》，第63期，2018年7月，頁65-96。

6 吳振逢，〈英國脫歐效應及歐洲整合前景〉，《國會季刊》，第45卷第1期，2017年3月，頁29-50。

疲於奔命的歐洲面臨更大整合問題；更使得荷蘭、法國及義大利極右派勢力趁機崛起。倘若英國脫歐成功，將「證明當今世界極端派和民粹現象的盛行」，[7]歐洲整合也將因爲這些議題而陷入不確定狀態。

中國學者李明歡在〈歐盟國家移民政策與中國新移民〉一文中談到，[8]當資訊、資金與商品在全球化活躍的發展過程中，必定會帶來人口的相應流動，因此吾人應當分析歐美先進國家的移民政策，藉以疏通人口流動的正常管道，以規範合法化的移民操作，適應全球化之下國際人口流動的趨勢。該篇文章除探討中國移民遷往歐洲的主要原因外，亦深刻分析新移民移往歐洲的途徑。其中的主要途徑爲透過家庭團聚、政治避難與投資或技術移民等方式，移往歐洲居住。除此之外，非法移民在西歐國家非法打工，從事本國勞工所不願從事的低階工作，卻亦是長久存在的問題，特別是當上世紀70年代中期，西歐國家停止引進外籍移工之後。李明歡認爲，西歐國家對待外來人口的政策基本上是矛盾的；他們一方面強調非法移民一旦被發現，不但會面臨被遣送的命運，雇主也將受重罰；然而，另一方面，這些國家如法國、義大利與西班牙等，又常常對已入境的非法移民實施大赦，使其有機會逐步成爲合法移民。隨著歐盟的整合，無論是哪一國合法化非法移民，都會對非法移民具有強烈的吸引力，加上歐盟各國的無邊境措施，使得歐洲境內形成特殊的移民人流湧進。他指出，在制止非法移民的問題上，移入國的政策導向，比移出國更加重要；西方國家本身在移民政策上的矛盾、欠缺一致性和移民執法部門的問題，才是無法阻止非法移民的問題根源所在。

長期研究歐洲政治經濟議題的臺灣學者卓忠宏在其文章〈移民與

---

7 同前註，頁30。

8 李明歡，〈歐盟國家移民政策與中國新移民〉，《廈門大學學報》，第4期，2001年，頁105-112。

安全：歐盟移民政策分析〉中，[9]探討移民對歐盟政治、經濟、社會文化與安全領域的衝擊。他認爲，在歐洲經濟快速發展之際，移民是國家經濟的一種需求，但若遇上經濟成長萎縮造成失業率上升、社會問題叢生之際，移民便會成爲民眾排擠的目標。在美國九一一恐怖攻擊事件發生後，因爲少數移民牽涉其中，對國家安全造成威脅，使得人們將移民與恐怖主義做連結。在阿拉伯之春後，來自北非的大量移民逃往歐洲，最終讓民眾普遍將非法移民、恐怖主義、組織犯罪與人口販運等做一連結，將非法移民視爲對社會、經濟與國家安全造成威脅的來源。不只各國國內意見分歧，歐盟各國在處理非法移民意見和立場上，也出現差異，造成在歐盟層次（EU-Level）上處理難民、移民問題的不易。以上種種便是民眾對於非法移民的負面認知與看法的發展，最後造成歐盟極右派聲勢的高漲，影響了歐盟的統合。綜合以上各篇文章看法與觀點，本文認爲若歸納眾多因素，上世紀70年代歐洲政治向右轉的改變，即歐盟自身政治體系結構性的問題，可被視爲此波歐盟排外主義再起的遠因，至於因中東戰火頻仍而產生的大批難民與非法移民潮所增加的歐盟國家財政與經濟的負擔，遇上經濟前景不明、國內民眾就業機會的減少，與歐洲社會、文化結構的單純風貌恐遭改變的疑慮及恐懼則爲近因，以上種種原因，皆劇烈影響民眾對於外來移民與難民的負面看法。

## 第三節　歐盟族群保護政策之具體實踐與推動

爲避免排外主義危及歐盟族群融合之理想，一直以來歐盟試圖在理想與現實之間做一協調；在族群權利保障與人權維護考量之下，至今已發表或頒布許多政策及宣言。[10]例如歐洲理事會（Council of Europe）

---

9 卓忠宏，〈移民與安全：歐盟移民政策分析〉，《全球政治評論》，第56期，2016年，頁47-73。

10 關於歐盟在少數族群政策之發展及演進，可參見：施正鋒，〈歐盟的少數於1950年11月4日在羅馬所簽訂，1953年9月3日生效的《歐洲保障人權暨基本自由公約》（*European Convention for the Protection of Human Rights and Fundamental Freedoms*），簡稱《歐洲人權公約》（*European Convention on Human Rights, ECHR*）。[11]該公約歷經第11號和第14號議定書的修正，目前實行之版本自2010年6月1日起實施。公約內容分爲基本權利與自由（條款2-18）、歐洲人權法院之設立及運作（條款19-51）、其他條款（條款52-59）等三大部分；[12]其基本原則爲平等原則、集體保障原則、不歧視原則、不回溯既往原則與限定原則。[13]歐洲理事會稍後又在1961年10月18日通過，1965年2月26日生效《歐洲社會憲章》（*European Social Charter*）保障社會權力，[14]該憲章分爲五個部分共38條，[15]保障成員國人民不受種族、膚色、性別、宗教、政治觀點、民族血統或社會出身等背景的歧視，並給予平等保障，藉由適當的措施，改善城市與鄉村居民的生活水準，促進社會的福祉。1981年10月歐洲議會（European Parliament）則通過《關於區域性語言文化的

---

族群權利保障〉，臺灣歐盟研究協會「張維邦教授八十歲冥誕紀念學術研討會」，2017年10月14日，http://faculty.ndhu.edu.tw/~cfshih/conference-papers/20171014a.pdf。

11 關於歐洲人權公約內容，可參見：Yves Charpenel著，吳志中翻譯，〈歐洲人權政策規範對法國國內法律判決之影響〉，《臺灣人權學刊》，第2卷第2期，2013年12月，頁69-90。

12 關於該條約詳細內容，可參見："European Convention on Human Rights," *Council of Europe*, http://www.echr.coe.int/Documents/Convention_ENG.pdf。

13 廖福特，〈歐洲人權公約〉，《新世紀智庫論壇》，第8期，1999年12月30日，頁58-64。

14 翁燕菁，〈不歧視原則之經濟社會權利保障效力：歐洲人權公約當代課題〉，《歐美研究》，第43卷第3期，2013年9月，頁637-707。

15 關於歐洲社會憲章具體內容，可參閱：政大勞動學報編輯部，〈歐洲社會憲章（一九六一年）〉，《政大勞動學報》，第2期，1992年11月，頁133-142。

共同體憲章及少數民族權利憲章的決議》（*Resolution on a Community Charter of Regional Language and Cultures and on a Charter of Rights of Ethnic Minorities*），以推動少數族群權利保障。[16]之後歐洲議會又於1983年通過《關於支持少數人語言和文化之決議》（*Resolution on Measures in favoor of Minority Languages and Cultures*）。[17]1986年歐洲執委會（European Commission）、歐洲議會、歐洲理事會和理事會代表們共同發表《反對種族主義和排外宣言》（*Joint Declaration Against Racism and Xenophobia*）。[18]1992年歐洲理事會通過《歐洲區域或少數族群語言憲章》（*European Charter for Regional Minority Languages*）；[19]歐洲理事會隨後亦在1995年發布並於1998年實施《保障少數族群架構公約》（*The Framework Convention for the Protection of National Minorities*）。[20]

有鑑於少數族群間的緊張關係有可能演變成衝突事件，「歐洲安全

16 陳潔、洪郵生、袁建軍，〈歐盟多語主義政策探析〉，《國際論壇》，第13卷第6期，2011年11月，頁23-28。

17 Simo K. Määttä, "The European Charter for Regional or Minority Languages, French Language Laws, and National Identity," *Language Policy*, Volume 4, Issue 2, p. 167-186.

18 "European Union Anti-Discrimination Policy: From Equal Opportunities Between Women and Men to Combating Racism," *European Parliament*, December 13, 1995. accessed at: http://www.europarl.europa.eu/workingpapers/libe/102/text5_en.htm#annex1.

19 Magdalena Pasikowska-Schnass, "Regional and Minority Languages in the European Union," *European Parliamentary Research Service*, September 2016, p. 3. accessed at: http://www.europarl.europa.eu/EPRS/EPRS-Briefing-589794-Regional-minority-languages-EU-FINAL.pdf.

20 關於該架構公約內容可見："Framework Convention for the Protection of National Minorities and Explanatory Report," *Council of Europe*, February 1995. accessed at: http://rm.coe.int/16800c10cf。

與合作委員會」（Commission on Security and Cooperation in Europe）於1993年成立「少數族群高級公署」（High Commissioner on National Minorities），主要任務在於衝突的預防、解決與教育、保護少數與多數族群語言、參與並推動公共事務與生活、社會融合等。[21]1992年簽署，1993年成立歐洲聯盟的條約，意即《馬斯垂克條約》（*Maastricht Treaty*），也對於國家與區域、語言及文化的多元性皆有所關注；[22]1997年的《阿姆斯特丹條約》（*Treaty of Amsterdam*），宣示對於自由、民主、法治、人權與自由的重視，且亦為歐盟的基本原則。[23]同年6月歐盟「部長理事會」（The Council of Ministers）在維也納成立「歐洲種族主義及排外主義監測中心」（European Monitoring Centre on Racism and Xenophobia），[24]作為發展共同打擊種族主義與排外主義的政策協調中心。該監測中心於2003年12月更名為「歐盟基本權利局」（European Union Agency for Fundamental Rights）。[25]2000年時，被視為相當先進規範著人民基本權利的《歐盟基本權利憲章》（*Charter of Fundamental Rights of the European Union*），禁止對於種族、膚色、族群、語言、宗教、民族、出生地等歧視，並言明對於文化、宗教和語言多樣性的尊

---

21 關於該公署成立之任務與工作，可參見其官方網站OSCE High Commissioner on National Minorities，http://www.osce.org/node/107881。

22 關於歐盟成立的使命、歷史進程與運作，可參見：Pascal Fontaine著，歐洲經貿辦事處翻譯，《認識歐盟》，2007年，http://www.eeas.europa.eu/archives/delegations/taiwan/documents/more_info/12_lessons_chinese_version.pdf。

23 同前註。

24 "European Monitoring Centre on Racism and Xenophobia," *European Observatory of Working Life*, November 27, 2008. accessed at: http://www.eurofound.europa.eu/observatories/eurwork/industrial-relations-dictionary/european-monitoring-centre-on-racism-and-xenophobia.

25 同前註。

重與保護。[26]2009年12月歐洲議會成立「傳統少數、國家民族及語言團體小組」（Intergroup for Traditional Minorities, National Communities and Languages），[27]以提高歐洲對少數民族及少數語言族群問題的認識。此外，歐洲議會也陸續通過多項決議（resolutions），積極推動對於少數族群文化及語言權利的保障。從以上無論是宣言、條約或機構的設立，足以證明努力促進族群融合之決心。

在對外方面，歐盟於1994年成立「歐洲民主及人權倡議計畫」（European Initiative for Democracy and Human Rights），關注非歐盟國家之民主及人權發展狀況，並以歐盟經費支持非政府組織（NGOs）與國際組織，進行人權、民主倡議及預防衝突之工作，持續推動少數族群的平等。該機制在2014年改爲「歐洲民主及人權機制」（European Instrument for Democracy and Human Rights），[28]關注和各國公民社會的合作。無論在歐盟內部機制或歐盟對外關係，藉由政策、宣言的頒布或決議之通過，可看出長久以來歐盟皆試圖弭平族群相處問題，努力促進族群融合。但仔細觀察，歐盟在少數族群之保護與族群融合政策上，基本上多屬於原則性、宣示性之條文，在實際立法及執行上卻顯緩慢，仍由各國政府全權處理、自行裁量，因此形成政策落差。

---

26 "Charter of Fundamental Rights of the European Union," *Official Journal of the European Communities*, December 18, 2000. accessed at: http://www.europarl.europa.eu/charter/pdf/text_en.pdf.

27 關於該小組成立背景、過程及其功能，可參見：Kinga Gál and Davyth Hicks, " The European Parliament Intergroup for Traditional Minorities, National Communities and Languages, 2009-2014," *Europäische Journal für Minderheitenfragen*, Vol 3, Issue 3-4, December 2010, p. 236-250。

28 "European Instrument for Democracy and Human Rights," *European Commission*, October 25, 2018. accessed at: http://ec.europa.eu/europeanid/how/finance/eidhr_en.htm_en.

## 第四節　歐盟政策成效評估與政治現況

一向標榜彰顯人權與民主價值的歐盟，即使在難民、移民及少數族群合法權利的保障與社會融合上努力許久，但具體成效如何？民眾是否因此逐漸能包容外來移民並接納難民？排外主義及向右轉風潮是否得以被抑制？本文認爲藉由觀察極右勢力政黨在歐盟國家幾次重要大選與議會選舉結果，可以作爲檢驗，得知民意之走向。首先，以英國爲例，在英國經由公投脫歐之前，成立於1993年以英國脫歐爲目標的疑歐右翼政黨「英國獨立黨」（United Kingdom Independence Party）在幾次地方議會及歐盟議會選舉中逐漸勝出。例如2009年該黨在歐洲議會選舉中贏得11個席次，與保守黨、工黨和自由民主黨獲得相同席次；2013年英國地方議會選舉，該黨成爲第四大黨；2014年歐洲議會選舉獲得73個席次，成爲英國第一大黨。2015年英國大選，英國獨立黨成爲第三大黨，得票率由3.1%大幅成長至12.6%。[29]儘管在2016年英國公投決定啟動脫歐程序後，英國獨立黨在2017年5月舉行的地方選舉中卻大幅流失145個席位，得票率減少13%，僅獲得一席；不過右派的保守黨卻取得執政黨有史以來的最佳成績。[30]同年6月提前舉行原訂2020年進行的國會大選，獨立黨得票率僅1.8%，未獲得任何席次；保守黨雖然未獲得過半席次，但仍然維持國會第一大黨地位，在650個席次中獲得318席，得票率爲48.8%，領先工黨、蘇格蘭民族黨及自由民主黨等其他政黨。[31]2019年該黨雖在地方選舉失利，但由該黨前黨魁法拉奇（Nigel Paul Farage）成立於2019年1月的新政黨「脫歐黨」（Brexit Party），卻在同年

29 關於英國獨立黨詳細介紹，可參見該黨官網："About UKIP," UKIP For the Nation, http://www.ukip.org/ukip-page.php?id=02。

30 〈英地方選舉保守黨攻城略地獨立黨慘敗〉，《大紀元》，2017年5月12日，http://www.epochtimes.com/b5/17/5/11/n9131392.htm。

31 〈英國梅伊首相：獲北愛DUP黨支持重組政府〉，《大紀元》，2017年6月9日，http://www.epochtimes.com/b5/17/6/8/n9241441.htm。

5月舉行的5年一次的歐洲議會選舉中大舉獲得勝利。在歐洲議會751席次，英國所占的73個席位中，大幅領先其他政黨，贏得29席成爲英國最大黨，獲得32%的選票；相較於5年前歐洲選舉時的英國獨立黨還高出5個百分點。[32]不過，反對脫歐的自由民主黨則獲得第二多的席位，保守黨和工黨遭遇失敗。[33]目前脫歐黨爲歐洲議會內英國最大黨。英國的例子或許儘管因選舉制度與關心議題的不同，脫歐政黨雖然在英國國內選舉無法贏得多數選票，但在因難民、移民問題而起的與歐盟未來關係的發展，民眾在歐洲議會選舉中，仍傾向支持民粹主義、疑歐派、右翼政黨；而這些政黨在移民政策上，皆支持緊縮、限制移民。

另一個右翼民粹主義政黨成立於2013年，近年聲勢異軍突起的德國「另類選擇黨」（AfD），藉由疑歐、反對歐盟單一貨幣政策、反對歐元區經濟援助希臘的訴求，成立之初便在2013年的聯邦議院選舉中獲得的4.7%選票。[34]之後在2014年的歐洲議會選舉中，從96個席次中贏得7個席次，得票率爲7.1%，[35]並加入歐洲保守派和改革主義者黨團。另類選擇黨因反難民，在2017年9月德國大選時氣勢高漲，在709個議席中獲得92個席次，得票率爲12.6%，[36]成爲第三大黨，爲1950年代以來極右勢力首次獲得國會席次。該黨目前在德國各州議會皆擁有席位，支持

32 〈歐洲議會選舉：脫歐亂局致社會分裂加劇〉，《BBC中文網》，2019年5月28日，https://www.bbc.com/zhongwen/trad/world-48435952。

33 〈英國歐洲議會席位選舉結果　中間派被邊緣化〉，《中時電子報》，2019年6月1日，https://www.chinatimes.com/realtimenews/20190531003916-260408?chdtv。

34 高佩珊，〈仍待努力的歐盟族群融合政策〉，《新住民全球新聞網》，2019年6月30日，https://news.immigration.gov.tw/PH/NewsColumn.aspx?NEWSGUID=f19644dd-92cc-4390-bc69-7fe485880164。

35 〈歐洲議會選舉落幕　6大重點一次看〉，《中央社》，2019年5月27日，https://www.cna.com.tw/news/firstnews/201905270071.aspx。

36 同前註。

率大幅躍進；支持者多反移民、反穆斯林，且不滿梅克爾的移民政策，此次勝出的背景與德國接收超過150萬中東難民，以及社會治安、恐怖攻擊事件頻傳有關。例如發生在2016年的新年跨年活動，科隆、漢堡皆發生難民大規模集體性侵與騷擾的事件；[37]2016年10月一名德國大學生遭性侵殺害，[38]社會治安事件層出不窮；2016年12月柏林聖誕市集發生突尼西亞難民製造的恐怖攻擊事件；[39]至2018年9月，一名德國男子因與敘利亞和伊拉克人發生爭吵後遭殺害，[40]引起民眾不滿，另類選擇黨因此發起抗議活動，吸引數千名極右派人士高舉納粹標語遊行。梅克爾雖強調對於極端主義「零容忍」，卻無法阻止民眾反移民聲浪。極右派的另類選擇黨在最近一次歐洲議會選舉中大有斬獲，得票率上升至10.5%。[41]

2018年6月1日改名為「國民聯盟」（Rassemblement National）的法國更右派（far right）民粹主義政黨「國民陣線」（National Front）成立於1972年，該黨黨主席瑪琳勒朋（Marine Le Pen）在2017年法國總統大選中喊出「為人民奔走」的口號，在法國年輕人失業率高達24%的情況下，獲得21.3%的得票率，成功進入第二輪投票，並獲得33.9%的

37 陳心怡，〈科隆新年性侵事件：交織種族歧視的性別暴力〉，《聯合新聞網》，2019年1月13日，https://global.udn.com/global_vision/story/8664/1438946。

38 〈歐盟官員女兒遭性侵殺害 17歲阿富汗難民落網〉，《三立新聞網》，2016年12月5日，https://www.setn.com/News.aspx?NewsID=204414。

39 〈耶誕市集變屠場，德國首都柏林驚傳卡車恐怖攻擊至少12人罹難〉，《風傳媒》，2016年12月20日，https://www.storm.mg/article/203459。

40 〈德國男被移民殺害！極右派上街嗆「外國人滾啦」萬人擠音樂會反納粹〉，《東森新聞網》，2018年9月4日，https://www.ettoday.net/news/20180904/1250876.htm。

41 〈歐洲議會選舉結束6大重點一文看清〉，《新唐人電視臺》，2019年5月28日，https://www.ntdtv.com/b5/2019/05/27/a102587660.html。

選票，獲得該黨成立以來的最佳成績。[42]無獨有偶，主張瑞典脫歐和應實施嚴格移民政策的「瑞典民主黨」（Sweden Democrats），在2014年的國會選舉中獲得倍增席次，一躍成為瑞典第三大黨，該黨在2018年的國會大選一舉獲得62個席次，突破該黨過去的得票紀錄。[43]同樣在芬蘭選舉中獲得極佳成績的右翼政黨，則為成立於1995年、前身為正統芬蘭人黨「True Finns」的右翼疑歐政黨「芬蘭人黨」（Finns Party），同樣以民粹、反移民在2015年200席國會大選中異軍突起，取得38席成功躍居為第二大黨。[44]其餘歐盟國家同樣存在極度反移民、主張脫歐的民粹主義政黨，諸如捷克的「自由與直接民主黨」（Freedom and Direct Democracy）、義大利反建制黨「五星運動黨」（5-Star Movement）與「聯盟黨」（The League）、奧地利的「自由黨」（Freedom Party）、[45]瑞士的「瑞士人民黨」（Swiss People's Party）、荷蘭「自由黨」（Freedom Party）、丹麥「人民黨」（People's Party）、希臘的「金色黎明黨」（Golden Dawn Party），[46]以及支持民族主義的，如匈

---

42 〈2017法國總統大選民粹才是大贏家〉，《民報》，2017年5月7日，http://www.peoplenews.tw/news/19ffdf1f-a210-4e4o-8667-5796460a3a32。

43 〈瑞典大選為何這麼重要？極右派勢力崛起的隱喻〉，《信傳媒》，2018年9月14日，http://www.cmmedia.com.tw/home/articles/11805。

44 〈芬蘭變天最後結果：中間黨贏得大選〉，《大紀元》，2015年4月20日，http://www.epochtimes.com/b5/15/4/20/n4415501.htm。

45 因為受到貪汙醜聞影響，奧地利自由黨（Freedom Party）在最近一次歐洲議會大選中未有太大收穫，得票率屈居第三。〈歐洲議會選舉落幕 6大重點一次看〉，《中央社》。

46 關於這些右翼政黨在歐盟各國國內選舉的得票比例，可參見："Europe and Nationalism: A Country-by-Country Guide," *BBC*, September 10, 2018, accessed at: https://www.bbc.com/news/world-europe-36130006；"How Far Is Europe Swinging to the Right?," *New York Times*, October 23, 2017, accessed at: https://www.nytimes.com/interactive/2016/05/22/world/europe/europe-right-wing-austria-hungary.htm。

牙利總理奧班（Viktor Orban）的青年民主黨（Fidesz）和波蘭右翼保守派法律正義黨（PiS）等，極右政黨皆在此波難民潮中趁勢崛起，且在各自國家獲得許多支持。觀察以上極右勢力政黨屢屢在近幾年歐洲選舉中，以反移民與反歐盟作爲政治訴求，不斷深化民眾對於外來移民的種種疑慮，藉以獲得媒體關注並獲得選票，使得移民政策成爲各國政治人物及候選人辯論的重要議題。

歐盟國家民眾因爲經濟、社會治安、恐怖攻擊等問題所產生的反移民情緒演變爲疑歐，最後轉化成爲反歐盟，反歐盟又演變成反全球化，最後造成逆全球化的政治上孤立主義與獨立浪潮在歐盟各國興起，貿易保護主義盛行。例如高舉反歐盟、反移民的芬蘭人黨在芬蘭大選中異軍突起的背景，即是芬蘭經濟已經衰退多年；無論是過去希望吸引專業人才的移入或是現今的反移民，都與「經濟因素」明顯掛勾。歐盟的經驗似乎證實，經濟表現差時，社會反移民聲浪便會四起。有趣的是，同一時期歐盟因爲經濟下滑造成工作機會減少時，進入歐盟的移民人數其實是呈現下降和趨緩的。也就是說，原先受經濟力驅使，期盼前往歐盟能獲取更爲優渥薪資的移民，在歐盟經濟表現不佳時，便會暫停前往歐盟工作。關於歐盟在此波難民潮發生至今之經濟成長率，可見圖一；敘利亞內戰爆發的2010-2013年當中，歐盟國家整體經濟成長率正是下滑，失業率高漲之際（如圖二所示）；即使在此時期因爲就業機會的減少，使得入境工作人數下降；但民眾卻會因經濟表現不佳，自然反對移民的移入。此間接呼應學者杜威爾（Frank Düvell）和包默（Bastian Vollmer）在其關於移民的研究中所指出的，[47]民眾反移民的心態，恐懼移民會對國家與社會安全造成威脅的看法，或許是摻雜著複雜的情緒性

47 Frank Düvell and Bastian Vollmer, “Improving US and EU Immigration Systems’ Capacity for Responding to Global Challenges: Learning from Experience” in *EU-US Immigration Systems*, Robert Schuman Centre for Advanced Studies, San Domenico di Fiesole: European University Institute, 2011, p. 14.

因素。本文認爲此種情緒或許是源自於種族與宗教文化異同而起的優越感，與對他族的排斥感。

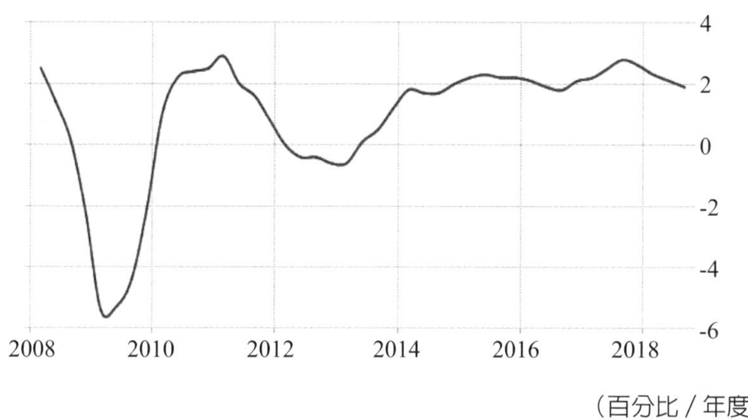


圖一 歐盟經濟成長率（2008-2018 年）

資料來源：“European Union GDP Annual Growth Rate 1996-2018,” *Trading Economics*, accessed at: https://tradingeconomics.com/european-union/gdp-annual-growth-rate.

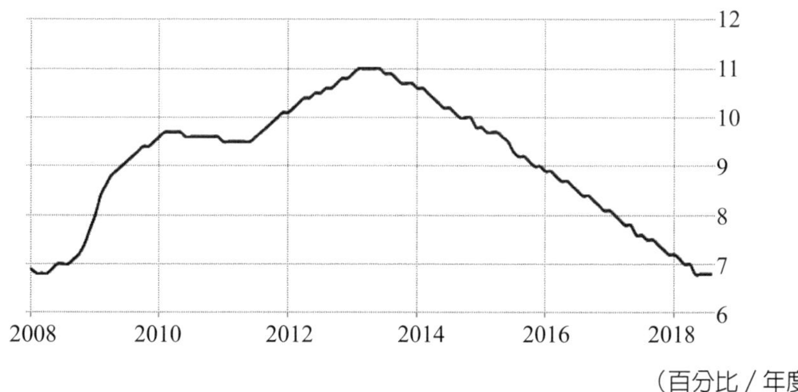


圖二 歐盟失業率（2008-2018 年）

資料來源：“European Union GDP Annual Growth Rate 2000-2018,” *Trading Economics*, accessed at: https://tradingeconomics.com/european-union/unemployment-rate.

從圖一歐盟的經濟成長率來看，2010年爆發的難民潮大批湧向歐盟，正巧發生在歐盟經濟表現相當不佳之際。該圖顯示2008-2018年歐盟地區的經濟成長率，2011年爲2.8%降到2013年的-0.75%，此後雖呈正向成長，卻可能已成爲政治人物操作的工具之一。圖二及表一顯示的歐盟國家失業率中，失業率從2011年的9.7%成長至2013年的10.9%；但是自2014年起即逐漸下滑，顯示經濟問題與失業問題皆已有所改善。惟在歐盟國家經濟逐漸好轉之後，恐怖攻擊的威脅並沒有消失，各地恐攻事件頻傳。例如2015年年初法國發生的《查理週刊》總部槍擊案後，11月13日法國又發生恐怖攻擊，在巴黎的巴塔克蘭歌劇院、法蘭西體育場、一些餐廳與酒吧等六處地點，至少129人死亡，數百人受傷。之後在2016年3月22日，比利時布魯塞爾亦遭受恐怖攻擊，歹徒以自殺炸彈、行李箱炸彈在首都布魯塞爾附近的機場和靠近歐盟總部的地鐵站發動攻擊，造成至少35人死亡、上百人受傷。最後，「難民」、「經濟」與「恐怖攻擊」三個關鍵字，造成今日所見歐盟極右勢力再起的逆全球化浪潮。而「極右派勢力」的崛起，伴隨著「反移民」、「排外運動」、「孤立主義」與「獨立浪潮」的再起，也造成歐盟許多國家社會內部的分裂。

表一 歐盟各國失業率（2005-2016年）

| | 2005 | 2006 | 2007 | 2008 | 2009 | 2010 | 2011 | 2012 | 2013 | 2014 | 2015 | 2016 |
|---|---|---|---|---|---|---|---|---|---|---|---|---|
| EU-28 | 9.0 | 8.2 | 7.2 | 7.0 | 9.0 | 9.6 | 9.7 | 10.5 | 10.9 | 10.2 | 9.4 | 8.5 |
| Euro area | 9.1 | 8.4 | 7.5 | 7.6 | 9.6 | 10.2 | 10.2 | 11.4 | 12.0 | 11.6 | 10.9 | 10.0 |
| Belgium | 8.5 | 8.3 | 7.5 | 7.0 | 7.9 | 8.3 | 7.2 | 7.6 | 8.4 | 8.5 | 8.5 | 7.8 |
| Bulgaria | 10.1 | 9.0 | 6.9 | 5.6 | 6.8 | 10.3 | 11.3 | 12.3 | 13.0 | 11.4 | 9.2 | 7.6 |
| Czech Republic | 7.9 | 7.1 | 5.3 | 4.4 | 6.7 | 7.3 | 6.7 | 7.0 | 7.0 | 6.1 | 5.1 | 4.0 |
| Denmark | 4.8 | 3.9 | 3.8 | 3.4 | 6.0 | 7.5 | 7.6 | 7.5 | 7.0 | 6.6 | 6.2 | 6.2 |
| Germany | 11.2 | 10.1 | 8.5 | 7.4 | 7.6 | 7.0 | 5.8 | 5.4 | 5.2 | 5.0 | 4.6 | 4.1 |
| Estonia | 8.0 | 5.9 | 4.6 | 5.5 | 13.5 | 16.7 | 12.3 | 10.0 | 8.6 | 7.4 | 6.2 | 6.8 |
| Ireland | 4.4 | 4.5 | 4.7 | 6.4 | 12.0 | 13.9 | 14.7 | 14.7 | 13.1 | 11.3 | 9.4 | 7.9 |

續表一

| | 2005 | 2006 | 2007 | 2008 | 2009 | 2010 | 2011 | 2012 | 2013 | 2014 | 2015 | 2016 |
|---|---|---|---|---|---|---|---|---|---|---|---|---|
| Greece | 10.0 | 9.0 | 8.4 | 7.8 | 9.6 | 12.7 | 17.9 | 24.5 | 27.5 | 26.5 | 24.9 | 23.6 |
| Spain | 9.2 | 8.5 | 8.2 | 11.3 | 17.9 | 19.9 | 21.4 | 24.8 | 26.1 | 24.5 | 22.1 | 19.6 |
| France | 8.9 | 8.8 | 8.0 | 7.4 | 9.1 | 9.3 | 9.2 | 9.8 | 10.3 | 10.3 | 10.4 | 10.1 |
| Croatia | 13.0 | 11.6 | 9.9 | 8.6 | 9.3 | 11.8 | 13.7 | 15.8 | 17.4 | 17.2 | 16.1 | 13.3 |
| Italy | 7.7 | 6.8 | 6.1 | 6.7 | 7.7 | 8.4 | 8.4 | 10.7 | 12.1 | 12.7 | 11.9 | 11.7 |
| Cyprus | 5.3 | 4.6 | 3.9 | 3.7 | 5.4 | 6.3 | 7.9 | 11.9 | 15.9 | 16.1 | 15.0 | 13.1 |
| Lativa | 10.0 | 7.0 | 6.1 | 7.7 | 17.5 | 19.5 | 16.2 | 15.0 | 11.9 | 10.8 | 9.9 | 9.6 |
| Lithuania | 8.3 | 5.8 | 4.3 | 5.8 | 13.8 | 17.8 | 15.4 | 13.4 | 11.8 | 10.7 | 9.1 | 7.9 |
| Luxembourg | 4.6 | 4.6 | 4.2 | 4.9 | 5.1 | 4.6 | 4.8 | 5.1 | 5.9 | 6.0 | 6.5 | 6.3 |
| Hungary | 7.2 | 7.5 | 7.4 | 7.8 | 10.0 | 11.2 | 11.0 | 11.0 | 10.2 | 7.7 | 6.8 | 5.1 |
| Malta | 6.9 | 6.8 | 6.5 | 6.0 | 6.9 | 6.9 | 6.4 | 6.3 | 6.4 | 5.8 | 5.4 | 4.7 |
| Netherlands | 5.9 | 5.0 | 4.2 | 3.7 | 4.4 | 5.0 | 5.0 | 5.8 | 7.3 | 7.4 | 6.9 | 6.0 |
| Austria | 5.6 | 5.3 | 4.9 | 4.1 | 5.3 | 4.8 | 4.6 | 4.9 | 5.4 | 5.6 | 5.7 | 6.0 |
| Poland | 17.9 | 13.9 | 9.6 | 7.1 | 8.1 | 9.7 | 9.7 | 10.1 | 10.3 | 9.0 | 7.5 | 6.2 |
| Portugal | 8.8 | 8.9 | 9.1 | 8.8 | 10.7 | 12.0 | 12.9 | 15.8 | 16.4 | 14.1 | 12.6 | 11.2 |
| Romania | 7.1 | 7.2 | 6.4 | 5.6 | 6.5 | 7.0 | 7.2 | 6.8 | 7.1 | 6.8 | 6.8 | 5.9 |
| Slovenia | 6.5 | 6.0 | 4.9 | 4.4 | 5.9 | 7.3 | 8.2 | 8.9 | 10.1 | 9.7 | 9.0 | 8.0 |
| Slovakia | 16.4 | 13.5 | 11.2 | 9.6 | 12.1 | 14.5 | 13.7 | 14.0 | 14.2 | 13.2 | 11.5 | 9.6 |
| Finland | 8.4 | 7.7 | 6.9 | 6.4 | 8.2 | 8.4 | 7.8 | 7.7 | 8.2 | 8.7 | 9.4 | 8.8 |
| Sweden | 7.7 | 7.1 | 6.1 | 6.2 | 8.3 | 8.6 | 7.8 | 8.0 | 8.0 | 7.9 | 7.4 | 6.9 |
| United Kingdom | 4.8 | 5.4 | 5.3 | 5.6 | 7.6 | 7.8 | 8.1 | 7.9 | 7.6 | 6.1 | 5.3 | 4.8 |

資料來源：“Keynote speech by Bank of Greece Deputy Governor John (Iannis) Mourmouras in Nicosia (Cyprus) entitled: “Some reflections on post-globalisation and Trump’s trade war,” *Bank of Greece*, April 14, 2018, accessed at: https://www.bankofgreece.gr/Pages/en/Bank/News/Speeches/DispItem.aspx?Item_ID=520&List_ID=b2e9402e-db05-4166-9f09-e1b26a1c6f1b.

## 第五節　小結

即便歐盟長期以來試圖以政策宣言或會議決議推動族群融合與少數族群權利之保障，以抵消排外勢力，但是法規的缺乏，使其無法有效推動與執行；在定義上更是未見清晰。例如所謂的少數族群究竟是同一個國家內的少數族群，抑或是包括由他國遷移至本國的少數外國族群？在政府推動的保障之下，文化、語言權利得以尊重與保障，但在就業與居住權利上，卻明顯受到嚴格限制。長久以來，外來移民受到歐盟當地民眾的排斥而無法融入社會的憤恨，提供了恐怖主義勢力成長的動力，加上宗教、社會、文化與經濟問題，令民眾對難民、移民產生反感，種種情緒在遭逢選舉之際，受到政治人物極端言論的煽動下，造就排外主義分子藉機以狹隘之國族主義、民族主義推動排外運動。歐盟若無法積極解決、有效處理難民、移民問題，仇外主義與排外運動勢必仍有其票房及市場。同時，在全球化浪潮下，無論是難民、移民問題或是經濟、失業等問題，傳統政黨在政見趨同之下，無力積極回應民眾的問題，遂造成非典型政治人物如川普在美國的當選，或是英國的脫歐，再到南美洲大國巴西選出的極右派總統波索納洛（Jair Bolsonaro）；短期之內逆全球化風潮、極右勢力，仍會在國際經濟、政治議題上掌控話語權。

## 參考文獻

陳婉容，〈歐洲排外思潮對難民潮的反彈？〉，《端傳媒》，2015年9月10日，http://theinitium.com/article/20150910-opinion-chanyuenyung-refugee/。

陳偉信，〈默克爾艱難的抉擇〉，《端傳媒》，2015年9月4日，http://theinitium.com/article/20150902-opinion-chanwaishun-merkel/。

卓忠宏，〈地中海困境與非傳統安全：移民與難民浪潮再起〉，《第十六屆全球戰略與臺海安全學術研討會報告書》，2018年11月23日，頁19-33。

高佩珊，〈歐盟邊境管理困境──難移民問題研究〉，《移民政策與法制》，臺北：五南圖書，2019年，頁255-282。

張心怡，〈疑歐主義、英國獨立黨與英國的脫歐公投〉，《全球政治評論》，第63期，2018年7月，頁65-96。

吳振逢，〈英國脫歐效應及歐洲整合前景〉，《國會季刊》，第45卷第1期，2017

年3月，頁29-50。
李明歡，〈歐盟國家移民政策與中國新移民〉，《廈門大學學報》，第4期，2001年，頁105-112。
卓忠宏，〈移民與安全：歐盟移民政策分析〉，《全球政治評論》，2016年，第56期，頁47-73。
施正鋒，〈歐盟的少數族群權利保障〉，臺灣歐盟研究協會「張維邦教授八十歲冥誕紀念學術研討會」，2017年10月14日，http://faculty.ndhu.edu.tw/~cfshih/conference-papers/20171014a.pdf。
Yves Charpenel著，吳志中翻譯，〈歐洲人權政策規範對法國國內法律判決之影響〉，《臺灣人權學刊》，第2卷第2期，2013年12月，頁69-90。
廖福特，〈歐洲人權公約〉，《新世紀智庫論壇》，第8期，1999年12月30日，頁58-64。
翁燕菁，〈不歧視原則之經濟社會權利保障效力：歐洲人權公約當代課題〉，《歐美研究》，第43卷第3期，2013年9月，頁637-707。
政大勞動學報編輯部，〈歐洲社會憲章（一九六一年）〉，《政大勞動學報》，第2期，1992年11月，頁133-142。
陳潔、洪郵生、袁建軍，〈歐盟多語主義政策探析〉，《國際論壇》，第13卷第6期，2011年11月，頁23-28。
〈英地方選舉保守黨攻城略地獨立黨慘敗〉，《大紀元》，2017年5月12日，http://www.epochtimes.com/b5/17/5/11/n9131392.htm。
〈英國梅伊首相：獲北愛DUP黨支持重組政府〉，《大紀元》，2017年6月9日，http://www.epochtimes.com/b5/17/6/8/n9241441.htm。
〈歐洲議會選舉：脫歐亂局致社會分裂加劇〉，《BBC中文網》，2019年5月28日，https://www.bbc.com/zhongwen/trad/world-48435952。
〈英國歐洲議會席位選舉結果　中間派被邊緣化〉，《中時電子報》，2019年6月1日，https://www.chinatimes.com/realtimenews/20190531003916-260408?chdtv。
高佩珊，〈仍待努力的歐盟族群融合政策〉，《新住民全球新聞網》，2019年6月30日，https://news.immigration.gov.tw/PH/NewsColumn.aspx?NEWSGUID=f19644dd-92cc-4390-bc69-7fe485880164。
〈歐洲議會選舉落幕　6大重點一次看〉，《中央社》，2019年5月27日，https://www.cna.com.tw/news/firstnews/201905270071.aspx。
陳心怡，〈科隆新年性侵事件：交織種族歧視的性別暴力〉，《聯合新聞網》，2019年1月13日，https://global.udn.com/global_vision/story/8664/1438946。
〈歐盟官員女兒遭性侵殺害　17歲阿富汗難民落網〉，《三立新聞網》，2016年12月5日，https://www.setn.com/News.aspx?NewsID=204414。
〈耶誕市集變屠場，德國首都柏林驚傳卡車恐怖攻擊至少12人罹難〉，《風傳媒》，2016年12月20日，https://www.storm.mg/article/203459。

〈德國男被移民殺害！極右派上街嗆「外國人滾啦」萬人擠音樂會反納粹〉，《東森新聞網》，2018年9月4日，https://www.ettoday.net/news/20180904/1250876.htm。

〈歐洲議會選舉結束6大重點一文看清〉，《新唐人電視臺》，2019年5月28日，https://www.ntdtv.com/b5/2019/05/27/a102587660.html。

〈2017法國總統大選民粹才是大贏家〉，《民報》，2017年5月7日，http://www.peoplenews.tw/news/19ffdf1f-a210-4e4o-8667-5796460a3a32。

〈瑞典大選爲何這麼重要？極右派勢力崛起的隱喻〉，《信傳媒》，2018年9月14日，http://www.cmmedia.com.tw/home/articles/11805。

〈芬蘭變天最後結果：中間黨贏得大選〉，《大紀元》，2015年4月20日，http://www.epochtimes.com/b5/15/4/20/n4415501.htm。

"European Convention on Human Rights," *Council of Europe*, accessed at: http://www.echr.coe.int/Documents/Convention_ENG.pdf.

Simo K. Määttä, "The European Charter for Regional or Minority Languages, French Language Laws, and National Identity," *Language Policy*, Volume 4, Issue 2, p. 167-186.

"European Union Anti-Discrimination Policy: From Equal Opportunities Between Women and Men to Combating Racism," *European Parliament*, December, 13, 1995. accessed at: http://www.europarl.europa.eu/workingpapers/libe/102/text5_en.htm#annex1.

Magdalena Pasikowska-Schnass, "Regional and Minority Languages in the European Union," *European Parliamentary Research Service*, September, 2016, p. 3. accessed at: http://www.europarl.europa.eu/EPRS/EPRS-Briefing-589794-Regional-minority-languages-EU-FINAL.pdf.

"Framework Convention for the Protection of National Minorities and Explanatory Report," *Council of Europe*, February 1995. accessed at: http://rm.coe.int/16800c10cf.

OSCE High Commissioner on National Minorities, accessed at: http://www.osce.org/node/107881.

"Europe and Nationalism: A Country-by-Country Guide," *BBC*, September 10, 2018, accessed at: https://www.bbc.com/news/world-europe-36130006.

"How Far Is Europe Swinging to the Right?," *New York Times*, October 23, 2017, accessed at: https://www.nytimes.com/interactive/2016/05/22/world/europe/europe-right-wing-austria-hungary.htm.

Frank Düvell and Bastian Vollmer, "Improving US and EU Immigration Systems' Capacity for Responding to Global Challenges: Learning from Experience" in *EU-US*

*Immigration Systems*, Robert Schuman Centre for Advanced Studies, San Domenico di Fiesole: European University Institute, 2011, p. 14.

Pascal Fontaine著，歐洲經貿辦事處翻譯，《認識歐盟》，2007年，http://www.eeas.europa.eu/archives/delegations/taiwan/documents/more_info/12_lessons_chinese_version.pdf。

"European Monitoring Centre on Racism and Xenophobia," *European Observatory of Working Life*, November 27, 2008. accessed at: http://www.eurofound.europa.eu/observatories/eurwork/industrial-relations-dictionary/european-monitoring-centre-on-racism-and-xenophobia.

"Charter of Fundamental Rights of the European Union," *Official Journal of the European Communities*, December 18, 2000. accessed at: http://www.europarl.europa.eu/charter/pdf/text_en.pdf.

Kinga Gál and Davyth Hicks, " The European Parliament Intergroup for Traditional Minorities, National Communities and Languages, 2009-2014," *Europäische Journal für Minderheitenfrage*n, Vol 3, Issue 3-4, December, 2010, p. 236-250.

"European Instrument for Democracy and Human Rights," *European Commission*, October 25, 2018. accessed at: http://ec.europa.eu/europeanid/how/finance/eidhr_en.htm_en.

"About UKIP," UKIP For the Nation, http://www.ukip.org/ukip-page.php?id=02.

# 第九章

# 北韓核武與東北亞的安全機制問題

2017年8月29日北韓不顧聯合國安理會的警告及制裁，再次實施洲際彈道飛彈試射，飛越日本北海道與本州之間的津輕海峽上空。9月3日北韓官方證實實施第6次氫彈試爆，未來可裝載於洲際彈道飛彈上。聯合國安理會12月22日一致通過對北韓最新制裁決議，加強對北韓施加新的制裁措施。[1]2018年北韓領導人金正恩於元旦談話中宣布，同意派代表團參加南韓平昌冬季奧運，並表示北韓核子武器發展已取得歷史性的成功，「美國應該清楚地知道，整個美國本土已經被我們的核武器打擊能力所覆蓋。核武器的按鈕隨時擺在我的辦公桌上，這不是威脅，是一個事實。」[2]接著1月10日兩韓代表團在邊界非軍事區的板門店停戰村舉行11小時會談後發布聯合聲明，宣布北韓將派遣國家奧會代表團、運動員、啦啦隊和記者團等參加平昌冬季奧運會。聲明中並說，兩韓同意「化解目前的軍事緊張情勢，並舉行軍事會談處理這個問題。」南北韓也同意恢復雙方自2016年2月即中斷的軍事熱線。[3]

2018年2月25日南韓的平昌冬季奧運會圓滿結束，北韓領導人金正恩4月21日宣布：「停止核子及飛彈測試，並關閉核子試驗場。」[4]4月27日兩韓領導人文在寅與金正恩在板門店舉行兩韓高峰會談，並發表

---

1 方冰，〈聯合國安理會一致通過對北韓最新制裁決議〉，《美國之音》，2017年12月23日，https://www.voacantonese.com/a/un-sanction-north-korea-20171222/4176359.html（檢索日期：2019/10/07）。

2 〈金正恩新年廣播講話傳遞複雜信號「朝鮮核武已成事實」〉，《BBC 中文網》，2018年1月1日，https://www.bbc.com/zhongwen/trad/world-42532106（檢索日期：2019/10/07）。

3 林治平，〈兩韓破冰　北韓願赴冬奧及舉行軍事會談〉，《中央通訊社》，2018年1月10日，http://www.cna.com.tw/news/aopl/201801100004-1.aspx（檢索日期：2019/10/07）。

4 Choe Sang-Hun，〈朝鮮宣布暫停核試及導彈試射〉，《紐約時報中文網》，2018年4月21日，https://cn.nytimes.com/asia-pacific/20180421/kim-jong-un-hotline-korea/zh-hant/（檢索日期：2019/10/07）。

「爲促進韓半島和平、繁榮、統一」的《板門店宣言》。[5]自此之後，北韓開始走向國際，展開和平外交之旅。6月12日美國總統川普與北韓領導人金正恩，在新加坡展開歷史性的首次會面並簽署聯合聲明，強調美國與北韓將合作在朝鮮半島建立長久穩定的和平機制，且北韓重申2018年4月24日簽署的《板門店宣言》，承諾努力實現朝鮮半島完全去核化（Denuclearization）。[6]然而2019年2月28日美國總統川普與北韓領導人金正恩，在越南河內再度會面，就美國所關心的北韓核設施拆除，以及北韓要求聯合國全面解除經濟制裁問題磋商。其結果是無法達成共識，但雙方仍保留可能再開啟會談的彈性。[7]2019年6月30日川普與金正恩在南北韓邊界「板門店非軍事區」會面，表達將持續探討兩國之間的重要議題與具體細節，但不急於達成協議，表現出雙方都有達成協議的意願。[8]從事件的表面上看來，美國與北韓的關係雖然有戲劇性的變化，但似乎仍有改善的空間。

---

5 姜遠珍，〈南北韓峰會板門店宣言全文〉，《中央通訊社》，2018年4月27日，https://www.cna.com.tw/news/firstnews/201804270357.aspx（檢索日期：2019/10/07）。

6 "Joint Statement of President Donald J. Trump of the United States of America and Chairman Kim Jong Un of the Democratic People's Republic of Korea at the Singapore Summit", *The White house*, June 12, 2018, accessed at: https://www.whitehouse.gov/briefings-statements/joint-statement-president-donald-j-trump-united-states-america-chairman-kim-jong-un-democratic-peoples-republic-korea-singapore-summit/ (2019/10/07).

7 Edward Wong, "Trump's Talks With Kim Jong-un Collapse, and Both Side Point Fingers," *The New York Times*, February 28, 2019, accessed at: https://www.nytimes.com/2019/02/28/world/asia/trump-kim-vietnam-summit.html?_ga=2.235722436.437961352.1570428838-1813969612.1566700335 (2019/10/08).

8 〈美朝關係：川普金正恩「三八線」實現歷史姓會面〉，《BBC中文網》，2019年6月30日，https://www.bbc.com/zhongwen/trad/world-48815599（檢索日期：2019/10/08）。

但北韓卻在第三次會談後，自2019年7月25日起，執行9次彈道飛彈試射，尤其是10月2日「北極星3號」潛射彈道飛彈的試射引起國際上的矚目。[9]美國則立即於同日發射無武裝的義勇兵三型洲際彈道飛彈作爲反應。[10]依此北韓的政策轉變及美國與北韓之間的談判是否代表東北亞的緊張局勢，可以朝向緩和的方向發展。對中國、美國又將會帶來何種挑戰，另日本未來在東北亞與中國的關係上將何去何從，都是影響東北亞安全機制是否能建立與發揮功能的觀察因素。因此，本章將運用整合國際關係理論與戰略研究觀點，從事實面、影響面、發展面、戰略面及執行面等五個面向的邏輯思考原則，依序解析北韓核武對東北亞安全機制的問題。

## 第一節　北韓核武問題的本質

1950年韓戰爆發，美國總統杜魯門鑑於原子彈的巨大損害，對於韓戰表達爲避免擴大軍事衝突，決定不對北韓及中國使用原子彈。但曾爲歐戰盟軍將領艾森豪於韓戰期間當選總統，則表達如果朝鮮戰爭在1953年停戰協議簽署之後，仍無法停止戰爭或是戰爭再次燃起，將同意部署核子武器。[11]1958年1月美國開始在南韓部署核武器，對此北韓的反

---

9 姜遠珍，〈南韓專家：北韓潛射飛彈完成實戰部署尚需數年〉，《中央通訊社》，2019年10月8日，https://www.cna.com.tw/news/aopl/201910080041.aspx（檢索日期：2019/10/08）。

10 "U.S. Air Force tests intercontinental ballistic missile after North Korea Launch," *CBS NEWS*, October 2, 2019, accessed at: https://www.cbsnews.com/news/north-korea-missile-launch-us-air-force-tests-intercontinental-ballistic-missile-today-2019-10-02/ (2019/10/08).

11 Austin Ramzy, "When the U.S. Last Faced an Emerging Nuclear Threat in East Asia," *The New York Times*, August 10, 2017, accessed at: https://www.nytimes.com/2017/08/10/world/asia/north-korea-nuclear-weapons-china-us.html?_ga=2.229945817.437961352.1570428838-1813969612.1566700335 (2019/10/08).

應，除了開始大規模的建構核子防護坑道設施，以因應可能的核子威脅外，並向蘇聯要求協助發展自有的核武，但於1963年遭受蘇聯的拒絕。1965年蘇聯為安撫北韓，同意在寧邊安裝核子反應爐，協助建立核能及訓練北韓核能科學家。1964年中國成功的完成首次核子彈試爆，北韓也要求中國協助發展核武，但中國以小國不需要核武為由，拒絕北韓的請求。[12]1991年7月31日美國與蘇聯簽署《裁減戰略武器條約》（Strategic Arms Reduction Treaty），[13]同年11月10日開始撤出南韓所有的核子武器。[14]

韓戰結束後，朝鮮半島再次回到北緯38度線南北韓各自獨立、對抗的分界線。面對美國在南韓部署核武的威脅，以及看到中國獲得核武的效益。北韓要能獨自面對美國的威脅，唯有擁有核武才能獲得安全感。因此，自1965年起，北韓的核武研究始終沒有停過，甚至為換取蘇聯的協助，於1985年同意簽署《核武禁擴條約》（Treaty on the Non-Proliferation of Nuclear Weapons），並且於1991年12月18日南、北韓簽署《朝鮮半島無核化聯合聲明》，並於1992年1月30日簽署「國際原子能總署」（International Atomic Energy Agency, IAEA）《保防協定》（*Safeguards Agreement*），期間經過美國與北韓各項多年的談判，北韓在不理會國際原子能總署要求放棄核武計畫，並開放所有相關設施接受

---

12 Lee Jae-Bong, "US Deployment of Nuclear Weapons in 1950s South Korea & North Korea's Nuclear Development: Toward Denuclearization of the Korean Peninsula," *The Asia-Pacific Journal*, Volunme7, Issue 8, Number 3, February 17, 2009, p. 11-14.

13 "Strategic Arms Reduction Treaty, 1991 and 1993," U.S. Department of State, accessed at: https://2001-2009.state.gov/r/pa/ho/time/pcw/104210.htm (2019/10/08).

14 David E. Rosenbaum, "U.S. to Pull A-Bombs From South Korea," *The New York Times*, October 20, 1991, accessed at: https://www.nytimes.com/1991/10/20/world/us-to-pull-a-bombs-from-south-korea.html (2019/10/08).

檢查後，除於2002年宣布啟封已凍結的核設施外，續於2003年1月10日退出《核武禁擴條約》（*Nuclear Non-Proliferation Regime*）。[15]

此舉引發中國對北韓核武問題的介入，除中國於2003年4月23日邀請美國及北韓在北京實施三邊會談外，美國於5月5日也邀請俄羅斯參加朝鮮半島核武問題的多邊會談，而美國於6月12日在北韓核武問題與日本、南韓舉行會談。經過以中、美爲主的各自多次會談後，最後由南、北韓第十一次部長級會議中，南韓提出舉辦「擴大多邊會談」的建議下，遂於8月27日在北京舉辦由中、美、俄、日、南韓及北韓共同參加的「六方會談」。[16]會談期間北韓於2006年10月9日首次實施核子試爆，聯合國安理會安全委員會認定北韓採用核試驗，並一致通過第1718號決議（2006年）禁止多種商品進出北韓，並對與核武計畫有關人員實施資產凍結與旅行禁令。[17]2009年4月5日北韓首次發射彈道飛彈，隨後於4月13日宣布退出「六方會談」，並於5月25日實施兩次的核武試爆，從2009-2017年總計實施六次核武測試，並於2018年4月20日宣布核武器實戰化業已完成驗證。[18]

北韓隨著核武實驗的過程，瞭解彈道飛彈的研發與核武同等重要，因爲如何將核武投射到美國在亞太地區與本國領土，是核武嚇阻能

15 “North Korea Nuclear,” *Nuclear Threat Initiative*, October, 2018, accessed at: https://www.nti.org/learn/countries/north-korea/nuclear/ (2019/10/08).

16 〈朝鮮半島核問題大事記要〉，中華人民共和國常駐聯合國代表團，http://www.china-un.org/chn/zt/chwt/t67397.htm（檢索日期：2019/10/08）。

17 〈安全委員會認定朝鮮民主主義人民共和國採用核試驗，並一致通過第1718號決議（2006）〉，《United Nations會議報導和新聞稿》，2006年10月14日，https://www.un.org/press/en/2006/sc8853.doc.htm（檢索日期：2019/10/08）。

18 陳奕偉，〈金正恩棄核試　北韓核武相關大事紀〉，《中央通訊社》，2018年4月21日，https://www.cna.com.tw/news/aopl/201804210022.aspx（檢索日期：2019/10/08）。

力的表現。北韓彈道飛彈的研發可追溯到1979年自埃及獲得蘇聯製「飛毛腿」短程彈道飛彈開始，除了研製陸基及機動彈道飛彈外，並於2016年北韓開始實施自行研發的潛射彈道飛彈試射，經過多次洲際及短程彈道飛彈試射後，[19]最終於2019年10月3日成功試射新型的「北極星3型」潛射彈道飛彈。[20]

依據上述北韓核武問題所引發的東北亞安全危機，若從事實面的理論角度解析，就國際關係理論研究的觀點，首先是確認其事件的問題本質或意識爲何？若以戰略理論研究的觀點，則是事件的問題性質爲何？分析如下。

## 一、北韓核武的問題本質

韓戰結束後，美國爲確保南韓的安全，將核子武器部署於南韓境內，以嚇阻中國及北韓對南韓可能再次入侵。然而對中國而言，1964年蘇聯向中、蘇邊境增兵及部署戰略轟炸機等大批武器裝備，以及1965年美軍正式介入越南戰爭。此時，中國面臨美蘇在南、北邊境的壓力，並認爲美蘇都有可能對中國發動侵略戰爭。因此，此階段中國爲因應美國的威脅，將軍事戰略指導構想確立爲準備「早打、大打、打核戰爭」。[21]而對北韓而言，1961年中國與蘇聯交惡雙方關係緊張，1962年中、印爆發邊界戰爭。1964年蘇聯在中國邊境的增兵與戰略武器的部

---

19 Alicia Sander-Zakre, "Chronology of U.S.-North Korean Nuclear and Missile Diplomacy," Arms Control Association, June, 2019, accessed at: https://www.armscontrol.org/factsheets/dprkchron (2019/10/08).

20 Joyce Lee, " North Korea says it successfully tested new submarine-launched ballistic missile," *REUTERS*, October 3, 2019, accessed at: https://www.reuters.com/article/us-northkorea-missiles/north-korea-says-it-successfully-tested-new-submarine-launched-ballistic-missile-idUSKBN1WH2GS (2019/10/08).

21 楊貴華，《中國人民解放軍軍史第五卷》，北京：軍事科學出版社，2011年，頁393-395。

署，同年中國成功完成首次核子試爆。另1965年美軍介入越戰後，中國爲支持北越亦提供許多戰略物資，且中國國內的文化大革命運動讓中國無暇他顧。基本上二十世紀60-70年代期間，中國已無能力再全力保護北韓的安全。

雖然1963年蘇聯拒絕北韓協助發展核武的要求，但1964年蘇聯增兵中蘇邊界及中國完成核武試爆，似乎提供北韓一個契機，讓蘇聯願意協助北韓發展核武，以因應中蘇的對抗。另北韓境內藏有鈾礦資源，對北韓的核武發展提供相當多的助益，遂於1965年從核能的研究，開始朝向核武研發的方向邁進。尤其中國在取得核武身分後，中國對蘇聯的威脅即擁有嚇阻作用。即使1969年珍寶島事件發生，蘇聯都不願貿然擴大衝突。這對北韓來說，認知核武是國家生存必須發展的一個重大武器研發項目。雖然從1965-1991年蘇聯解體前核武的發展並不順利，但1991年蘇聯解體後，大量前蘇聯核武及飛彈專家失業，再次給北韓發展核武的機會，才會有後續2002年重啟核設施及2003年宣布退出《核武禁擴條約》的行動。1979年中美關係的改善，1991年蘇聯的解體。北韓認識到中國及俄羅斯已不再是完全可靠的盟友，國家與政權在美國的威脅下要獲得絕對的安全，唯有藉由核武身分的取得才能獲得確保。

因此，北韓危機的問題本質，從北韓的立場分析，在於獲得核武身分的認定，以確保國家的絕對安全。若從東北亞的立場分析，北韓核武身分的取得，所影響的是全球禁止核武擴散的問題，以及東北亞權力競合的關係。

## 二、北韓核武的問題性質

北韓核武問題的關鍵點，在於北韓是否已具備核武攻擊的能力。依據板門店宣言，南北韓確認通過完全去核化（denuclearization）實現半島非核化（nuclear-free）的共同目標，南北韓一致認爲，北韓主動採取的一系列措施，對朝鮮半島去核化具有重大而深遠的意義。從其內容必須確認的是去核化（denuclearization）及非核化（nuclear-free）兩個關鍵名詞。如果對北韓的要求是「去核化」，其所代表的潛在涵義是承認北韓已具備核武攻擊能力。如果是「非核化」，則代表北韓尚不具備核武攻擊能力。從這兩項潛在涵義的名詞分析，對於要求北韓達到朝鮮半島非核化的目標，中國及美國的考量手段將有所不同。假設所要求的是「去核化」，在朝鮮半島非核化要求的概念下，對於北韓除了要求核子武器製造設施需要全面銷毀及放射性原料監控與移除外，所有彈道飛彈亦須納入有效監控。若是「非核化」，則表示北韓尚不具備核武攻擊能力，但即便是不具備爆炸性的放射性物質，透過洲際彈道飛彈的放射性物質散布攻擊，亦將會造成災難性的環境汙染。

北韓2017年9月完成核子試爆[22]，以及2017年11月29日火星-15洲際彈道飛彈的試射[23]，並於2018年北韓領導人金正恩的元旦講話指出：「朝鮮核武已成事實」。若以核子炸彈技術的觀點來看，核子炸彈最重要的關鍵裝置是引爆核彈的內部爆炸裝置。核子試爆實驗就是在確認所設計的內部爆炸裝置效能，當效能足以引發周圍的超臨界放射性物質連鎖反應的爆炸，就可認爲核子試爆實驗是成功的。如1995年9月到1996年1月法國在南太平洋的核子試爆實驗所取得核彈爆炸相關數據資料後，並頒布《軍事改革法》實施全面軍事轉型。[24]而從洲際彈道飛彈的技術觀點，2017年11月9日北韓火星-15型洲際彈道飛彈試射的狀況，即

22 〈金正恩新年廣播講話船的複雜信號「朝鮮核武已成事實」〉，《BBC中文網》，2018年1月1日，http://www.bbc.com/zhongwen/simp/world-42532106（檢索日期：2019/10/11）。

23 姜遠珍，〈北韓宣布　成功試射火星-15型洲際飛彈〉，《中央通訊社》，2017年11月29日，http://www.cna.com.tw/news/aopl/201711290185-1.aspx（檢索日期：2019/10/11）。

24 何奇松，〈冷戰後的法國軍事轉型〉，《軍事歷史研究》，第3期，2007年，頁138。

使美國彈導分析師專家認爲要攻擊美國本土「至少還要一年」的研製時間，[25]但可以確認北韓製造洲際彈道飛彈能力已有重大進展。

2018年2月25日北韓派代表與南韓合組國家隊，參加南韓舉辦的平昌冬季奧運會圓滿結束，4月21日北韓領導人金正恩宣布停止核子及飛彈測試，並關閉核子試驗場。[26]4月27日兩韓領導人文在寅與金正恩在板門店舉行兩韓高峰會談，並發表「爲促進韓半島和平、繁榮、統一」的《板門店宣言》。[27]自此之後，北韓開始走向國際，展開和平外交之旅。北韓之所以會政策轉變的背後原因，主要是在美國及國際的制裁壓力下，北韓經濟受到重大的影響。尤其2018年1月5日中國商務部宣布全面禁止對北韓出口的商品，包括鐵、鋼、其他金屬、金屬製品，工業機械包括電器設備及零件、錄放音機、錄放影音設備及零件，車輛、航空器、船舶及有關運輸設備也包括在內。對北韓出口的原油，未來一年內不得超過400萬桶或52.5萬噸，出口到北韓的精煉石油產品，未來一年內不超過50萬桶，且必須爲北韓國民民生之用。[28]對北韓來說是一個重大的打擊，所影響的是金正恩政權的穩定。

依據上述分析，北韓核武國家的身分即使沒有獲得美國及國際強權

---

25 〈金正恩滿意火星-15試射擬攻美　專家：「還要1年」〉，《自由時報》，2017年11月30日，http://news.ltn.com.tw/news/world/breakingnews/2269100（檢索日期：2019/10/11）。

26 徐睿承，〈金正恩宣布：停止核試和飛彈試射　關閉核試驗場〉，《中央通訊社》，2018年4月21日，http://www.cna.com.tw/news/first-news/201804210014-1.aspx（檢索日期：2019/10/11）。

27 蔡佩芳，〈文金會擁抱發表板門店宣言　年內達成終戰和平〉，《聯合新聞網》，2018年4月27日，https://udn.com/news/story/6809/3111426（檢索日期：2019/10/11）。

28 〈中國加緊對北韓制裁　全面禁止出口鋼鐵、金屬〉，《蘋果即時》，2018年1月5日，https://tw.appledaily.com/new/realtime/20180105/1272986/（檢索日期：2019/10/11）。

的承認，但已無法否認北韓已具有核武攻擊的能力。北韓的核武嚇阻效能可說已獲得有效的發揮，達成早期設想的核武嚇阻軍事戰略目標。就一個從小接受西方教育的北韓領導人金正恩而言，看到中國改革開放後國家經濟發展的巨大成果，也促使一些原採計畫經濟的國家，如越南、古巴等開始學習中國的改革開放政策。對北韓來說，國家的經濟發展將成爲國家建設的優先目標。因此，北韓核武的問題性質基本上已從早期以軍事安全爲目的，轉變爲獲取國家經濟發展爲目的。

## 第二節　北韓核武的多方利益

北韓的核武發展所影響的，不僅僅是北韓本身絕對安全需求的問題，也牽動美國對南韓及日本納入核子安全保護傘的承諾。從1963年及1964年蘇聯與中國分別拒絕協助北韓發展核武的事實，我們可以認爲冷戰期間美國在南韓部署核武的目的，主要在於嚇阻中國對美國亞太地區駐軍的威脅，其次才是蘇聯。而北韓的核武發展過程，蘇聯始終扮演一個協助者的角色。尤其是蘇聯解體後，中國及北韓接受許多前蘇聯彈道飛彈及核武專家，協助其彈道飛彈及核武能力的精進與研發。所以，北韓核武問題的影響面包含著美國、中國、俄羅斯、日本、南韓及北韓等六國在東北亞的利益，分析如下。

### 一、美國

冷戰期間美國及蘇聯鑑於英國、法國及中國分別於1952年、1960年及1964年成功完成第一次的核武試爆[29]，1965年在美、蘇核武管制的共識下，向18國裁軍審議委員會提案《核武禁擴條約》。1968年7月1日完成談判開放簽署，將核武國家訂爲1967年1月1日之前已製造及核子試爆

---

29 〈世界上有核國家原子彈的爆炸地點都在這些地方〉，《每日頭條》，2017年9月9日，https://kknews.cc/zh-tw/history/b44yngo.html（檢索日期：2019/10/10）。

或其他核子裝置的國家，這些國家分別為美國、俄羅斯、英國、法國及中國，其他所有國家均為無核武國家。[30]雖然2017年7月8日122國批准《核武禁擴條約》，但在討論的過程中，除了原已公認的5個核武國家外，還有已擁有核武的國家如印度、巴基斯坦、北韓及以色列，亦未參與討論。在新修訂的條約內容中，要求簽署國禁止開發、測試、製造、擁有或威脅使用核武，以及相互轉移核武。雖然對所有非核武國家來說是歷史性的一刻，但這仍無法改變已擁有核武國家，在國際權力追求上的需求。尤其美國認為新的《核武禁擴條約》無法解決北韓日益增加的核武與彈道飛彈威脅。[31]

在美國的「主觀利益」上，1968年美蘇共同主導下所簽署的聯合國《核武禁擴條約》。冷戰結束後，在美國主導的「一超多強」國際格局體系下，如果美國承認北韓具備核武國家身分，將使在美國核子保護傘下的南韓及日本，勢必會考慮脫離美國的掣肘，積極發展核武及彈道飛彈，以確保自身的安全。[32]另美國亦將面臨中東的伊朗也將依此模式持續發展核武，屆時美國協助以色列在中東所建立的優勢，將會遭受嚴重的挑戰。由此可以推測如果《核武禁擴條約》約束的效能喪失，將代表著美國所主導的國際秩序受到嚴重的挑戰，其他國家將會仿效跟進。即

30 "Nuclear Non-Proliferation Treaty: 50 Years Since the NPT Was Opened for Signature on 1 July 1968," UNRCPD, accessed at: http://unrcpd.org/wmd/the-nuclear-non-proliferation-treaty/ (2019/10/10).

31 Aria Bendix, "122 Nations Approve 'Historic' Treaty Banning Nuclear Weapons," *The Atlantic*, July 8, 2017, accessed at: https://www.theatlantic.com/news/archive/2017/07/122-nations-approve-historic-treaty-to-ban-nuclear-weapons/533046/ (2019/10/10).

32 "Yoichi Funabashi, "North Korea's Nuclear Weapons, Japan's Bind," *The New York Times*, September 13, 2017, accessed at: https://www.nytimes.com/2017/09/13/opinion/north-korea-nuclear-weapons-japan.html?_ga=2.161939836.1380051499.1570719887-1972870614.1570431049 (2019/10/10).

使2017年有122個國家簽署新的《核武禁擴條約》，都將無法保證非核武國家為尋求自身安全而發展核武的需求。

在美國的「客觀利益」上，如果美國與北韓就核武設施拆除問題達成共識，並同意逐步解除北韓制裁措施，同時南、北韓《板門店宣言》的各項共識也具體落實。此時，美國除將面臨南韓提出撤除駐韓美軍的要求外，日本面對韓國長久以來仇日的心結，為確保自身的安全，有可能會採取更為親中的立場，這將動搖美國透過《美韓共同防禦條約》（*Mutual Defence Treaty between the United States and the Republic of Korea*）及《美日安全保障條約》（*Treaty of Mutual Cooperation and Security between the United States and Japan*）在東北亞的影響力。屆時，若南海主權問題與臺灣問題再失去主導權，美國將會失去整個亞洲西太平洋地區的影響力，這將是美國極不樂見的最壞狀況。

## 二、中國

自2018年3月8日南韓派遣國家安全室室長鄭義溶和國家情報院院長徐薰率領特使團訪問美國，向美國總統川普轉達了北韓領導人金正恩希望見面的重要口信，並獲美國總統川普口頭同意與北韓領導人金正恩會面承諾。[33]北韓自獲得美國總統川普同意與北韓領導人金正恩會面後，分別於3月28日、5月9日及5月30日在6月12日「川金會」前，訪問中國三次。另金正恩前往新加坡的飛機及飛行路徑都受到中國的保護，這可說明朝鮮半島「非核化」及兩韓和平問題，中國仍具備關鍵的影響因素。美國如果想要排除中國的因素，直接主導兩韓的議題，基本上有其困難度。同樣的，中國的因素除了直接影響南韓對中國的態度外，也間

33 〈南韓特使團結束訪美　明起訪問中國〉，《美國之音》，2018年3月11日，https://www.voacantonese.com/a/news-south-korea-envoy-return-back-after-meeting-with-trump-20180311/4291674.html（檢索日期：2019/10/10）。

接的影響日本與中國的關係。因此，對於中國來說，對北韓的影響力是中國對抗美國的一個籌碼。

在中國的「主觀利益」上，北韓政權的存在有助於中國在東北亞與美國對抗的過程中成爲一個緩衝區，影響著南韓及日本對中國的態度，進而牽制美國對中國的壓力。對中國來說，一個穩定的外在國際環境，仍是中國經濟持續發展的重要因素。尤其中美貿易戰將成爲不可避免的長期競爭，中國尋求積極經濟轉型期間，更需要一個和平穩定的國際環境。2018年4月27日兩韓領導人文在寅與金正恩在板門店舉行兩韓高峰會談，並發表「爲促進韓半島和平、繁榮、統一的板門店宣言」。[34]相對於美國來說，穩定的兩韓關係更有利於中國在朝鮮半島的政治影響力，以及未來經濟發展的需求。

在中國的「客觀利益」上，最有利於中國的東北亞情勢，是獲得一個親中的南韓與日本，並運用日本與俄羅斯在北方四島的主權爭議，強化中國與俄羅斯在東北亞的戰略夥伴關係，以對抗美日同盟。迫使美國無法單獨解決北韓核武問題，而須尋求與中國及俄羅斯合作的機會。

## 三、俄羅斯

2019年2月27日美國總統川普與北韓領導人金正恩在越南河內舉行的會談，雙方就拆除核設施與核武，以及取消北韓的經濟制裁兩個議題，無法達成共識因而不歡而散。[35]4月25日北韓領導人金正恩與俄羅

---

34 “Panmunjom Declaration for Peace, Prosperity and Unification of the Korean Peninsula,” Ministry of Foreign Affairs Republic of Korea, September 11, 2018, accessed at: https://www.mofa.go.kr/eng/brd/m_5478/view.do?seq=319130&srchFr=&srchTo=&srchWord=&srchTp=&multi_itm_seq=0&itm_seq_1=0&itm_seq_2=0&company_cd=&company_nm=&page=1&titleNm= (2019/10/11).

35 Edward Wong, “Trump’s Talk With Kim Jong-un Collapse, and Both Sides Point

斯總統普丁在海參崴舉行首次高峰會時，俄羅斯總統普丁表示，朝鮮半島的首要問題是北韓的核武問題。北韓所需要的是一個國際安全保證，兩國的協議是無法解決北韓對安全保證的需求。六方會談有助於建立北韓的國際安全保證體系，並認為信任是解決關鍵問題的必要條件。[36]對北韓來說，面對美國強硬的要求，中國的支持是一個有利的核心力量。但在中美貿易如火如荼的發展之際，中國是否會將北韓的利益當作與美國交換的籌碼，是北韓不得不顧慮的問題。尤其中國同意配合美國對北韓的經濟制裁[37]，迫使北韓不得不改變對美國的態度與政策。因此，俄羅斯是北韓可以尋求可靠支持的另一個強權。

就俄羅斯的「主觀利益」來看，對北韓邀請就核武問題協助解決與美國的協議，以及提供北韓國家安全的保證需求，這提供俄羅斯參與東北亞國際安全機制的機會，增加俄羅斯自蘇聯解體以來，重新介入亞洲事務的一個管道。對俄羅斯來說，在歐洲全面抵制俄羅斯之際，俄羅斯需要亞洲市場。尤其是在東北亞地區與中國、兩韓及日本西海岸的經濟合作，有利於俄羅斯遠東天然資源的開發與利用。[38]

從俄羅斯的「客觀利益」分析，2000年普丁首次就任俄羅斯總統。

---

Fingers," *The New York Times*, February 28, 2019, accessed at: https://www.nytimes.com/2019/02/28/world/asia/trump-kim-vietnam-summit.html (2019/10/11).

36 Yonhap, "Putin calls for multilateral security guarantee for N. Korea," The Korea Herald, April 25, 2019, accessed at: http://www.koreaherald.com/view.php?ud=20190425000807 (2019/10/11).

37 Somini Senguota and Jane Perlez, " U.N. Stiffens Sanctions on North Korea, Trying to Slow Its Nuclear March," *The New York Times*, November 30, 2016, accessed at: https://www.nytimes.com/2016/11/30/world/asia/north-korea-un-sanctions.html?_ga=2.237458504.933665267.1570767468-1813969612.1566700335 (2019/10/11).

38 連弘宜，〈世紀之交的俄羅斯東亞政策——析論俄中兩國「戰略協作夥伴關係」之運作現況〉，《國際關係學報》，第21期，2006年1月，頁89-90。

新政策在其強勢推動下，俄羅斯的經濟逐漸穩定，經濟開始走向成長。2014年12月4日俄羅斯總統普丁在聯邦議會發表年度演講，明確指出面對美國經濟制裁與安全的威脅，俄羅斯有力量、意志及勇氣捍衛自己的自由。另作為太平洋的大國，面對亞太地區的迅速發展，俄羅斯將全面利用此一巨大潛能。[39]2011年俄羅斯與中國簽署《全面戰略夥伴關係》，強調雙方在國際和地區事務中保持密切戰略協作。[40]自2012-2017年中俄海軍已分別在黃海、東海及南海實施聯合演習，[41]2018年9月11日，中國與俄羅斯在中國與蒙古邊界區域實施「東方-2018」戰略演習，俄羅斯參演是自1981年蘇聯「西方-81」演習以來，最大規模的演習，參演人員超越30萬，參演裝備陸軍3.6萬臺各式車輛，各式飛機1,000餘架，近80艘艦艇。俄羅斯演習的主要目標，在因應遠東太平洋地區的潛在威脅。[42]此外，中俄在2019年4月29日於青島附近海域，實施「海上聯合-2019」軍事演習，演習內容涵蓋聯合潛艦救生、聯合反潛、聯合防空等重要項目。[43]說明面對美國與日本在東北亞的可能威脅，中國對俄羅斯有聯盟對抗美日的需求，同樣的，俄羅斯也有藉由與

---

39 " Presidential Address to the Federal Assembly," President of Russia, December 4, 2014, accessed at: http://en.kremlin.ru/events/president/news/47173 (2019/10/12).

40 〈中國同俄羅斯關係〉，中華人民共和國外交部，2019年8月，http://en.kremlin.ru/events/president/news/47173（檢索日期：2019/10/12）。

41 劉秋苓，〈2012至2017年中俄「海上聯合」軍演之觀察〉，《海軍學術月刊》，第53卷第1期，頁24。

42 "VOSTOK 2018: Ten years of Russian strategic exercises and warfare preparation," *NATO Review*, December 20, 2018, accessed at: https://www.nato.int/docu/review/2018/Also-in-2018/vostok-2018-ten-years-of-russian-strategic-exercises-and-warfare-preparation-military-exercices/EN/index.htm (2019/10/12).

43 張汨汨、尚文斌，〈中俄海上聯合——2019軍事演習開始〉，中華人民共和國國防部，2019年4月29日，http://www.mod.gov.cn/action/2019-04/29/content_4840803.htm（檢索日期：2019/10/12）。

中國聯盟，獲取在東北亞話語權的需求。因此，在俄羅斯的客觀利益需求上，俄羅斯唯有積極參與東北亞事務，發揮存在的效益，才能發揮俄羅斯在亞洲獲取利益的影響力。

## 四、日本

對北韓核武問題最爲敏感的國家就是日本。北韓自1998年8月及2009年4月，分別實施彈道飛彈試射，飛過日本領土以來，2017年8月29日再次發射彈道飛彈飛越日本領空。而日本亦首次以手機預警簡訊方式，通知民眾尋找掩體保護自己，並表達日本受到史無前例、嚴重、嚴峻的威脅。[44]2019年10月2日北韓再次實施潛射彈道飛彈試射，飛彈掉落日本所屬經濟海域，離日本本島約350公里，日本官方發表聲明，指出北韓的彈道飛彈試射違反聯合國安理會的決議，對日本的安全構成嚴重的威脅。[45]如果北韓發展核武的目的是在確保國家的絕對安全，嚇阻美國與南韓的入侵，日本爲何會有比美國、南韓發出更強烈的危機感，對此必須從日韓的歷史情結與日本的國家安全戰略企圖兩個面向，分析日本的國家利益。

就日本的「主觀利益」，日本對於朝鮮半島上的韓國人統治，不僅僅是二次大戰時對韓國人民所做的各種暴行，更要回溯到十六世紀以前倭寇的騷擾，以及十六世紀之後從日本豐臣秀吉開始的400年來日本入侵朝鮮半島的歷史。[46]二戰後，韓國與日本在日本企業強迫韓國人勞動

---

44 Choe Sang-Hun, David E. Sanger, "North Korea Fires Missile Over Japan," *The New York Times*, August 28, 2017, accessed at: https://www.nytimes.com/2017/08/28/world/asia/north-korea-missile.html (2019/10/12).

45 Reiji Yoshida, "North Korea fires ballistic missile built to be launched from submarine into Japan's EEZ," *The Japan Times*, October 2, 2019, accessed at: https://www.japantimes.co.jp/news/2019/10/02/national/north-korea-launches-apparent-missile-japan-coast-guard/#.XaGAr-gzaUk (2019/10/12).

46 文鬆輝，〈朝鮮與日本的恩怨日百年〉，《人民網》，2004年11月19日，

的工資與慰安婦兩個問題上，始終無法達成和解，更加深了南韓與日本人相互仇視的心理。所以，若從戰略利益的觀點，北韓的核武問題對日本來說，如果美國一旦發動戰爭，首先遭受北韓彈道飛彈攻擊的地方就是日本本土，即使不是日本民眾，也會是美國駐日本海空軍基地；其次才是南韓，最後才是美國。因為，當美國本土遭受攻擊，將促使美國採取更強硬、無妥協的反制作為，因為二次大戰美國要求德國與日本無條件投降就是最明顯的例子。從2005年起，日本歷年的防衛白書，都將朝鮮半島視為僅次於中國的主要國家安全思考重點。這說明了北韓的核武問題對日本來說是短期的威脅，而中國則為長期的威脅。

在日本「客觀利益」部分，對於川普與金正恩於2018年6月12日在新加坡首度舉行的歷史性會談後，日本雖然說日本公民被北韓綁架關押的問題是日本列為最高優先事項，而日本是唯一在六方會談國家中，被排除在與北韓領導人金正恩會面的國家而感到憂慮，所擔心的是日本特定利益受到損害。也就是日本需要確認北韓能夠順利完成去核化的目標，其中還包含核能電廠的移除，以及美國提供核子保護傘的保證與擴大。[47]另日本自2005年起就積極表達爭取成為聯合國常任理事國，但中國及南韓都表達反對立場。[48]如果與北韓核武問題有密切關係的日本都無法參與協商，對日本近年來積極提升國際地位將產生重大的負面影響，可說嚴重損害日本所期待的國家利益。

---

http://people.com.cn/BIG5/wenhua/40479/40480/2999690.html（檢索日期：2019/10/12）。

47 加藤洋一，〈川普—金山頂峰會：為什麼日本的防務戰略懸而未決〉，*The Strait Times*，2018年6月11日，https://www.straitstimes.com/opinion/trump-kim-summit-why-japans-defence-strategy-hangs-in-the-balance（檢索日期：2019/10/12）。

48 沈明室，〈聯合國安理會改組的國際政治角力〉，《青年日報》，2005年1月9日，第3版。

## 五、南韓

對南韓而言，北韓核武問題所影響的是南韓的安全與國家的統一。兩韓簽署的《板門店宣言》內容中的三個重點，對南韓短期的國家安全來說非常重要。一是南北韓決定，在地面、海上、空中等一切空間，全面停止引發軍事緊張和衝突的一切敵對行為。二是南北韓再次確認不向對方動用任何形式武力的互不侵犯協議，並將嚴格遵守該協議。三是建立軍事互信後的分階段裁軍。[49]北韓的核武問題對南韓的國家利益而言，要的是國家安全及南北韓的統一，茲分析如下。

從南韓「主觀利益」分析，停止可能的軍事衝突有利於南韓的經濟發展。相對於北韓的現況，南韓具有經濟的優勢，可主導兩韓的未來經濟合作發展，尤其北韓的廉價勞工可就近獲得，且同文同種，不需要引進其他國家的外勞，以及低階產業向外的移走。另於建立軍事互信後的分階段裁軍，將有利於與美軍談判有關駐韓美軍的軍費分擔。[50]

在南韓的「客觀利益」上，在美國與北韓就去核武問題的談判過程中，南韓所憂慮的是國家利益是否會在美國與北韓的談判過程中被犧牲。因此，南韓於2003年提出六方會談的目的，即希望透過多邊的國際安全機制，藉由中國、俄羅斯及美國等大國的政治折衝，可確保北韓在面對美國強硬要求下，不會採取戰爭邊緣的嚇阻戰略，並且在適當時機可運用當事者的身分，扮演北韓與美國談判過程中「調停者」角色。[51]

---

49 姜遠珍，〈南北韓峰會板門店宣言全文〉，《中央通訊社》，2018年4月27日，https://www.cna.com.tw/news/firstnews/201804270357.aspx（檢索日期：2019/10/12）。

50 "U.S., South Korea agree 'in principle' on sharing troop cost: State Department," *REUTERS*, February 5, 2019, accessed at: https://www.reuters.com/article/us-usa-southkorea-troops/us-south-korea-agree-in-principle-on-sharing-troop-cost-state-department-idUSKCN1PU05Z (2019/10/13).

51 Makini Brice, Hyonhee Shin, "Pompeo sees more North Korea talks, Seoul faces

### 六、北韓

《板門店宣言》對北韓而言，其意涵在於確保金正恩政權存在的合法性，因爲美國及日本對北韓的戰略核心目標是摧毀金氏政權。南、北韓是否會走向眞正的統一不是美國關心的優先目標。2018年北韓願意向美國釋出善意，主要因素爲中國對其國內經濟生存的影響力，而不是美國的武力威脅。故北韓的核武問題對其國家利益的影響，茲分析如下。

從北韓的「主觀利益」分析，對於《板門店宣言》中有關防止突發性軍事衝突、互不侵犯及裁軍等共識，除了可縮減軍費支出，減低財政、經濟壓力外，更重要的是，如果北韓能將裁減的兵力，轉投入與南韓的經濟生產合作上，將有助於北韓未來的經濟發展與政權的穩定。並可引發南韓人民對駐韓美軍目的性與合法性的質疑，以使北韓在南、北韓統一的談判過程中，獲得較多的優勢。

在北韓的「客觀利益」上，即使國際不承認北韓具備擁有核武國家的身分，但美國強烈要求北韓必須完成無可復原的「去核化」結果，才同意解除聯合國對北韓經濟制裁的行動，已間接確認北韓已擁有核武製造的能力。對北韓的國家戰略利益來說，原則上已達到確保北韓絕對安全的目標。後續核武技術的精進，已不是國家利益所優先考慮的重點，經濟才是北韓政權未來生存發展的重點。因此，北韓唯有在獲得美國、中國及俄羅斯的安全保證下，方能放手從事經濟改革與發展。

## 第三節　北韓核武對東北亞安全機制的挑戰

2017年8月29日北韓不顧聯合國安理會的警告及制裁，再次實施洲際彈道飛彈試射，飛越日本北海道與本州之間的津輕海峽上空。美國總

---

limits in mediator role," *REUTERS*, March 5, 2019, accessed at: https://www.reuters.com/article/us-northkorea-usa-pompeo/pompeo-sees-more-north-korea-talks-seoul-faces-limits-in-mediator-role-idUSKCN1QM08M (2019/10/13).

統川普則給予北韓領導人金正恩一個「火箭人」的封號。[52]2017年9月3日北韓官方證實實施第6次氫彈試爆後，聯合國安理會即於2017年12月22日一致通過對北韓最新制裁決議，加強對北韓施加新的制裁措施。在這次聯合國安理會討論經濟制裁北韓的過程中，一向支持北韓的中國及俄羅斯均表達同意制裁北韓，這是2006年聯合國安理會通過制裁北韓以來，再一次以15比0，全票通過的重大決議案。[53]

2018年3月8日開始了美國與北韓的去核問題談判。然而，美國與北韓的談判始終在核設施拆除與核武，以及解除北韓經濟制裁兩個相連的議題上無法達成共識。除了可以歸咎於彼此之間的極度不信任感之外，另一個因素是東北亞的安全機制沒有發揮其作用。依據前述對北韓核武問題的本質與相關各國利益的解析，本節將從北韓去核武的技術問題、各國達成國家利益的戰略目標、南北韓統一問題及駐韓美軍撤離問題等四項，分析北韓核武問題對東北亞安全機制的挑戰。

## 一、北韓去核武的技術問題

從核彈爆炸技術的觀點來看，核子炸彈最重要的關鍵裝置是引爆核彈內部爆炸的啟動裝置。核子試爆實驗就是在確認所設計的內部爆炸啟動裝置的效能，當效能足以引發周圍的超臨界放射性物質產生連鎖反應的爆炸，就可認爲核子試爆實驗是成功的。如1995年9月到1996年1月法國在南太平洋的核子試爆實驗，取得核彈爆炸相關數據資料後，即頒

---

52 Valerie Richardson, "Trump tags North Korea's Kim as 'Rocket Man' in latest negative nickname," *The Washington Times*, September 17, 2017, accessed at: https://www.washingtontimes.com/news/2017/sep/17/kim-jong-un-branded-rocket-man-donald-trump/ (2019/10/13).

53 Kelsey Davenport, "UN Security Council Resolutions on North Korea," Arms Control Association, April, 2018.

布《軍事改革法》實施全面軍事轉型。[54]所代表的意義是法國可以依需求，適時完成核彈的製造與部署。藉由快速獲得的核子戰略嚇阻效益，讓潛在的敵人不敢貿然發動戰爭。另從洲際彈道飛彈的技術觀點來看，2017年11月9日北韓火星-15型洲際彈道飛彈試射的狀況，以及2019年10月2日成功完成「北極星3型」潛射彈道飛彈試射的結果，可以確認北韓已具備部署洲際彈道飛彈的能力，再結合核子武器的試爆成功，北韓具備核子嚇阻能力的評估，可說已達毋庸置疑的地步。

從上述兩項指標觀察，北韓雖無法像中、美、英、俄等國家具有數量優勢的戰略核武打擊能力，但已具備製造此項能力的技術。對於北韓來說，放棄核武不代表未來不具備發展核武的能力，只要核武及洲際彈道飛彈的技術資料仍能保留，即使現在核子原料的開採與儲存受到國際原子能總署的嚴密監控，但是一旦放棄「去核武政策」，並自行運用核子原料，就可以立即製造戰略核武打擊能力。由此，北韓是否能擁有核能電廠是「去核」的關鍵要項。對東北亞安全機制的管控來說，只有在朝鮮半島都不存在任何與放射性物質有關的裝置及設備（放射性醫療器材除外），才能確保北韓不會發展核武的風險。

## 二、相關國家的利益

美國《外交事務雜誌》2017年對於北韓問題的研究，認爲如果美國眞的希望在朝鮮半島實現和平，就應該停止尋找方法來扼殺北韓的經濟，破壞金正恩的政權，而是應該開始想辦法讓北韓感到更加安全。美國的直接目標應該是以談判凍結北韓的核武計畫，以換取美國的安全保障，因爲這是唯一可能的措施。世界永遠不可能達到完全可核查，以及不可逆轉的無核化的完美結果。不管你喜歡與否，北韓的核武都已完成

---

54 何奇松，〈冷戰後的法國軍事轉型〉，《軍事歷史研究》，第3期，2007年，頁138。

了。[55]而對於美國與中國在北韓問題上，則認爲美國在許多方面都對中國在臺灣和南海等地區的利益產生衝突。因此，將美國從這個問題上解脫出來，將是違背中國的國家利益。[56]另認爲如果美國能成功的將北韓帶回談判桌，恢復南、北韓之間的熱線。美國還應繼續將其核子保護傘擴展至韓國，以減少南韓建構其核武庫的動機。[57]

從上述美國學者對處理北韓核武問題的有效途徑建議，其觀點是美國必須承認北韓已具備核武攻擊能力事實，若要落實北韓的「去核化」的有效途徑，應該從確保北韓現有政權開始，並採取實質監控的手段方能達成。因此，從美國國家利益的觀點，北韓的「去核化」是否得以落實，除了影響著南韓及日本是否要發展核武的動機外，也影響著國際安全機制對《核武禁擴條約》約束力效能的發揮。

然而對中國與俄羅斯來說，雖然同意美國主張對朝鮮半島非核化的政策，但確保北韓政權的穩定與安全，才是中國與俄羅斯對北韓核武問題所關注的核心。另從美國與北韓的兩次高峰會談之前，北韓領導人金正恩均先訪問中國，可以看得出中國對於北韓仍具有相當大的影響力，不會因美國與北韓關係的改善而有所改變。另北韓領導人金正恩與美國總統川普於2019年6月舉行第三次會談前，積極與俄羅斯總統普丁會談，以尋求俄羅斯的支持的事實，可以瞭解美國對於北韓的去核問題

---

55 John Delury, “Trump and North Korea: Reviving the Art of the Deal,” Foreign Affairs, March/April 2017, accessed at: https://www.foreignaffairs.com/articles/north-korea/2017-02-13/trump-and-north-korea (2019/10/14).

56 Zhu Feng, “China’s North Korean Liability: How Washington Can Get Beijing to Rein In Pyongyang,” Foreign Affairs, accessed at: https://www.foreignaffairs.com/articles/china/2017-07-11/chinas-north-korean-liability (2019/10/14).

57 Scott D. Sagan, “The Korean Missile Crisis: Why Deterrence Is Still the Best Option,” Foreign Affairs, November/December 2017, accessed at: https://www.foreignaffairs.com/articles/north-korea/2017-09-10/korean-missile-crisis (2019/10/14).

上，如果想要排除中國與俄羅斯的因素，直接主導兩韓的議題，基本上有其困難度，也間接的影響南韓、日本、中國、俄羅斯所關切的國家利益。

## 三、南、北韓統一問題

兩韓要能夠達成和解與統一，從過去、現在及未來都不是南、北韓所能決定，所影響的是東北亞區域強權的競合關係。冷戰前是俄羅斯、中國與美國的對抗，冷戰後是美國與中國的對抗。南、北韓的《板門店宣言》中，雙方承諾全面停止引發軍事緊張和衝突的一切敵對行爲。再次確認不向對方動用任何形式武力的互不侵犯協議，並將嚴格遵守該協議。因此，從協議內容可以看得出是確保了北韓政權存在的合法性。對北韓而言，美國及日本的威脅核心在於摧毀金氏政權。南、北韓是否會走向眞正的統一，不是其關心的優先目標。對美國及日本而言，是否要承認金正恩政權在北韓的合法性，就有其國家利益的戰略考量。

在南、北韓雙方「停戰協定」的簽署，與朝向「統一」的目標政策上，其關係著中國與美國各自的利益。尤其是對美國的影響，不僅僅是在南韓的國家利益，也影響著日本與美國未來的關係，以及後續美國在南韓及日本的駐軍問題。相較中國而言，現階段中國在積極提升國家實力與經濟轉型期間，一個和平穩定的朝鮮半島，有利於中國的國家安全戰略的規劃。因此，依據上述分析南、北韓是否能夠統一，其關鍵應該在於美國與中國在東北亞的國家利益是否得以維護。

## 四、駐韓美軍撤離問題

《板門店宣言》中，有關南、北韓雙方於建立軍事互信後的分階段裁軍共識。對美國而言，所面臨的挑戰是駐韓美軍是否撤軍。雖然美國總統川普在2018年6月12日與北韓領導人金正恩會面後，提出考慮駐韓美軍撤軍的問題。川普除了表達將停止美國與南韓的聯合軍事演習外，並希望讓駐韓美軍能夠回家，但不是現階段需要考量的。藉由停止戰爭遊戲，省下鉅額金錢，除非未來的協商無法達成共識，並認爲聯合軍演是非常具有挑釁的行爲。[58]

但對於美國傳統政治菁英來說，卻是一項不可思議的決定。令美國國會感到意外，同時引發部分議員反彈。有共和黨議員表示，有關說法需要等川普回來後再多加瞭解。[59]同樣的，除了日本表示驚訝，認爲美國與韓國的定期軍事演習是對北韓有效的施壓。[60]對南韓來說，也同樣顯示出訝異，表示目前南韓需要瞭解川普總統發言的確切意思或意圖。[61]對於川普這樣的個人式決定風格，雖然是有高度風險性，但是在現今高科技的監偵系統下，貿然發動大規模的突襲戰爭，基本上是不會發生的。同樣的，停止一次或延後軍事演習，不代表聯盟作戰能力會有減損，因爲聯合作戰指揮參謀機制的協調聯繫，才是聯盟作戰的核心重點。因此，在可見的未來，駐韓美軍的撤軍是美國及日本後續問題思考的核心。

---

58 Veronica Rocha, Brian Ries, " President Trump meets Kim Jong Un," CNN politics, June 12, 2018, acccssed at: https://edition.cnn.com/politics/live-news/trump-kim-jong-un-meeting-summit/h_e7f3437ab06d45e613d985c4d3c261e2 (2019/10/14).

59 李逸華，〈川普停止美韓軍演共和黨稱需瞭解更多細節〉，《美國之音》，2018年6月13日，https://www.voacantonese.com/a/trump-military-20180612/4436719.html（檢索日期：2018/10/14）。

60 Jesse Johnson, " U.S. and South Korea suspend joint military exercise in move likely to stoke concern in Japan," *The Japan Times*, June 19, 2018, accessed at: https://www.japantimes.co.jp/news/2018/06/19/asia-pacific/u-s-south-korea-suspend-joint-military-exercise-planned-august/#.XaQ_EegzaUk (2019/10/14).

61 Jamie McIntyre, Senior Writer & Travis J. Tritten, " South Korea appears blindsided after Trump agrees to and joint military exercises," *Washington Examiner*, June 12, 2018, accessed at: https://www.washingtonexaminer.com/south-korea-appears-blindsided-after-trump-agrees-to-end-joint-military-exercises (2019/10/14).

綜合上述影響東北亞安全機制運作效能的四點因素分析，可以瞭解北韓核武問題要獲得解決，不是美國單方的壓力就能解決的。而須由美、中、俄三方達成共識後，方能使北韓對美國保證其國家安全的承諾有信心，並願意採取先執行核設施與核武拆除後，再尋求解除聯合國經濟制裁的行動。因此，東北亞安全機制的建構與執行，仍須由美、中、俄三方共同參與方能達到其功能。另聯合國原子能總署所負起的查證與監督責任，其報告必須公正、客觀，並獲得中國與俄羅斯的認同，以避免形成爲特定國家的利益背書之嫌。

## 第四節　面對北韓核武策略與作為

北韓去核武問題是東北亞安全的關鍵核心問題，如果從北韓國家安全的觀點分析，可得出下列幾個結論：一是中國配合聯合國安理會的決議，對北韓實施更進一步的經濟制裁，基本上對北韓應已形成一定程度的壓力；二是北韓已取得核武國家的身分；三是北韓現有政權得以獲得國際承認與保全；四是透過去核化的談判，獲取國際的援助；五是分化美國與南韓之間的關係。因此，北韓在《板門店宣言》主動採取朝鮮半島去核化（denuclearization）的戰略意圖，認爲即使無法完全解除美國的威脅，但「去核化」的過程卻可帶給北韓一個短暫的國家安全保障與長期經濟發展的空間。

假設北韓去核武問題在美國安全承諾的保證下，如期望的達到東北亞各國的要求，對東北亞是否就是安全的保證？其後續會產生何種影響，以及各國的因應戰略與作爲爲何？本節除將運用國際關係理論分析後續可能的發展趨勢外，並運用戰略研究理論的角度，分析美國及中國可能因應的戰略與作爲如下。

### 一、北韓核武的國關理論解析

本節將運用新現實主義的「權力平衡」、新自由主義的「國際機制」及社會建構主義的無政府狀態下「文化」理論，對北韓核武問題後續的發展趨勢實施評估與預測，茲分析如下。

### （一）新現實主義

就國家實力而言，美國擁有隨時可動用的資源與權力遠大於北韓。從權力平衡理論的角度，北韓為確保國家免於戰爭的威脅，必須屈從美國權力的壓力，同意美國要求去核化的談判要求。但從2003年由美國主導的聯合國安理會通過對北韓經濟制裁的決議案後，北韓的核武與彈道飛彈發展並未停止，美國的警告與經濟制裁亦隨北韓核武試爆與彈道飛彈試射的升高而加重。但其中最無法理解的是，美國並未對北韓發動戰爭，即使在2013年3月26日發生的南韓「天安號巡邏艦被擊沉」事件，大部分的西方媒體及專家都將攻擊發起者的矛頭指向北韓[62]，因而引發南、北韓的緊張局勢。

另同年11月23日北韓再度發起砲轟南韓延坪島的事件，南韓總統下令實施反擊，同時美國等西方各國對北韓提出嚴厲譴責。而中國所表達的是希望兩韓和平解決，俄羅斯則提出危險警告。[63]美國等西方國家只保持口頭的譴責，沒有進一步軍事行動確保南韓的安全。其主要原因仍在於北韓已擁有核武，儘管投射的能力有限，但已具備核武嚇阻的能力，因為沒有一個國家願意核武戰爭發生，使得北韓在軍事上能夠抗衡美國軍事權力的壓力。

然而迫使北韓願意與美國和談的主要因素，在於中國與俄羅斯在聯合國安理會決議加強經濟制裁北韓時，投出同意票。另中國在美國的

62 Victor Cha, "The Sinking of the Cheonan," Center for Strategic & International Studies, April 22, 2010, accessed at: https://www.csis.org/analysis/sinking-cheonan (2019/10/14).

63 " North Korean artillery hits South Korean island," *BBC News*, Nov. 23, 2010, accessed at: https://www.bbc.com/news/world-asia-pacific-11818005 (2019/10/14).

強烈要求下，斷絕與北韓的貿易。北韓在美國去核問題上不斷提高壓力的狀況下，尋求中國與俄羅斯的支持，乃是北韓尋求與美國達到權力平衡的手段。讓北韓單方面核武問題，轉變成東北亞區域的強權利益的競爭。這對美國是一項挑戰，但對北韓來說則是一個安全的保障。因此，從新現實主義權力平衡的觀點分析，北韓核武未來發展的趨勢，將是北韓核武問題在中、短期內不會獲得解決，南、北韓在美國與中國的各自支持下，仍處於軍事對峙下的有限度經濟合作。

### （二）新自由主義

從新自由主義國際機制理論的角度分析，2003年啟動的六方會談，雖然談判的過程並不順遂，且2005年在美國採取強硬態度下，提供北韓決定重啟核武實驗的藉口，並於2006年進行一系列的彈道飛彈試射，以及成功的完成首次核武試爆。雖然在國際的壓力下北韓同意恢復六方會談，最終還是於2008年無法達成協議下無疾而終。[64]但是，不可否認除北韓的核武研發受到一定程度延長外，朝鮮半島的緊張情勢是在可控制的範圍內，降低爆發戰爭的風險。因此，六方會談的國際安全機制，雖然在本質上可能是一種危機管理的機制[65]，對於決議的共識沒有實質的強制性，但各方的對話、協調與共識的形成，對北韓核武問題還是形成一定的壓力，迫使北韓不敢貿然採取實質的軍事威脅行動。

自2018年美國與北韓舉行首次會談以來，雙方在極度互不信任的狀況下，北韓與美國各自試圖將南韓及中國排除在會談之外，採取雙邊會談的方式解決歧見，其結果要達成共識的機率是有限的。由於北韓沒有

---

64 丁世鉉，〈「失去的九年」之教訓：朝核問題〉，《韓民族日報》，2017年4月24日，http://china.hani.co.kr/arti/opinion/3040.html（檢索日期：2019/10/14）。

65 紹軒磊，〈六方會談前其協商之過程論分析〉，《全球政治評論》，第40期，2012年，頁112。

有效的實力挑戰美國的權力，一味的採取軟硬的兩面手法，已無法改變美國對北韓的態度。唯有中國與俄羅斯的介入，讓美國能夠相信北韓的承諾一定能落實，並確保北韓安全得以獲得保障，北韓核武問題方能有獲得解決的機會。因此，以新自由主義的觀點，北韓核武問題未來發展的趨勢，將是「六方會談」的國際安全機制的重啟，對防止東北亞軍事衝突是可發揮一定的作用。其初期目標在於危機的管理，中、後期的目標在於發揮國際安全機制制度的功能，以協調各方利益。

### （三）社會建構主義

依據社會建構主義無政府文化理論的觀點，「霍布斯文化」、「洛克文化」及「康德文化」分別代表敵人、競爭者及朋友的關係。冷戰期間在東北亞的蘇聯、中國及北韓與美國、日本及南韓，分別各自形成意識形態相互對抗的集體身分。但冷戰結束後的二十一世紀，傳統的政治意識形態已不是國家關注的重點，經濟發展才是提升國家實力與競爭力的核心問題。促使參與東北亞事務的各國，在其互動的過程中形成錯綜複雜的國際關係。

對美國來說，與北韓、俄羅斯屬於敵人關係，與中國則介於敵人與競爭者之間的關係，與日本、南韓屬於朋友關係；對中國來說，與南、北韓及俄羅斯屬於朋友關係，與日本則屬於競爭者的關係；對俄羅斯來說，與南、北韓屬於朋友關係，與日本則介於朋友與競爭者的關係；對日本來說，與北韓屬於敵人關係，與南韓則介於競爭者與敵人關係之間；對南、北韓來說，彼此介於敵人與競爭者之間的關係。所以，東北亞要獲得永久的和平，各國之間的關係必須能夠從無政府狀態下的「霍布斯文化」轉變成「洛克文化」，以及從「洛克文化」轉變成「康德文化」的國際關係狀態。這是需要藉由「有意義的互動」形成一個維護區域安全的「集體身分」。

因此，從社會建構主義的觀點分析，由於美國對「中國崛起」的憂慮所引發的中美貿易戰與南海軍事對峙，再加上與俄羅斯長期在歐洲與中東問題上的衝突，以及2019年8月2日美國正式退出《中程核飛彈條約》〔Intermediate-Range Nuclear Forces (INF) Treaty〕[66]，更加深美國與中國、俄羅斯的敵人關係。雖然朝鮮半島的非核化政策是美、中、俄的共識，但在干涉北韓政權穩定的問題上，中國與俄羅斯是不會與美國妥協的。所以，美、中、俄三方共同帶領日本及南、北韓，形成一個區域安全的集體身分，基本上，在短、中期內是無法達到的。因此，以社會建構主義「集體身分」的理論觀點，分析北韓核武問題的未來趨勢發展，在北韓與美國信任不足，以及美、中與美、俄關係處於緊張的狀態下，短、中期內美國與北韓將無法達到共識，北韓核武問題將延續，除非美國願意主動放鬆對北韓的經濟制裁，轉變與北韓的關係身分，從敵人轉變爲競爭者，再到朋友的關係。

綜合上述三個國際關係理論對北韓核武問題未來發展趨勢的分析，所得的結論是，美國與北韓在短期內要達成共識的機率原則上不高。中期內可透過六方會談的方式，由聯合國原子能總署等國際安全機制對北韓核武問題實施管控，長期則須依靠東北亞集體安全機制的建構，方能達成朝鮮半島非核化的目標。

## 二、因應北韓核武的策略與作為

南、北韓在《板門店宣言》中對於東北亞安全的關鍵因素，就是確認通過完全的「去核化」以實現朝鮮半島非核化的共同目標。因此，對於朝向「朝鮮半島非核化」的目標，在北韓的承諾，以及美國、中國、俄羅斯、日本及南韓的支持下，已成爲各國對東北亞安全的共識。但在

66 “The Intermediate-Range Nuclear Forces (INF) Treaty at a Glance,” Arms Control Association, August 2019, accessed at: https://www.armscontrol.org/factsheets/INFtreaty (2019/10/15).

「去核化」的目標項目中，並沒有明確說明是否包含不得興建或是擁有「核能發電廠」。假設北韓在「去核化」的談判議題中，提出為發展經濟需要，須興建核能發電廠要求。並指出若北韓大量興建燃煤火力發電廠，除可能造成北韓國內嚴重的空氣汙染外，亦可能影響中國、俄羅斯、南韓及日本周邊國家的環境空氣品質。若是興建石油或天然氣火力發電廠，由於發電成本過高，且長時間會受到石油獲得的影響，不利經濟發展。而「綠色能源」對於北韓來說，尚無大量發展能力。因此，對於北韓來說，發展新型核能電廠可說是一個不得已的選擇。

如果假設北韓「非核化」的談判過程中，提出興建核能發電廠要求時，美國、南韓及日本因應策略的最佳選項，應該是除了廢除與核武有關的設施與武器外，也不會同意北韓興建核能發電廠，讓北韓無從以任何藉口擁有儲存放射性物質原料的機會。然而，對於一個已具有核武技術及投射能力的國家而言，即便目前受到國際的管制，但只要有獲得原料的機會，就有製造核武的可能。也就等於在國際社會上取得核武國家的身分，對提升國際地位與協議能力具有重要的意義。

從美國的國家利益立場分析，如何因應北韓核武問題的戰略與作為，必須先考量北韓核武問題若達成和解，後續將可能會產生下列兩個問題：一是東北亞主導權的喪失；二是對伊朗核武發展的影響。分析如下。

### （一）東北亞主導權的喪失

長期以來，駐韓美軍因受到《駐韓美軍地位協定》（U.S.-ROK Status of Forces Agreement, SOFA）的保護，美國士兵在南韓的犯罪行為往往引發南韓民眾極度的不滿，[67]以及美國要求南韓增加分擔駐韓美軍

67 〈不能放任駐韓美軍犯罪〉，《韓國中央日報中文網》，2013年3月5日，https://chinese.joins.com/big5/article.aspx?art_id=100616&category=002005（檢索日期：2019/10/16）。

經費，亦迫使南韓加速要求美軍撤離的期望。若北韓核武問題能在各方達成共識下，順利依計畫期程完成「去核化」，駐南韓美軍的撤離問題議題將會隨即被南韓啟動，要求美國明確落實撤離時間表，屆時美國將面臨駐韓美軍正當性的考驗。如果美國不願撤出駐南韓美軍，唯一理由只有反制來自中國可能的威脅，否則駐南韓美軍必將被迫撤出。雖然美國總統川普認為這是一個有利於美國的政策，但對美國政治及軍事菁英來說，所擔心的是後續引發的南韓與日本對中國政策的態度。

就南韓的國家安全選擇上，獲得中國對北韓不採取威脅行動的保證，原則上比美國的保證來得更有效，以及發生戰爭機率的機會較小。所以，南韓將會更傾向與中國建立更緊密的戰略夥伴關係，相對地，與美國的關係將會逐漸疏離。

對日本而言，南、北韓和解後，將共同成為日本的潛在威脅，但以日本現有的軍力，足以面對南、北韓的威脅。對於一個想恢復正常國家的日本，美國亦將面臨日本要求修改《美日安全保障條約》中有關軍隊指揮權與美、日軍隊的任務權責，以及駐日美軍的態度，這考驗著日本長久以來「親美抗中」的政策。而能夠有效降低與控制南、北韓共同對日本的威脅，基本上獲得中國的支持遠比獲得美國的保證來得有用。所以，若日本從地緣政治考量，全面走向親中的政策，並提出駐日美軍撤離的要求，就美國的國家利益來說，將全面失去東北亞的主導權。使得東北亞的安全從由美國單一主導的情勢，轉變成為與中國、俄羅斯共同主導的情勢。

### （二）對伊朗核武發展的影響

美國對北韓核武問題如果處理不當，並默認北韓核武的身分，將使同樣有核武發展問題的伊朗產生仿效的作用。尤其美國總統川普貿然退出所謂伊朗核協議的《聯合全面行動》（Joint Comprehensive Plan of

Action, JCPOA），引發伊朗重啟濃縮鈾的提煉與核武研發。[68]這將會重蹈北韓核武發展歷程，屆時美國亦將面對伊朗是否已成爲核武國家的身分。而這又會引發另一個問題，即是如果伊朗的核武問題獲得解決，以色列的核武問題將會在中東的和平問題上，被中東國家提出來討論。對一個掌握美國政治、經濟大權的猶太裔美國人來說，是否會在此議題上妥協，可能會是一個嚴峻的考驗。我們從川普將駐以色列大使館改在以色列首都耶路撒冷，引發與巴勒斯坦人民的衝突，以及阿拉伯國家的反對就是一個明顯的例子。[69]

依據上述美國在北韓核武問題和解後，分析後續可能會引發兩個問題的結果。美國對北韓核武問題最適當的因應戰略，短期目標應爲維持對北韓核武問題的施壓，達成「去核化」共識爲目標。中期目標爲同意在六方會談的國際安全機制下，管控北韓不會採取進一步激化到軍事衝突狀況。長期目標則視中、美之間的國力消長，考量是否建立制度化的國際安全機制，以確保東北亞的和平與穩定。在短期作爲上，持續在去核議題上施壓與不放棄對北韓的經濟制裁，以確保北韓核武議題的主導權。中期作爲上，運用聯合國安理會機制，要求中國與俄羅斯配合控管北韓可能的威脅行動。長期作爲上，建立由美國主導的制度化國際安全機制，監控北韓落實「去核化」的行動。

然而隨著中國的崛起，南、北韓問題不再僅限於東北亞的問題，而是擴大到中國與美國在西太平洋強權之間的對抗。因此，南、北韓的

---

68 David E. Sanger, "Iran Breaks With More Limits in Nuclear Deal as It Pushes for European Aid," *The New York Times*, Sep. 7, 2019, accessed at: https://www.nytimes.com/2019/09/07/us/politics/iran-nuclear-deal.html. (2019/10/16).

69 Stephen Farrell, "Why is the U.S. moving its embassy to Jerusalem?," *REUTERS*, May 7, 2018, accessed at: https://www.reuters.com/article/us-usa-israel-diplomacy-jerusalem-explai/why-is-the-u-s-moving-its-embassy-to-jerusalem-idUSKBN1I811N (2019/10/16).

《停戰協定》及北韓核武問題，從美國的角度而言，臺灣、南海與兩韓問題是整體連動的問題。東北亞的北韓核武問題，僅是中美在西太平洋競合的一個環節。美國面對中國的崛起，所擔心的是中國的挑戰與改變美國在西太平洋的既有利益。由此，從中國的國家安全利益考量，北韓核武問題的因應戰略，在選項上有三個目標：首先是獲得一個「親中的南韓」，其次是「親中統一的韓國」，第三才是「中立統一的韓國」。

在獲得一個「親中的南韓」戰略目標上，對中國來說是一個最佳的選項。這個結果對中國有利，對美國較不利。其作爲就是配合美國在與北韓「去核化」問題上的膠著，形成南韓採取親中的政策。以確保南、北韓避免發生意外的軍事衝突，而引發南韓對威脅的危機感。除可逐漸削弱美國對南韓的影響力外，亦可提升中國在東北亞安全機制的話語權。

其次在獲得一個「親中統一的韓國」戰略目標上，則是次佳的選項。如果兩韓能夠在「去核化」的過程中，順利完成朝鮮半島國家的統一，並採取親中政策。這個結果對中國非常有利，對美國非常不利。其作爲是運用地緣政治的影響力，保證美國在朝鮮半島撤軍後的安全，共同面對日本可能的威脅。

第三在獲得一個「中立統一的韓國」戰略目標上，這結果對中國與美國都較不利，但對東北亞安全較有利。因爲朝鮮半島成爲非軍事區，日本較能感受威脅的減輕。中國與美國不會再被迫發生如韓戰的代理人戰爭，朝鮮半島緩衝區亦可避免區域內中美可能的軍事衝突。其作爲是透過六方會談，共同承諾朝鮮半島中立的地位。然而北韓核武問題對中國國家安全利益的最差情勢，就是被迫接受一個「親美的北韓」或「親美統一的韓國」。這樣的結果對美國最爲有利，也是中國極力避免發生的狀況。

因此，從上述的分析結果，美國與中國對北韓核武的最佳戰略選擇，應爲阻礙南、北韓朝向統一的方向發展，但在軍事上維持競爭的狀態，在經濟上則增加合作的機會。而在作爲上，美國將會持續操作北韓「去核化」不足的問題，中國則保持支持北韓的態度，以因應美國的作爲。對於日本及俄羅斯而言，爲避免觸動中國與美國各自的國家安全利益，而引起不必要的困擾，將不會採取積極介入北韓核武的問題政策。基本上僅保持支持朝鮮半島非核化的目標，並促使非核化的政策能落實。

最後，綜合國際關係理論對北韓核武問題未來發展趨勢的預測，以及中國與美國可能的因應戰略與作爲分析。可確定的是，北韓核武問題短期內是不會解決的。只有在中美競合獲得結果，確認彼此相互間的「身分」後，東北亞安全機制才能夠制度化，有效處理北韓核武與朝鮮半島安全問題。

## 第五節　小結

本章從事實面、影響面、發展面、戰略面及執行面五個面向，分析北韓核武與東北亞安全機制問題。在問題本質部分，瞭解到北韓核武身分的取得，所影響的是全球禁止核武擴散的問題，以及東北亞中美權力競合的關係。在問題性質部分，則從早期的軍事安全爲目的，轉變爲獲取國家經濟發展爲目的。在各國的主客觀利益分析上，北韓核武問題是美國保持在東北亞影響力的關鍵因素。在未來發展趨勢預測部分，北韓的核武問題短期內是不會解決的。六方會談的國際安全機制運作功能，僅在防範發生突發性軍事衝突的危機管理。在戰略目標與作爲部分，維持北韓核武問題的議題，對中美都是有利的，其作爲是持續阻礙北韓「去核化」談判共識的達成。因此，本章運用整合國際關係與戰略理論之研究途徑實施分析，所獲得的結果似乎與大多數學者、專家觀點有相當大的出入。但這僅是一種對問題邏輯分析預測的個人觀點，後續也可能因情勢的改變，影響各變項因素的結果，進而影響最終預測結果。這些都是需要不斷的反覆分析與修訂，才能掌握事件的眞實面向。

# 第十章

# 中國的「一中原則」與對臺統一政策

1971年10月25日聯合國大會通過2758號決議，承認中華人民共和國政府（簡稱中國）的代表是中國在聯合國組織的唯一合法代表，中華人民共和國是安全理事會五個常任理事國之一。決定恢復中華人民共和國的一切權力，並立即把蔣介石的代表從他在聯合國組織及其所屬一切機構中所非法占據的席位上驅逐出去。[1]雖然美國在中國代表權的問題上，曾試圖推動「雙重代表權」的方案，以確保中華民國（簡稱臺灣）能保留在聯合國的會籍。但由於美國認知無法阻止中國進入聯合國，以及對臺灣的政策轉向。此建議方案在中國強烈反對下，臺灣政府迫於情勢主動做出退出聯合國的決定。[2]

自英國與中國達成互換大使的聯合公報中，「承認中華人民共和國是中國唯一合法政府」的條文，成爲中華人民共和國在國際上代表中國的合法主張。[3]世界各國在與中國建交的談判過程，此條文成爲中國要求納入的必要條件。尤其美國與中國的建交聯合聲明中，除了承認中華人民共和國是中國唯一合法政府外，並將臺灣是中國的一部分也納入條文。[4]至此所謂「一中政策」或「一中原則」成爲國際對兩岸關係的

1 〈大會決議二七五八（二十六）・恢復中華人民共和國在聯合國的合法權利〉，聯合國大會第二十六屆會議，A/RES/2758 (XXVI)，https://www.un.org/zh/ga/26/res/ares2758.html（檢索日期：2019/10/19）。

2 蔡東杰，〈退出聯合國後臺韓日三邊關係之發展〉，《全球政治評論》，第49期，2015年，頁110-111。

3 〈中華人民共和國和大不列顚及北愛爾蘭聯合王國關於互換大使的聯合公報〉，中華人民共和國外交部，https://www.fmprc.gov.cn/web/gjhdq_676201/gj_676203/oz_678770/1206_679906/1207_679918/t7399.shtml（檢索日期：2019/10/19）。

4 “Joint Communiqué of the United States of America and the People’s Republic of China (Normalization Communique),” American Institute in Taiwan, January 1, 1979, accessed at: https://www.ait.org.tw/our-relationship/policy-history/key-u-s-foreign-policy-documents-region/u-s-prc-joint-communique-1979/ (2019/10/19).

共識。1996年臺灣首次舉辦民選總統，前總統李登輝於1995年提出兩岸「特殊國與國關係」的所謂「兩國論」論述，雖然中國的反應是實施飛彈試射的武力展示，但前總統李登輝仍於1996年的總統大選中高票當選。

2000年民進黨首次取得臺灣政權，對於兩岸關係前總統陳水扁曾於參加「亞太國際論壇2001年臺北圓桌會議」時表達，兩岸可在「民主、對等、和平」的原則下，找出雙方可以接受的「一個中國」內涵。將「一個中國」轉化成可訴之公論的「議題」，而不是不可動搖的「前提」。[5]陳水扁主政時期，由於在無法獲得中國善意的回應，以及打壓臺灣國際生存空間下，自2002年明確提出兩岸關係爲「一邊一國」論[6]，然而陳水扁政府即使在中國強烈的打壓下，仍然於2004年以些微的差距當選總統。中國採取的因應對策爲制定《反分裂國家法》，並於2005年3月14日正式通過決議。[7]2005年12月3日的地方三合一選舉，民進黨選舉結果不佳，陳水扁政府遂於2006年2月27日的國安高層會議，決議終止「國家統一委員會」與「國家統一綱領」運作。[8]

2008年前總統馬英九以壓倒性的票數當選總統，雖然有些學者認爲這是民進黨採取衝突性兩岸政策的選舉失效所致，但是民進黨敗選有很大一部分原因在於陳水扁任內的弊案，才是影響選情的一個重要因

---

5 翁明賢，《解構與建構：台灣的國家安全戰略研究2000-2008》，臺北：五南圖書，2010年，頁286。

6 〈總統以視訊直播方式於世界臺灣同鄉會第二十九屆年會中致詞〉，中華民國總統府，2002年8月3日，https://www.president.gov.tw/NEWS/1198（檢索日期：2019/10/19）。

7 梁捷，《反分裂國家法》，中華人民共和國國防部，2016年2月19日，http://www.mod.gov.cn/big5/regulatory/2016-02/19/content_4618044.htm（檢索日期：2019/10/19）。

8 〈總統主持國安高層會議〉，中華民國總統府，2006年2月27日，https://www.president.gov.tw/NEWS/10214（檢索日期：2019/10/19）。

素。[9]2008-2016年兩岸關係在「九二共識」的共同認知下，兩岸關係處於一個和平穩定、緊密交流的環境。但2016年前總統馬英九在內政一連串施政錯誤的狀況下，造成2016年國民黨總統大選慘敗，臺灣由民進黨再度執政。[10]

2016年5月20日蔡英文總統在就職演說中，強調依據《中華民國憲法》當選總統，有責任捍衛中華民國的主權與領土。在兩岸關係上，尊重兩岸兩會在1992年達成相互諒解、求同存異的共同認知與諒解，尊重這個歷史事實，並依《中華民國憲法》、《兩岸人民關係條例》及其他相關法律，處理兩岸事務。強調「維持現狀」，並呼籲中國正視「中華民國」存在的事實，正視臺灣人民對於民主制度的堅信。兩岸之間應該要盡快坐下來談，只要有利於兩岸和平發展，有利於兩岸人民福祉，什麼都可以談。[11]

中國對於蔡英文總統在2016年5月20日的就職演說中所提兩岸關係論述的回應，認爲蔡英文總統的就職演說對於兩岸關係的論述上，沒有明確承認「九二共識」和認同其核心意涵。沒有提出確保兩岸關係和平穩定發展的具體辦法，這是一份沒有完成的答案卷。中國繼續堅持「九二共識」政治基礎，堅決反對「臺獨」，堅定維護「一個中國」原則。今天中國捍衛國家主權與領土完整決心未變，能力更強，將堅決遏制任何形式的臺獨分裂行徑和圖謀。[12]因此，兩岸關係最大爭議論點來

9 關弘昌，〈總統選舉來臨對大陸政策合作衝突方向的影響〉，《全球政治評論》，第46期，2014年，頁42。

10 潘維庭，〈2016國民黨慘敗　吳敦義指出2原因〉，《中時電子報》，2016年10月16日，https://www.chinatimes.com/realtimenews/20161016002336-260407?chdtv（檢索日期：2019/10/19）。

11 〈第十四任總統、副總統就職專輯：就職演說〉，中華民國總統府，http://www.president.gov.tw/Page/251（檢索日期：2017/11/28）。

12 〈蔡英文就職演說　國臺辦提千字回應〉，《中視新聞》，2016年5月

自於「九二共識」中，對「一個中國」內涵的爭議。本章將運用國際關係理論解析中國「一中原則」的問題本質，再透過戰略研究理論分析相關影響因素，以及可能的戰略目標與作爲。讓讀者更能理性客觀的瞭解兩岸關係的問題核心，以及如何採取適當的因應戰略與作爲。

## 第一節 「一中原則」的本質

2017年10月18日中國共產黨召開第十九次全國代表大會，習近平總書記在開幕的工作報告不僅說明「十二五計畫」的執行成效，並爲「十三五計畫」提出發展願景。可以看得出中國未來在國家發展上，除了要中國人民生活富足，並建設一個和諧穩定的社會外，也在爲了成爲世界領導大國做好準備。從國家發展的角度上看，這是值得讚賞與肯定的。我們應該跳脫從西方現實主義霸權的角度，看待中國的發展。中國有其地理、歷史、文化與人民的問題，必須從中國的角度看待其發展的挑戰與機會。負面報導的偏見只會增加誤解與敵意，無助於對問題的解決，尤其是兩岸之間長久以來所存在的認知與信任問題。本節將從中國與臺灣各自的立場，解析「一中原則」的問題本質。

### 一、中國

2016年11月11日中國國家主席習近平在「紀念孫中山先生誕辰150週年會」上的講話指出：

> 中國是一個統一的國家，這一點已牢牢印在中國的歷史意識之中。實現祖國完全統一是中華民族利益根本所在，確保國家完整不被分裂維護中華民族根本利益，是全體中華兒女共同意志，是不可阻擋

---

20日，https://www.youtube.com/watch?v=EQUh1I_VkYo（檢索日期：2017/12/03）。

的歷史潮流。兩岸是割捨不斷的命運共同體，堅持「九二共識」的共同政治基礎。臺灣任何黨派、團體、個人，無論過去主張什麼，只要承認「九二共識」，認同大陸和臺灣同屬一個中國，大陸都願意與其交往。近代以來，中國經歷了長達百餘年的國破山河歲月，同胞遭蹂躪的悲慘歷史。所有中華兒女對此刻骨銘心，維護國家的主權與領土完整，絕不容忍國家分立的歷史悲劇重演，是我們對歷史與人民的莊嚴承諾。一切分裂國家的活動都必將遭到全體中國人民的堅決反對，我們絕不允許任何人、任何組織、任何政黨，在任何時候，以任何形式，把任何一塊領土從中國分裂出去。[13]

在中共十九大的工作報告中，對於臺灣問題上，除重申之前的立場外，並強調必須繼續堅持「和平統一，一國兩制」。[14]從上述中國對臺灣統一問題的表述，可意識到「一個中國」的原則是中國不管對內或對外都不會改變的政策。自1997年香港、澳門回歸中國後，對中國來說，臺灣是被分裂的最後一塊國土。2019年6月2日在新加坡舉辦的香格里拉論壇，中國國防部長魏鳳和的演講中，對統一臺灣的問題明確指出中國軍隊堅決捍衛國家主權、安全及發展利益。中國對於美國挑起爭端的回應立場是：「談，敞開大門，打，奉陪到底」，並且將不惜一切代價，堅決維護國家統一。[15]同年10月21日由中國舉辦的第九屆「香山論

13 〈（授權發布）習近平：在紀念孫中山先生誕辰150週年大會上的講話〉，《新華網》，2016年11月11日，http://www.xinhuanet.com//politics/2016-11/11/c_1119897047.htm（檢索日期：2019/10/22）。

14 〈習近平：決勝全面建成小康社會　奪取新時代中國特色社會主義偉大勝利——在中國共產黨第十九次全國代表大會上的報告〉，中華人民共和國中央人民政府，2017年10月27日，http://www.gov.cn/zhuanti/2017-10/27/content_5234876.htm（檢索日期：2019/10/22）。

15 柯勁杰，〈中國國防部長魏鳳和香格里拉對話會演講（全文）〉，《鳳凰

壇」，國防部長魏鳳和再次就臺灣問題表達立場，指出中國是世界上唯一尚未實現完全統一的大國，解決臺灣問題，實現祖國完全統一是必然的趨勢，絕不坐視外部勢力插手臺灣事務。但仍致力於推動兩岸關係和平發展與統一。[16]從中國國防部長魏鳳和對臺灣問題的表述，茲分析如下。

### （一）在捍衛國家主權、安全及發展利益

臺灣問題不僅僅是內戰延伸的主權分裂問題，更有中國復興的歷史情結問題與對西藏、新疆獨立問題的影響。中國自十八世紀以來的百年屈辱，可說直到二十一世紀才獲得自信與揚眉吐氣的信心。這樣的歷史教訓對二十世紀以前出生的中國人民來說，有其發揚中國民族主義使命的情懷。唯有統一臺灣完成中國的完全統一，中國人民才能完成撫平百年屈辱的願望。如果臺灣問題未能有效解決與統一，中國的領導階層將有可能會受到人民嚴厲批判及挑戰，進而影響共產黨政權在中國的正當性。由此，中國共產黨政權可能在遭受內部與外部的壓力下，採取強硬鎮壓政策進而造成中國內政的動亂。而臺灣問題亦可能會對中國引發另一個層面的影響，就是由來已久的西藏與新疆獨立問題。對西藏與新疆少數民族來說，如果一個與漢民族同文、同種、同文化的臺灣都可以獨立，而與中國漢民族有著不同的語言、文化及種族差異的新疆與西藏，對於要求獨立的權力應該更具有合法性。因此，臺灣獨立問題所引發後續問題，應不是中國共產黨與人民所樂見的，然而卻是美國等西方強權所期待的結果。所以，臺灣獨立的選項，對中國政府來說沒有討論的空間。

---

網》，2019年6月2日，https://news.ifeng.com/c/7nAxDGjdUTg（檢索日期：2019/10/22）。

16 〈中國防長：解決臺灣問題是最大的國家利益〉，YouTube，2019年10月21日，https://www.youtube.com/watch?v=zGYqANsLBQ8（檢索日期：2019/10/22）。

### （二）中國對於美國挑起爭端的回應立場「談，敞開大門，打，奉陪到底」

中國所奉行的積極防禦軍事戰略，雖然強調自衛與後發制人原則，但是「人不犯我、我不犯人，人若犯我，我必犯人」的軍事戰略決策立場，顯示中國採取軍事行動的決策核心，以及中國對美國的貿易戰立場。進而瞭解中國在臺灣問題上，基本上不會畏懼美國的壓力。換句話說，中國對於統一臺灣問題上的基本立場，就是「談，一國兩制；打，做好準備；欺，妄想蒙混。」不讓臺灣有以維持現狀，實質獨立的折衷模糊空間。

### （三）不惜一切代價，堅決維護祖國統一

這是大部分西方學者無法理解的問題，主要原因在西方學者認為以武力統一臺灣將會付出高昂的代價，不管是戰爭前的國際制裁影響，戰爭過程的經濟、軍事損耗，以及戰後臺灣的復原、建設與臺灣人民創傷的撫平等。從各個面向計算，除了達到中國完全統一的目標外，其結果是勞民傷財，得不償失。但對中國來說，有其歷史上無法放棄的包袱。所期待獲得的是統一後的長期利益，而不是短期的重大損失。同樣的，以日本為例，分別與俄羅斯的北方四島、與中國、臺灣的釣魚臺列嶼及與南韓的獨島領土主權爭端，這些問題都將是造成日本國家安全威脅的潛在根源。但為何日本任何執政黨都無法放棄呢？主要在於日本政治領導菁英始終無法忘懷二戰前的日本光榮時代。這對於一個以移民社會為主的國家來說，是一個無法理解的歷史因素。

就「一中原則」的問題性質來說，雖然中國在統一臺灣的政策上，始終強調「和平統一」，但也絕不放棄使用武力的最後選項。所以，中國對「一中原則」的戰略思考，基本上有兩個面向，一是方法、二是時間。首先在方法上，從傳統政治面向的外部訴求，調整為經濟面向的內部需求。隨著兩岸傳統政治意識形態對抗因素的降低，在全球化

時代下，1990年代以後出生的年輕世代，逐漸成爲兩岸的社會主流。尤其臺灣的年輕族群，政治不再是其生活關注的重點，個人經濟的需求與未來的發展才是關注的核心。

其次在時間上，中國國家領導人習近平在「告臺灣同胞書40週年紀念大會」的演講中，指出臺灣問題不能一代一代的傳下去。[17]所表達的是中國將對推動「兩岸統一」的目標採取主動。未來中國將隨著完成社會與經濟制度的調整及軍隊的改革後，若美國與中國在西太平洋的競爭過程中，不再具備主導權的話，未來中國採取「武力統一」臺灣的選項機率將逐漸升高。因此，臺灣在面對與中共在政治、軍事及經濟能力持續擴大落差的狀況下，能夠選擇抗拒中國統一，或於統一談判中獲取最大利益的時間優勢將逐漸消失。

## 二、臺灣

2016年10月10日蔡總統於國慶日對於兩岸關係的講話，再次強調：「我們的善意不變、承諾不變，不會走回對抗的老路，但也不會在壓力下屈服。這就是我們處理兩岸關係一貫的原則，並積極爲臺灣尋找在國際新秩序中的位置。」[18]2017年10月26日蔡英文總統在出席「兩岸交流30年回顧與前瞻研討會」時的開幕講話，除重申之前就職演說與國慶日有關兩岸關係立場外，期望兩岸在既有的基礎上，共同思考、擘畫未來30年兩岸關係發展的願景工程。[19]

---

17 〈習近平在《告臺灣同胞書》發表40週年紀念會上的講話〉，《中國人大網》，2019年1月2日，http://www.npc.gov.cn/npc/xinwen/2019-01/02/content_2070110.htm?from=singlemessage（檢索日期：2019/10/22）。

18 〈總統發表國慶演說　三面向實現「更好的臺灣」〉，中華民國總統府，http://www.president.gov.tw/News/21662（檢索日期：2019/10/22）。

19 〈出席「兩岸交流30年回顧與前瞻研討會」總統再次呼籲領導人秉持政治智慧　尋求兩岸關係突破〉，中華民國總統府，http://www.president.gov.tw/

從上述中國與臺灣的兩岸關係政策立場的解析，可以瞭解到中國的立場是承認「九二共識」的歷史事實，認同兩岸「同屬一中」。相對的，臺灣在民進黨執政後，對於「九二共識」則採取「尊重」歷史事實的方式論述。但強調依據《中華民國憲法》、《兩岸人民關係條例》及相關法律處理兩岸事務。對中國來說「同屬一中」的兩岸政策，臺灣必須明確的表達。然而對臺灣來說，「承認」九二共識是國民黨的主張，但並不否認有「九二共識」的存在。對於兩岸關係的處理，始終是以《中華民國憲法》與《兩岸人民關係條例》爲依據。而此兩法所表達的概念是「一個中國」，以及強調「統一」前對兩岸人民事務的處理規範。

臺灣從陳水扁政府時代到現在的蔡英文政府對兩岸關係的論述，不難理解在民進黨主政期間，雖然所展現出來的企圖是推動臺灣主權獨立，但終究不敢貿然推翻《中華民國憲法》。在此狀況下，《中華民國憲法》與國號是兩黨的最大公約數，且爲大部分臺灣人民所接受的共識。因此，依據上述分析，基本上中國與臺灣之間所存疑的是「認知」與「信任」的問題。另在中國「兩制」方案的政策下，「尊重臺灣現有的社會制度和臺灣同胞生活方式」的承諾。對臺灣人民而言，此承諾的可信度始終抱持存疑的態度。畢竟臺灣人民長久以來對國共和談的歷史教訓，政府對共產黨妖魔化的宣傳，以及中國對臺灣在國際上長期打壓的記憶深刻，所反映出來的是臺灣對中國的不信任；同樣的，民進黨的「臺獨主張」理念與執政政策的落差，也讓中國對臺灣民進黨政府始終存在著不信任感[20]。因此，對臺灣來說，「一中原則」的問題本質與性質是什麼？分析如下。

在問題本質上，所必須思考的兩個面向，一是「中華民國」存在的

---

NEWS/21718（檢索日期：2019/10/22）。

20 施正鋒，《民族認同與台灣獨立》，臺北：前衛出版社，1995年，頁156。

問題；二是「主權獨立」的問題。對於中華民國「存在」的問題，在臺灣的中華民國雖然1972年退出聯合國，在國際法層面，在中國的中華人民共和國取代在臺灣的中華民國，成為國際上代表中國的身分，即名義上的中國就是中華人民共和國。然而在事實面，中華民國在國際上並未因聯合國代表權的消失而消滅，而是持續以國家的型態及身分與世界各國從事國際合約的制定與簽署，並有效的依據國際慣例履行及享有協約上的責任與義務。因此，中華民國即使無法獲得絕大部分國家的法律承認，但在臺灣的中華民國對其領土治權的不可侵犯性，是獲得世界上所有國家承認的。所以，對於中國提出所謂的「一中原則」，應必須承認「中華民國」的存在。

在「主權獨立」的部分，從臺灣的觀點，中國「一中原則」的「一中」所表達的就是中華人民共和國，否定中華民國的存在，而臺灣只是一個地名、一個省。將臺灣的地位定位為一個地方政府，中華人民共和國的中央政府才是中國的中央政府。中央政府對外交與國防的專屬權力，臺灣是無法獲得自主的。

在問題性質上，中國的「一中原則」所牽動的是身分的認同。臺灣內部除了歷史情結之外，對於統一與獨立的選擇問題，政黨、學界能夠理性討論的空間相當小。傾向獨立的政黨在選舉期間，往往採取與中國對抗的聳動言詞，期待能獲得選民的支持。對統一採取彈性空間的政黨，為了爭取中間選民，亦未能明確說明兩岸關係的戰略與政策。對臺灣而言，國際的「一中政策」，即使像美國這樣的超級強權都不願貿然輕易改變，更何況其他強權國家。所以，中國的「一中原則」自1996年臺灣民選總統開始，已從外部的國際空間爭取，轉變為各政黨運用民主選舉制度爭取政權的手段。因此，中國的「一中原則」問題性質主要不在於內部人民的意向，而是中美在西太平洋競合的結果，所影響的是中國採取統一的手段是「和平談判」的方式，還是「武力戰爭」的方式。

依據上述從事實面分析兩岸對「一中原則」的問題本質與問題性質

所獲得的結論爲，中國「一中原則」的問題本質主要核心在於臺灣還有多少時間，可以維持既未被中國統一，又能獨立在國際上行使國家權力的狀態。其問題性質則是中國的「一中原則」是否能落實，在於美國是否願意爲保衛臺灣主權獨立，而與中國發生軍事衝突。

## 第二節　「一中原則」的多方利益

從地理位置來看，臺灣處於西太平洋第一島鏈戰略中心位置，而第二島鏈仍在美國的有效掌控下。從戰略的角度分析，臺灣的戰略位置是中國向西太平洋發展海權的起始點；對美國則是防禦中國海權向西太平洋擴張的遏制點；對日本來說則確保日本國家生存所需海上能源運輸線的關鍵點。因此，本節將從影響面，分析中國、美國及日本在「一中原則」下的國家利益。

### 一、中國

素有中國航母之父之稱的前海軍司令員劉華清海軍上將，在1985年首次提出「海軍戰略」問題。將中國海軍「近海防禦」的戰略發展目標，設定在西太平洋第二島鏈區域。主要任務在防範來自海上的威脅，以及確保海上交通線。[21]自2013年中國海軍即開始編組三艘作戰艦艇以上的特遣任務支隊，穿越日本宮古群島進入臺灣以東海域實施遠海長航訓練，再穿越巴士海峽返航。2012年9月25日中國海軍航空母艦遼寧號正式納入海軍戰鬥序列，經過4年的技術測評及人員訓練後，於2016年12月24日中國海軍首次以遼寧號航空母艦特遣任務支隊編組方式駛往西太平洋實施遠海航訓。[22]此航母特遣任務支隊係由日本宮古群島與琉球

---

21 劉華清，《劉華清回憶錄》，北京：解放軍出版社，2007年，頁432-438。

22 劉上靖，〈中國海軍遼寧艦編隊赴西太平洋海域開展遠海訓練〉，中華人民共和國國防部，2016年12月24日，http://www.mod.gov.cn/topnews/2016-12/24/content_4767817.htm（檢索日期：2019/10/24）。

群島之間的水道進入西太平洋，於第二島鏈海域完成訓練後，再由巴士海峽進入南海。[23]2019年4月21日中國人民解放軍海軍成立70週年海上大閱兵時，指出中國首艘航空母艦遼寧號已完成戰術測評，具備實際作戰能力。[24]

從中國海軍已將臺灣以東的第二島鏈海域，納入中國海、空軍常態性支隊及訓練海域的情況。可以瞭解第一島鏈與第二島鏈之間的海域，將是中國在西太平洋防禦來自美國海、空軍海上威脅的區域。如果兩岸完成統一，儘管中國海、空軍不能部署在臺灣，只要臺灣不成為影響中國海、空軍進出西太平洋的干擾，中國的防禦圈即可在無干擾的狀況下，至少可再延伸200海里。若中國的海、空軍可獲得臺灣東部基地的支援，其防禦圈則可增加到400海里。因此，對中國的軍事安全利益而言，獲得臺灣領土主權是可以有效達成第二島鏈近海防禦的戰略目標。

## 二、美國

從美國軍事安全利益來看，依據二次大戰美日太平洋戰爭初期，日本發動中途島海戰的目的，主要是為占領夏威夷群島提供中繼基地。同樣的，美國也瞭解如果中途島被日本占領，夏威夷群島亦將無法確保。美國所面臨的是，日本同樣會運用夏威夷群島當作海軍前進基地，直接威脅到美國本土。當時的美國太平洋司令尼米茲上將，給予艦隊指揮官

---

23 洪沙、李魚，〈中國航母編隊首次赴西太平洋海域訓練〉，《德國之聲中文網》，2016年12月25日，https://www.dw.com/zh/%E4%B8%AD%E5%9B%BD%E8%88%AA%E6%AF%8D%E7%BC%96%E9%98%9F%E9%A6%96%E8%B5%B4%E8%A5%BF%E5%A4%AA%E5%B9%B3%E6%B4%8B%E6%B5%B7%E5%9F%9F%E8%AE%AD%E7%BB%83/a-36908100（檢索日期：2019/10/24）。

24 林克倫，〈恢復性訓練　遼寧艦副艦長：向打仗艦艇轉變〉，《中央通訊社》，2019年4月21日，https://www.cna.com.tw/news/acn/201904210203.aspx（檢索日期：2019/10/24）。

的戰略指導是盡一切力量確保夏威夷群島的安全。所以，以美國遠程先制防禦的戰略構想來看，美國要防禦來自亞洲國家的威脅，以關島爲中心的第二島鏈是美國無法退縮的防禦線。第一島鏈所扮演的任務將是先制與預警防禦的角色，臺灣則是處於美國第一島鏈防禦的中心位置。

如果美國放棄臺灣的戰略位置，美國將在第二島鏈內區域直接面對中國的軍事威脅壓力。若美國爲支持臺灣而介入兩岸的戰爭，在中美雙方不使用核武的狀況下，美國有可能陷入臺灣內部長期的戰爭，基本上這不符合美國的國家利益。因此，從美國的軍事安全利益來看，對中國「一中原則」最佳的因應選擇是在「一中政策」下，持續維持兩岸分裂狀態，並在臺灣支持一個親美的政權。

## 三、日本

《美日安保條約》基本上限制了日本的國防自主權，也是日本想要恢復所謂正常國家時，極力想擺脫的束縛，但《美日安保條約》又是日本用以對抗中國的重要需求。由於地緣的關係，以2017年日本發電所需能源需求來看，液化天然氣占39.4%，煤炭占33.6%，石油占5.4%。依此可以瞭解日本在發電上所需的能源，占日本發電能源總需求的78.4%，其主要進口國，石油以中東爲主，液化天然氣以澳洲、馬來西亞與卡達爲主，煤炭以澳洲、印尼爲主。[25]這些能源都需要仰賴海上運輸獲得，惟僅從澳洲、印尼通往日本的海上運輸線，雖可避開中國控制的南海海運航道，但是仍避開不了第二島鏈內的海上交通線。如果中國掌控臺灣，中國海軍即可以臺灣爲基地，有效突破日本在琉球群島至宮古群島連線的封鎖，對第二島鏈內的日本東南及西南海上交通線採取臨

---

25 〈APEC各會員國能源資訊分析——日本〉，《APEC能源國際合作資訊網》，https://apecenergy.tier.org.tw/energy2/japan.php（檢索日期：2019/10/24）。

檢、驅逐及封鎖的行動。

對日本而言，如果美國無法有效壓制中國在第二島鏈內的軍事威脅行動，日本就必須與中國達成符合其國家利益的協定，以確保國家安全。因此，確保臺灣的獨立自主性及一個親日、親美的政權，對日本的國家安全利益影響重大。

綜合上述對於中國、美國及日本的國家利益分析，臺灣所處的地理位置為中、美、日在西太平洋戰略平衡的中心點。臺灣的選擇所影響的是美國在西太平洋的軍事安全利益，以及日本的政治選擇。中國的「一中原則」牽制著臺灣無法迴避的「統一」問題，而美日是否會冒著與中國發生軍事衝突的風險，介入臺灣的獨立選擇，從現實面來看，基本上機率不高。

## 第三節 「一中原則」與對臺政策的挑戰

影響臺灣「一中原則」的最重要文件，就是美國與中國簽訂的所謂「三個公報」。同時美國為確保維持與臺灣的關係及安全，以國內法的方式簽署《臺灣關係法》作為美國與臺灣交流的法源依據。使得所謂「一法三公報」的《臺灣關係法》、《上海公報》、《建交公報》及《八一七公報》，成為美國對兩岸關係的政策依據。[26]1972年2月27日前美國總統尼克森，在時任國家安全顧問季辛吉的安排下祕密訪問中國並簽署《上海公報》。公報中在「臺灣問題」上，中國強調解放臺灣是中國內政，別國無權干涉，美國必須將全部的武裝力量和軍事設施從臺灣撤走。中國堅決反對任何旨在製造「一中一臺」、「一個中國、兩個政府」、「兩個中國」、「臺灣獨立」和鼓吹「臺灣地位未定」的活

26 蔡素蓉，〈臺灣關係法與三公報讀懂美國一中政策〉，《中央通訊社》，2017年4月5日，https://www.cna.com.tw/news/firstnews/201704050301.aspx（檢索日期：2019/10/23）。

動。而美國則表示，美國認識到在臺灣海峽兩邊的所有中國人都認爲只有一個中國，臺灣是中國的一部分，美國政府對此一立場不提出異議，並重申對由中國人自己和平解決臺灣問題的關心。[27]

1979年1月1日美國與中國建交並簽署《建交公報》，內容說明美國承認中華人民共和國政府是中國唯一合法政府，並承認中國的立場，臺灣是中國的一部分。[28]另於1982年8月17日簽署《八一七聯合公報》，對於「臺灣問題」美國與中國重申，承認《建交公報》中有關中國對臺灣的立場，臺灣問題是中國內政。美國亦重申無意侵犯中國的主權與領土完整，無意干涉中國的內政。另美國政府理解並欣賞中國爭取和平解決臺灣問題的政策。[29]

然而美國爲因應於1979年與中國建交對臺灣所造成的損害，遂由美國國會提出《臺灣關係法》立法的方式，律定美國與臺灣的關係與政策執行的法律依據。強調美國對臺政策的立場爲任何企圖以非和平方式來決定臺灣前途之舉——包括使用經濟抵制及禁運手段在內，將被視爲對西太平洋地區和平及安定的威脅，爲美國所嚴重關切。並維持美國的能力，以抵抗任何訴諸武力、或使用其他方式高壓手段，而危及臺灣人民安全及社會經濟制度的行動。[30]另美國亦針對《八一七公報》所可能

27 〈中華人民共和國和美利堅合眾國聯合公報——1972〉，美國在臺協會，https://web-archive-2017.ait.org.tw/zh/us-joint-communique-1972.html（檢索日期：2019/10/23）。

28 〈中華人民共和國和美利堅合眾國關於建立外交關係的聯合公報〉，美國在臺協會，https://web-archive-2017.ait.org.tw/zh/us-joint-communique-1979.html（檢索日期：2019/10/23）。

29 〈中華人民共和國和美利堅合眾國聯合公報〉，美國在臺協會，https://web-archive-2017.ait.org.tw/zh/us-joint-communique-1982.html（檢索日期：2019/10/23）。

30 《臺灣關係法》，美國在臺協會，https://web-archive-2017.ait.org.tw/zh/taiwan-relations-act.html（檢索日期：2019/10/23）。

帶來損害臺灣的影響，美國政府以口頭方式對臺灣提出「六項保證」，其中強調美國不會在臺灣與中國之間扮演調停角色、不會試圖對臺灣施壓去和中國談判，以及對臺灣主權議題的長期立場沒有改變。此保證於2016年5月由美國國會參、眾兩院正式落實於文字，但旨在表達國會立場不具法律效力。[31]

依上所述，美國與中國所締結的「三個公報」是國家與國家之間，雙方共識的表達與各自必須履行條約義務的「國際法」。而美國律定對臺關係與政策所制定的《臺灣關係法》則是國內法。若從法律的觀點分析，美國與中國所締結的「三個公報」，美國總統有權依據國家利益單方面廢除，就如同美國與臺灣斷交一樣的情況。如果美國與中國斷交，則僅具備提供美國政府執行對臺政策的《臺灣關係法》也就自然失去其針對性效益。從現實及法律的角度來看，「一法三公報」對美國政府不具備絕對的約束力。所以，美國國家利益的所在，才是影響美國是否明確履行「一法三公報」之中，「一中政策」的主要因素。因此，中國對臺的「一國兩制」政策，乃是中國完成祖國統一的戰略目標，其手段雖然強調「和平統一」，但是仍不排除「武力統一」的選項。而中國對臺統一手段的最終選項，基本上受到美國的國家利益、臺灣的選擇與中國統一的戰略目標三個因素所影響，分析如下。

## 一、美國的國家利益

從美國的國家利益觀點，美國對「一中政策」的戰略思考分別是改變、明確履行及模糊的「一中政策」。首先假設美國「改變」1979年1月1日與中國建交以來，所謂「一中政策」中的「臺灣是中國的一部

31 〈美國國會參議院通過對臺灣六項保證決議案〉，《美國之音》，2016年7月8日，https://www.voacantonese.com/a/tc-dc-senate-passes-taiwan-six-assurance-resolutions/3409160.html（檢索日期：2019/10/23）。

分」。美國可能將面臨中國對臺灣採取強硬態度，迫使臺灣做「統一」或「獨立」的選擇。如果臺灣選擇「統一」，將使美國在第一島鏈的圍堵戰略產生重大漏洞，而中國也將獲得增加防禦縱身的效益。如果臺灣選擇「獨立」，則美國必須思考介入臺海戰爭所需付出的代價是否符合國家利益。

其次，假設美國表達「明確履行」一中政策，即表示美國將中國視為夥伴關係。例如1970年代蘇聯支持越南及進軍阿富汗，以及中國與蘇聯的緊張關係，使得美國尼克森政府採取「聯中制蘇」政策，促使美國與中國從關係正常化發展到建交的事實。1979年2月伊朗穆斯林革命推翻親美的巴勒維政權，美國與伊朗斷交，讓美國選擇在中國新疆建立對蘇聯的監聽站。[32]可看出從1980-1990年代，美國與中國的緊密關係主要來自於美國對中國的需求。也使得美國採取明確履行「一中政策」的意願，相對的，美臺關係也就處於最差的狀況。

第三，假設美國採取模糊的「一中政策」，表示美國深知兩岸的「一中政策」，牽動著中國的敏感神經。所以，美臺關係的動態可以反映出「兩岸關係」與「美中關係」的狀況。若從「戰略三角」理論觀點[33]，分析美、中、臺三角關係。兩岸關係如果為夥伴關係，美國就成為孤獨者，這是美國所不期望的。如果美國要成為最大利益者，就必須透過重新解釋或定義兩岸的「一中政策」，這樣的措施除可挑動臺灣採取更加「親美」的政策外，亦可作為與中國談判獲取利益的籌碼。因此，模糊的「一中政策」是挑起兩岸關係處於緊張對抗狀態的必要手段，也是當前美國川普政府的對臺政策。

---

32 張登及、王似華，〈中美建交三十年：北京對美政策與雙邊關係回顧〉，《全球政治評論》，第32期，頁58-59。

33 Lowell Dittmer, "The Strategic Triangle: An Elementary Game-Theoretical Analysis," *World Politics*, Vol. 33, No. 4, July 1981, p. 485-515.

## 二、臺灣的選擇

雖然中美關係是影響臺灣國家安全的重要因素，但就問題本質來說，內部的意識形態衝突才是影響臺灣國家安全的核心因素。對於中國「一中原則」的壓力，在既不想統一，又不能獨立，更不希望戰爭的期待下，臺灣最佳利益的選擇就是能持續維持與中國「主權」模糊、「治權」分治、「經濟」交流的關係。臺灣自1996年開始所謂政治民主化，「統獨爭議」始終成爲難以理性討論的議題。由於統獨的爭議也使得臺灣在經濟發展上錯失了許多機會，進而促使臺灣部分學者、專家試圖爲「統獨議題」問題解套。尤其前副總統呂秀蓮女士於2019年3月4日推動的和平中立公投，提出要與中國和平共存，消除對抗中國的憂慮，並強化與美日等國的價值聯盟，降低各國對臺海安全的憂慮。[34]從呂秀蓮和平中立的論述分析，似乎期望運用「中立」的手段，以達到臺灣「和平」的國家目標。依據《聯合國憲章》所揭櫫的「人民自決權」的行使，以「公投」的方式，達到臺灣永久和平的目標。

但以臺灣國家利益的角度來看，似乎是傾向於獨立的一種選擇。若從「中立」與「和平」兩個因素分析，談到中立國家通常會以瑞士作爲典範，然而瑞士之所以能成爲永久中立國家，須先探究瑞士的國家歷史發展。早在瑞士邦聯成立之初，爲避免捲入歐洲強權權力平衡的紛亂之中，始終表達中立的立場。但是在歐洲30年戰爭中，多次被其他勢力所破壞。直到反拿破崙戰爭結束後，瑞士的永久中立國主張方得以在維也納會議獲得歐洲列強的承認，並在法國、奧地利、英國、普魯士及俄國等主要歐洲列強的保證下，於1815年的《巴黎條約》中取得國際「永

34 〈呂秀蓮推臺灣和平中立公投　明送交第一階段連署書〉，《蘋果日報》，2019年3月4日，https://tw.appledaily.com/new/realtime/20190304/1526998/（檢索日期：2019/10/23）。

久中立」的地位。[35]因此，可以確認的是，國家或地區的中立主張之所以能產生與維持，主要是來自於強權之間的共識與保證。然另一個主張中立國家的案例爲荷蘭及比利時，兩國於二次大戰前也希望如同瑞士一樣，爲避免捲入歐洲強權競爭，將中立主張列爲國家基本政策。但仍被德國以借道爲由所占領，這就是最好的例證。所以一個小國或地區要能成爲永久中立國的地位或身分，基本上是受制於國際強權的妥協結果，而不是內部人民的意願與否。

而「和平」的概念即是人們對於未感受到戰爭威脅所造成的生命、財產的損失，以及被迫改變走向不好的生活方式。假設中立是以追求臺灣爲獨立國家爲手段，進而達成和平的目標。若依此定義「和平」的目標，就其邏輯對於採取聯邦制度的國家，如美國、加拿大、英國、俄羅斯及德國等自治區人民，則應不屬於「和平」定義的範疇。從臺灣人民對美國的情感來說，如果美國願意，對於臺灣成爲美國的一個聯邦自治區的假設，基本上臺灣人民反對的聲浪是不高的。但對兩岸互爲不信任的關係上，對於成爲中國一個特殊自治區基本上是排斥的。因此，「和平」主要取決於國家的政府與人民的意識形態感受，而不是來自於對中立國家身分的獲得的手段。依上所述，臺灣未來國家安全選擇主要受制於中美兩強競合下的結果，即使「和平中立」有可能成爲臺灣統獨以外的第三選項。但這只是一個階段性過程的選項，統一或獨立終究是臺灣必須面對的最終選擇。

## 三、中國統一的戰略目標

從中國領導人習近平在《中共十九大工作報告》中，除了強調中國「和平統一、一國兩制」的對臺政策是沒有改變的空間外，並指出中

---

35 王思爲，〈瑞士之中立政策與實踐〉，施正鋒主編，《認識中立國》，臺北：財團法人國家展望文教基金會，2015年，頁93-94。

國為因應世界新軍事革命發展趨勢和國家安全需求，提高建設品質和效益，而提出軍事現代化戰略發展目標，在2020年完成軍隊機械化與資訊化作戰能力，以及提升戰略打擊能力，並推展全面性的軍事理論、軍隊組織型態、軍事人員及武器裝備現代化。2035年完成國防和軍隊現代化，並精進於2049年中國軍隊的作戰能力，能達到與美國同等的世界一流軍隊。

另習近平在「告臺灣同胞書40週年紀念大會」的演講中，指出臺灣問題不能一代一代的傳下去，所表達的是中國對「兩岸統一」採取主動政策。而中國國防部長2019年6月2日在新加坡香格里拉論壇的講話，對於臺灣問題強硬表達：「任何分裂中國的企圖都不可能得逞，任何干涉臺灣問題的行徑都注定失敗，任何對中國軍隊決心意志的低估都極其危險。維護國家統一是軍隊的神聖職責，如果中國人民解放軍不能維護祖國統一，那還要解放軍幹什麼？」可以瞭解中國必要時採取武力統一臺灣，已做好了軍隊思想教育的準備工作。

中國的軍隊改革自2015年11月24日於中央軍委改革工作會議中，由習近平正式決議啟動「深化國防和軍隊改革的動員令」。[36]在「軍委管總、戰區主戰、軍種主建」的軍隊改革指導原則下，於2016年2月1日將原有七大軍區調整為東、南、西、北、中五大戰區，強化三軍聯合作戰指揮機制，提升三軍部隊統合運用的效能。有效解決以陸軍為主的軍區被動式作戰型態，使中國三軍部隊提升具備有效反應、快速打擊的能力，以適應現代化的局部衝突。[37]2019年10月1日中國舉行慶祝建

---

36 楊麗娜、常雪梅，〈習主席和中央軍委運籌設計深化國防和軍隊改革紀實〉，《中國共產黨新聞網》，2015年12月31日，http://cpc.people.com.cn/BIG5/n1/2015/1231/c64094-27997805.html（檢索日期：2019/10/23）。

37 白羽，〈中國人民解放軍戰區成立大會在北京舉行〉，《新華社》，2016年2月1日，http://www.xinhuanet.com//politics/2016-02/01/c_1117960554.htm（檢索日期：2019/10/23）。

國70週年大閱兵，在其武器裝備的展示中，首次公開亮相可以攜帶10個核彈頭的東風-41新型車載洲際彈道飛彈，以及超音速偵察無人機WZ-8和「利劍」隱形無人機等，都可有效支援海軍作戰。[38]，以及中國與俄羅斯在年度聯合大型軍事演習的現況分析中，可以瞭解中國於2020年完成各領域、各系統主要政策制度改革，以及軍事政策制度體系基本架構，並於2022年前完善各領域配套政策制度，以及構建軍事政策制度體系。[39]

如果中國的軍事改革於2020年能確實落實軍事改革基本組織架構，並經過2年的運作調整，於2022年確定軍事政策制度體系，這顯示中國軍隊的實戰準備工作業已完成。另中共十九屆五中全會中，明確提出於2027年完成提高捍衛國家主權、安全、發展利益所需戰略能力的建軍百年奮鬥目標。[40]對於2035年完成的國防及軍隊現代化，將表示已具備區域獲得戰爭勝利的能力。因此，依上所述分析，推測中國完成統一臺灣的最後時間點，可能在2030-2035年之間。

雖然中共領導人習近平在2019年1月2日「告臺灣同胞書40週年紀念大會」的講話，明確指出兩岸的統一問題不能「一代一代的傳下去」。另從2019年3月5日中共召開第十三屆全國人大第二次會議，國務院總理李克強的工作報告，強調經濟體制的改革及強化基礎與創新科技研究

---

38 〈中國舉行大型閱兵式，慶祝建國70週年〉，《紐約時報》，2019年10月1日，https://cn.nytimes.com/china/20191001/china-national-day-parade/zh-hant/（檢索日期：2019/10/23）。

39 丁楊，〈國防部舉行軍事政策制度改革專題新聞發布會〉，中華人民共和國國防部，2018年11月15日，http://www.mod.gov.cn/big5/topnews/2018-11/15/content_4829651.htm（檢索日期：2019/10/23）。

40 〈中共十九屆五中全會在京舉行〉，《人民網》，2020年10月30日，http://politics.people.com.cn/BIG5/n1/2020/1030/c1001-31911623.html（檢索日期：2020/11/23）。

的國家發展目標，[41]可以觀察到臺灣問題，應不是中國國家發展優先關切的問題。只要臺灣不要踰越獨立的紅線，統一臺灣的問題短期內應不會是中國優先處理的議題。2018年2月28日美國國會通過的《臺灣旅行法》[42]，以及2019年9月24美國國會正式通過330億美元F-16戰機與其他戰機零件的對臺軍售案，[43]雖然中國外交部向美國提出嚴正的抗議，但未採取具體的抵制行動，僅不斷地要求美國落實「一法三公報」的承諾。2017年10月18日中共第十九次全國代表大會習近平的工作報告中，對於軍隊的改革提出：「力爭到2035年基本實現國防和軍隊現代化」的目標，則是觀察中共落實兩岸統一的重要指標。

因此，中國的「一中原則」基本上是沒有挑戰的空間，即使美國也不敢貿然改變此政策。「和平統一」在2035年前應該還是中國對臺政策的優先選項，但「武力統一」仍有其機率。僅是採取何種軍事行動，方能在最小的損害狀況下，迫使臺灣上談判桌接受中國所擬定的統一協定。而臺灣如果無法選擇獨立，則必須將「統一」的選項納入政策考量，並做好談判的準備，方能確保臺灣現有的政治、社會制度與生活方式。

---

41 〈（兩會授權發布）政府工作報告〉，《新華社》，2019年3月22日，http://www.xinhuanet.com/politics/2018lh/2018-03/22/c_1122575588.htm（檢索日期：2019/10/23）。

42 〈美國國會通過《臺灣旅行法》重啟美臺高層互訪〉，《BBC中文網》，2018年3月1日，https://www.bbc.com/zhongwen/trad/chinese-news-43246361（檢索日期：2019/10/23）。

43 "U.S. approval of $330 million military sale to Taiwan draws China's ire," *REUTERS*, September 25, 2018, accessed at: https://www.reuters.com/article/us-usa-taiwan-military/u-s-approval-of-330-million-military-sale-to-taiwan-draws-chinas-ire-idUSKCN1M42J9 (2019/10/23).

## 第四節　因應「一中原則」與對臺政策的策略與作為

中國對統一臺灣的意志是不惜一切代價，堅決維護祖國統一。這是大部分西方學者無法理解的問題，主要原因在於以美國爲主的西方學者在看待利益時，仍以國際關係現實主義理論的觀點爲主。也就是國家會透過權力平衡的手段，在避免戰爭的前提下獲得「相對利益」。但是兩岸關係不是純粹的國家與國家的關係，其中有內戰的因素，也有身分認同的因素，更有中美兩個強權競爭的因素。因此，本節將從國際關係理論、國際法及戰略選擇的角度分析，臺灣對中國的「一中原則」與對臺政策的戰略選擇與作爲。

### 一、「一中原則」的國際關係理論探討

基本上，中國的「一中原則」是建構在國際的「一中政策」下，臺灣是中國的一部分。假設以國際關係現實主義理論的觀點分析，臺灣於1949年10月27日在金門古寧頭戰役獲得勝利，成功阻礙中國解放軍占領金門的企圖，讓退守臺灣的中華民國政府在人心飄搖、戰力重整的艱苦時期，獲得一個振奮人心、提振軍隊士氣的機會。1953年韓戰的結束，確保了美國對臺灣的支持。就當時兩岸的現況，分別各自獲得其他國家的承認，尤其是蘇聯與美國的各自支持。然而兩岸政府對於中國的統一始終都沒有放棄，即使中國在與蘇聯交惡，以及國內發生文化大革命的政治動亂期間，臺灣曾積極的準備反攻大陸。但在美國表達不同意的政策下，臺灣從此失去反攻大陸、統一中國的機會。

1971年在臺灣的中華民國無法獲得美國的支持下，由中華人民共和國取代中華民國成爲聯合國代表中國的唯一合法政府。1979年美國與中國建交，並認知「臺灣是中國的一部分」，從此「一中政策」的一個中國，所表達的就是中華人民共和國。至此臺灣能夠選擇「獨立」的機會，與採取「反攻大陸」的機會一樣渺茫。這是美國與中國權力平衡的結果，中國與美國各自獲得其相對的利益。中國獲得國際法上的代表

權，美國獲得聯合中國抗衡蘇聯的政治利益與經濟利益，而臺灣則是在美國權力平衡政策中交換利益的籌碼。美國對中國所提出以和平方式處理兩岸統一問題，其戰略目的在維持兩岸的分治狀態。

若以新自由主義的觀點分析，兩岸關係隨著中國實力的增加，使得臺灣在經濟上必須依賴中國，但政治上始終仍處於彼此隔閡、不信任的狀況，而軍事則維持敵對的狀態。臺灣對中國與美國的經貿往來是臺灣無法拋棄的市場，其結果是中國對臺灣具有較多的籌碼，可迫使臺灣選擇統一。同樣的，美國也可運用對臺灣經濟與政治的影響力，迫使臺灣與中國的關係保持一定的距離。這可說是新自由主義「相互依賴」理論中，臺灣在兩岸關係上所面臨的「敏感性」與「脆弱性」。另在「國際制度」理論部分，中國對於所謂「臺灣問題」，始終強調是中國的「內政問題」。其所表達的是兩岸統一問題不是國際問題，國際制度不得干涉中國主權國家的內政。國際的「一中政策」已框架了臺灣的國際身分，且臺灣對中國的經濟依賴，使得臺灣對中國的抗衡能力受到限制。因此，除非中國對臺灣採取不人道的統一行動，否則世界各國沒有可以干涉中國內政的理由。

而從建構主義的觀點，張亞中從規範性研究探討兩岸定位與走向，認爲在兩岸的定位上，對於「誰是中國」由於涉及「正統」之爭，需要從國際法的觀點探討兩岸「誰是完整的國際法人，誰不是完整的國際法人」。這個問題有三種可能的答案：一是兩岸只有一個完整的國際法人，即只有一個是中國；二是兩岸均爲完整的國際法人，彼此是外國；三是兩岸都不等於中國，而是中國的一部分。基本上中國在立場上只認同與接受第一種答案，而臺灣則選擇在第一與第二種答案之間遊走。在兩岸的走向部分，認爲若以「部分秩序理論」（屋頂理論）定位兩岸關係作爲規範性的研究，如果兩岸基於法理與現實，若願意接受第三種答案，則兩岸必須共同確認是中國的一部分，並保證永久不從中國分裂出去；在一個「完整的中國」的前提約束下，兩岸在法律上應爲平等的關係，並在平等的基礎上透過共同體機制的統合過程，建構緊密的合作與發展，使得這個第三主體的「完整的中國」越來越鞏固。但不可否認，兩岸協定在名稱問題上是一大挑戰。因此，對中國而言，統一臺灣在短時間內不可能。促使中國在政策上以防獨爲目標，在國際空間上阻礙臺灣以國家名義（包含中華民國）參與國際活動空間，但經濟上對臺灣人民則持續採取優惠措施。[44]

另袁易從規範建構主義對兩岸關係的研究，認爲在國際安全議題範疇下，國際規範承擔了第三方角色。臺灣在不具備正常國家的身分狀況下，個別國際組織都能援引國際條約規範來做出權威性的公認決策，充分體現臺灣是國際的規範實體。不過，國際建制以規範處理臺灣的訴求，並未轉化臺灣作爲一個獨立主權國家的事實。同樣的，國際社會亦理解中國對臺灣的主權宣示和立場。[45]因此，中國強調兩岸都是中國人，兩岸同胞血脈相連一家親，鼓勵臺灣同胞分享中國發展的機遇。對中國來說，其目的在於建構兩岸共同的「身分」，將臺灣納入亞太國家「人類命運共同體」的「集體身分」，以確立臺灣朝向兩岸統一的方向發展所獲得的「利益」。但從臺灣傾向獨派的政府來說，採取歷史論述已達到去「中國化」的目的，主要在建構臺灣人與中國人的身分差異。並在對抗中國的過程中，期望西方民主、自由體制的國家建構具有相同價值觀的「集體身分」，作爲臺灣對抗中國統一的籌碼。兩岸關係未來的發展，從社會建構主義的觀點，「身分」決定臺灣人民選擇「獨立」或「統一」的核心價值，也決定臺灣未來發展的「利益」。這也是中國

---

44 張亞中，〈兩岸關係的規範性研究——定位與走向〉，包宗和、吳玉山主編，《重新檢視爭辯中的兩岸關係理論》，臺北：五南圖書，2012年，頁87-111。

45 袁易，〈規範建構主義與兩岸關係：理論與實踐〉，包宗和、吳玉山主編，《重新檢視爭辯中的兩岸關係理論》，頁357。

之所以對於「臺獨」的主張，採取絕不妥協態度的核心因素。

綜合上述分析，中國對兩岸關係的立場始終沒有改變，即使2015年11月7日在新加坡舉行的「馬習會」，中國的基本立場與對臺政策也並未改變。[46]而立場改變的是民主制度下政黨輪替的臺灣，因此，是否需要妥協與合作的主要因素基本上在臺灣。有關袁易以規範建構主義的角度分析兩岸關係的結論，可以發現到在國際政治現實的因素下，無法完全運用規範建構主義解釋兩岸關係中，有關主權國家的爭議問題。國際社會現今在中國的壓力下，臺灣參與國際組織受到嚴重限制。尤其前總統李登輝在1999年7月9日接受《德國之聲》訪問時，對於中國對外表達臺灣爲中國叛離的一個省的意見後，提出兩岸是「特殊國與國」關係的論述作爲回應[47]，進而衍生出所謂的「兩國論」的說法，引發中國對臺灣企圖脫離中國的強烈批評。[48]因此，此一例證可以說明隨著中國對國際社會影響力的增加，臺灣是否能以國家身分參與國際組織的前提是中國的態度，而不是國際制度的規範。

因此，從國際關係理論對中國「一中原則」的分析，可在國際與國家兩個層次獲得結論。在國際層次部分，對於吳玉山從權力不對稱理論探討兩岸關係，認爲在一個分裂的國家中，小的一方對脫離大的框架具有自然的傾向，而大的一方則採取相反的作爲。主要是因爲大的一方在雙方角逐國際或國內的代表權時，具有先天的優勢地位。當小的一方瞭

---

46 〈「馬習會」網路直播全記錄！見證世紀會談〉，《TVBS網路直播》，2015年11月7日，https://www.youtube.com/watch?v=8pWnihKw_y4（檢索日期：2019/10/28）。

47 geist RSKzeit，〈1999李登輝德國之聲專訪　兩國論內容原音重現〉，2014年10月25日，https://www.youtube.com/watch?v=k7NHHnpXy6w（檢索日期：2019/10/28）。

48 李楚倫，〈中國臺灣兩國論　誰怕誰〉，2017年4月21日，https://www.youtube.com/watch?v=67ENImoKXVo（檢索日期：2019/10/28）。

解這是無法改變的事實時，就容易試圖脫離舊有的賽局，以建立新國家的方式，擺脫大的一方的糾纏。所以，可說中國的「一中原則」是國際之間各國權力平衡的結果，臺灣問題定位爲中國的內政問題，主權不容干涉。[49]在國家層次部分，臺灣人就是中國人，如上海人、北京人也是中國人一樣，臺灣人不是日本殖民統治下的日本人。臺灣未來發展的利益在「中國」，即使中美在貿易與經濟上的對抗，臺灣的經濟仍無法脫離中國市場，尤其臺灣始終無法加入區域貿易組織，將使臺灣未來的經濟發展受到更嚴峻的挑戰。

## 二、臺灣的因應策略與作為

吳秀光及石冀忻從兩岸談判的雙層賽局分析的研究中，認爲當兩岸由不接觸到開始談判之後，在一開始雖可以朝向較爲相互妥協的方向發展，但雙方民眾的多數傾向與政治領袖面對內部政治競爭的考量時，會有可能促使雙方因出現較激進的領袖而形成鐘擺效應，進而在下一期的轉變中成爲相互衝突的關係。不過，當臺灣內部於下一階段有出現較激進領導人的可能時，會使中國在現階段對臺灣溫和的領導人做出較大的讓步。兩岸鐘擺效應的存在，使得兩岸關係不但有走回頭路的可能，甚至更壞。因此，只有雙方必須在長期互動，又無法消滅對方的情況下，才會在多次的鐘擺擺盪中，學習逐漸走向合作之路。[50]

然而從權力不對稱的角度觀察兩岸關係，印證出當中國積極的在國際間，強調中華人民共和國是代表中國唯一的主體性時，臺灣人民想要脫離中國的意念就越明顯。另從兩德與兩韓分裂國家的模式探討兩岸關係，其困難點在於兩德與兩韓雙方除領土、人口與實力相差不是非常巨

---

49 吳玉山，〈權力不對稱與兩岸關係研究〉，包宗和、吳玉山主編，《重新檢視爭辯中的兩岸關係理論》，頁50。

50 吳秀光、石冀忻，〈兩岸談判的雙層賽局分析〉，包宗和、吳玉山主編，《重新檢視爭辯中的兩岸關係理論》，頁263-264。

大外，更重要的一點是雙方均有大國支持，且國際大國均相互承認雙方的國家主權實體。而兩岸除有巨大實力落差外，最重要的是臺灣沒有足以抗衡中國的大國實質支持。美國雖然對臺灣的安全保障提供部分承諾（提供適當的防衛性武器裝備），但在「一中政策」的承諾上，讓臺灣在國際社會上無法獲得實質主權國家的地位。而張亞中從規範性研究探討兩岸定位與走向的研究中，提出兩岸都不等於中國，而是中國的一部分，以解決兩岸關係的難題。但核心問題在於中國在國際社會中，已成爲具有影響國際社會意志的大國，中國願意拋開1971年聯合國大會第26屆會議中的2758號決議文，對於「中華人民共和國政府的代表是中國在聯合國組織的唯一合法代表的權力」[51]做出讓步，原則上機率非常小，原因在於如何整合內部意見是相當大的挑戰。而臺灣的民進黨政府在兩岸關係的選項上，「統一」的選項基本上是被排除在外的。

面對中國「一中原則」的對臺政策，臺灣的因應對策只有兩種：「獨立」或「統一」，雖然「維持現狀」是最佳的選項，但隨著中國實力不斷的提升，臺灣最終還是必須在統與獨之間做選擇。如果選擇「獨立」，將會面對中國不惜一切代價統一臺灣的決心，臺灣則必須做好戰爭的準備，以及戰爭後重建的困境。

如果選擇以談判方式完成的兩岸統一，鄭海霖在2000年提出兩岸以「聯邦制」來完成一個中國的和平統一，可參考美國的垂直式聯邦，允許臺灣制憲自治，有治權而無主權，有外事權而無外交權，亦不能成爲國際法主體，但又帶有邦聯性質，允許臺灣行使其主權權力（包括擁有軍隊和對外交往權），可以「中華臺北」的名義參加國際社會組織。

---

51 〈大會決議二七五八（二十六）・恢復中華人民共和國在聯合國的合法權利〉，《聯合國大會第二十六屆會議》，第1976次全體會議，1971年10月25日，http://www.un.org/chinese/ga/ares2758.html（檢索日期：2019/10/28）。

唯須制定統一的中國聯邦憲法，規定中國聯邦政府與各成員邦之間的權限，[52]但這樣的主張在當時的兩岸均未當作議題討論。

2002年魏鏞在思考未來兩岸關係架構時，經統整臺灣學者專家對兩岸未來整合架構之研究，如明居正對兩岸關係的「國際體系理論」分析、包宗和的美中臺三角關係的「博弈理論」模式、吳玉山的「大小政治實體模式」、石之瑜的「兩岸關係的心理文化分析」、翁松燃的「國家主權與統合模式比較分析」、高朗的「整合論」與「現象分析」、張亞中的「第三主體」模式、張五岳的「分裂國家比較分析」、邵宗海的「階段性統一過程」、鄭竹園的「大中華共同市場」模式、朱景鵬的「區域整合論」、周陽山的「四重聯盟論」、吳瑞國的「一邦多制」模式、江炳倫的「協和式民主」整合論、林洋港的「自治邦」模式、余紀忠的「中華邦聯」模式及沈富雄與賴祐民的「兩岸共組國協，臺灣同時廢武」構想等，其從建構主義與中國歷史、地理、文化、傳統創建臺海兩岸互動及融合過渡性模式的嘗試，提出兩岸「民族內共同體」的「民族內國協」整合的觀點。認爲我們應跳脫西方的主權觀念，而應從中國歷史的角度看兩岸關係。主權屬於地理、歷史、文化的中國，臺海兩岸雙方在共享一個主權下，各自享有對其控制地區事實上的治權。中國加臺灣才是中國，兩岸各政治體對其他國家關係適用國際法。[53]

2014年8月13日呂秀蓮爲緩和兩岸緊張關係，提出臺灣和平中立的構想。[54]希望借鏡瑞士、奧地利的中立國國家型態，以及瑞典、芬蘭、

---

52 鄭海麟，《臺灣：主權的重新解釋》，臺北：海峽學術出版社，2000年，頁168。

53 魏鏞，〈邁向民族內共同體：台海兩岸互動模式之建構、發展與檢驗〉，《中國大陸研究》，第45卷第5期，2002年10月，頁6-12。

54 鄭裕文，〈呂秀蓮：和平中立，臺灣要做亞洲的瑞士〉，《美國之音》，2014年8月13日，https://www.voacantonese.com/a/taiwan-lu-annette-20140812/2411745.html（檢索日期：2017/12/07）。

比利時、蒙古、土庫曼、哥斯大黎加等國的中立政策，表達臺灣可以透過中立的方式，排除中美兩大國的影響，以達到永久和平的最終目標，提供臺灣走向國家正常化的道路。[55]然從中立國的形成歷史與採取中立政策的國家目的來看，臺灣要走向中立國或執行對外的中立政策，還是要回到一個老問題，就是臺灣的主權問題，而這個問題基本上也是兩岸在意識形態上無法解決的主要核心。

從文獻探討中基本上可以瞭解到，臺灣學者、專家大部分是以西方國際法、國際關係、政治學等理論及中國歷史角度思考，解析兩岸關係有關「主權」的問題核心。但當前國際環境對兩岸的影響與兩岸相對能力的比較分析，假設兩岸雙方最終都不希望透過戰爭方式解決統獨爭端，而採取和平談判的手段處理兩岸問題。提出在統一與獨立的軸線兩端，從獨立向統一方向的位移提出五種選項（如下頁圖一）：一是兩岸採取邦聯制，名為「中華邦聯」；二是主屬國關係，中華人民共和國代表國際上的中國，中華民國是中華人民共和國的附屬國；三是兩岸採取聯邦制，名為「中華（國）聯邦」；四是高度獨立自治區，臺灣放棄中華民國國號，成為中華人民共和國的一個獨立自治區，擁有自己的政府制度、法律、財稅與軍隊；五是低度獨立自治區，臺灣放棄中華民國國號，成為中華人民共和國的一個獨立自治區，擁有自己的政府制度、法律、財稅，但放棄軍隊擁有權。

55 施正鋒，《認識中立國》，臺北：國家展望文教基金會，2015年，頁I。

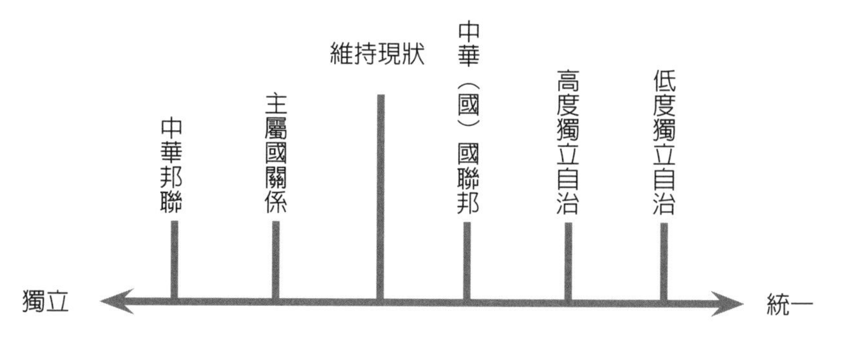


圖一 兩岸關係的選項圖

資料來源：作者自行繪製

上述五種兩岸關係選項的定義與分析如下：

### （一）中華邦聯

從理論的角度，邦聯是一個鬆散的國家與國家之間爲共同目的，以協約的方式規範各成員國的國防與對外政策。但對兩岸關係來說，中國必須承認臺灣的中華民國政府在國際社會上是一個主權獨立的國家，而這卻是兩岸關係上爭論的核心。

### （二）主屬國關係

中華人民共和國承認中華民國國家屬性的存在，中華人民共和國仍然代表中國。而中華民國則是附屬在中華人民共和國下的國中國，具有自己的憲法、政府、財稅及對轄區內的人民具有獨立的統治權與軍隊。惟在外交與國防的政策上，必須透過協約制定的方式，律定中華民國具有參與中華人民共和國外交與國防的權力與地位，以及遵守政策的義務。

### （三）中華（國）聯邦

1991年4月30日臺灣宣告動員戡亂時期終止。[56]從國內法的層面來看，對臺灣來說兩岸敵對狀態的內戰結束，相對的，承認中華人民共和國是一個政治實體。但對中國來說，兩岸的內戰狀態並未結束，臺灣的中華民國政府是一個分裂國家的叛亂團體。聯合國2758號決議文明確指出，中華人民共和國取代中華民國成爲世界上唯一的中國代表。因此，如果兩岸要協議成爲統一的聯邦，中華人民共和國（People's Republic of China）與中華民國（Republic of China）的國號，均須考量放棄共和（Republic）的論述，共同制定一個新的「中華（國）聯邦」憲法，例如烏克蘭的國號爲「Ukraine」，對於政府體制則在其憲法第5條中律定爲共和國體制。[57]然以目前中國在國際上已是一個具備重大影響力的大國而言，中國願意爲其未來和平統一大業的政策上，屈就臺灣可能提出的和平統一要求時，中國相對的要比臺灣在其內部共識上，有更多、更大的困難需要克服。

### （四）高度獨立自治區

即臺灣放棄中華民國國號的國家屬性，中華人民共和國爲中央政府，臺灣爲等同於中華人民共和國管轄的一個省行政區的地方政府，惟臺灣具有獨立於中國的政治制度、法律、財稅，並擁有自己的軍隊，但軍隊須接受中央政府的指揮。

### （五）低度獨立自治區

如同高度獨立自治區，惟不具備擁有自己軍隊的權力。臺灣地區的

56 法務部，《宣告動員戡亂時期終止》，《全國法規資料庫》，http://law.moj.gov.tw/LawClass/LawAll.aspx?PCode=A0000017（檢索日期：2017/12/07）。

57 新加坡商務部，《烏克蘭憲法》，《全球法規網》（Global Law），http://policy.mofcom.gov.cn/PDFView?id=d6072ec9-3ce1-452e-8871-d30ef30d646f&libcode=flaw（檢索日期：2017/12/07）。

國防由中央政府派遣軍隊負責，類似港、澳駐軍。

從上述文獻探討與可能的兩岸關係選項的分析中，嘗試著跳脫意識形態與情感認知的影響，以務實的戰略邏輯思考的方式，推論兩岸和平統一談判的可能選項。首先是對臺灣可能的因應戰略選項推論，從臺灣對國家認同與中華民國地位的角度分析，臺灣朝向兩岸統一的選項底線應爲「主屬國關係」。畢竟中華民國的存在除了有割捨不斷的歷史因素，以及獨派團體不得不接受兩岸統一的必然事實外，對臺灣年輕的一代來說，這是自然的認知。而「中華邦聯」由於具有明確的國家屬性與實質的國際法人地位，這應該是臺灣脫離中國成爲新興國家以外的最佳選項。其次對中國而言，「一個中國」等同於「中華人民共和國」。除了這是聯合國2758號決議案以來的國際認知外，自鄧小平所提「一國兩制」方針以來，到習近平的十九大工作報告中對臺灣問題的闡述，尊重臺灣現有的社會制度和臺灣同胞生活方式，所表現的是和平統一的精神概念，當然這並不等同於既定的政策。所以，中國的選項底線應爲「高度獨立自治區」，而最佳選項則是「低度獨立自治區」，這對中國來說，可以保證兩岸「和平統一」的協定未來不會變質，因爲臺灣沒有軍隊。

由此，臺灣可能的選項底線是「主屬國關係」，期望的可能選項是「中華邦聯」。而中國的可能底線選項是「高度獨立自治區」，可能期望的選項是「低度獨立自治區」。然介於臺灣與中國可能的底線選項之間的選項則是「中華（國）聯邦」。在可能的期望選項部分，臺灣的「中華邦聯」與中國的「低度獨立自治區」，則是牽動雙方分別朝向獨立或統一的引力。但「中華（國）聯邦」所要克服的難題，除了要制定高於兩岸憲法的共同憲法外，雙方亦須放棄自己的憲法，這是必要的手段。就國際實力與雙方相對實力來說，國內要達成共識，對臺灣要比對中國相對來得容易。因爲不管統派或獨派團體對中華民國的憲法都有意見，只要這兩個團體不採取強烈的政治炒作，臺灣大部分的人民接受程度較高。相對的，在中國共產黨專政下，很難放棄其所謂經過血淚打倒國民黨，才取得政權的中華人民共和國。所以，對共產黨來說，中華人民共和國是一個具有光榮與尊嚴的表現與合法性的認知。

經過上述臺灣的國家認同、中華民國的地位與兩岸關係選項的議題分析後，臺灣因應的戰略與作爲如下：

1. 以策略目標來說，「中華（國）聯邦」應該是當前兩岸較合適的選項。然此選項考量未來兩岸實力的消長與國際環境因素的影響，尤其是美國對臺灣支持的態度，都會對期望選項產生牽引的拉力，將當前較合適的「中華（國）聯邦」選項，向更緊密統一的「高度獨立自治」選項方向位移，或向更獨立的「主屬國關係」選項方向位移。

2. 不管兩岸是選擇何種兩岸關係選項，都必須透過雙方談判的方式解決。而談判是一個從互動到溝通、認知、信任再到建立共識與實施的過程。以目前兩岸在「九二共識」認知議題上的差異，所造成兩岸關係互動的停滯。不可否認「九二共識」的核心問題在於確認兩岸是以朝向「統一」的方向爲前提，臺灣對這個問題的模糊態度，讓中國抱持懷疑、不信任的態度是可以理解的，但這樣的情況無助於兩岸朝向和平整合的推展。就當前兩岸情況來看，可預見未來中國的發展是具有前景的，對兩岸和平統一政策的推展也更具信心。相對臺灣而言，「時間」並不站在臺灣這一邊，未來兩岸的和平談判，與其在壓力下貿然實施，不如現在採取有計畫的方式，循序漸進的進入政治議題的實質談判。從歷史的經驗得知，「互信」不必然是談判的「先決條件」，有時迫於情勢，雙方在沒有互信的狀況下，也得進行談判。不可否認在談判的過程中，單靠互信並不一定保證能達成協議，但最重要的還是言行相符。[58]

3. 對於臺灣以公投方式決定兩岸走向「統一」或選擇「獨立」的主張，已入新加坡籍的聯華電子名譽董事長曹興誠於2008年3月7日，在

58 劉必榮，《談判》，臺北：時報文化，1991年，頁67。

《聯合報》刊登推動制定「兩岸和平共處法」，期望澈底解決兩岸問題。主張臺灣宣布中華民國不排斥與中國統一，惟統一必須順應臺灣民意，即必須通過「統一公投」。並於「統一公投」前，中國應公布「高度自治」的具體實施內容，交由臺灣人民選擇與決定。[59]前總統馬英九認爲臺灣應推動兩岸「和平協定」，透過軍事互信機制，建構兩岸和平發展框架，爲兩岸奠定永久和平基礎，[60]但這個構想即使在認同「統一」的馬英九政府任內也未展開實質行動。因此，兩岸在政治議題上，應先從「沒有共識的共識」的互動開始，經由溝通、認知、信任再進入談判階段。在「和平談判」的政治議題上，可以從兩岸先簽訂「停戰協定」，於協定中明確表明雙方在沒有對以和平談判方式解決「一個中國」爭議絕望前，承諾不使用武力解決爭端。此協定既不牴觸中國的《反分裂國家法》，也滿足臺灣要求和平協議的需求。臺北市長柯文哲2017年7月3日於臺北與上海的雙城論壇中，提出「兩岸一家親」的概念，上海市長應勇則提出兩岸「命運共同體」的觀點。[61]習近平在十九大工作報告中，對兩岸的「命運共同體」的論述，基本上可說明這已成爲中國對臺灣的政策方向。

4. 對於兩岸「中華（國）聯邦」選項，僅是作爲兩岸協商整合的一個基礎概念，實施內容是需要透過談判的方式協議。例如：雙方對於中華民國與中華人民共和國的國號與憲法都有所堅持時，亦可在「中華

---

59 曹興誠，〈兩岸和平共處法〉，《網路城邦》，2008年3月7日，http://city.udn.com/50415/2755965（檢索日期：2017/12/08）。

60 解文娟，〈江丙坤：機不可失　兩岸可考慮簽和平協定〉，《鳳凰資訊》，2008年7月22日，http://news.ifeng.com/taiwan/special/jiangbingkun/jiangbingkun/200807/0722_4786_666858.shtml（檢索日期：2017/12/06）。

61 〈雙城論壇簽備忘錄　柯文哲提兩岸一家親〉，《亞洲衛星電視寰宇新聞》，2017年7月2日，https://www.youtube.com/watch?v=OCFP3EWzXhY（檢索日期：2017/12/07）。

（國）聯邦」的憲法內明確定義其屬性與內涵，不一定要遵循西方對「聯邦」理論上的定義。

## 第五節　小結

本章從事實面、影響面、發展面、戰略面及執行面五個面向，透過研究方法、國際關係與戰略研究理論，分析中國的「一中原則」與對臺統一政策的內涵與目標，並尋求建構有利於臺灣的因應策略與作爲。藉由臺灣在美中競合的國際環境影響，以及臺灣內部困境的因素分析，可以瞭解到不管是美國、中國或臺灣，在其主觀或客觀利益的選擇下，「統一」是臺灣未來無法排除的選項。因此，臺灣國家安全戰略指導應從與中美建構等距外交關係、創造自主攻勢防禦能力、深化兩岸經濟互補與依賴、妥善規劃兩岸談判準備四個方向著手，以利臺灣在與中國的談判過程中，爲人民獲取最大利益。茲說明如下。

### 一、建構中美等距外交關係

臺灣的地理位置是美國遏制中共進入第二島鏈的戰略要地，也是中國防禦美國來自海上攻擊的前進位置。從地緣戰略的觀點，如果臺灣採取「親美抗中」政策，臺灣有可能在中美權力平衡的競爭中，成爲美國利益交換的籌碼而失去其自主性。所以，臺灣唯有運用實力建構與中美的等距關係，成爲中美兩國權力平衡的戰略必爭之地，方能獲取主動權成爲中美抗衡的關鍵砝碼。

### 二、創造自主「攻勢防禦」能力

臺灣的國防武器裝備的獲得，除受制於中國在國際上的打壓外，亦受到美國對臺灣國防武力發展的限制，成爲必須仰賴美國保護的國家。若從戰略研究的觀點分析，小國對抗大國，其軍事戰略基本上應該朝向「攻勢防禦」的建軍方向發展。然而「攻勢武器」又是美國管制出售給臺灣的武器，如中、短程彈道飛彈、巡弋飛彈、電子攻擊系統、裝備及載臺等。因此，唯有從關鍵零組件的發展，走向裝備全系統發展的國防自主政策，方能擺脫美國對臺灣軍售的武器限制。從而建構一個以攻勢防禦爲導向的國防戰略需求的武力，以作爲後續兩岸和平談判、建構與中美等距外交關係之後盾。

## 三、深化兩岸經濟互補與依賴

若兩岸的經濟能夠深化、互補與相互依賴，尤其是臺灣的資訊產業技術及產業鏈與中國的密切合作。從新自由主義對於相互依賴的「敏感性」與「脆弱性」理論觀點分析，兩岸在其互動的過程中，由於相互依賴的關係，相對的也制約了中國權力行使的行爲。使得中國在選擇採取武力統一的決策思考時，會謹愼評估將造成的雙方損失是否値得。但不可否認戰爭所帶來的損失，中國承擔的能力遠大於臺灣，中國對於統一臺灣的決心，不會因爲相互依賴與否而有所變化。因此，臺灣在兩岸的談判中若經貿能再與中國更深化發展，不僅對降低兩岸戰爭的風險有所助益，臺灣於平時亦可從中國獲得經濟的紅利，以作爲強化臺灣國防實力的基礎。

## 四、妥善規劃兩岸談判準備

臺灣不管是選擇「統一」（以和平談判的方式定位兩岸關係），抑或是選擇「獨立」（經過戰爭勝敗的洗禮），最終都必須透過談判來定位兩岸關係。所以兩岸必然需要在談判桌上定位兩岸的關係，至於是以何種方式完成，取決於雙方實力與和平或戰爭的手段。因此，我們唯有確立談判不代表「投降」的認知，明確定義臺灣的核心利益，以及最大可能獲得的利益，方能建構與預擬妥善的談判策略準備工作，以期望在兩岸的談判過程中，爲臺灣人民爭取最大利益。

# 第十一章

# 美國臺海政策與兩岸關係影響

第一節　美國臺海政策的歷史脈絡
第二節　川普主政時期的美國臺海政策
第三節　美國臺海政策的考量因素
第四節　美國臺海政策對兩岸關係的影響與評估
第五節　結語

1945年8月14日，在第二次世界大戰中日本宣布願意接受無條件投降，亞洲戰事也跟著停息，戰爭正式宣告結束，嗣後「聯合國」（United Nations）於當年的10月24日成立，中華民國、美國、英國、蘇聯、法國等，同爲聯合國的創始會員國。然而，意識形態的對抗並未因聯合國的成立而隨之終結，二次世界大戰結束後的冷戰時期，也是呈現劍拔弩張的態勢。

## 第一節　美國臺海政策的歷史脈絡

1950年6月25日，韓戰爆發；6月27日，美國杜魯門（Harry S. Truman）政府改變對中國的政策，宣布臺灣海峽中立化，派遣第七艦隊巡防臺灣海峽，並且開始對臺灣提供軍事及經濟援助。在冷戰時期東西共產與自由民主兩大陣營相互對峙的情況下，加上美國圍堵共產黨陣營的政策，中華民國因而成爲美國在太平洋第一島鏈圍堵中國最堅強的反共盟友，相對地也使臺灣的情勢得以穩定，因此，這可說是美國臺海政策的開端。爲達成美國的戰略目標與全球布局，美國開始對臺海兩岸採取一系列的政策作爲。

1954年9月3日，中國發動「九三砲戰」，對金門展開猛烈轟擊，此次攻擊事件讓美國認知到，毛澤東有可能從東亞展開向外擴張的政策，因此，爲圍堵共產勢力再對外擴張，美國旋於當年12月2日指派杜勒斯（John Foster Dulles）爲美方代表，與中華民國代表葉公超在華盛頓簽訂《中美共同防禦條約》（Mutual Defense Treaty Between the United States of America and the Republic of China），1955年3月3日雙方互換批准書，條約於當日正式生效。條約中陳述：[1]

---

1　“China Mutual Defense (1954),” American Institute in Taiwan. accessed at: https://web-archive-2017.ait.org.tw/en/sino-us-mutual-defense-treaty-1954.html.

……兩國人民為對抗帝國主義侵略，而在相互同情與共同理想之結合下，團結一致並肩作戰之關係；願公開正式宣告其團結之精誠，及為其自衛而抵禦外來武裝攻擊之共同決心，俾使任何潛在之侵略者不存有任一締約國在西太平洋區域立於孤立地位之妄想；並願加強兩國為維護和平與安全而建立集體防禦之現有努力，以待西太平洋區域更廣泛之區域安全制度之發展。

條約第2條也說明：「締約國將個別並聯合以自助及互助之方式，維持並發展其個別及集體之能力，以抵抗武裝攻擊，及由國外指揮之危害其領土完整與政治安定之共產顛覆活動。」基此，在反共的前提下，美國會提供臺灣必要的軍事援助。不過，條約第5條也載明所謂的「領土」一詞，就中華民國而言，應指臺灣與澎湖兩島，並未包括金門、馬祖及其他島嶼；明確地限縮《中美共同防禦條約》的適用範圍。[2]雖說如此，這個條約也是中華民國與美國之間的雙邊軍事同盟協定，其簽訂可謂牽動著臺海兩岸政治、軍事與經濟情勢的發展，影響甚為深遠。

在中華民國與美國簽訂《中美共同防禦條約》後，當時的中國總理周恩來即發聲表達不滿，認為美國政府企圖利用此一條約來使其武裝侵占臺灣的行為合法化，並以臺灣為基地，擴大對中國的侵略和準備新的戰爭。隨後在1955年1月，中國軍隊就開始砲擊和轟炸一江山、大陳島等島嶼，同年1月18日共軍攻占一江山，周恩來旋即在1月24日表示：「美國必須停止對中國內政的干涉，美國的一切武裝力量必須從臺灣海峽撤走。」[3]

到了1960年代，美國因參與越戰，深陷泥淖，開始圖謀拉攏中國對

---

2 *Ibid.*

3 《中美共同防禦條約》，文化部，https://cna.moc.gov.tw/home/zh-tw/history/36153。

付蘇聯。1968年，尼克森（Richard M. Nixon）當選美國總統，其政府團隊認為，也許中國能幫助美國結束越戰並抗衡日益增長的蘇聯勢力，故而開始緩慢且謹慎地、以不給美國安全帶來任何威脅的方式，發出願意與中國改善關係的信號。1971年，美國與中國的關係有了突破性的進展。同年2月，在尼克森向國會發表的國情咨文演說中，他談到有必要與中共展開對話，並且提出以不犧牲在臺灣的中華民國的席位為前提，讓中國政府在聯合國取得席位。[4]亦即，美國試圖改變圍堵政策，轉以「談判代替對抗」方式來面對中國。1971年4月10日，9名美國乒乓球運動員、4名官員及其中2人的配偶，在10名新聞記者的隨同下，從香港跨越一座橋梁進入中國，從而開啟「乒乓外交」的時代，這也表明美國與北京當局希望緩和兩國緊張關係的共同願望。7月9日，當時美國的國家安全顧問季辛吉（Henry A. Kissinger）為中國與美國兩國復交的事宜祕密前往中國。10月25日，聯合國大會通過2758號決議文，承認中國是代表中國在聯合國的唯一合法代表，與此同時，中華民國退出聯合國。

1972年2月21日，尼克森展開訪問北京的行程，成為首位以現任總統身分訪問中國的美國總統，期間還與毛澤東舉行私人會晤。2月28日，尼克森與當時的中國國務院總理周恩來在上海簽署《美國與中華人民共和國聯合公報》（*U.S.-PRC Joint Communique*），也就是俗稱的《上海公報》。在內容中美國方面的政策立場為：美國認知到（acknowledge），臺灣海峽兩邊的所有中國人都認為只有一個中國，臺灣是中國的一部分；美國政府對這一立場不提出異議（not to challenge），它重申對於由中國人自己和平解決臺灣問題的關心。考慮到這一前景，它確認從臺灣撤出全部美國武裝力量和軍事設施的最終目

4 沃倫·科恩，〈尼克森在中國：世界史上的一個轉捩點〉，《美國國務院電子期刊》，2006年4月，https://www.americancorner.org.tw/zh/events-in-us-foreign-relations/cohen.htm。

標。在此期間，它將隨著這個地區緊張局勢的緩和，逐步減少它在臺灣的武裝力量和軍事設施。[5]中國方面則表達：臺灣問題是阻礙中美兩國關係正常化的關鍵問題；中華人民共和國政府是中國的唯一合法政府；臺灣是中國的一個省，早已歸還祖國；解放臺灣是中國內政，別國無權干涉；全部美國武裝力量和軍事設施必須從臺灣撤走。中國政府堅決反對任何旨在製造「一中一臺」、「一個中國、兩個政府」、「兩個中國」、「臺灣獨立」和鼓吹「臺灣地位未定」的活動。[6]《上海公報》的內容要點可歸結爲：

1. 中美關係正常化符合所有國家的利益。

2. 中方反對「一中一臺」、「一個中國、兩個政府」、「兩個中國」、「臺灣獨立」與鼓吹「臺灣地位未定論」活動。

3. 美方認知海峽兩岸的中國人都認爲只有一個中國，臺灣是中國的一部分，對這一立場不提出異議。

4. 反對任何國家在亞洲建立霸權或在世界範圍內劃分利益範圍。

前述內容同時也反映著美國的臺海政策取向。接著在1975年12月1日至4日，美國總統福特（Gerald Rudolph Ford, Jr.）應周恩來之邀前往中國進行訪問，期間福特表達要建立中美兩國正常關係的意願。1976年，在卡特（Jimmy Carter）勝選並就任美國總統後，接受其國家安全顧問布里辛斯基（Zbigniew Brzezinski）的建議，美國加速與北京協議建交事宜，以便與中國擴展關係藉此牽制蘇聯。1978年12月15日，美國與中國發表第二份《美國與中華人民共和國聯合公報》（簡稱《建交公報》），卡特正式宣布與中國建交，其後，美國在1979年1月1日與中國

---

5 "*U.S.-PRC Joint Communique* (1972)," American Institute in Taiwan. accessed at: https://www.ait.org.tw/our-relationship/policy-history/key-u-s-foreign-policy-documents-region/u-s-prc-joint-communique-1972/(2020/09/12).

6 *Ibid.*

建立正式的外交關係，中華民國則與美國斷絕外交關係；美國政府也同時通知中華民國政府，於1980年1月1日廢除《中美共同防禦條約》。

在《建交公報》的內容中陳述，美國承認中華人民共和國政府是中國的唯一合法政府。在此範圍內，美國人民將同臺灣人民保持文化、商務和其他非官方關係。[7]有關美國的臺海政策內容爲：

1. 中美相互承認並建立外交關係。

2. 美國首次承認（recognizes）「中華人民共和國政府是中國的唯一合法政府」。在此範圍內，美國人民將與臺灣人民保持文化、商務和其他非官方關係。

3. 美國認知到中國的立場，只有一個中國，臺灣是中國的一部分。

由於卡特總統在事先未與國會磋商的情況下，就逕行宣布與中國建交，因而引發國會部門的反彈，美國國會進而發動並制定《臺灣關係法》（*Taiwan Relations Act*）這項國內法，取代1980年1月1日終止的《中美共同防禦條約》。《臺灣關係法》由美國國會通過後，在1979年4月10日由卡特總統簽署並追溯其生效日期爲1979年1月1日。依《臺灣關係法》內容所述，該法「乃爲協助維持西太平洋之和平、安全與穩定，並授權繼續維持美國人民與臺灣人民間之商業、文化及其他關係，以促進美國外交政策，並爲其他目的。」此外，依據該法的規定，美國必須設置一個「美國在臺協會」（American Institute in Taiwan, AIT）來處理美國與臺灣的關係。[8]《臺灣關係法》當中所陳述的美國臺海政策

---

7 "*U.S.-PRC Joint Communique* (1979)," American Institute in Taiwan. accessed at: https://www.ait.org.tw/our-relationship/policy-history/key-u-s-foreign-policy-documents-region/u-s-prc-joint-communique-1979/(09/12/2020/).

8 趙守博，〈從美中關係遽變談美中臺三角關係〉，《兩岸U活網》，2020年9月17日，https://www.7lifetime.com/%E5%BE%9E%E7%BE%8E%E4%B8%AD%E9%97%9C%E4%BF%82%E9%81%BD%E8%AE%8A%E8%AB%87%E7

主要內容爲：[9]

1. 維持及促進美國人民與臺灣人民間廣泛、密切及友好的商務、文化及其他各種關係，並且維持及促進美國人民與中國人民及其他西太平洋地區人民間的同種關係；

2. 表明西太平洋地區的和平及安定符合美國的政治、安全及經濟利益，而且是國際關切的事務；

3. 表明美國決定和「中華人民共和國」建立外交關係之舉，是基於臺灣的前途將以和平方式決定這一期望；

4. 任何企圖以非和平方式來決定臺灣的前途之舉——包括使用經濟抵制及禁運手段在內，將被視爲對西太平洋地區和平及安定的威脅，而爲美國所嚴重關切；

5. 提供防禦性武器給臺灣人民；

6. 維持美國的能力，以抵抗任何訴諸武力、或使用其他方式高壓手段，而危及臺灣人民安全及社會經濟制度的行動。

雷根（Ronald Wilson Reagan）曾經堅決反共。臺灣在1971年退出聯合國後，當時擔任加州州長的雷根曾致電美國總統尼克森，痛批支持中國取代臺灣的非洲國家代表是「猴子」。[10] 1980年雷根在競選總統期間，曾經公開主張要跟中華民國恢復外交關係，然而在他主政白宮之後，因面對國內嚴重經濟問題及外交上的困境，轉而希望拉攏中國形成

---

%BE%8E%E4%B8%AD%E5%8F%B0%E4%B8%89%E8%A7%92%E9%97%9C%E4%BF%82/。

9 "*Taiwan Relations Act (Public Law 96-8, 22 U.S.C. 3301 et seq.)*," American Institute in Taiwan. accessed at: https://www.ait.org.tw/our-relationship/policy-history/key-u-s-foreign-policy-documents-region/taiwan-relations-act/(09/12/2020/).

10 "Ronald Reagan's Long-Hidden Racist Conversation with Richard Nixon," *The Atlantic*, July 31, 2019. accessed at: https://www.theatlantic.com/ideas/archive/2019/07/ronald-reagans-racist-conversation-richard-nixon/595102/.

所謂的「聯中抗俄」策略，以便促使蘇聯共產集團垮臺，亦即，雷根非但未履行競選時的承諾，反而加深美國與中國之間的關係。[11]在1982年8月17日的時候，雷根與中國總理趙紫陽簽署另一個《美國與中華人民共和國聯合公報》，亦即俗稱的《八一七公報》，內容中載明，「美國政府聲明，它不尋求執行一項長期向臺灣出售武器的政策，它向臺灣出售的武器在性能和數量上將不超過中美建交後近幾年供應的水平，它準備逐步減少對臺灣的武器出售，並經過一段時間導致最後的解決。在做這樣的聲明時，美國承認中國關於澈底解決這一問題的一貫立場。」[12]爲減少《八一七公報》簽署後對臺灣的衝擊，雷根委由當時的美國在臺協會理事主席丁大衛（David Dean）、臺北辦事處處長李潔明（James Roderick Lilley）向中華民國總統蔣經國先生提出六項保證，分別爲：[13]

1. 美國未同意在對臺軍售上，設定結束期限。
2. 美方對北京要求就對臺軍售事與其事先諮商事未予同意。
3. 美方無意扮演任何臺灣與中國間調解人之角色。
4. 美方將不同意修改《臺灣關係法》。
5. 美方並未改變其對臺灣主權之一貫立場。
6. 美方不會對臺灣施加壓力與北京進行談判。

依據美國的解密檔案顯示，在《八一七公報》簽署之前的當年7月10日，時任美國國務次卿的伊格爾伯格（Lawrence Sidney Eagleburger）以「白宮戰情室」（The Situation Room）的名義，發送一封電文給美

---

11 〈早期雷根立場反共與臺友好〉，《TVBS新聞網》，2004年6月11日，https://news.tvbs.com.tw/other/489607。

12 "*U.S.-PRC Joint Communique* (1982)," American Institute in Taiwan. accessed at: https://www.ait.org.tw/our-relationship/policy-history/key-u-s-foreign-policy-documents-region/u-s-prc-joint-communique-1982/(09/12/2020/).

13 〈臺灣關係法與三公報讀懂美國一中政策〉，《中央通訊社》，2017年4月5日，https://www.cna.com.tw/news/firstnews/201704050301.aspx。

國在臺協會處長李潔明，內容中闡述美國逐步減少對臺軍售的意願，取決於中國和平解決兩岸分歧的持續承諾；倘若中國採取更爲敵對的態度，則美國將增加對臺軍售。這項立場表明，美國的主要關切爲維持兩岸的和平，因此，對臺軍售的性能和數量將完全取決於中國所帶來的威脅。8月17日，當時的美國國務卿舒茲（George P. Shultz）發送電報給李潔明揭示對臺六項保證，強化美國對臺軍售的立場。而這六項保證始終是美國臺海政策的根本要素。[14]

「重北京、輕臺北」可以說是美「中」關係正常化後，歷任美國總統的行事主軸。1989年1月20日，老布希（George H.W. Bush）正式宣誓就任美國第41任總統，當年2月他隨即前往中國進行訪問，期間還與中國黨政要員趙紫陽、鄧小平、楊尚昆、李鵬等人會面。但是在6月4日的時候，中國學生因爭取民主而導致「天安門事件」的爆發，老布希迫於美國國內的政治壓力，不得不宣布以凍結世界銀行和其他國際財政機構對中國的貸款、暫停美「中」高層官員會面、暫停雙方軍事交流等活動來制裁中國，並對中國實施武器禁運政策，美「中」關係在當時似乎蒙上一層陰影。但是，美國又先後派出兩位特使訪問中國，維繫美「中」關係。1990年，美國無條件延續對中國的貿易最惠國待遇政策。[15]另一方面，老布希也在1992年批准賣給臺灣150架F-16戰機，總價高達60億美元，是有史以來美國對臺單筆軍售最高金額的紀錄。柯林頓（Bill

---

14 〈1982年解密電報：對臺軍售&對臺各項保證〉，美國在臺協會，https://www.ait.org.tw/zhtw/our-relationship-zh/policy-history-zh/key-u-s-foreign-policy-documents-region-zh/six-assurances-1982-zh/（檢索日期：2020年9月10日）；〈中美臺三角：中美三大聯合公報中有關臺灣的表述與看點〉，《BBC中文網》，2020年8月17日，https://www.bbc.com/zhongwen/trad/world-53698726。

15 〈六四30週年：美國外交官的「艱難抉擇」〉，《BBC中文網》，2019年5月22日，https://www.bbc.com/zhongwen/trad/world-48100530。

Clinton）是臺灣堅強的美國友人，在擔任阿肯色州（Arkansas）州長任內曾經四度訪問臺灣。1993年1月，柯林頓就任美國總統，宣示以經濟、安全與民主爲美國外交政策的三個支柱，而其國家安全顧問安東尼·雷克（Anthony Lake）提出以擴大戰略（Enlargement Strategy）取代冷戰的圍堵戰略，並將此概念融入《交往與擴大的國家安全戰略》（*A National Strategy of Engagement and Enlargement*）之中，在亞太方面則是要構築所謂的「新太平洋共同體」（New Pacific Community），其中攸關臺海兩岸的部分，則是美國要與中共進行全面的交往。[16]所謂的「交往」是加強美國與亞太地區盟國和友邦的友誼及合作關係，對象包括日本、南韓、東協國家、紐西蘭、澳洲等五個和美國簽有安全協防條約的國家，以及和美國簽有「自由聯盟」的馬紹爾群島、帛琉共和國與密克羅尼西亞等太平洋島國，以維持美國於亞太地區既有的利益；「擴大」則是將自由市場、民主制度、人權觀念普及於非傳統邦誼國家，包括北韓、中國、俄羅斯、越南……，逐步將這些國家納入西方政治與經濟體制中。[17]

1994年，柯林頓主導通過美國「對臺政策檢討」，正式宣布支持中華民國加入不以國家爲會員資格之國際組織；1995年，柯林頓促成前總統李登輝先生訪問母校康乃爾大學（Cornell University）。1996年3月，在中華民國舉行第一次總統全民直選投票前夕，中國於臺灣海峽舉行飛彈試射，柯林頓旋即派遣二艘航空母艦戰鬥群巡弋臺海。2000年，柯林頓卸任總統前，曾兩度公開表示：「兩岸彼此間歧見之解決方式須爲和

16 Jin Canrong, "The US Global Strategy in the Post-Cold War Era and Its Implications for China-United States Relations," *Journal of Contemporary China*, Vol. 10, No 27, May 2001, p. 313.

17 Department of Defense, *The United States Security Strategy for the East-Asia-Pacific Region* (Washington, D.C.: Department of Defense, 1995), p. 8-13.

平方式，且須獲得臺灣人民的同意。」[18]1997年10月27日，美「中」雙方建立「建設性戰略夥伴關係」。

1998年4月30日，當時的美國國務卿歐布萊特（Madeleine K. Albright）在北京召開的記者會上表示：「美國有『一個中國』政策，而非『兩個中國』、『一中一臺』政策，不支持臺灣獨立或在需以國家爲入會資格的國際組織。」隨後在柯林頓訪問中國的行程中，於1998年6月30日在上海圖書館討論「形塑二十一世紀中國」（Shaping China for the 21st Century）及答覆問題時，才首度公開說出美國不支持臺灣獨立、不支持一中一臺、不支持臺灣加入主權國家組成的國際組織的「三不政策」。[19]

小布希（George W. Bush, Jr.）在競選美國總統時曾說，當選後會加強對臺軍售。2001年1月20日小布希就任美國總統，4月1日一架美國EP-3偵察機在南中國海執行任務時，與中國的殲8型戰機發生碰撞，此一意外衝突事件也連帶影響美臺互動關係；因美國跟中國之間的緊張情勢，反而拉近美國和臺灣之間的關係。4月24日，小布希政府宣布通過有史以來的最大宗對臺軍售案，包括潛艦、反潛機、愛國者飛彈等。[20]其實，小布希對中國的政策和柯林頓時期不同，有改弦易轍的味道；柯林頓認爲中國是戰略夥伴者（strategic partner），小布希則採取國家安

18 〈美國前總統柯林頓訪臺〉，《外交部通訊》，第5期，https://multilingual.mofa.gov.tw/web/web_UTF-8/out/2505/mofa_index_2_2.htm。

19 "Remarks by the President and the First Lady in Discussion on Shaping China for the 21st Century," *Shanghai Library*, June 30, 1998.引自林正義，〈「特殊的國與國關係」之後美國對臺海兩岸的政策〉，《「展望跨世紀兩岸關係」學術研討會論文集》，頁107，http://ntupsr.s3.amazonaws.com/psr/wp-content/uploads/2011/11/%E6%9E%97%E6%AD%A3%E7%BE%A9105-126.pdf。

20 蔡榮祥，〈小布希政府時期之美中臺三角關係的持續與變遷〉，《臺灣國際研究季刊》，第3卷第1期，2007年春季，頁76。

全顧問萊斯（Condoleezza Rice）的觀點，將中國視爲戰略競爭者（strategic competitor），亦即，小布希政府的中國政策是一種混合交往和圍堵的一種有限的交往（limited engagement）。[21]

2001年9月11日，美國本土發生重大的恐怖攻擊事件，對其國家安全形成嚴重挑戰。爲得到中國對美國反恐行動的支持，美國與中國之間展開合作關係。中國因而藉此將恐怖主義與分裂勢力掛勾，視疆獨、藏獨、臺獨爲恐怖主義。2004年10月25日，當時的美國國務卿鮑威爾（Colin Luther Powell）在北京接受《有線電視新聞網》（CNN）專訪時表示：「中國只有一個，臺灣不是獨立的，臺灣不享有作爲國家的主權，這是美國堅定的政策。」、「我們不支持臺灣獨立，我們的中國政策是基於三個公報和《臺灣關係法》，這是長久以來的美國政策，我們不會支持任何會改變這樣政策的作法，我們希望兩岸都不要採取片面行動，因爲這樣的行動會扭曲一個最終的結果，那就是各方所尋求的統一。」[22]美國國務院發言人艾瑞里（Adam Ereli）立即在華府澄清表示：「美國的兩岸政策沒有改變，美國並不就兩岸最終的解決方案採取預設立場。」[23]

在兩岸政策上，小布希調整美國以往「戰略模糊」的策略，改採「戰略清晰」政策。小布希政府希冀讓中國明瞭美國的立場，表明美國有「實力」並有「決心」要捍衛亞太地區安全。2001年4月1日，小布希在美國廣播公司（ABC）播出的「早安美國」（Good Morning, America）節目中，回答美國是否有義務協防臺灣以因應中國武力侵犯的問題時，他堅定地表示：「是的，而且中國必須瞭解這一點。」且指出，美

---

21 同前註，頁74。

22 〈北京受訪　鮑爾：臺灣非主權國家〉，《TVBS新聞網》，2004年10月26日，https://news.tvbs.com.tw/other/471139。

23 〈美國學者：鮑爾兩岸和平統一說法是口誤〉，《大紀元》，2004年10月26日，https://www.epochtimes.com/b5/4/10/26/n700335.htm。

國將會「不計一切代價」協助臺灣自我防禦。此外，在接受《華盛頓郵報》（*The Washington Post*）專訪時也明示，他將遵守「三報一法」的架構，但會更強調以安全角度處理美、中、臺關係。[24]

美國2010年出版的《國家安全戰略》（*National Security Strategy*）陳述道：「美國將持續與二十一世紀的影響力中心，在相互利益與相互尊重的基礎上，深化與我們的合作，這些中心包括：中國、印度與俄羅斯。」[25]就此，歐巴馬（Barack H. Obama）政府在2011年11月正式提出「亞太再平衡戰略」（Asia Pacific Rebalance Strategy），標誌著美國爲因應中國全面崛起之戰略威脅而進行政策調整。[26]擔任歐巴馬政府國務卿的希拉蕊（Hillary Clinton）曾經使用「樞軸」（pivot）一詞，來描述美國應該如何將其重心轉向亞太地區。[27]亦即，美國會設法運用貿易、外交、軍事與安全等途徑，與東亞地區發生密切的關聯；希拉蕊提出六條行動軸線來執行美國的戰略，以便維繫美國對亞太地區的安全承諾且具一致性的戰略，這些軸線分別爲：[28]

1. 強化雙邊安全聯盟；
2. 深化美國與新興強權的合作關係，包括中國在內；

---

24 羅際芳、林文清，〈美國的中國政策（1949~2004）〉，《東海大學圖書館館訊》，第120期，2011年9月15日，頁66，http://sc.lib.thu.edu.tw/upfiles/mgz/120%E6%9C%9F/120%E6%9C%9F48-76.pdf。

25 The White House, *National Security Strategy* (Washington, D.C.: The White House, 2010), p. 11.

26 葉長城，〈美國印太戰略的形成、發展及其對臺灣經貿之意涵〉，《中華經濟研究院WTO及RTA中心》，2019年8月15日，https://web.wtocenter.org.tw/Mobile/page.aspx?pid=328192&nid=126。

27 David W. Barno, Nora Bensahel and Travis Sharp, "Pivot but Hedge: A Strategy for Pivoting to Asia While Hedging in the Middle East," *ORBIS*, Vol. 56, No. 2, Spring 2012, p. 159.

28 Phillip C. Saunders, "The Rebalance to Asia: U.S.-China Relations and Regional Security," *Strategic Forum*, No. 281, August 2013, p. 2.

3. 與區域多邊機制交往接觸；

4. 擴展貿易與投資；

5. 形成一個將傳統東北亞駐軍部署現代化，以及增加美國在東南亞存在，並深入印度洋的廣泛軍事存在架構；

6. 提升民主與人權。

前美軍太平洋司令部司令洛克禮萊（Samuel J. Locklear III）曾表示，美國是一個太平洋國家，發生在亞太地區的事情都與美國有關，因此，要實踐美國新防衛方針，太平洋司令部必須強調的基本優先選項爲：[29]

1. 強化與提升同盟及夥伴關係；

2. 與中國發展更爲成熟的軍事交往關係；

3. 發展美印戰略夥伴關係；

4. 持續準備好回應朝鮮半島的危機；

5. 對抗跨國界威脅。

與中國進行合作與交往，並促成中國的民主轉型，可說是歐巴馬政府臺海政策的軸線。2016年9月3日，歐巴馬抵達中國杭州參與G20領導人高峰會，會前他與習近平舉行兩國雙邊議程。在歐巴馬的中國行之前，國務院亞太事務的助理國務卿羅素爾（Daniel Russel）表示：「在臺灣問題上，美國對北京方面的說法傳達的立場和信息，不是隨著臺灣現在的領導人是誰而變化，而是基於我們的政策和原則，鼓勵兩岸關係以一種造福兩岸人民、尊重兩岸人民意願的方式保持穩定，仍然是美方高度優先的考量。」、「我們一直鼓勵臺灣擴展國際空間，鼓勵臺灣以建設性方式拓展能力，參與那些不需要國家身分作爲入會前提的組織，

---

29 Donna Miles, "Locklear: PACOM's Priorities Reflect New Strategic Guidance," *American Forces Press Service*, U.S. Department of Defense, May 18, 2012. accessed at: http://www.defense.gov/news/newsarticle.aspx?id=116397.

或者以其他合適形式加入國際組織，因為我們知道，臺灣人民有很多可以貢獻和給予。」[30]白宮國家安全委員會亞洲事務高級主任康達（Daniel Kritenbrink）更表示：「兩岸關係和臺灣問題將會在歐巴馬與習近平的雙邊會談中被提及。」還說：「歐巴馬總統會強調美方對美國基於三個聯合公報和《臺灣關係法》的一個中國政策的承諾，他將強調美國在確保兩岸穩定問題上的國家利益。」[31]

2016年12月，歐巴馬簽署《2017年國防授權法案》，首度納入美臺高級軍事交流計畫，法案生效後，美國國防部助理部長以上級別文職官員與現役軍官可赴臺灣交流，突破此前現役軍官與國防部副助理部長以上官員不得訪臺的限制。[32]

從美國與中國建交之後，美國的臺海兩岸政策幾乎是依循三個聯合公報與《臺灣關係法》的架構去設計，然而，到了川普（Donald J. Trump）主政美國之後，美、中、臺關係的樣貌有所改變。

## 第二節　川普主政時期的美國臺海政策

2017年1月川普就任美國總統後，在當年12月18日公布其第一份《國家安全戰略》報告，內容中指出，美國國家利益的重要面向，或稱之為「四大支柱」，分別為：保衛國土、美國人民和美國生活方式；促進美國繁榮；以實力維護和平；增進美國的影響。報告中也直指中國為美國的「戰略競爭對手」。[33]這個要美國再次偉大與繁榮的戰略構

30 〈美國鼓勵臺灣拓展國際空間〉，《美國之音》，2016年8月31日，https://www.voacantonese.com/a/us-encoourages-taiwan-to-expand-international-space-20160831/3487799.html。

31 同前註。

32 〈美國總統特朗普當選以來的美臺關係大事記〉，《BBC中文網》，2020年8月17日，https://www.bbc.com/zhongwen/trad/chinese-news-53744599。

33 The White House, *National Security Strategy of the United States of America*

想，也深深影響美臺關係的發展。在《美國2018年的國家國防戰略摘要》（*Summary of the 2018 National Defense Strategy of The United States of America*）即指出，對美國繁榮與安全的主要挑戰是修正主義強權（revisionist power）的重新出現，特別是中國與俄羅斯，越來越明朗的是，這兩個國家想要用符合其威權的形式，去形塑世界。[34]基於此，如何防範強權的興起，阻止他們威脅美國領導地位及經濟與安全利益，是美國國防戰略所關切的。在這樣的背景與思維脈絡下，川普政府對臺灣採取許多友好的措施，不僅通過許多友臺法案，更以實際行動支持臺灣，使得美臺關係得到快速的進展。相對地，川普對中國卻是不假辭色，更不惜發動美「中」貿易戰。這些可從川普的言論中，窺其端倪。2018年1月30日，在川普發表的年度《國情咨文》中，認為「美國的利益和價值觀，已受到來自中國的挑戰」。[35]而在美國國防部於2019年6月發布的《印太戰略報告》中，更將臺灣視為是值得信賴、有能力，且是美國天生夥伴的「國家」[36]（country）。[37]

---

(Washington, DC: The White House, December 2017).

34 "Summary of the 2018 National Defense Strategy of The United States of America," Department of Defense, p. 2. accessed at: https://dod.defense.gov/Portals/1/Documents/pubs/2018-National-Defense-Strategy-Summary.pdf (2018/10/25).

35 趙春山，〈中美戰略競爭下的兩岸關係〉，《歐亞研究》，2018年7月，第4期，頁4-5。

36 美國1979年的《臺灣關係法》第96-8號《公共法》第4(b)(1)條規定：「凡是美國法律提到或涉及到外國、國家、州、政府、或類似實體的時候，該等詞彙應包括臺灣，而該等法律也應該適用於臺灣。」〔《美國法典》第22篇第3303(b)(1)條。〕因此，在《移民暨國籍法》第217條、《美國法典》第8篇第1187條等免簽證計畫授權法案中提及的「國家」，均應包括臺灣。這符合美國的一個中國政策，在此政策下，美國自1979年起，即與臺灣維持非正式關係。可參見：〈申請美國簽證〉，美國國務院的領事事務局，https://www.ustraveldocs.com/tw_zh/tw-niv-visawaiverinfo.asp。

37 U.S. Department of Defense, *Indo-Pacific Strategy Report: Preparedness, Part-*

2016年9月，美國同意向臺灣出售3.3億美元的武器。2017年6月，川普宣布對臺灣軍售14.2億美元。2019年3月24日，美國海軍「威爾伯」號（USS Curtis Wilbur）導彈驅逐艦，以及海岸防衛隊巴索夫號（Bertholf）緝私艦通過臺灣海峽。在以往，美國軍艦穿過臺灣海峽的頻率，大約是一年1次，在當時前後將近一年的時間內，則多達6次。[38]在川普任內，美國對臺的軍售次數也是在美臺關係史上罕見的。

2018年3月16日，川普以總統簽署的方式，讓《臺灣旅行法》（*Taiwan Travel Act*）生效，這是一個具約束力的法案，內容規定美國在政策上：必須允許美國政府所有級別官員到臺灣訪問與他們相對應官員會面、允許臺灣高層官員在受尊重的情況下入境美國，並得與美國官員會面，包括國務院與國防部官員在內。另外，也鼓勵駐美國臺北經濟文化代表處及其他臺灣在美國設立的功能性機構，在美國從事相關業務。《臺灣旅行法》爲美臺官員全面、深入、持久的交流打開大門，是美臺政治關係升級的一個重要標誌。[39]

緊接著，在2018年5月通過《2018年臺灣國防評估委員會法案》（*Taiwan Defense Assessment Commission Act of 2018*），建議美國國防部長設立「臺灣國防評估委員會」（Taiwan Defense Assessment Commission），以全面評估臺灣的防禦能力，並針對臺灣戰略規劃、軍事準備、技術研發、國防採購等事項提出建議。[40] 5月國會還同時通過

---

*nerships, and Promoting a Networked Region* (Washington, DC: Department of Defense, June 1, 2019).

38 〈9個月來第6次！專家：美海警船首次公開路過臺海〉，《自由時報》，2019年3月25日，https://news.ltn.com.tw/news/world/breakingnews/2738141。

39 〈王友群：美國全面提升對臺關係的十個表現〉，《新唐人電視臺》，2019年4月4日，https://www.ntdtv.com/b5/2019/04/03/a102548315.html。

40 "H.R.5680 - Taiwan Defense Assessment Commission Act of 2018," U.S. Congress, May 7, 2018. accessed at: https://www.congress.gov/bill/115th-congress/house-bill/5680/text.

《2018年臺灣國際參與法案》（*Taiwan International Participation Act of 2018*），要求美國總統及其代表，就臺灣參與適當國際組織，向中國提出問題，並指示美國在國際組織利用話語權和投票權爲臺發聲。在當年底川普簽署的《2018年亞洲再保證倡議法》（Asia Reassurance Initiative Act of 2018）中，則授權以5年15億美元的資金強化美國在印太地區的部署，同時也支持對臺灣軍售常態化，以及增進華府與臺灣之間的外交及國防接觸。8月則通過《2019年國防授權法案》（*John S. McCain National Defense Authorization Act for Fiscal Year 2019*），該法案要求支持並強化臺灣的國防軍事實力，擴大對臺軍售；美國國防部長應強化與臺灣防務有關的政策交流，包括美國參加臺灣的軍事演習、臺灣參加美國的軍事演習，以及雙方高層防務官員和將領的交流。

2019年3月26日，美國民主黨與共和黨多位參議員提出《臺灣保證法草案》，內容提到要進一步深化臺美雙邊安全、經濟與文化關係，支持臺灣參與更多國際組織，同時法案也強調不容許中國在臺海的侵略行爲。4月9日，美國眾議院外交委員會表決通過，由外交委員會主席英格爾（Eliot Engel）所提出的H.Res.273號「重新確認美國對臺灣及落實《臺灣關係法》的承諾」（Reaffirming the United States commitment to Taiwan and to the implementation of the Taiwan Relations Act），此一承諾重新確認《臺灣關係法》及「六項保證」爲美臺關係重要基石，並重申《臺灣旅行法》、《亞洲再保證倡議法》等法案中各項美臺互動及軍事合作關係、軍售條文，並要求美國行政部門積極支持擴大臺灣的國際參與。

2019年5月7日，美國眾議院無異議通過由資深共和黨議員麥考爾（Mike McCaul）提出的H.R.2002號《2019年臺灣保證法》（*Taiwan Assurance Act of 2019*），內容包括：美國應常態對臺軍售，貿易代表署應於2019年重啟臺美貿易暨投資架構協定（TIFA）會談，以及美國政策支持臺灣有意義參與聯合國、世界衛生大會（WHA）、國際民航組織（ICAO）、國際刑警組織（INTERPOL）及其他國際機構，並支持臺灣以會員身分參與「聯合國糧農組織」（FAO）、「聯合國教科文組織」（UNESCO）及其他非以國家爲必要參與條件的國際組織。此一法案進一步拉高《臺灣關係法》規定美國對臺灣的安全承諾及交流層次，可以說是再體認並強化美國與臺灣的關係。在軍事方面，《臺灣關係法》僅規定將「提供防禦性武器給臺灣人民」、「維持美國的能力，以抵抗任何訴諸武力、或使用其他方式高壓手段，而危及臺灣人民安全及社會經濟制度的行動」，以及「嚴重關切」任何決定臺灣前途的非和平方式。但《2019年臺灣保證法》則明確規定美臺軍售常態化、邀請臺灣參與雙邊或多邊軍演，甚至讓美國高階軍官派駐臺灣。[41]美國眾議院議長佩洛西（Nancy Pelosi）表示，眾議院通過的《2019年臺灣保證法》，是美國對臺灣承諾的具體展現。[42]

2020年3月4日，美國聯邦眾議院院會以415票贊成、無人反對的壓倒性票數，表決通過由參議院外交委員會亞太小組主席賈德納（Cory Gardner）和參議員庫恩斯（Chris Coons）領銜提出的《2019年臺灣友邦國際保護及加強倡議法案》（2019 Taiwan Allies International Protection and Enhancement Initiative Act），簡稱《臺北法案》。該法案重要內容包含支持臺美進一步強化雙邊貿易及經濟關係；支持臺灣參與國際組織；美國政府應採取作爲支持臺灣強化與印太地區及全球各國的正式外交關係及夥伴關係，對於強化與臺灣關係或嚴重損害臺灣安全、繁榮的國家，美國政府也應研議適當方式提升或改變美國與這些國家的關

41 楊光舜，〈《臺灣保證法》不僅是《臺灣關係法》升級版，更是美臺關係的新里程碑〉，《The News Lens關鍵評論》，2019年3月29日，https://www.thenewslens.com/article/116365。

42 〈美國眾院議長佩洛西：「臺灣保證法」展現美對臺承諾〉，《美國之音VOA》，2019年5月10日，https://www.voacantonese.com/a/pelosi-taiwan-assurance-act-demonstrates-us-committment-to-taiwan-20190509/4911254.html。

係。[43]川普在2020年3月26日簽署《臺北法案》。

《臺灣旅行法》通過之後，美國有許多官員陸續訪問臺灣，美臺關係逐步升溫。2018年3月20日，美國國務院東亞暨太平洋事務局副助卿黃之瀚（Alex Wong）訪問臺灣3天。7月12日，美國環保署首席副助理署長西田珍（Jane Nishida）訪問臺灣，推動美臺間的國際環境夥伴計畫。2018年6月，美國在臺協會臺北辦事處位於臺北內湖的新館落成，美國國務院助理國務卿羅伊斯（Marie Royce）、國務院海外建築業務局默色（William Moser）、美國在臺協會主席莫健（James Moriarty）和臺北辦事處長梅健華（Kin Moy）等人出席。2019年3月27日至30日，美國國務院高級官員、國際組織局副助理國務卿庫克（Nerissa J. Cook）訪問臺灣。4月9日，美國國務院負責貿易政策和談判的副助理國務卿米德偉（David Meale）抵達臺灣，展開爲期一週的訪問行程。4月10日，由美國眾議院前議長萊恩（Paul Ryan）領軍的訪問團25位官員[44]，參加美國在臺協會舉辦的《臺灣關係法》40週年系列活動，慶祝

43 〈美通過臺北法案外交部：反映臺美關係緊密友好〉，《聯合新聞網》，2020年3月5日，https://udn.com/news/story/6656/4391084?from=udn-catebreaknews_ch2。

44 訪臺人員包括：美國眾議院科學、太空和技術委員會主席Eddie Bernice Johnson、美聯邦眾議員Don Bacon、美聯邦眾議員Hank Johnson、美聯邦眾議員SaludCarbajal、美國在臺協會主席莫健（Jim Moriarty）、美國聯邦政府全國房屋貸款協會代理總裁、執行副總裁及營運長Maren Kasper、美國環保署首席副助理署長西田珍（Jane Nishida）、美國國務院經濟與商業事務局副助理國務卿米德偉（David Meale）、美國中小企業署資深顧問柯尼朗（Eugene Cornelius），還有美國國務院東亞暨太平洋事務局臺灣協調處處長何樂進（Jim Heller）、美國國務院全球夥伴辦公室主任Constance Tzioumis、美國聯邦政府海外私人投資公司全球女性議題總經理Kathryn Kaufman、美國聯邦政府全國房屋貸款協會國際市場總經理林雄生（Alven Lam）、美國國務院東亞暨太平洋事務局公共外交辦公室副主任Ingrid Larson、美國國務院全球夥伴辦公室夥伴關係顧問Dee Shorts、美國國務院經

臺美關係的發展。5月，美國北韓事務特別代表比根（Stephen Biegun）的副手蘭伯特（Mark Lambert）低調訪問臺灣4天，與臺灣外交、國安官員會面討論朝鮮半島情勢，並尋求臺灣合作共同推進北韓無核化。6月10日，美國聯邦調查局助理副局長阿貝（Paul Abbate）到臺灣參加美國聯邦調查局國家學院亞太區校友會研習營，是首次訪問臺灣的聯邦調查局高階官員。

2020年8月9日，美國衛生部長阿查爾（Alex Azar）搭乘垂直尾翼漆有美國國旗的美國空軍C-40B行政專機，率訪問團飛抵臺北松山機場，此時正值華府與北京關係的新低點。阿查爾也是繼2014年美國環保署署長麥卡錫（Gina McCarthy）訪臺後，首位造訪臺灣的美國內閣級官員，同時也是自2018年3月《臺灣旅行法》生效後，首位訪臺的美國部長級官員。接著在9月17日，美國國務院主管經濟成長、能源與環境的次卿柯拉克（Keith Krach）率團訪問臺灣，這是美國國務院自1979年以來，出訪臺灣的最高層級官員。

在兩岸政策的宣示方面。2019年3月27日，美國國務卿龐培歐（Mike Pompeo）在國會聽證會中指出，美國正採取各種行動，阻止中國對臺灣的外交孤立，並重申臺美關係的重要性與美方將確保對臺各項承諾的履行。[45] 2020年2月，甫當選中華民國副總統的賴清德訪問美國首府華盛頓，這是首次中華民國副總統級別政治人物進入華府，更是臺

---

濟與商業事務局經濟官Andrew Nissen、前美國在臺協會主席薄瑞光（Ray Burghardt）、前美國在臺協會處長司徒文（William Stanton）、羅德島州副州長Daniel McKee、前美國在臺協會副處長王曉岷（Robert Wang）、前美國國際開發署全球發展聯盟主任朗德（Daniel Runde）、前美國國防部特種作戰及低強度衝突首席副助理部長克普西（Seth Cropsey）、前美國對華事務副助理貿易代表艾特巴赫（Eric Altbach）。

45 〈針對美國國務卿龐培歐發言總統府表達感謝〉，中華民國總統府，2019年3月29日，https://www.president.gov.tw/NEWS/24222。

美斷交40年後，層級最高的臺灣官員訪問華府。[46] 2020年11月12日，龐培歐接受廣播節目「休伊特秀」（The Hugh Hewitt Show）的專訪時表示：「把說話說正確總是重要的，臺灣從來就不是中國的一部分。雷根政府在制定對臺政策時就已承認此事，且美國已經堅守35年，兩黨都依循，這也是跨黨派的事實。」[47]

在美國白宮國家安全顧問歐布萊恩（Robert O'Brien）於2021年1月5日的印太戰略解密備忘錄中顯示，在印太戰略架構下美國還發展了幾個次要的政策架構及計畫，來與中國進行抗衡，諸如：「美國對中國的戰略途徑」（U.S. Strategic Approach to the People's Republic of China）、「美國對抗中國經濟侵略的戰略架構」（U.S. Strategic Framework for Countering China's Economic Aggression）、「美國對抗中國在國際組織邪惡影響力的戰役計畫」（U.S. Campaign Plan for Countering China's Malign Influence in International Organizations）等。[48]很明顯地，川普政府的印太戰略就是對抗中國的戰略，且與其臺海政策息息相關。

在川普政權交接前，國務卿龐培歐於2021年1月9日發布聲明，取消所有美國政府對臺政策自我施加的限制。換言之，美國國務院先前以國務卿名義授權發布的所有關於臺灣的聯繫準則，行政機構現在都可視爲無效。[49]隨後，原本計畫於1月13日訪問臺灣的美國駐聯合國大使克拉

---

46 〈美國總統特朗普當選以來的美臺關係大事記〉，《BBC中文網》，2020年8月17日，https://www.bbc.com/zhongwen/trad/chinese-news-53744599。

47 "Secretary Michael R. Pompeo with Hugh Hewitt of The Hugh Hewitt Show," U.S. Department of State, November 12, 2020. accessed at: https://www.state.gov/secretary-michael-r-pompeo-with-hugh-hewitt-of-the-hugh-hewitt-show-7/.

48 "A Free and Open Indo-Pacific," The White House, January 5, 2021. accessed at: https://www.whitehouse.gov/wp-content/uploads/2021/01/OBrien-Expanded-Statement.pdf.

49 Michael R. Pompeo, "Lifting Self-Imposed Restrictions on the U.S.-Taiwan Relationship," U.S. Department of State, January 9, 2021. accessed at: https://www.

夫特（Kelly Craft），突然於行程前喊停，依美國國務院發言人歐塔加斯（Morgan Ortagus）的說法，是爲了要協助政權順利完成交接，故而取消所有官員的出訪行程，[50]當然也包括克拉夫特的訪臺活動，最後是改用視訊與錄影的方式進行交流。

## 第三節　美國臺海政策的考量因素

每個國家在考量其對外政策與戰略時，都不免會經過諸般的利弊得失權衡，以獲取自身的利益，美國自不例外。一般而言，美國國家安全有政治、經濟、安全三大支柱，這些是美國對外交往與戰略設計的考量因素，臺海地區是屬於美國亞太政策的一環，在冷戰結束之後，更是美國全球戰略設計的重點區域。

### 一、維繫「三報一法」的精神與框架

關於美臺關係的論述，「美國在臺協會」官方網頁陳述道：「美國和臺灣享有穩健的非官方關係，在各領域的議題都有緊密的合作。與臺灣維持堅強的非官方關係是美國的重要目標，與美國在亞洲推動和平與穩定的目標一致。1979年的《臺灣關係法》爲美國和臺灣的非官方關係提供法律基礎，並彰顯美國協助臺灣維持其自我防衛能力的承諾。美國主張臺灣海峽兩岸之間的歧見應和平解決，反對任何一方片面改變現狀，並鼓勵雙邊在尊嚴和尊重的基礎上，繼續進行具有建設性的對話。」[51]這也意味著注重民主價值的美國，其對外的作爲皆必須「有

---

state.gov/lifting-self-imposed-restrictions-on-the-u-s-taiwan-relationship/.

50 Morgan Ortagus, “Update on Department Transition Efforts and Travel,” U.S. Department of State, January 12, 2021. accessed at: https://www.state.gov/update-on-department-transition-efforts-and-travel/.

51 〈美臺關係〉，美國在臺協會，https://www.ait.org.tw/zhtw/our-relationship-zh/policy-history-zh/us-taiwan-relations-zh/（檢索日期：2020年9月10日）。

據可循」。如同2019年3月26日，美國眾議院議長佩洛西在雙橡園舉辦紀念《臺灣關係法》40週年的系列活動中所言，臺美共享民主、自由、安全及人權等價值，《臺灣關係法》強化美國與臺灣「無可動搖的關係」。[52]

2019年4月9日，美國國務院發言人表示：「美國始終堅持基於《臺灣關係法》和三個聯合公報的一個中國政策」，並認爲臺灣是一個重要的夥伴，是一個民主的成功故事，是世界上一支向善的力量。在貿易方面，美國未來將依據對自由市場經濟原則、創新及人才投資等共享承諾，繼續拓展並深化美臺經濟與商業關係。在臺灣國際參與方面，美國一向支持並爲臺灣有意義參與國際組織大力發聲，美國將繼續在這方面不遺餘力。[53]此外，2019年6月1日，在美國國防部公布的《印太戰略報告》（*Indo-Pacific Strategy Report*）中也陳述：「美國尋求與臺灣建立強有力的夥伴關係（strong partnership），並將忠實（faithfully）履行《臺灣關係法》。」[54]這些都足見《臺灣關係法》在美國臺海政策中的重要性。

---

52 〈王友群：美國全面提升對臺關係的十個表現〉，《新唐人電視臺》，2019年4月4日，https://www.ntdtv.com/b5/2019/04/03/a102548315.html。

53 〈《臺灣關係法》40週年AIT處長：美臺關係重要性更甚以往〉，《香港經濟日報》，2019年4月10日，https://china.hket.com/article/2321876/%E3%80%90%E5%8F%B0%E6%B5%B7%E5%B1%80%E5%8B%A2%E3%80%91%E3%80%8A%E5%8F%B0%E7%81%A3%E9%97%9C%E4%BF%82%E6%B3%95%E3%80%8B40%E5%91%A8%E5%B9%B4%20AIT%E8%99%95%E9%95%B7%EF%BC%9A%E7%BE%8E%E5%8F%B0%E9%97%9C%E4%BF%82%E9%87%8D%E8%A6%81%E6%80%A7%E6%9B%B4%E7%94%9A%E4%BB%A5%E5%BE%80。

54 U.S. Department of Defense, *Indo-Pacific Strategy Report: Preparedness, Partnerships, and Promoting a Networked Region* (Washington, DC: Department of Defense, June 1, 2019).

2020年8月31日，美國國務院亞太事務助理國務卿史迪威（David Stilwell）在美臺經濟合作網絡會議上發表演說，他稱美臺關係並非是美「中」雙邊關係的一部分，美國與臺灣的合作是基於兩者自身的利益；史迪威更將「六項保證」與美國長期奉行的《臺灣關係法》和美「中」三個聯合公報並列，他強調在美臺關係中，「這些政策元素都很重要」。[55]

前述美國官方的論點在在顯示，美、中、臺間的「三報一法」是美國制定臺海政策並與兩岸互動往來的基礎和依據，特別是在美國與中國建交之後。我國學者楊永明教授即認爲，美國的臺海政策長期以來維持「戰略模糊」（strategic ambiguity）的立場與態度，須歸因於「三報一法」的政策框架，這也反映著美國臺海政策模糊且具彈性的特質，但都與「臺灣前途」和「臺灣安全」息息相關。美國「認知」北京對臺灣的立場，但強調解決兩岸問題的方式必須是和平的，因爲一旦臺海發生問題，會影響東亞的和平與穩定，進而影響美國於此的利益。在「臺灣安全」方面，依《臺灣關係法》美國會提供防衛性武器給臺灣，至於美國是否防衛臺灣的立場是模糊與不明確的，以便臺灣遭受中國攻擊時，美國有介入與否的彈性空間。[56]

我國學者李登科教授也認爲，美國對華政策的主軸是堅持「美國的一個中國政策」，而主要支柱則是《上海公報》、《建交公報》、《八一七公報》，以及《臺灣關係法》，在「三報一法」的架構下，美國對臺海地區的基本立場是維持臺海現狀，反抗任何一方企圖片面改變

---

55 〈美國解密對臺灣「六項保證」中國擔憂「提升美臺實質關係」〉，《BBC中文網》，2020年9月2日，https://www.bbc.com/zhongwen/trad/world-53998804。

56 楊永明，〈「從戰略模糊到三不政策：美國對臺政策的轉變」〉，《理論與政策》，第12卷第4期，1998年12月，頁87-105，http://club.ntu.edu.tw/~yang/Paper-Three-Noes.htm。

現狀。因此，美國一方面反對中國以武力犯臺的政策，一方面也不支持臺灣在「法理上」尋求獨立的作爲。此外，美國也盡可能避免因爲介入臺海兩岸的爭端，而與中國爆發軍事衝突。[57]

綜合言之，無論美國由何人執政，臺美關係基本上都脫離不了兩個大框架：第一，是美「中」長期的戰略對抗和競爭，這會持續影響臺美關係；第二，美臺關係是非官方關係，因爲美國的一個中國政策包含《臺灣關係法》與三個美「中」聯合公報，只是在川普的思維中，這個框架中的坐標更傾向臺灣。[58]質言之，美國的臺海政策是奠基於：《臺灣關係法》、三個公報、對臺六項保證，以及臺灣政策的回顧，而美國對臺的政策也有幾項要素在：[59]

1. 美國認知到只有一個中國；

2. 華府鼓勵兩岸進行對話；

3. 美國堅持臺灣議題必須和平解決；

4. 依據《臺灣關係法》美國提供必要的防衛性武器給臺灣，讓其有足夠的能力自保；

5. 關注臺灣的國際空間，承認臺灣在國際議題上的重要角色，協助參與那些不需要國家身分作爲入會前提的組織。

自1979年美國國會通過《臺灣關係法》，並終止與臺灣的共同防禦條約以來，美國一直對臺灣奉行「戰略模糊」政策。一方面讓中國忌憚美國出兵協防臺灣，而限縮以武力統一臺灣的力道；另一方面則讓臺

---

57 李登科，〈美國對華政策新趨勢〉，《展望與探索》，第2卷第11期，2004年11月，頁3。

58 〈川普時代落幕臺美關係回到過去？〉，《中央廣播電臺》，2020年11月11日，https://www.rti.org.tw/news/view/id/2084443。

59 James C. P. Chang, “U.S. Policy toward Taiwan,” Harvard University, June, 2011, p. 1. accessed at: https://projects.iq.harvard.edu/files/fellows/files/chang.pdf.

灣擔心無法獲得美國軍事援助，因此不敢走向獨立。[60]也就是說，這種模稜兩可的政策，既可使北京難以捉摸美國的意向，從而不敢對臺灣動武；又能夠防止臺北以爲能獲得美國支持，從而貿然宣布獨立，刺激北京採取敵對行動；因此，美國數十年的戰略模糊政策有助於維持美、中、臺三邊關係的穩定。[61]但無論如何，美國的臺海政策與相關作爲都落在「三報一法」所設的架構中，如果出現差異就是歷任美國政府對「三報一法」、「對臺六項保證」的認知與不同詮釋所致。

## 二、美國的國家利益

1995年美國聯邦政府成立「美國國家利益委員會」（Commission of America's National Interest），依優先等級與順序對國家利益進行劃分，共有四種：核心利益（Vital Interest）、極端重要利益（Extremely Important Interest）、重要利益（Just Important Interest），以及次要利益（Secondary Interest）。[62]美國1999年的《新世紀國家安全戰略》（*A National Security Strategy for a New Century*）中陳述道：「確保對關鍵市場、能源供應、戰略物資的取得無障礙；確保在海、空、太空等自由及重大航道的安全，是攸關美國的重大生存利益。」[63]

在國家利益中還有種類之分，美國在臺海兩岸有著政治、經濟與軍事上的利益。因此，國家利益可以說是影響美國臺海政策最重要的變

60 〈美戰略越清楚臺海越危險〉，《中時新聞網》，2020年9月8日，https://www.chinatimes.com/newspapers/20200908000077-260302?chdtv。

61 Richard Haass and David Sacks, "American Support for Taiwan Must Be Unambiguous," *Foreign Affairs*, September 2, 2020. accessed at: https://www.foreignaffairs.com/articles/united-states/american-support-taiwan-must-be-unambiguous.

62 信強，〈利益、戰略及美國臺海政策的矛盾性〉，《和平與發展》，總107期（2009年第1期），2009年2月，頁21-26。

63 The White House, *A National Security Strategy for a New Century* (Washington, D.C.: The White House, December 1999), p. 1.

數。[64]美國在臺海地區的利益，攸關其在東亞地區乃至全球的國家戰略利益，是故，美國甚為關注臺海地區的情勢發展，以維繫其重要的國家利益。

### （一）政治利益

冷戰結束後，美國在臺灣的安全利益部分局限在名譽利益，因為華盛頓方面尋求嚇阻中國對臺使用武力，以維繫美國對區域安全承諾的可信度。[65]如果美國面對中國的侵略，選擇不防衛臺灣或者干預失敗，其他亞洲國家對美國依賴的信心將會下降，進而使美國的區域領導地位衰退。[66]對臺灣周邊和平的安全承諾，符合美國國家利益現實政治的詮釋，何況強迫將臺灣融入中國，會損傷甚至是毀損美國在亞洲的戰略地位，尤其，此一戰略地位是奠基在確保區域和平與穩定的可信度之上。[67]

美國對中國的政策基本上採取交往政策，雖然雙方關係會因戰略猜疑與重大事件的衝擊而有高低起伏，但仍希望透過接觸、協助發展、開放，以及加強促進中方與國際體系接軌，以使中國朝向美國樂見的民主和平方向演變，此始終是美國對中國政策的根本基調。[68]因為一個

---

64 李登科，〈美國對華政策新趨勢〉，《展望與探索》，第2卷第11期，2004年11月，頁1。

65 Robert S. Ross, "Navigating the Taiwan Strait: Deterrence, Escalation Dominance, and U.S.-China Relations," *International Security*, Vol. 27, No. 2, Fall 2002, p. 54.

66 Denny Roy, "Rising China and U.S. Interests: Inevitable vs. Contingent Hazards," *ORBIS*, Winter 2003, p. 131.

67 Andrew J. Nathan, "What's Wrong with American Taiwan Policy," *The Washington Quarterly*, Vol. 23, No. 2, Spring 2000, p. 101.

68 葉長城，〈美國印太戰略的形成、發展及其對臺灣經貿之意涵〉，中華經濟研究院WTO及RTA中心，2019年8月15日，https://web.wtocenter.org.tw/Mobile/page.aspx?pid=328192&nid=126。

自由與民主的中國對美國是極爲有利的，除可讓民主的普世價值得到推廣外，更有利於形塑亞太地區的和平與穩定，就如同「民主和平論」（Democratic Peace Theory）的觀點一般。而臺海的和平與穩定也是有利於亞太地區經濟的繁榮與發展，因此，美國在臺海推行民主的理念與價值，有助於形塑地區的政治發展方向，並確保美國對區域盟友的政治可信度，維繫其領導地位。

由於中國在全球經濟中占有非常重的分量，美國的一些總統優先發展與中國的關係，但同時都和臺灣保持非正式關係。美國政府認爲，臺灣是西太平洋民主友邦中的一員。對臺灣表示友好，是要提醒中國，美國在亞太地區有廣泛的地緣政治影響力，特別是在川普政府時期。[69]近年，隨著美國逐漸視中國爲威脅，加上香港在中國的介入與打壓下，已喪失僅存的自由民主，是故，在美國的印太布局中，兼具優越戰略位置與民主政體的臺灣，地位顯得更加重要。[70]

### （二）經濟利益

美國向來自詡爲亞太國家，同時也是太平洋強權國家，因此，對美國這個海洋強權而言，太平洋是其主要的商業與戰略動脈，海洋則是美國的生命線，美國在此一朝氣蓬勃發展地區的利益與利害關係，是廣泛且逐步增加的。[71]質言之，亞太地區是確保美國經濟成長的關鍵所在。特別是冷戰結束後，亞太地區的經濟蓬勃發展，其中最引人矚目的地區

---

69 詹寧斯，〈誰是美臺關係背後的推手〉，《美國之音》，2019年3月28日。https://www.voacantonese.com/a/taiwan-us-relations-20190328/4851838.html。

70 劉俞妗，〈臺美關係邁向正常化？紐時：美國官員盼與臺灣變成「國與國關係」，只差還沒承認主權〉，《風傳媒》，2020年8月19日，https://www.storm.mg/article/2955253?page=1。

71 Department of Defense, *A Strategic Framework for the Asian Pacific Rim: Report to the Congress 1992* (Washington, D.C.: Department of Defense, 1992).

是中國。進入中國的廣大市場，以促進美國經濟持續成長，是美國的首要戰略目標。美國與中國交往的目的，除民主與人權的考量外，最重要的因素是經濟。美國要接近亞太地區，必須確保各種航道與交通線的安全，而臺灣是處於重要航道的咽喉位置，因此維持臺海局勢的和平與穩定，甚至是保持臺海兩岸的現狀，符合美國利益的追求。臺灣的地緣戰略位置對美國的經濟發展，扮演著關鍵的角色。[72]

維持臺海局勢的現狀，美國可以運用《臺灣關係法》對臺進行軍售，用以平衡中國的對臺軍力。對臺軍售是美國協助防衛臺灣的承諾，一方面增加友邦對其履行承諾的信心，另一方面也創造美國民眾的國內就業機會。1992年美國對臺的F-16戰機軍售合約，至少確保3,000個美國民眾的工作機會。[73]有學者認爲，中國與臺灣的統一對美國原本就不是一個嚴重的威脅，如果統一是自願的，而外國的商業與貿易仍然可以進入臺灣的經濟中，美國的利益應該一點也不會受到影響。[74]但是如果美國的臺海政策是維持現狀，那麼美國就可持續依據《臺灣關係法》對臺實施軍售，從而獲得較多的經濟利益。從川普2017年上臺之後到2020年底，共計對臺灣軍售11次，總金額逾180億美元，分別如後：2017年6月29日，魚雷、飛彈、發射系統、遠距遙控精準彈藥，約14.2億元；2018年9月24日，運輸機、戰機及相關後勤支援系統，約3.3億元；2019年4月，F-16戰機飛行員培訓計畫及後勤維護支援，約5億元；2019年7月8日，戰車、防空飛彈，約22億元；2019年8月20日，F-16V戰機，約

72 謝奕旭，〈美國國家安全戰略中臺灣的角色〉，《復興崗學報》，第80期，2004年，頁263。

73 Gary Klintworth, "China, Taiwan and the United States," *Pacific Review*, Vol. 13, No. 1, February 2001, p. 43.

74 Jiemian Yang, "Communication: The Quadrilateral Relationship between China, the United States, Russia and Japan at the Turn of the Century--A View from Beijing," *Pacific Review*, Vol. 13, No. 1, February 2001, p. 109.

80億元；2020年5月20日，重型魚雷，約1.8億元；2020年7月10日，愛國者飛彈延壽案，約6.2億元；2020年10月，飛彈、火箭系統、新式偵照莢艙，約18.11億元；2020年10月26日，魚叉海岸防禦系統，約23.7億元；2020年11月3日，MQ-9B無人機，約6億元；2020年12月7日，野戰訊息通訊系統及技術支援，約2.8億元。[75]

川普主政美國後，強調「美國優先」（American First），以購買美國貨（Buy American）及僱用美國人（Hire American）爲原則，在貿易政策上傾向保護主義，要求美國製造業回流，表明將強化美國基礎建設、建築美墨邊境高牆以阻擋非法移民，進而恢復美國過去的榮光，如此的政策，對全球及亞太經貿秩序的衝擊影響甚爲巨大。「美國優先」架構下的五大貿易政策方向爲：解決美「中」貿易逆差、調整北美自由貿易協定、打擊貨幣操縱、悍然退出「跨太平洋夥伴協定」（Trans-Pacific Partnership, TPP）、不滿世界貿易組織。[76] 2017年11月11日，川普在越南峴港（Da Nang）參加亞太經貿合作高峰會時表示，印太戰略參與的成員包含日本、印度及澳洲，並由美國居主導地位。[77]川普隱約透露出三項重要的訊息：第一，確保美國在印太地區經濟與戰略的利益，終止與中國不公平的貿易行爲，提升美國世界的領導地位；第二，在印太地區建立自由與開放核心價値，包含自由航行、反脅迫行爲、開放自由市場等事務，以提升區域穩定及繁榮；第三，反對不公平的政府

75 〈路透：美國2020年對臺軍售已達1441億〉，《中央通訊社》，2020年12月8日，https://www.cna.com.tw/news/firstnews/202012080161.aspx。

76 〈美國優先爲前提川普貿易政策5方向〉，《中央通訊社》，2017年4月1日，https://www.cna.com.tw/news/firstnews/201704010129.aspx。

77 Donald Trump, “Remarks by President Trump at APEC CEO Summit, Da Nang, Vietnam,” The White House, November 10, 2017. accessed at: https://www.whitehouse.gov/briefings-statements/remarks-president-trump-apec-ceo-summit-da-nangvietnam.

資助行爲與任何國際貨幣之限制與歧視，並承諾全力消弭不公平的貿易關係，以有效提升區域經濟共榮。[78]

在美國的印太戰略內容也一再強調上述重點，亦即：打造「自由、公開的印太區域」（Free and Open Indo-Pacific），核心概念包括各國必須尊重航行自由、法治、主權，反對武力與脅迫，以及透過開放市場與私有企業的模式，促進區域內各國的獨立自主與自由繁榮；邁向公平、互惠的經濟與貿易實踐，強調美國將協同印太區域各國，攜手反對任何國家政府對於自身產業給予不公平補貼，避免任何國家對於外國企業實施歧視待遇與外資限制，並應積極降低不公與無法長久的國與國間貿易赤字，如此才能增進美國自身及區域內各國的繁榮與人民的福祉。[79]在經濟部分，美國其實就是劍指中國。

2019年4月10日，美國副助理國務卿米偉德（David Meale）表示，數十年來美國與臺灣有著密切的貿易與經濟關係，臺灣是美國的第十一大貿易夥伴，美國則是臺灣的第二大貿易夥伴，兩國間不僅有著密切的經濟關係，同時也共享民主的價值體系。[80]不過，在美、中、臺三角關係中，臺灣目前是處於相對弱勢的一方；美國是臺灣最大的外銷訂單來源，而中國是臺灣最大的出口市場。[81]白宮前國家安全顧問波頓（John

78 Yujen Kuo, "Japan's Roles in the Indo-Pacific Strategy, " *Prospect Journal*, No. 19, June 1, 2018, p. 33. accessed at: https://www.pf.org.tw/files/6236/8B3BC62D-6F19-4E23-8D96-3BBC3042464F.

79 李大中，〈川普政府「印太區」與「印太戰略」的評估〉，《交流雜誌》，第157期，2018年2月，頁17，http://www.sef.org.tw/ct.asp?xItem=1043459&ctNode=4407&mp=1。

80 "Taiwan-U.S. Relationship Will Continue to Prosper: American Official," *Focus Taiwan CNA English News*, April 10, 2019. accessed at: http://focustaiwan.tw/news/aipl/201904100019.aspx.

81 〈亞太政經新格局與臺灣的因應〉，《大紀元》，2017年5月30日，http://www.epochtimes.com/b5/17/5/30/n9203470.htm。

Bolton）提及，川普曾將臺灣比擬成夏比麥克筆（Sharpie marker），中國則是白宮橢圓形辦公室的堅毅桌（Resolute desk），因此，川普非常樂意犧牲臺灣，換取與中國的貿易關係；然而，面對2020年的總統大選，川普幕僚認爲，對中國強硬才能成功連任，美國當局一連串的挺臺行動也由此催生。[82]

然而，臺灣的經濟價值不僅是對美國而已。如果中國掌控臺灣，那麼其潛艦就會擁有進入太平洋的深水港，這會對日本形成新的危險，因爲日本的能源與原物料都必須經過東亞的海洋通道，一旦進出南中國海的船隻被中國所掌控，日本的貿易與補給將被切斷，同樣也會對美國的經濟、貿易與工作機會造成傷害。[83]

綜合言之，由於川普是精明的商人，在他主政美國之後，強調美國先優的政策，因此，反映在臺海上的策略，即是如何讓美國獲得更多的利益；對中國發動貿易戰無非就是要平衡美「中」貿易逆差問題，與此同時又密集對臺灣實施軍售賺取外匯，並增強臺灣的軍力，避免臺灣輕易地被中國掌控，但無論如何，美國經濟利益的考量是其政策方向的重點之一。

---

82 Edward Wong, "U.S. Tries to Bolster Taiwan's Status, Short of Recognizing Sovereignty," *The New York Times*, August 17, 2020. accessed at: https://www.nytimes.com/2020/08/17/us/politics/trump-china-taiwan-hong-kong.html (09/25/2020).

83 William Anthony Stanton, "The Strategic Significance of Taiwan," *American Citizens for Taiwan*, August 4, 2018. accessed at: https://medium.com/american-citizens-for-taiwan/the-strategic-significance-of-taiwan-b49978b7f1b4; Joseph A. Bosco, "Taiwan and Strategic Security," *The Diplomat*, May 15, 2015. accessed at: https://thediplomat.com/2015/05/taiwan-and-strategic-security/; Joseph A. Bosco, "Cross Strait Relations: The Strategic Importance of Taiwan," *Taiwan Insight*, February 26, 2018. accessed at: thttps://taiwaninsight.org/2018/02/26/cross-strait-relations-the-strategic-importance-of-taiwan/.

### （三）軍事與安全利益

對美國而言，來自北京的威脅是多方面的，所以因應策略也必須是經濟、軍事、政治等手段交互爲用。例如對中國升高的貿易報復戰，或是以優勢武力遏制北京在南海、臺海等海域的擴張，在美國及中國相互抗衡的過程，臺美關係的逐步增溫，成爲美國臺海政策的重要環節。[84]

1996年3月，當中共執行軍事演習並在接近臺灣的地方進行導彈試射，美國則在此地區部署兩艘航空母艦，此一軍事對峙將美國的關切置於戰略計畫的中心。結果是美國增加對臺的軍售，美臺防衛開始聚焦在戰爭時期的合作，也提升了美國部署戰區飛彈防禦系統的興趣。[85]當時的美國國防部長裴利（William Perry）宣稱，美國的航空母艦於接近臺灣的地方出現，是警告「西太平洋地區的安全與穩定是美國國家利益所在，美國在此地擁有強大的武裝力量協助實現國家利益。」[86]

如同美國空軍智庫「藍德公司」（RAND）的研究所指，中國的崛起，將成爲一個令人敬畏的強權，而且可能被分類爲一個「多面向的區域競爭者」（multidimensional regional competitor），若具備此種身分，中國將可有效地在毗鄰中國的海域實施海上阻絕；在毗鄰大陸的邊界地區持續爭取航太優勢；以各種長程打擊武器威脅美國在東亞的作戰地點；挑戰美國的資訊優勢；對美國形成戰略核武威脅。[87]對美國而言，臺灣維持現狀有助於美國牽制中國，防範中國擴張海權，同時也可以確

84 〈逐步增溫的臺美關係〉，《自由時報》，2018年7月29日，https://news.ltn.com.tw/news/politics/paper/1220305。

85 Robert S. Ross, "Navigating the Taiwan Strait: Deterrence, Escalation Dominance, and U.S.-China Relations," *International Security*, Vol. 27, No. 2, Fall 2002, p. 56.

86 *Ibid.*

87 Zalmay Khalilzad, et al., *The United States and a Rising China: Strategic and Military Implications* (Santa Monica: RAND, 1999), p. 59-60.

保臺灣海峽的通行無障礙。[88]

曾任美國在臺協會臺北處長的司徒文（William Anthony Stanton）認為，美國與亞洲國家的同盟關係，對亞洲的和平、穩定與繁榮是有幫助的，特別是在韓戰之後，是故，臺灣若在實質上失去主權，將破壞整個關係體系，並帶來不可預期的風險，這也是亞洲國家為何會歡迎歐巴馬「亞太再平衡」策略的原因之一。[89]2016年9月28日，司徒文發表〈為什麼臺灣值得美國更強的支持？〉（Why Taiwan Deserves Stronger U.S. Support）一文指出，要控制環太平洋必先控制第一島鏈，臺灣是在「第一島鏈」中心的關鍵位置。[90]

任職於智庫「新美國安全中心」（Center for a New American Security, CNAS）的柯伯吉（Elbridge Colby），也是川普政府《國防戰略報告》的主要起草人表示：「由軍事和可靠度的觀點來看，臺灣是最重要的。」[91]美國海軍退役上將艾理斯（James Ellis）在1996年第三次臺海危機時，曾經指揮「獨立號」航母戰鬥群並協調另一艘「尼米茲號」航母戰鬥群，在臺灣附近海域應對當時中國試射導彈可能一觸即發的緊張情勢，他表示，「美國國防部門必須專注於與地區盟友共同應對臺灣變局的準備，這比其他假想情況還更加重要。美國必須能有效防衛臺灣，

---

88 張雅君，〈中共與美日的亞太海權競爭：潛在衝突與制度性競爭機制〉，《中國大陸研究》，第41卷第5期，1998年5月，頁11。

89 趙國材，〈麥克阿瑟的幽靈縈繞著司徒文〉，《海峽評論》，第311期，2016年11月，https://www.haixia-info.com/articles/8739.html。

90 William A. Stanton, "Why Taiwan Deserves Stronger U.S. Support," *Jewish Policy Center*, September 28, 2016. accessed at: https://www.jewishpolicycenter.org/2016/09/28/taiwan-deserves-stronger-u-s-support/.

91 Edward Wong, "U.S. Tries to Bolster Taiwan's Status, Short of Recognizing Sovereignty," *The New York Times*, August 17, 2020. accessed at: https://www.nytimes.com/2020/08/17/us/politics/trump-china-taiwan-hong-kong.html (09/25/2020).

因爲要挫敗中國成爲地區霸權的策略是相當重要的，並且要調適美國軍隊具備防衛臺灣的能力。這些很困難但卻是必要的，可以使美國有能力防衛亞洲其他盟友不受中國侵犯。」[92]亦即，臺灣對美國的軍事與安全利益影響深遠。

從冷戰開始，臺灣即是美國對抗共產勢力擴張的一環。即便是「保臺」或「棄臺」論調，斷斷續續地出現在美國政界與學術界，但美國在臺海地區依然有軍事與安全利益存在。如果中國掌控臺灣，那麼其潛艦及投放軍力至太平洋的能力，同樣會對美國的第七艦隊、關島、夏威夷，甚至是美國西岸形成漸增的威脅；此外，從純粹的海軍與軍事觀點來看，倘若中國掌握臺灣，則可構築巨大的戰略資產，對東北亞、東南亞地區產生影響，以及對美國在太平洋的安全造成威脅。[93]臺灣的地緣位置相當重要，可使中國無法完全控制南中國海，或者向東投放其海軍軍力與美國進行對抗，這也是川普印太戰略重視臺灣的原因。

## 三、美國的戰略布局

在1950年代，依據美國前國務卿杜勒斯（John Foster Dulles）所言，如果蔣介石政府垮臺，將會阻礙美國的境外防衛，在美國被迫退

---

92 鍾辰芳，〈中國軍力崛起是美國總統的難題〉，《美國之音》，2020年11月9日，https://www.voachinese.com/a/china-military-rise-a-challenge-to-us-president-20201103/5647062.html。

93 William Anthony Stanton, “The Strategic Significance of Taiwan,” *American Citizens for Taiwan*, August 4, 2018. accessed at: https://medium.com/american-citizens-for-taiwan/the-strategic-significance-of-taiwan-b49978b7f1b4; Joseph A. Bosco, “Taiwan and Strategic Security,” *The Diplomat*, May 15, 2015. accessed at: https://thediplomat.com/2015/05/taiwan-and-strategic-security/; Joseph A. Bosco, “Cross Strait Relations: The Strategic Importance of Taiwan,” *Taiwan Insight*, February 26, 2018. accessed at: https://taiwaninsight.org/2018/02/26/cross-strait-relations-the-strategic-importance-of-taiwan/.

回夏威夷或西岸之前，時間將成爲眞正的問題。[94]因爲，東亞地區是美國整體亞太戰略設計中相當重要的一環，美國在冷戰結束之後就非常重視亞洲的地位，當然，亞太地區仍有許多的問題存在，這些問題不僅影響美國的國家利益，同時也主導著美國的亞太戰略設計。例如美國前東亞與太平洋事務助理國務卿（Assistant Secretary of State for East Asian and Pacific Affairs）坎貝爾（Kurt M. Campbell）於2011年3月31日表示：「美國在二十一世紀的成功，是與朝氣蓬勃的亞太地區成功連結在一起，大部分二十一世紀的歷史將會在亞洲撰寫，毫無疑問地，此地區的影響力逐漸上升，而且掌握我們共同未來的關鍵，亞洲國家對全球經濟的命脈，至關重要。」[95]美國在歐巴馬政府時期所提出的「戰略重返」（strategic pivot）或「再平衡」（rebalance）政策，也是因爲認知到二十一世紀的政治與經濟歷史將由亞太地區來主導，爲從全球地緣政治動能轉變中獲利並持續增長經濟，美國將建構一個與此地區的廣泛外交、經濟、發展、人民與人民間，以及安全的關係。[96]

美國於2015年公布的《亞太海洋安全戰略：在變動的環境中達成美國安全目標》（*The Asia-Pacific Maritime Security Strategy: Achieving U.S. National Security Objectives in a Changing Environment*）中也提及，由於瞭解到亞太地區海洋領域漸增的複雜性，美國因而勾勒出國防所採取的

---

94 Gary Klintworth, “China, Taiwan and the United States,” *Pacific Review*, Vol. 13, No. 1, February 2001, p. 44.

95 Kurt M. Campbell, “Asia Overview: Protecting American Interests in China and Asia,” Testimony before the House Committee on Foreign Affairs Subcommittee on Asia and the Pacific Washington, DC, March 31, 2011. accessed at: http://www.uspolicy.be/headline/asia-overview-protecting-american-interests-china-and-asia (2018/10/20).

96 Kurt Campbell, Brian Andrews, “Explaining the US ‘Pivot’ to Asia,” *Chatham House*, August 2013, p. 2. accessed at: http://www.chathamhouse.org/sites/default/files/public/Research/Americas/0813pp_pivottoasia.pdf (2018/10/15).

四種努力方針，以便在這個至關重要地區保持安全。首先，即是強化美國的軍事能力，確保美國能成功地遏制衝突與強制，以及在需要時做出決定性的回應；第二，與美國從東北亞一直到印度洋的盟友及夥伴共同努力建構他們的能力，強調在其領海及跨越此一地區的潛在性挑戰；第三，運用軍事外交創造更大的透明度，降低誤判或衝突的風險，以及促進共享海洋規則的道路；最後，努力強化區域安全機制，以及發展一個公開且有效的區域安全架構。美國國防部的目標，是聚焦亞洲於未來10年依然是公開、自由與安全的。[97]

2018年4月，長期關心臺灣歷史發展的荷蘭前外交官韋傑理（Gerrit van der Wees）在英國諾丁漢大學（University of Nottingham）所屬的《臺灣洞識》（*Taiwan Insight*）網站，發表名為〈臺美關係迎來分水嶺〉（Taiwan-U.S. Relations Face a Watershed Year）專文，內容指2018年是臺美關係高度進展的分水嶺，最主要的關鍵是源於《臺灣旅行法》的通過與生效；因為《臺灣旅行法》已明確要求打破許多美國對臺的不時合宜且具限制性的「指導方針」，畢竟臺灣是美國在亞太地區的重要戰略盟友，彼此需要更多充分交流，而非限縮。[98]

美國的臺海政策屬於其全球戰略，是美國東亞與太平洋戰略的一部分。數十年以來，隨著美國全球戰略的調整，其臺海政策的目標與策略手段在不同時期、不同階段有著不同的表現。美國對中國的政策視世

---

97 Department of Defense, *The Asia-Pacific Maritime Security Strategy: Achieving U.S. National Security Objectives in a Changing Environment* (Washington, D.C.: Department of Defense, 2015).

98 Gerrit van der Wees, “Taiwan-U.S. Relations Face a Watershed Year,” *Taiwan Insight*, April 17, 2018. accessed at: https://taiwaninsight.org/2018/04/17/taiwan-us-relations-at-a-watershed/；〈韋傑理：2018打開美臺關係正常化的第一道分水嶺〉，《民報》，2018年8月16日，https://www.peoplenews.tw/news/b9ab1a34-f7ec-4fc7-98c9-1a6dab716d87。

界局勢、雙邊衝突的緩急，以及內政氣候的變化，而在「交往」與「圍堵」兩極之間搖擺。[99]

冷戰時期，美國將臺灣納入其遏制共產主義擴張的全球戰略，並將臺灣作爲在太平洋西岸防堵社會主義陣營擴展第一島鏈中的重要一環，同時臺灣也當作圍堵中國的不沉的航空母艦。這個時期，美國臺海政策的主要內容，一是在政治、軍事、經濟上全面加強對臺灣當局的扶持，強化其在美國圍堵戰略中的作用；二是試圖將臺灣從中國分裂出去。冷戰結束以後，隨著美國全球戰略的重新調整，臺灣作爲牽制中國重要籌碼的作用被突顯出來，利用臺灣牽制中國，成爲美國臺海政策的重要內容。[100]

2019年4月10日，美國在臺協會處長酈英傑（William Brent Christensen）在《臺灣關係法》立法滿40週年的活動中表示，美臺關係的重要性更甚以往，雙方共享蓬勃夥伴關係；同時，美臺安全夥伴關係愈發強健，臺灣的自我防衛能力攸關臺海及印太區域穩定。[101] 6月18日，酈英傑於美國在臺協會與中華民國對外貿易發展協會共同舉辦的「深化印太地區經濟與商業合作論壇」中致詞時表示，臺灣是印太社群中不可或缺的一分子，他對美臺關係的未來非常樂觀。[102]

---

99 李漁，〈「九一一」五年後：反恐與中美關係〉，《德國之聲》，2006年4月9日，https://www.dw.com/zh/%E4%B9%9D%E4%B8%80%E4%B8%80%E4%BA%94%E5%B9%B4%E5%90%8E%E5%8F%8D%E6%81%90%E4%B8%8E%E4%B8%AD%E7%BE%8E%E5%85%B3%E7%B3%BB/a-2155668#。

100 修春萍，〈美國臺海政策的演化與當前的主要特點〉，《中國社會科學院臺灣研究所》，2014年11月19日，http://cass.its.taiwan.cn/zjlc/xcp/201411/t20141119_8064971.htm。

101 〈臺灣關係法40年酈英傑：美臺關係重要性更甚以往〉，《中央通訊社》，2019年4月10日，https://www.cna.com.tw/news/firstnews/201904100065.aspx。

102 〈AIT：臺灣可信賴美國對美臺共同承諾堅定不移〉，《聯合新聞網》，從前述的種種跡象顯示，美臺關係之所以升溫，主要是由於美國將臺灣拉入其對抗中國的亞太戰略架構中。近年，美國更將「亞太」（Asia-Pacific）的概念調整爲「印太」（Indo-Pacific），加大其圍堵與對抗中國的包圍圈。也因此，臺灣所面對的國際政治經濟態勢，基本上是由美國所架構出來的，而這樣的政經局勢也決定美臺關係的發展。

川普推出的「印太」概念，強調印度洋和太平洋之間日益密切的整體性聯繫，力求構建一個將印度拉入東亞太平洋事務中的印太體系，就此，美國強調樂見印度成爲領導性的全球強權，以及是美國強大與戰略及防衛的夥伴，是故，美國會尋求與日本、澳洲及印度的四邊合作關係。[103]美國國務卿龐培歐在2018年7月30日的一場演講中提到，美國從未以及將來也不會試圖主導印太地區，但也會阻止任何國家想要這樣做。[104]

2017年10月18日，美國前國務卿蒂勒森（Rex Tillerson）在華府智庫「國際戰略中心」（Center for Strategic and International Studies, CSIS）演講時，強調印太區域包含全印度洋、西太平洋及環繞其間之周邊國家，將是二十一世紀全球地緣戰略最重要的區塊，全世界的重心將移轉至此地。另外，蒂勒森也質疑中國在南海的相關舉動，已直接造成對國際社會安全的挑戰，更強調美國已與日本、印度建立良好關係，未來有很大的空間可以容納其他國家加入這個團隊，相信不久澳洲也會加入其中，使這個團隊的組織更加堅固。[105]美國2018年的《亞洲再保障

---

2019年6月18日，https://udn.com/news/story/6656/3879258。

103 The White House, *National Security Strategy of the United States of America* (Washington, DC: The White House, December 2017), p. 46.

104 Askumar Sen, "A Free and Open Indo-Pacific," *Atlantic Council*, July 31, 2018. accessed at: http://www.atlanticcouncil.org/blogs/new-atlanticist/a-free-and-open-indo-pacific.

105 Rex Tillerson, "Defining Our Relationship with India for the Next Century: An

倡議法》更稱，臺灣是美國印太戰略的一環。[106]

在2017年12月18日川普提出的《美國國家安全戰略報告》（*National Security Strategy of the United States of America*）中也強調，在東北亞地區，北韓政權正快速地加速他們的網絡、核子與彈道飛彈計畫，北韓所獲得的武器會對全球產生威脅。因爲一個擁有核武的北韓，可能會將全世界最具毀滅性的武器擴散到印太地區，以及更遠的地方，美國盟友對於回應北韓帶來的雙重威脅，以及確保美國與盟友雙方在印太地區的利益，是相當重要的。[107]而美國將強化軍事嚇阻與擊潰能力，深化與印太盟友與夥伴的合作，其中包含：韓國、日本、印度、新加坡、泰國、臺灣、越南、印尼、馬來西亞與菲律賓等。[108]在美國國防部於2019年6月公布的《印太戰略報告》（*Indo-Pacific Strategy Report*）中，更直指臺灣、新加坡、紐西蘭與蒙古四個「國家」是美國在印太地區可靠的夥伴，也強調在中國對臺灣持續施壓之際，美臺夥伴關係至關重要，美方將持續確保臺灣維持足夠自我防衛能力。

2020年10月9日，美國國務卿龐培歐接受廣播電臺節目「休伊特秀」（The Hugh Hewitt Show）專訪時明確表示，美國已與日本、澳洲和印度組成聯盟，共同對抗中國共產黨。龐培歐也坦承，臺灣是美「中」衝突點，但美方將確保對臺灣的所有承諾均得到實踐。美國已開

---

Address by U.S. Secretary of State Rex Tillerson," *Center for Strategic and International Studies*, October 18, 2017, p. 1-14. accessed at: https://www.csis.org/events/defining-our-relationship-india-next-century-address-us-secretary-state-rex-tillerson.

106 〈王友群：美國全面提升對臺關係的十個表現〉，《新唐人電視臺》，2019年4月4日，https://www.ntdtv.com/b5/2019/04/03/a102548315.html。

107 The White House, *National Security Strategy of the United States of America* (Washington, DC: The White House, December 2017), p. 46.

108 *Ibid.*, p. 46-47.

始在全亞洲建立得以挑戰中國的關係網路，美、日、印、澳四大民主國家的關係，是達成此一目標的工具之一。[109]

2020年12月8日，「遠景基金會」、「2049計畫研究所」（Project 2049 Institute）及「日本國際問題研究所」（JIIA）合作舉辦「臺美日三邊印太安全對話」研討會，2049計畫研究所主席薛瑞福（Randall Schriver）以預錄影片方式指出，來自中國的挑戰永遠不會消失，因爲北京當局一直要改變印太區域的基本情勢；中國在南海、東海等水域的作爲，都與臺灣及日本的安全密切相關，如果中國成功併吞臺灣，那麼日本防衛琉球島鏈及宮古海峽勢必困難重重，這樣會對區域安全構成重大影響。而美國已經深入瞭解維持臺灣存在及其自由民主能力的重要性，這樣的臺灣才能爲印太區域的自由與開放持續做出貢獻。[110]

美國視中國爲對其霸權地位和領導的世界秩序的挑戰，基於此，臺灣在戰略上的地位，尤其在亞太地區的戰略考量，成爲美國因應「中國崛起」的考量因素。[111]在川普的印太戰略架構中，臺灣的地位與角色也非常重要。

## 第四節　美國臺海政策對兩岸關係的影響與評估

美國學者沈大偉（David Shambaugh）認爲，中國國內政治變化是美「中」關係走低的一個原因，他說：「如果你審視美『中』關係40年歷史中的規律，你會發現有一個規律非常清晰，那就是每當中國內部發

---

109 “Secretary Michael R. Pompeo with Hugh Hewitt of the Hugh Hewitt Show,” U.S. Department of State, October 9, 2020. accessed at: https://www.state.gov/secretary-michael-r-pompeo-with-hugh-hewitt-of-the-hugh-hewitt-show-6/.

110 〈薛瑞福：美臺日應合作出口管制對抗中共軍民融合〉，《聯合新聞網》，2020年12月8日，https://udn.com/news/story/10930/5075538。

111 唐永瑞，〈美、「中」競合下的中共對臺政策變與不變〉，《展望與探索》，第16卷第12期，2018年12月，頁102。

生改革，經濟改革和政治改革，那麼美國就非常樂意與中國合作，美『中』關係就會非常和諧，就發展得好。而當中國停止內部的政治或經濟改革，那麼美國就不怎麼願意與中國合作。」[112]據以論之，影響臺灣的國際交往的關鍵因素，其實來自於美國的「中國政策」。[113]也就是說，美國臺海政策不但左右美、中、臺三邊關係的發展，同時也對兩岸關係的影響甚鉅。

## 一、美國臺海政策的影響

基本上，美國的臺海政策仍不離美、中、臺三邊關係的框架，因此，以美國爲主導的三邊關係中，如果美國與中國交惡，那麼美國與臺灣的關係就會深化，連帶地，兩岸的衝突與對峙情形就會加重。

川普總統當選之後，美國與中國雙方的齟齬及摩擦升高。因爲川普政府視中國爲主要的戰略競爭對手，想方設法再次圍堵中國的崛起與擴張。因此，在雙方的戰略對策上，美國提出印太戰略，來對應中國的一帶一路倡議；在經貿上，以關稅壁壘的方式，啟動對中國的貿易戰。[114]在這樣的戰略思維下，美「中」的衝突當然牽動周邊國家意向與行爲，只要是配合建構印太戰略的國家，對中國的關係也都轉趨緊張。臺灣於此趨勢下，在美「中」兩強之間維持等距，或維持現狀的彈性變得非常小，故而選擇與美國發展更緊密的合作關係，當然也因此與中國更加疏遠。[115]特別是在川普制定許多友臺的政策，以及增加對臺的軍售次數之

112 林楓、嶽誠，〈櫛風沐雨：40年美中關係回顧與展望〉，《美國之音》，2019年3月2日，https://www.voachinese.com/a/documentary-40-years-of-us-china-relations-20190301/4809645.html。

113 賴怡忠，〈從國際戰略看北京一中原則〉，《新世紀智庫論壇》，第30期，2005年6月，頁31。

114 沈有忠，〈美中臺三角關係在近期的發展〉，《全球政治評論》，第68期，2019年，頁9。

115 同前註。

後。不過，中國一向視「臺灣問題」爲其內政事務，是涉及領土與主權等核心利益的重大議題，故對美國親臺與合作行動，中國不時表達嚴重的抗議與不滿，同樣地，這也使得外弛內張的兩岸關係更爲雪上加霜。[116]

美國的國防戰略報告明確揭示，國防安全的首要關切目標不是恐怖主義，而是國家間的戰略競爭。對美國而言，來自北京的威脅是多方面的，所以因應策略也必須是經濟、軍事、政治等手段交互爲用。在美國及中國相互抗衡的過程，臺美關係的逐步增溫，成爲美國對中國政策的重要環節。[117]特別是在2020年8、9月，美國部長級官員訪臺。美國衛生部長阿查爾在訪問臺灣期間，爲避免碰觸中國的敏感神經，從頭到尾稱呼臺灣爲司法管轄地（jurisdiction），而且維持「對事不對人」原則，僅在健康防疫層面批評中國。然而，中國不滿美臺關係的升溫，因而派軍機繞臺表示抗議，甚至以2架戰機飛越臺灣海峽中線。[118]據中華民國國防部統計，在2020年這一年當中，中國軍機騷擾臺灣西南空域的次數超過380架次。尤其是從2020年8、9月美國派遣高階政府官員訪臺之後，軍機繞臺的動作更是明顯地增加，形成臺海的緊張態勢。當然美國也做出一些回應動作，不時派出軍艦通過臺灣海峽。例如2020年12月31日，美國第七艦隊驅逐艦麥凱恩號（USS John S. McCain），以及威爾伯號（USS Curtis Wilbur）通過臺灣海峽，是這一年的第13次。

美國與臺灣頻繁的來往，北京不可能毫無反應，甚至在習近平的

116 趙春山，〈中美戰略競爭下的兩岸關係〉，《歐亞研究》，2018年7月，第4期，頁8。

117 〈逐步增溫的臺美關係〉，《自由時報》，2018年7月29日，https://news.ltn.com.tw/news/politics/paper/1220305。

118 劉俞妗，〈臺美關係邁向正常化？紐時：美國官員盼與臺灣變成「國與國關係」，只差還沒承認主權〉，《風傳媒》，2020年8月19日，https://www.storm.mg/article/2955253?page=2。

強勢領導下，北京對臺政策比起過去領導人更加強硬。在美中貿易戰的背景下，北京對美臺來往的抗議與反制越來越強勢。譬如北京展開「戰狼外交」與美國交手，在臺海大規模軍事演示，以及習近平對臺強硬談話，也讓外界開始分析北京對於美臺互動是否也在拋棄「戰略模糊」的想像。[119]

美國、歐洲對亞洲經濟很重要，因爲美歐是最終財貨需求市場，若美歐的需求穩健，基本上亞洲的供應鏈就可以順利運轉，全球經濟就可以邁向復甦之路，臺灣經濟就可能有循環性的回溫；美國是臺灣外銷訂單最大來源，臺灣有20%的出口是到美國，中國是臺灣最大出口市場，臺灣有40%出口到中國。若美「中」出現對抗，美國減少對中國進口，會使「紅色供應鏈」[120]力道加強，[121]臺灣也會受到影響。因此，在全球的經濟結構中，臺灣會隨著美國的策略而對自我的經濟產生影響。在美「中」持續談判以尋求化解貿易戰糾紛之際，美國政界具影響力人士，包括：美國參議院外委會亞太小組主席賈德納（Cory Gardner）、眾議院外委會亞太小組少數黨首席議員游賀（Ted Yoho），都呼籲應開始協商美臺雙邊自由貿易協定（FTA）；華府智庫傳統基金會創辦人佛訥（Edwin J. Feulner Jr.）更直言，美「中」之間有很多難題，但美臺之間卻有很多機會。[122]

---

119 〈中美關係：美國一週兩筆對臺灣軍售　美中臺是否拋棄「戰略模糊」引關注〉，《BBC中文網》，2020年10月29日，https://www.bbc.com/zhongwen/trad/chinese-news-54716319。

120 紅色供應鏈指的是中國（紅色中國）經過多年努力，已經建立的「自我供應」生產體系。這個體系，正在排擠中國自外採購機件物料的需求，臺灣則是首當其衝。

121 〈亞太政經新格局與臺灣的因應〉，《大紀元》，2017年5月30日，http://www.epochtimes.com/b5/17/5/30/n9203470.htm。

122 〈美政界大咖發聲促美臺洽簽雙邊FTA〉，《自由時報》，2019年4月3日，https://ec.ltn.com.tw/article/paper/1278815。

然而，美臺之間的機會未必能轉換成兩岸之間的機會。2021年1月7日，臺灣與美國舉行「政治軍事對話」（Political and Military Dialogue）。面對臺灣與美國間越來越緊密的政治軍事關係，中國國防部發言人表示：[123]

臺灣問題是中國內政，事關中國主權和領土完整，涉及中國核心利益，不容任何外來干涉。我們要求美方立即停止與臺灣進行任何形式的官方往來和軍事聯繫。中國人民解放軍將以堅定的意志、強大的能力，挫敗任何形式的外部勢力干涉和「臺獨」分裂圖謀，堅決捍衛國家主權和領土完整，堅定維護臺海地區和平穩定。

也就是說，當美國改變對中國的政策，必然也就會影響到對臺灣的政策，因爲對臺關係是美國對「中」關係的副線，臺灣占據著中國突破美國太平洋島鏈最重要的位置，美國必然會利用臺灣平衡中國的力量。[124]川普簽署《臺灣旅行法》，雖然爲臺美各層級官員互訪打開一扇門，但美國單方採取的行動，是基於其戰略利益的考量。眾議院外交關係委員會主席羅伊斯（Ed Royce）即明白表示，臺美合作對美國利益至關重要，[125]至於是否有利於臺灣，就有不同的解讀了。但這也說明一件事，即是：強權國家的對外戰略設計，仍是以自身的利益爲主。

曾擔任美國國務院政策規劃主任和前國務卿鮑威爾幕僚，也是美國

123 〈國防部新聞發言人譚克非就美臺進行所謂「政治軍事對話」答記者問〉，中華人民共和國國防部，2021年1月7日，http://www.mod.gov.cn/big5/topnews/2021-01/07/content_4876677.htm。

124 林子立，〈美「中」競逐對兩岸關係的影響〉，《展望與探索》，第17卷第1期，2019年1月，頁116。

125 趙春山，〈中美戰略競爭下的兩岸關係〉，《歐亞研究》，第4期，2018年7月，頁8。

對外關係委員會主席的哈斯（Richard Haas）認爲，美「中」關係正常化40年以來，美、中、臺的軍事與經濟力量產生明顯的改變，但未曾改變的事情是，如果中國取得臺灣，美國的利益會受到無可承受的傷害。其次，萬一中國侵臺成功，而美國無力回應的時候，包括日、韓在內的美國亞洲盟友，將可能被迫倒向中國，或是開發核武以求自保。[126]雖然，美國的臺海政策對美、中、臺三邊關係有極大的影響，但其連動性還會擴及臺海以外的地區，尤其是東北亞地區。

我國學者劉必榮教授也指出，美「中」貿易戰，雙方會動用各自手段，臺灣在與美國維持關係的同時，必須小心不要挑釁中國，因爲中國若要對付美國，也可能拿臺灣開刀，原因在於面對美「中」貿易戰，習近平爲鞏固政權，就會透過民族主義向臺灣施壓。[127]因此，無論是西方學界或是臺灣內部，在近年都頻仍探討兩岸間是否會因美國政策的改變與臺灣的策略轉向，而使得臺海發生戰爭。

美國與臺灣頻繁的來往，北京不可能毫無反應，甚至在習近平的強勢領導下，北京對臺政策比起過去領導人更加強硬。在美「中」貿易戰的背景下，北京對美臺來往的抗議與反制越來越強勢。譬如北京展開「戰狼外交」與美國交手，在臺海大規模軍事演示及習近平對臺強硬談話，也讓外界開始分析北京對於美臺互動是否也在拋棄「戰略模糊」的想像。[128]蔡英文總統於2016年正式主政之後，因受惠於美國臺海政策的

---

126 Richard Haass and David Sacks, "American Support for Taiwan Must Be Unambiguous," *Foreign Affairs*, September 2, 2020. At https://www.foreignaffairs.com/articles/united-states/american-support-taiwan-must-be-unambiguous.

127 〈臺灣新角色：貿易戰、軍售和印太戰略中的「臺灣牌」〉，《BBC中文網》，2019年6月7日，https://www.bbc.com/zhongwen/trad/chinese-news-48555739。

128 〈中美關係：美國一週兩筆對臺灣軍售　美中臺是否拋棄「戰略模糊」引關注〉，《BBC中文網》，2020年10月29日，https://www.bbc.com/zhongwen/trad/chinese-news-54716319。

調整，而與美國間有更多的互動及合作，讓臺灣與美國的關係越趨緊密，相對地，臺海兩岸之間卻是漸行漸遠，讓中國認爲臺灣背離「一個中國」的原則，因此，隨之而來的便是中國的限制與報復措施。2019年1月2日，習近平在「告臺灣同胞書」發表40週年的紀念會上即表示：「堅持一個中國原則，兩岸關係就能改善和發展，臺灣同胞就能受益。背離一個中國原則，就會導致兩岸關係緊張動盪，損害臺灣同胞切身利益。」[129]

中國對臺灣最明顯的報復行動，就是對臺灣的邦交國進行挖牆腳，以及限制臺灣的國際活動空間。在2016年之後，聖多美普林西比、巴拿馬、多明尼加、布吉納法索、薩爾瓦多、索羅門群島等國，在中國的利誘下，陸陸續續與中華民國斷交，使得臺灣僅剩15個邦交國；而臺灣參與國際社會的活動也被嚴重限縮，無法參與國際民航組織（ICAO）及世界衛生大會（WHA）。

## 二、美國臺海政策的評估

冷戰結束後，臺海議題是東亞安全問題的焦點之一，因爲主要涉及中國與美國間的互動，進言之，美國的臺海政策是影響兩岸關係發展的主要變數。美「中」建交之後，美國就以三個聯合公報和《臺灣關係法》中的模糊字眼爲基礎，對臺灣問題採取「戰略模糊」策略：一方面讓中國投鼠忌器，擔心美國出兵協防臺灣，而不敢以武力強行統一臺灣；另一方面，則是讓臺灣擔心無法獲得美國的軍事支持承諾，而不敢走向獨立。[130]因此，美「中」關係基本上是呈現「鬥而不破」的樣貌，

---

129 〈習近平定調九二共識內涵新增國家統一目標〉，《中央通訊社》，2019年1月2日，https://www.cna.com.tw/news/firstnews/201901020092.aspx。

130 〈美戰略越清楚臺海越危險〉，《中時新聞網》，2020年9月8日，https://www.chinatimes.com/newspapers/20200908000077-260302?chdtv。

雙方都不希望進行「零和博弈」，[131]否則就會容易發生如學者艾里森（Graham Allison）所言的，美「中」雙方會走入大國間無法避免戰爭的修昔底德陷阱（Thucydides's Trap）中。畢竟，強權國家的戰爭是相當可怕的，一旦美「中」這兩個強權國家發生戰爭，各自在政治、經濟與軍事等方面要承擔的風險與後果是如何，以及是否能夠接受這樣的影響與代價，這些都經過精細的利弊得失分析。

同許多分析與論述的觀點一致。在過去40年間，美國對臺灣一直保持「建設性模糊」，不承認也不明確否認臺灣地位，藉此讓中國不敢動武、臺灣不敢喊獨立。[132]然而，隨著中國軍力不斷提升，美國在臺灣問題上似乎也面臨兩難困境：其一是，美國是否要使用武力保衛臺灣，冒著與中國爆發核武戰爭的風險；其二是，或者是要放任中國動用武力進犯臺灣，讓美國的世界聲譽及亞太影響力受到侵蝕。[133]這些都是美國在制定與執行臺海政策時，所必須考量的問題。美國似乎已經瞭解臺海政策的方向，因爲當前美國對盟友軍售的新策略，就是要讓他們購買美國的武器裝備，使美國從中獲得最大利益。這樣的好處在於能讓美國的夥伴承擔更多責任，又能展現美國對他們的支持，更可避免直接介入導致大國對抗，或使戰爭升級的風險。[134]

若從臺灣方面的觀點看待，美國必須留意的是，無論是其臺海政

---

131 趙春山，〈中美戰略競爭下的兩岸關係〉，《歐亞研究》，第4期，2018年7月，頁2。

132 〈新臺海危機下的臺灣兵法〉，《聯合新聞網》，2020年10月8日，https://udn.com/news/story/6842/4911853。

133 〈美中臺關係：美國對臺軍售——臺海硝煙未起中美輿論已充滿火藥味〉，《BBC中文網》，2020年10月23日，https://www.bbc.com/zhongwen/trad/chinese-news-54667676。

134 〈武裝臺灣「刺蝟戰略」　BBC：美國對臺軍售背後的盤算〉，《天下雜誌》，2020年12月31日，https://www.cw.com.tw/article/5105028。

策、友臺行動或是對臺軍售，會不會讓臺灣單方面誤解爲得到美國的政策背書與支持，而有更多觸怒中國的舉措出現，進而讓兩岸有發生戰爭的風險，以及臺海一旦發生衝突或戰爭，美國到底要不要介入的問題，這是美國要面對的兩難問題。美國對臺軍售雖有利於其經濟發展，也讓臺灣獲得更多先進武器裝備，但也容易使臺灣誤以爲美國有堅定不移的安全承諾在臺海地區。事實上，中國也設法反擊美國的對臺軍售。2020年10月26日，中國外交部發言人趙立堅週一在記者會中表示：「中方對此堅決反對，予以強烈譴責。爲了維護國家利益，中方決定採取必要措施，對參與此次對臺軍售的洛克希德馬丁、波音防務、雷神等美國企業，以及在售臺武器過程中發揮惡劣作用的美國有關個人和實體實施制裁。」[135]

曾經擔任美國國務卿的季辛吉發明「建設性模糊」（constructive ambiguity）一詞，這是指談判敏感而爭議不下的問題，使用模稜兩可的措辭來保持彼此迴旋的空間。當年季辛吉認爲，美、中、臺三方彼此立場不同，要針對臺海問題提出三方都可以接受的安排是不可能的事，因而特別發明這個詞彙。[136]然而在川普時期，美國的臺海政策卻是愈趨清晰，反而使海峽兩岸或是美「中」關係的可迴旋空間越來越減少。

澳洲麥考瑞大學（Macquarie University）中國問題研究員倪凌超（Adam Ni）指出，中國近年對臺灣施加壓力的強度增加，諸如限縮國際空間、軍機及軍艦繞臺、與臺灣的邦交國建交、引渡臺灣嫌犯至中國，以及限縮赴臺灣的中國旅客等，因爲中國對影響臺灣，以及能有效

135 〈中美關係：中國制裁參與對臺軍售的美國企業　美國推進新的軍售計畫〉，《BBC中文網》，2020年10月27日。https://www.bbc.com/zhongwen/trad/chinese-news-54703484。

136 李國盛，〈40年戰略大轉彎！美國改出這一招，中國就不敢犯臺？〉，《遠見》，2020年9月5日，https://www.gvm.com.tw/article/74512。

阻止美國及其盟國對臺灣干預的信心增加。[137]這也反映美國在制定臺海政策時，比較傾向運用單方一廂情願的思維與方式去對待中國，反而忽略中國也是具有一定行爲能力的國家，能對美國的政策採取反制作爲。相對地，美國甚至欠缺評估其臺海政策可能對臺灣造成的政治、經濟與軍事後果是什麼。

2020年10月5日，美國在臺協會主席莫健（James Moriarty）於「美臺國防工業會議」致詞中表示：「穩定的兩岸關係對維護地區穩定至關重要，這一點沒有改變。然而，美國最近的公開演講和證詞強調，北京日益增加的威脅使得美國和臺灣加強合作，以維護臺灣的安全和整個地區的穩定。」[138]可是，兩岸關係從來不是單純兩岸之間的關係，美國因素一直扮演舉足輕重的角色，美、中、臺三邊互動才是兩岸問題的基本狀態。[139] 2020年9月16日，美國駐聯合國大使克拉夫特（Kelly Craft）與駐紐約臺北經濟文化辦事處處長李光章進行午餐會晤，克拉夫特表示，「若美國不爲臺灣挺身而出、對抗中國，那麼誰會願意挺身而出？」她更承諾協助臺灣參與聯合國事務，或是讓臺灣在世界衛生大會有一席之地。[140]當然，臺灣方面是樂見美臺關係的升溫，但美國始終

---

137 李宗憲，〈臺灣自由行禁令：中國對臺施壓如何影響兩岸關係〉，《BBC中文網》，2019年8月2日，https://www.bbc.com/zhongwen/trad/chinese-news-49197105。

138 "Remarks at U.S.-Taiwan Business Council, Defense Industry Conference," *U.S.-Taiwan Business Council*, October 5, 2020, p. 5. accessed at: https://www.us-taiwan.org/wp-content/uploads/2020/02/2020_october05_jim_moriarty_ait_key-note_intro.pdf.

139 〈美中臺三角關係已澈底改變〉，《中時新聞網》，2017年11月8日，https://www.chinatimes.com/opinion/20171108005363-262101?chdtv。

140 Edith M. Lederer, "US Envoy to United Nations Meets with Taiwan Official in New York," *The Diplomat*, September 18, 2020. accessed at: https://thediplomat.com/2020/09/us-envoy-to-united-nations-meets-with-taiwan-official-in-new-

是以自身的利益爲考量。

中國學者信強認爲，從美國的長期戰略取向觀之，遏制中國在歐亞大陸的崛起，始終是美國最爲關切的核心國家利益。不過，一旦臺灣尋求法理臺獨，美國與中國的關係及兩岸關係都會受到衝擊，進而影響美國在亞太的戰略與安全設計，會讓美國的全球戰略利益遭受嚴重打擊，[141]因爲兩岸關係的發展也會影響東亞地區安全情勢的結構與發展。

美國白宮國家安全顧問歐布萊恩（Robert O'Brien）在2021年1月5日的「一個自由、公開的印太區域」（A Free and Open Indo-Pacific）解密備忘錄中顯示，印太戰略目的是要維持美國的「主宰」地位，「支持活動和改革力量」，反對北京營造一個抗衡中國「一帶一路」、促進地區同美國經濟整合的局面。在實際的行動構想中，美國準備部署兵力防衛包括臺灣在內的國家，防止中國在海上和空中「主宰第一島鏈」；要維持美國在地區和更廣闊地區的主宰及對中國形成威懾，阻止中國對美國及其盟友和夥伴開展軍事行動。[142]這也意謂著，美國的盟友們遭受政治、軍事安全與經濟安全相互拉扯的挑戰。

東亞各國過去經濟上倚賴中國，政治與安全上倚賴美國，隨著美中關係的演變，東亞各國的戰略可能也會隨之調整，渠等面臨的選邊壓力也將逐漸提升。東亞現狀係建立在美國強大實力與安全保障之上，若美國選擇拋棄特定盟友，可能將導致連鎖效應，除可能加劇東亞軍備競賽外，美國更可能面對其他盟友的背叛，加速東亞現狀的崩解。[143]這應

---

york/.

141 信強，〈利益、戰略及美國臺海政策的矛盾性〉，《和平與發展》，總107期（2009年第1期），2009年2月，頁21-26。

142 “A Free and Open Indo-Pacific,” The White House, January 5, 2021. accessed at: https://www.whitehouse.gov/wp-content/uploads/2021/01/OBrien-Expanded-Statement.pdf.

143 游智偉，〈新瓶舊酒的美中新冷戰：美中價值觀與勢力範圍之爭〉，《全球政治評論》，第72期，2020年10月，頁9-20。

該不是美國所願意見到的。以太平洋島國爲例，所羅門群島在2019年與臺灣斷絕外交關係，轉而與中國建交，使得美國在南太平洋的地緣戰略競爭中失利，這也是美國與臺灣發展密切關係後的影響，而這些效應也可能發生在東亞其他地區。因爲，臺海議題所牽動的並非臺灣與中國而已，還包括朝鮮半島、東海與南海等地區，這些地區的問題都有連動性。

## 第五節　小結

在冷戰結束之後，亞太地區爲全球的政治、經濟與軍事重心。在這個區域內有朝鮮半島、東海釣魚臺、臺灣海峽，以及南中國海等四個衝突引爆點，其中與臺海兩岸相關的就有三個，這也代表著臺海兩岸的互動關係，對亞太的安全情勢及政治、經濟結構，有著非常重大的影響。美國向來自詡爲亞太國家，並聲稱有許多的利益在這個地方；同時美國又爲強權國家，其臺海政策的制定與發展，深深地牽動美、中、臺三邊關係與周邊的安全結構。

在冷戰期間乃至川普主政美國時期，美國的臺海政策基本上是以「三報一法」、「對臺六項保證」爲框架，逐步勾勒出其行動與作爲，只是歷任政府會因認知與解讀的差異有所調整，但不會脫離這個軸線。從整個歷史的脈動觀之，川普的政策比較迥異於以往，也使得兩岸的關係更加緊張與複雜。不過，無論美國的臺海政策設計是如何，維繫其國家利益的宗旨是不變的，除政治、經濟與軍事等安全及利益的考量外，其臺海政策也在全球戰略布局亞太政策，或是印太戰略的架構當中。

自川普於2017年1月就任美國總統後，至2020年底，在其臺海政策的操作下，臺灣與美國之間的關係愈趨緊密，這也連帶使得臺海兩岸關係疏離與緊張。就立即的效益來看，無論是美中貿易戰或對臺軍售，都使美國能主導局勢發展並從中獲得利益。然而，一項對外政策的設計除要考量目標與利益之外，更要評估其長期的影響與風險。在結構上，美國單方的臺海政策與美、中、臺關係息息相關，其中又包括美中關係、美臺關係與兩岸關係，甚至會連動東北亞與東南亞情勢。在風險上，美國的友臺政策與對臺軍售，已可能導致兩岸間的衝突與戰爭，除影響美國的戰略布局外，也會讓美國陷入是否介入衝突的困境，介入可能會使美國與中國間的戰爭可能性增加，進而造成巨大的損失；冷眼旁觀，則又會讓美國的盟友失去政治信任。再者，一旦臺灣若落入中國之手，美國會直接面臨中國的軍事威脅，或引發東亞地區的軍備競賽。臺灣雖在短期間會因美國的政策而獲益，但長期利益或潛在性的風險卻是令人擔憂的。

綜合言之，美國在川普時期的臺海政策，比較偏單方的思維與利益考量，反而欠缺長期與全盤性的考量，且躁進、缺乏風險管控及評估的政策思維，容易讓美國陷入兩難困境中，得不償失。

## 參考文獻

〈1982年解密電報：對臺軍售&對臺各項保證〉，美國在臺協會，https://www.ait.org.tw/zhtw/our-relationship-zh/policy-history-zh/key-u-s-foreign-policy-documents-region-zh/six-assurances-1982-zh/（檢索日期：2020/09/10）。

《中美共同防禦條約》，文化部，https://cna.moc.gov.tw/home/zh-tw/history/36153。

〈美臺關係〉，美國在臺協會，https://www.ait.org.tw/zhtw/our-relationship-zh/policy-history-zh/us-taiwan-relations-zh/（檢索日期：2020/09/10）。

〈美國前總統柯林頓訪臺〉，《外交部通訊》，第5期，https://multilingual.mofa.gov.tw/web/web_UTF-8/out/2505/mofa_index_2_2.htm。

〈北京受訪　鮑爾：臺灣非主權國家〉，《TVBS新聞網》，2004年10月26日，https://news.tvbs.com.tw/other/471139。

〈美國學者：鮑爾兩岸和平統一說法是口誤〉，《大紀元》，2004年10月26日，https://www.epochtimes.com/b5/4/10/26/n700335.htm。

〈早期雷根立場反共與臺友好〉，《TVBS新聞網》，2004年6月11日，https://news.tvbs.com.tw/other/489607。

〈美國鼓勵臺灣拓展國際空間〉，《美國之音》，2016年8月31日，https://www.voacantonese.com/a/us-encoourages-taiwan-to-expand-international-

space-20160831/3487799.html。
〈美中臺三角關係已澈底改變〉，《中時新聞網》，2017年11月8日，https://www.chinatimes.com/opinion/20171108005363-262101?chdtv。
〈美國優先爲前提川普貿易政策5方向〉，《中央通訊社》，2017年4月1日，https://www.cna.com.tw/news/firstnews/201704010129.aspx。
〈臺灣關係法與三公報讀懂美國一中政策〉，《中央通訊社》，2017年4月5日，https://www.cna.com.tw/news/firstnews/201704050301.aspx。
〈亞太政經新格局與臺灣的因應〉，《大紀元》，2017年5月30日，http://www.epochtimes.com/b5/17/5/30/n9203470.htm。
〈逐步增溫的臺美關係〉，《自由時報》，2018年7月29日，https://news.ltn.com.tw/news/politics/paper/1220305。
〈美臺關係正常化的第一道分水嶺〉，《民報》，2018年8月16日，https://www.peoplenews.tw/news/b9ab1a34-f7ec-4fc7-98c9-1a6dab716d87。
〈金融時報：美方一再要求臺灣管制台積電供貨華爲〉，《聯合新聞網》，2019年11月4日，https://udn.com/news/story/6811/4142902?list=thumb。
〈習近平定調九二共識內涵新增國家統一目標〉，《中央通訊社》，2019年1月2日，https://www.cna.com.tw/news/firstnews/201901020092.aspx。
〈9個月來第6次！專家：美海警船首次公開路過臺海〉，《自由時報》，2019年3月25日，https://news.ltn.com.tw/news/world/breakingnews/2738141。
〈針對美國國務卿龐培歐發言總統府表達感謝〉，《中華民國總統府》，2019年3月29日，https://www.president.gov.tw/NEWS/24222。
〈《臺灣關係法》40週年AIT處長：美臺關係重要性更甚以往〉，《香港經濟日報》，2019年4月10日，https://china.hket.com/article/2321876/%E3%80%90%E5%8F%B0%E6%B5%B7%E5%B1%80%E5%8B%A2%E3%80%91%E3%80%8A%E5%8F%B0%E7%81%A3%E9%97%9C%E4%BF%82%E6%B3%95%E3%80%8B40%E5%91%A8%E5%B9%B4%20AIT%E8%99%95%E9%95%B7%EF%BC%9A%E7%BE%8E%E5%8F%B0%E9%97%9C%E4%BF%82%E9%87%8D%E8%A6%81%E6%80%A7%E6%9B%B4%E7%94%9A%E4%BB%A5%E5%BE%80。
〈臺灣關係法40年酈英傑：美臺關係重要性更甚以往〉，《中央通訊社》，2019年4月10日，https://www.cna.com.tw/news/firstnews/201904100065.aspx。
〈美政界大咖發聲促美臺洽簽雙邊FTA〉，《自由時報》，2019年4月3日，https://ec.ltn.com.tw/article/paper/1278815。
〈王友群：美國全面提升對臺關係的十個表現〉，《新唐人電視臺》，2019年4月4日，https://www.ntdtv.com/b5/2019/04/03/a102548315.html。
〈美國眾院議長佩洛西：《臺灣保證法》展現美對臺承諾〉，《美國之音》，2019年5月10日，https://www.voacantonese.com/a/pelosi-taiwan-assurance-act-

demonstrates-us-committment-to-taiwan-20190509/4911254.html。
〈六四30週年：美國外交官的「艱難抉擇」〉，《BBC中文網》，2019年5月22日，https://www.bbc.com/zhongwen/trad/world-48100530。
〈臺灣新角色：貿易戰、軍售和印太戰略中的「臺灣牌」〉，《BBC中文網》，2019年6月7日，https://www.bbc.com/zhongwen/trad/chinese-news-48555739。
〈美國務院批准售臺108輛M1A2戰車〉，《聯合新聞網》，2019年7月9日，https://udn.com/news/story/10930/3917595
〈美中臺關係：美國對臺軍售——臺海硝煙未起中美輿論已充滿火藥味〉，《BBC中文網》，2020年10月23日，https://www.bbc.com/zhongwen/trad/chinese-news-54667676。
〈中美關係：中國制裁參與對臺軍售的美國企業美國推進新的軍售計畫〉，《BBC中文網》，2020年10月27日，https://www.bbc.com/zhongwen/trad/chinese-news-54703484。
〈中美關係：美國一週兩筆對臺灣軍售美中臺是否拋棄「戰略模糊」引關注〉，《BBC中文網》，2020年10月29日，https://www.bbc.com/zhongwen/trad/chinese-news-54716319。
〈新臺海危機下的臺灣兵法〉，《聯合新聞網》，2020年10月8日，https://udn.com/news/story/6842/4911853。
〈川普時代落幕臺美關係回到過去？〉，《中央廣播電臺》，2020年11月11日，https://www.rti.org.tw/news/view/id/2084443。
〈武裝臺灣「刺蝟戰略」 BBC：美國對臺軍售背後的盤算〉，《天下雜誌》，2020年12月31日，https://www.cw.com.tw/article/5105028。
〈路透：美國2020年對臺軍售已達1441億〉，《中央通訊社》，2020年12月8日，https://www.cna.com.tw/news/firstnews/202012080161.aspx。
〈薛瑞福：美臺日應合作出口管制對抗中共軍民融合〉，《聯合新聞網》，2020年12月8日，https://udn.com/news/story/10930/5075538。
〈美通過臺北法案 外交部：反映臺美關係緊密友好〉，《聯合新聞網》，2020年3月5日，https://udn.com/news/story/6656/4391084?from=udn-catebreaknews_ch2。
〈中美臺三角：中美三大聯合公報中有關臺灣的表述與看點〉，《BBC中文網》，2020年8月17日，https://www.bbc.com/zhongwen/trad/world-53698726。
〈美國總統特朗普當選以來的美臺關係大事紀〉，《BBC中文網》，2020年8月17日，https://www.bbc.com/zhongwen/trad/chinese-news-53744599。
〈美國解密對臺灣「六項保證」中國擔憂「提升美臺實質關係」〉，《BBC中文網》，2020年9月2日，https://www.bbc.com/zhongwen/trad/world-53998804。
〈美戰略越清楚臺海越危險〉，《中時新聞網》，2020年9月8日，https://www.

chinatimes.com/newspapers/20200908000077-260302?chdtv。

〈國防部新聞發言人譚克非就美臺進行所謂「政治軍事對話」答記者問〉，中華人民共和國國防部，2021年1月7日，http://www.mod.gov.cn/big5/topnews/2021-01/07/content_4876677.htm。

李大中，〈川普政府「印太區」與「印太戰略」的評估〉，《交流雜誌》，第157期，2018年2月，http://www.sef.org.tw/ct.asp?xItem=1043459&ctNode=4407&mp=1。

李宗憲，〈臺灣自由行禁令：中國對臺施壓如何影響兩岸關係〉，《BBC中文網》，2019年8月2日，https://www.bbc.com/zhongwen/trad/chinese-news-49197105。

李國盛，〈40年戰略大轉彎！美國改出這一招，中國就不敢犯臺？〉，《遠見》，2020年9月5日，https://www.gvm.com.tw/article/74512。

李登科，〈美國對華政策新趨勢〉，《展望與探索》，第2卷第11期，2004年11月，頁1-3。

李漁，〈「九一一」五年後：反恐與中美關係〉，《德國之聲》，2006年4月9日，https://www.dw.com/zh/%E4%B9%9D%E4%B8%80%E4%B8%80%E4%BA%94%E5%B9%B4%E5%90%8E%E5%8F%8D%E6%81%90%E4%B8%8E%E4%B8%AD%E7%BE%8E%E5%85%B3%E7%B3%BB/a-2155668#。

沃倫・科恩，〈尼克森在中國：世界史上的一個轉捩點〉，《美國國務院電子期刊》，2006年4月，https://www.americancorner.org.tw/zh/events-in-us-foreign-relations/cohen.htm。

沈有忠，〈美中臺三角關係在近期的發展〉，《全球政治評論》，第68期，2019年10月，頁7-12。

林子立，〈美「中」競逐對兩岸關係的影響〉，《展望與探索》，第17卷第1期，2019年1月，頁107-116。

林正義，〈「特殊的國與國關係」之後美國對臺海兩岸的政策〉，《「展望跨世紀兩岸關係」學術研討會論文集》，2011年，http://ntupsr.s3.amazonaws.com/psr/wp-content/uploads/2011/11/%E6%9E%97%E6%AD%A3%E7%BE%A9105-126.pdf。

林正義，〈「中美共同防禦條約」及其對蔣介石總統反攻大陸政策的限制〉，《國史館館刊》，第47期，2016年3月，頁119-166。

林楓、嶽誠，〈櫛風沐雨：40年美中關係回顧與展望〉，《美國之音》，2019年3月2日，https://www.voachinese.com/a/documentary-40-years-of-us-china-relations-20190301/4809645.html。

信強，〈利益、戰略及美國臺海政策的矛盾性〉，《和平與發展》，總107期（2009年第1期），2009年2月，頁21-26。

修春萍，〈美國臺海政策的演化與當前的主要特點〉，《中國社會科學院臺灣研究所》，2014年11月19日，http://cass.its.taiwan.cn/zjlc/xcp/201411/t20141119_8064971.htm。

唐永瑞，〈美、「中」競合下的中共對臺政策變與不變〉，《展望與探索》，第16卷第12期，2018年12月，頁100-116。

張雅君，〈中共與美日的亞太海權競爭：潛在衝突與制度性競爭機制〉，《中國大陸研究》，第41卷第5期，1998年5月，頁5-20。

游智偉，〈新瓶舊酒的美中新冷戰：美中價值觀與勢力範圍之爭〉，《全球政治評論》，第72期，2020年10月，頁9-20。

楊永明，〈「從戰略模糊到三不政策：美國對臺政策的轉變」〉，《理論與政策》，第12卷第4期，1998年12月，頁87-105，http://club.ntu.edu.tw/~yang/Paper-Three-Noes.htm。

楊光舜，〈《臺灣保證法》不僅是《臺灣關係法》升級版，更是美臺關係的新里程碑〉，《The News Lens關鍵評論》，2019年3月29日，https://www.thenews-lens.com/article/116365。

葉長城，〈美國印太戰略的形成、發展及其對臺灣經貿之意涵〉，中華經濟研究院WTO及RTA中心，2019年8月15日，https://web.wtocenter.org.tw/Mobile/page.aspx?pid=328192&nid=126。

詹寧斯，〈誰是美臺關係背後的推手〉，《美國之音》，2019年3月28日，https://www.voacantonese.com/a/taiwan-us-relations-20190328/4851838.html。

趙守博，〈從美中關係遽變談美中臺三角關係〉，《兩岸U活網》，2020年9月17日，https://www.7lifetime.com/%E5%BE%9E%E7%BE%8E%E4%B8%AD%E9%97%9C%E4%BF%82%E9%81%BD%E8%AE%8A%E8%AB%87%E7%BE%8E%E4%B8%AD%E5%8F%B0%E4%B8%89%E8%A7%92%E9%97%9C%E4%BF%82/。

趙春山，〈中美戰略競爭下的兩岸關係〉，《歐亞研究》，第4期，2018年7月，頁1-10。

趙國材，〈麥克阿瑟的幽靈縈繞著司徒文〉，《海峽評論》，第311期，2016年11月，https://www.haixia-info.com/articles/8739.html。

劉俞妗，〈臺美關係邁向正常化？紐時：美國官員盼與臺灣變成「國與國關係」，只差還沒承認主權〉，《風傳媒》，2020年8月19日，https://www.storm.mg/article/2955253?page=2。

劉萬俠，〈美國臺海政策的歷史性調整及其影響〉，《學術堂》，2019年6月20日，http://www.lunwenstudy.com/taiwanwt/141154.html。

蔡榮祥，2007年。〈小布希政府時期之美中臺三角關係的持續與變遷〉，《臺灣國際研究季刊》，第3卷第1期，2007年，頁71-98。

賴怡忠，〈從國際戰略看北京一中原則〉，《新世紀智庫論壇》，第30期，2005年6月，頁31-44。

謝奕旭，〈美國國家安全戰略中臺灣的角色〉，《復興崗學報》，第80期，2004年，頁249-272。

鍾辰芳，〈中國軍力崛起是美國總統的難題〉，《美國之音》，2020年11月9日，https://www.voachinese.com/a/china-military-rise-a-challenge-to-us-president-20201103/5647062.html。

羅際芳、林文清，〈美國的中國政策(1949~2004)〉，《東海大學圖書館館訊》，第120期，2011年9月15日，頁48-76，http://sc.lib.thu.edu.tw/upfiles/mgz/120%E6%9C%9F/120%E6%9C%9F48-76.pdf。

"Summary of the 2018 National Defense Strategy of The United States of America," Department of Defense. accessed at: https://dod.defense.gov/Portals/1/Documents/pubs/2018-National-Defense-Strategy-Summary.pdf.

"*Taiwan Relations Act (Public Law 96-8, 22 U.S.C. 3301 et seq.)*," American Institute in Taiwan. accessed at: https://www.ait.org.tw/our-relationship/policy-history/key-u-s-foreign-policy-documents-region/taiwan-relations-act/ (2020/09/12).

"*U.S.-PRC Joint Communique* (1972)," American Institute in Taiwan. accessed at: https://www.ait.org.tw/our-relationship/policy-history/key-u-s-foreign-policy-documents-region/u-s-prc-joint-communique-1972/ (2020/09/12).

"*U.S.-PRC Joint Communique* (1979)," American Institute in Taiwan. accessed at: https://www.ait.org.tw/our-relationship/policy-history/key-u-s-foreign-policy-documents-region/u-s-prc-joint-communique-1979/ (2020/09/12).

"*U.S.-PRC Joint Communique* (1982)," American Institute in Taiwan. accessed at: https://www.ait.org.tw/our-relationship/policy-history/key-u-s-foreign-policy-documents-region/u-s-prc-joint-communique-1982/ (2020/09/12).

"China Mutual Defense (1954)," American Institute in Taiwan. accessed at: https://web-archive-2017.ait.org.tw/en/sino-us-mutual-defense-treaty-1954.html.

"Remarks by the President and the First Lady in Discussion on Shaping China for the 21st Century," *Shanghai Library (*1998/06/30*)*.

"H.R.5680 - Taiwan Defense Assessment Commission Act of 2018," *U.S. Congress*, accessed at: https://www.congress.gov/bill/115th-congress/house-bill/5680/text (2018/05/07).

"Taiwan-U.S. Relationship Will Continue to Prosper: American Official," *Focus Taiwan CNA English News* accessed at: http://focustaiwan.tw/news/aipl/201904100019.aspx (2019/04/10).

"Ronald Reagan's Long-Hidden Racist Conversation with Richard Nixon," *The Atlantic*.

accessed at: https://www.theatlantic.com/ideas/archive/2019/07/ronald-reagans-racist-conversation-richard-nixon/595102/ (2019/07/31).

"Remarks at U.S.-Taiwan Business Council, Defense Industry Conference," *U.S.-Taiwan Business Council*. accessed at: https://www.us-taiwan.org/wp-content/uploads/2020/02/2020_october05_jim_moriarty_ait_keynote_intro.pdf (2020/10/05).

"Secretary Michael R. Pompeo with Hugh Hewitt of the Hugh Hewitt Show," U.S. Department of State. accessed at: https://www.state.gov/secretary-michael-r-pompeo-with-hugh-hewitt-of-the-hugh-hewitt-show-6/ (2020/10/09).

"Secretary Michael R. Pompeo with Hugh Hewitt of The Hugh Hewitt Show," U.S. Department of State. accessed at: https://www.state.gov/secretary-michael-r-pompeo-with-hugh-hewitt-of-the-hugh-hewitt-show-7/ (2020/11/12).

"A Free and Open Indo-Pacific," The White House. accessed at: https://www.whitehouse.gov/wp-content/uploads/2021/01/OBrien-Expanded-Statement.pdf (2021/01/05).

Barno, David W., Nora Bensahel and Travis Sharp, 2012. "Pivot but Hedge: A Strategy for Pivoting to Asia While Hedging in the Middle East," *ORBIS*, 56(2), 158-176.

Bosco, Joseph A., "Taiwan and Strategic Security," *The Diplomat*. accessed at: https://thediplomat.com/2015/05/taiwan-and-strategic-security/ (2015/05/15).

Bosco, Joseph A., "Cross Strait Relations: The Strategic Importance of Taiwan," *Taiwan Insight*. accessed at: https://taiwaninsight.org/2018/02/26/cross-strait-relations-the-strategic-importance-of-taiwan/ (2018/02/26).

Campbell, Kurt M., "Asia Overview: Protecting American Interests in China and Asia," Testimony before the House Committee on Foreign Affairs Subcommittee on Asia and the Pacific. accessed at: http://www.uspolicy.be/headline/asia-overview-protecting-american-interests-china-and-asia (2018/10/20).

Campbell, Kurt, Brian Andrews, "Explaining the US 'Pivot' to Asia," *Chatham House*. accessed at: http://www.chathamhouse.org/sites/default/files/public/Research/Americas/0813pp_pivottoasia.pdf (2018/10/15).

Canrong, Jin, 2001. "The US Global Strategy in the Post-Cold War Era and Its Implications for China-United States Relations," *Journal of Contemporary China*, *10*(27): 309-315.

Chang, James C. P., "U.S. Policy toward Taiwan," Harvard University. accessed at: https://projects.iq.harvard.edu/files/fellows/files/chang.pdf (2011/06).

Department of Defense, 1992. *A Strategic Framework for the Asian Pacific Rim: Report to the Congress 1992*. Washington, D.C.: Department of Defense.

Department of Defense, 1995. *The United States Security Strategy for the East-Asia-Pacific Region*. Washington, D.C.: Department of Defense.

Department of Defense, 2015. *The Asia-Pacific Maritime Security Strategy: Achieving U.S. National Security Objectives in a Changing Environment*. Washington, D.C.: Department of Defense.

Haass, Richard, David Sacks, "American Support for Taiwan Must Be Unambiguous," *Foreign Affairs*. accessed at: https://www.foreignaffairs.com/articles/united-states/american-support-taiwan-must-be-unambiguous (2020/09/02).

Khalilzad, Zalmay, Abram N. Shulsky, Daniel Byman, Roger Cliff, David T. Orletsky, David A. Shlapak, Ashley J. Tellis, 1999. *The United and a Rising China: Strategic and Military Implications*. Santa Monica: RAND.

Klintworth, Gary, 2001. "China, Taiwan and the United States," *Pacific Review*, *13*(1), 41-59.

Kuo,Yujen, "Japan's Roles in the Indo-Pacific Strategy, " *Prospect Journal*, No. 19. accessed at: https://www.pf.org.tw/files/6236/8B3BC62D-6F19-4E23-8D96-3BBC3042464F (2018/01/01).

Lederer, Edith M., "US Envoy to United Nations Meets with Taiwan Official in New York," *The Diplomat*. accessed at: https://thediplomat.com/2020/09/us-envoy-to-united-nations-meets-with-taiwan-official-in-new-york/ (2020/09/18).

Miles, Donna, "Locklear: PACOM's Priorities Reflect New Strategic Guidance," *American Forces Press Service*. accessed at: http://www.defense.gov/news/newsarticle.aspx?id=116397 (2012/05/18).

Nathan, Andrew J., 2000. "What's Wrong with American Taiwan Policy," *The Washington Quarterly*, *23*(2): 91-106.

Ortagus, Morgan, "Update on Department Transition Efforts and Travel," U.S. Department of State. accessed at: https://www.state.gov/update-on-department-transition-efforts-and-travel/ (2021/01/12).

Pompeo, Michael R., "Lifting Self-Imposed Restrictions on the U.S.-Taiwan Relationship," U.S. Department of State. accessed at: https://www.state.gov/lifting-self-imposed-restrictions-on-the-u-s-taiwan-relationship/ (2021/01/09).

Ross, Robert S., 2002. "Navigating the Taiwan Strait: Deterrence, Escalation Dominance, and U.S.-China Relations," *International Security*, *27*(2), 48-85.

Roy, Deny, 2003. "Rising China and U.S. Interests: Inevitable vs. Contingent Hazards," *ORBIS, 47*(1), 125-137.

Saunders, Phillip C., 2013/08. "The Rebalance to Asia: U.S.-China Relations and Regional Security," *Strategic Forum*, No. 281: 1-16.

Sen, Askumar, "A Free and Open Indo-Pacific," *Atlantic Council*. accessed at: http://www.atlanticcouncil.org/blogs/new-atlanticist/a-free-and-open-indo-pacific

(2018/07/31).

Stanton, William A., "The Strategic Significance of Taiwan," *American Citizens for Taiwan*. accessed at: https://medium.com/american-citizens-for-taiwan/the-strategic-significance-of-taiwan-b49978b7f1b4 (2018/08/04).

Stanton, William A., "Why Taiwan Deserves Stronger U.S. Support," *Jewish Policy Center*. accessed at: https://www.jewishpolicycenter.org/2016/09/28/taiwan-deserves-stronger-u-s-support/ (2016/09/28).

The White House, 1999. *A National Security Strategy for a New Century*. Washington, D.C.: The White House.

The White House, 2010. *National Security Strategy*. Washington, D.C.: The White House.

The White House, 2017. *National Security Strategy of the United States of America*. Washington, DC: The White House.

Tillerson, Rex, "Defining Our Relationship with India for the Next Century: An Address by U.S. Secretary of State Rex Tillerson," *Center for Strategic and International Studies*. accessed at: https://www.csis.org/events/defining-our-relationship-india-next-century-address-us-secretary-state-rex-tillerson (2017/10/18).

Trump, Donald, "Remarks by President Trump at APEC CEO Summit, Da Nang, Vietnam," The White House. accessed at: https://www.whitehouse.gov/briefings-statements/remarks-president-trump-apec-ceo-summit-da-nangvietnam (2017/11/10).

U.S. Department of Defense, 2019. *Indo-Pacific Strategy Report: Preparedness, Partnerships, and Promoting a Networked Region*. Washington, DC: Department of Defense.

Wees, Gerrit van der, "Taiwan-U.S. Relations Face a Watershed Year," *Taiwan Insight*. accessed at: https://taiwaninsight.org/2018/04/17/taiwan-us-relations-at-a-watershed/ (2018/04/17).

Wong, Edward, "U.S. Tries to Bolster Taiwan's Status, Short of Recognizing Sovereignty," *The New York Times*. accessed at: https://www.nytimes.com/2020/08/17/us/politics/trump-china-taiwan-hong-kong.html (09/25/2020).

Yang, Jiemian, 2001. "The Quadrilateral Relationship between China, the United States, Russia and Japan at the Turn of the Century--A View from Beijing," *Pacific Review*, 13 (1): 107-115.

# 第十二章

# 臺灣的國際與外交戰略及政策

第一節　冷戰時期臺灣的國際戰略與對外政策

第二節　從南向政策到新南向政策

第三節　新南向政策的戰略目標與考量

第四節　兩岸關係與美國因素對臺灣外交戰略的影響

第五節　臺灣對外戰略與政策的評估

第六節　小結

政府爲解決問題而存在，基於此，政府必須採取決策。從某方面來說，整個政府的過程就是無止盡的決策過程，例如如何回應最新的國際危機、是否要增稅或刪減服務、如何在經濟發展與環境保護間取得平衡、如何處理經濟危機、如何面對交通阻塞問題……。[1]申言之，外交政策則是一個國家在國際社會上與其他國家間交往的策略指針。一般而言，國家對外行動的制定須考量眾多因素，不外乎是內外環境因素。亦即，整體國際環境局勢發展、國際體系與結構、他國政策與利益考量等外部環境因素的影響；而在內部環境因素方面，除國家自身的安全、利益、政策目標之外，在民主國家中，政黨、民意等內部因素也不容忽視。

「戰略」（Strategy）一詞有許多不同的定義及解讀，但大都是相似的。西方知名軍事戰略家李德哈特（B. H. Liddell Hart）認爲，「戰略是分配和運用軍事工具達到政策目標的一種藝術。」[2]法國戰略思想家薄富爾（Andre Beaufre）認爲：「戰略是一種力量的運用，以使力量對於政策目標的達成可以做最有效的貢獻。」[3]美國軍方則將戰略界定爲：「依據需要而於平時與戰時發展及運用政治、經濟、心理、軍事力量的一種策略及科技，俾對政策提供最大支援，以增加勝利的可能性，造成對我有利之結果，並減低失敗的機會。」[4]戰略甚至也被視爲

---

1 Kenneth Newton & Jan W. Van Deth, *Foundations of Comparative Politics* (Cambridge: Cambridge University Press, 2010), p. 315.

2 B. H. Liddell Hart, *Strategy: The Indirect Approach* (London: Faber and Faber, 1967), p. 335.

3 Andre Beaufre著，鈕先鍾譯，《戰略緒論》（*An Introduction to Strategy*），臺北：麥田出版社，1996年9月，頁25-27。

4 三軍大學譯，《美國國防部軍語辭典》（*Department of Defense Dictionary of Military and Associated Terms*），臺北：國防部史政編譯局，1995年6月，頁625。

是，戰略菁英設計用以如何維護國家安全的理論。[5]綜上所述，戰略是目的、方法與手段之間的一種關係，其中，目的是目標或追尋的標的，方法則爲組織與運用資源的方式，手段是用以追求目標的資源。[6]

當然，戰略還有層級之分，如國際戰略、國家戰略、軍事戰略、軍種戰略、戰區戰略等，但無論何種層級的戰略，其目的都是一致的，均在達成國家的政策目標，只是運用的資源與力量不同而已。在以往的戰略思維中，僅強調如何運用軍事工具或力量來達成目標，然而，隨著時空環境的演變及全球化的影響，國家間的互動與交往模式已經有所改變，是故，戰略若僅考量軍事工具的使用是不足以達成國家政策目標，因此，還必須綜合使用國家的各種資源，甚或藉助國家以外的力量，基於此，國際與外交戰略無非是國家本身資源的運用，以及尋求或藉助其他國家的資源與力量來達成自身的政策目標。

依據《中華民國憲法》第141條的規定：「中華民國之外交，應本獨立自主之精神，平等互惠之原則，敦睦邦交，尊重條約及聯合國憲章，以保護僑民權益，促進國際合作，提倡國際正義，確保世界和平。」要達成憲法律定的世界和平及保護僑民權益的外交政策目標，就必須獲得相關國家力量與資源的協助，這也意謂國家不能獨立於國際社會之外，必須想方設法與其他國家發展或建立實質的關係，以有利國家目標的完成，中華民國自不例外。

## 第一節　冷戰時期臺灣的國際戰略與對外政策

在國際體系中，任何一個國家的對外政策取向，幾乎都是依國內情

---

5 蔡裕明，〈當前國際戰略理論——發展與前景〉，《臺灣國際研究季刊》，第15卷第2期，2019年，頁36。

6 Robert H. Dorff著，〈戰略發展初探〉，輯於高一中譯，《美國陸軍戰爭學院戰略指南》（*U.S. Army War College Guide to Strategy*），臺北：國防部史政編譯局，2001年9月，頁19。

勢與國際環境交互作用而產出的，無論是國內或國際的環境發生變化，國家也都必須依這個變化，適度地調整其對外政策與關係。[7]中華民國的對外政策與戰略也不例外，都要盱衡國內外環境局勢的發展，做出最有利的判斷，並依此選擇最佳的外交戰略方針。

冷戰開始未久，美國的全球戰略思想乃是以圍堵共產主義的擴張爲主軸，中華民國剛好是美國圍堵共產主義不可或缺的一環，自然也加入以美國爲首的自由民主陣營，而臺灣也堅持「漢賊不兩立」的原則與精神，堅決反共。此外，由於中共被視爲構成世界安全威脅的主要敵人，臺灣又剛好位於第一島鏈的核心位置，所以在1954年12月2日與美國簽訂《中美共同防禦條約》（*Mutual Defense Treaty between the United States of America and the Republic of China*），因此，在這樣的反共氛圍與環境情勢下，中華民國與美國領導的多數自由國家間建立外交關係。[8]然而，好景不常，當美國決定與中國關係正常化、中華民國退出聯合國，以及1979年美國與中國建交之後，中華民國的外交戰略與政策逐漸受到這些變化的影響，形勢與處境更爲艱難。在我國退出聯合國之前，基本上外交是以鞏固邦誼爲主，致力於爭取友邦，以謀求「確保臺灣，光復大陸」。[9]

中華民國退出聯合國之後，整體外交情勢迅速改變，在短短一年內，邦交國從原有的60多國減少爲40餘國，到1987年底的時候，僅剩20餘國。那些原本與臺灣友好的國家，都相繼與中國建交。面對外交的險峻局勢，當時的總統蔣經國先生逐漸調整「漢賊不兩立」的堅持，改採

---

7 蔡政文，《國際環境與我國對外關係》，臺北：黎明文化，1988年8月，頁56。

8 彭懷恩，《中華民國政府與政治》，臺北：風雲論壇，1991年5月，頁16。

9 〈外交關係的展開〉，《教育雲》，http://163.28.10.78/content/junior/history/ks_edu/taiwan/chap7/index731.htm#。

「彈性外交」的策略，以「不是敵人，就是朋友」的立場，強化與邦交國之間的友好關係，另一方面則與無邦交國簽訂經濟、貿易、文化及旅遊等協議，設立商務辦事處、商務代表團、關係協會、貿易中心等機構，力求突破逆境主動拓展國際空間。針對中國的外交攻勢與統戰策略，蔣經國總統則以「不接觸、不談判、不妥協」的三不政策加以回應。[10]

在我國與美國斷交後，臺灣仍本著平等互惠原則，以鞏固友邦的關係爲重點，爭取與新興國家發展關係及建交。至於非邦交國家，我國則透過貿易與投資等方式，強化與這些國家在文化、科技與觀光方面的交流，增進相互的認識與友好合作，以充分發揮總體外交的功能，開拓外交新形勢。[11]這即是所謂的「彈性外交」，當時的總統蔣經國先生，致力與無邦交國家發展經濟、貿易、文化、科技等實質關係，盡力維持我國在國際組織的會籍和權利，以及鞏固原有的邦交國家；與此同時，更積極參加或舉辦各種國際會議，藉以增進各國對我國的瞭解和合作，也鼓勵各種民間國際交流。[12]

1988年1月13日，蔣經國先生逝世，由副總統李登輝先生繼任總統，儘管臺灣的國際處境舉步維艱，但他認爲臺灣應該走出去，讓世人都知道臺灣的存在，因此，在其任內推動務實外交，期望藉由元首出訪的方式，拓展中華民國的國際能見度。1989年3月，李登輝先生應新加坡總理李光耀之邀，訪問新加坡，當時李登輝是以總統身分出訪，創下

---

10 朱重聖，〈永續經國——蔣故總統經國先生百年誕辰紀念特展〉，《歷史館刊》，第23期，2013年12月，https://www.yatsen.gov.tw/information_155_94005.html。

11 中央文化工作會，《中國國民黨與國際關係》（臺北：正中書局，1984年11月），頁236。

12 〈外交關係的展開〉，《教育雲》，http://163.28.10.78/content/junior/history/ks_edu/taiwan/chap7/index731.htm#。

中華民國總統首度訪問非邦交國的先例。[13]

其實，務實外交的推動是爲了因應國際情勢的變化，以及突破外交上的困境，不再強調臺灣戰略與軍事方面的重要性，轉而要以自身經濟實力所提供的優厚條件，使其他國家不再忌憚中國的壓力，進而提升與中華民國的關係。亦即，此種主動務實的外交，目的在於善用經濟實力，增進我國與其他國之間的互惠互利與合作關係，藉以開拓更爲寬廣的國際活動空間。在李登輝擔任總統之後，「務實外交」即成爲中華民國外交政策的最高指導原則。此前任何試圖與我國建立外交關係的國家，基於漢賊不兩立的原則，都必須先與中國斷交，再與我國談建交的相關事宜。但是務實外交改變原有的對外交往方式，任何國家若想與中華民國建立外交關係，我國都會與之建交，然而該國與中國的關係如何，臺灣方面不會加以過問。[14]

當然，務實外交的推動也會造成兩岸間的雙重承認問題。1989年1月，當時擔任外交部長的連戰先生表示，雙重承認的問題在北京，不在臺北。爲避免彈性外交一詞造成「獨立」的不當聯想，故而將當時的作爲改稱爲「務實外交」。[15]同樣地，只要有適當的名稱與地位，中華民國會願意重返或加入各個國際組織，而不去過問中國是否已經是會員國。[16]「務實外交」推動之後，中華民國陸陸續續與12個國家建

---

13 〈開創元首外交李登輝走向國際掀兩岸危機〉，《中央通訊社》，2020年7月31日，https://www.cna.com.tw/news/aipl/202007300333.aspx。

14 〈「務實外交」從孤立走向破冰　李登輝被稱來自臺灣的總統〉，《ETtoday新聞雲》，2020年7月30日，https://www.ettoday.net/news/20200730/1772115.htm。

15 趙建民，《兩岸互動與外交競逐》，臺北：永業，1994年7月，頁197-198。

16 李登科，〈中共在國際間孤立中華民國之策略與作法〉，輯於蔡瑋編，《中華民國與聯合國——「我國加入聯合國周邊組織之可行性」》，臺北：政治大學國際關係研究中心，1993年4月，頁75。

立邦交。同時也以「臺澎金馬關稅領域」名義申請加入「關稅暨貿易總協定」（GATT），以「中華臺北」之名加入「亞太經濟合作會議」（APEC）。1989年6月4日，中國爆發天安門事件，因北京方面動用軍隊血腥鎮壓學運活動，使得中國的對外關係受到全面性的影響，在這樣的時空環境下，位於中美洲地區的貝里斯與我國於1989年10月13日建交。

在務實外交政策下，中華民國的對外政策方針是，加強與友邦的雙邊關係、提升與無邦交國的實質關係，以及廣泛參加國際組織和活動。在當時，我國在60多個無邦交國家設有將近100個代表處或辦事處，並參加了800多個國際組織，[17]成果可謂豐碩。

## 第二節　從南向政策到新南向政策

1990年5月，李登輝先生就任中華民國第八任總統。當時正值蘇聯瓦解、東歐自由民主化，世界秩序調整，以及中國崛起之際，為讓臺灣在經濟上不過度依賴中國市場與拓展臺灣的經貿，李登輝總統於1993年提倡「南向政策」，意欲藉由銜接東南亞市場，讓此地成為臺商的海外生產基地，使臺灣擺脫對中國的經濟依賴。為配合南向政策的推展，李登輝總統於1994年出訪東南亞，以「度假外交」[18]方式訪問菲律賓、印尼、泰國等非邦交國，分別與菲律賓總統羅慕斯（Fidel Ramos）、印尼總統蘇哈托（Suharto）、泰國國王蒲美蓬（Bhumibol Adulyadej）等人會面。[19]

---

17 〈外交關係的展開〉，《教育雲》，http://163.28.10.78/content/junior/history/ks_edu/taiwan/chap7/index731.htm#。

18 所謂度假外交，是以度假為名，順便製造與其他國家元首在非正式場合不期而遇的機會，如此低調的原因是為防止中國的施壓、從中破壞。

19 〈開創元首外交李登輝走向國際掀兩岸危機〉，《中央通訊社》，2020年7月31日，https://www.cna.com.tw/news/aipl/202007300333.aspx。

「務實外交」爲李登輝政府之外交政策主軸，用以突破我國受中共打壓之國際孤立，而南向政策即爲「務實外交」之一環，希冀透過與東南亞國家發展實質經貿合作關係，拓展我外交空間。推動南向政策係結合經貿與政治之雙重考量，希冀與東南亞國家發展實質經貿合作關係，拓展我國的國際生存與發展空間。[20]

1995年6月，李登輝踏上美國本土，並在母校康乃爾大學以「民之所欲，長在我心」發表公開演講。他在演講中明確表示，「中華民國在臺灣」是友善且具實力的發展夥伴，有決心在國際社會扮演和平、具建設性的角色。[21]

2000年臺灣首次政黨輪替，長期執政的國民黨於選戰中失利，民進黨首次得到執政權。陳水扁先生主政之後，其所提出的外交政策即爲「全民外交」，目的是要以多元的方式來加強外交關係。當時的政策是要以臺灣爲主體，去制定對外關係策略，脫離中國以「一個中國」政策對兩岸關係進行束縛。自此，兩岸間進行激烈的邦交競逐。陳水扁總統任內出訪友邦達15次，是歷任總統之冠，但是臺灣在這段時間之中，邦交國數目也從29個減少到24個。[22]「全民外交」的理念，是希望透過民意的交流與全民的參與感，加強一般國民對外交工作與處境之認識，進而激發社會上各階層人士對於民間外交工作之參與，其內涵是「民主、民間、民意」。後來，爲因應臺灣加入世界貿易組織（World Trade Organization, WTO）之策略，以及回應東協自由貿易區成立後的經貿情

---

20 黃奎博、周容卉，〈我國「南向政策」之回顧與影響〉，《展望與探索》，第12卷第8期，2014年8月，頁61-69。

21 〈開創元首外交李登輝走向國際掀兩岸危機〉，《中央通訊社》，2020年7月31日，https://www.cna.com.tw/news/aipl/202007300333.aspx。

22 〈從李登輝、陳水扁到馬英九　邦交國爭奪戰未完待續〉，《The News Lens關鍵評論》，2013年11月19日，https://www.thenewslens.com/article/1085。

勢發展，臺灣在2002年7月重啟南向政策。

馬英九先生就任總統之後，隨即宣示不與中國打邦交國爭奪戰，故而提出「活路外交」的策略。目的是希望透過「活路外交」脫離過去的困境，但總體目標依舊是鞏固邦誼，擴大友誼，參與國際與維護尊嚴，期使臺灣的外交情況變得更好。活路外交的精神與理念是和務實外交一致的，基本構想不要在每一個國際社會場域和中國發生對立與衝突，一旦兩岸關係開始和解休兵時，也希冀這種情況能擴大延伸至外交上。但「活路外交」、「外交休兵」的基本是要能夠在兩岸之間建立一定程度的共識，願意改善兩岸關係，如果能擱置爭議、建立互信且求同存異，就能創造出雙贏局面。[23]

「活路外交」戰略與「外交休兵」政策，是有效把握國際體系現狀的外交方針。這使我國能在強權主宰的體系結構中，保衛自己「有意義、能發展」的生存條件。[24]活路外交推動之後，各國給予臺灣免簽優惠從2008年的60個，增加到2013年的139個。此外，臺灣也加入世界衛生組織成為觀察員，美國和日本更支持臺灣成為國際民航組織（ICAO）觀察員等，都是「活路外交」的成果。[25]

蔡英文女士就任中華民國總統之後，旋即於2016年6月24日首度出訪我國位於中南美洲的友邦國家——巴拿馬及巴拉圭[26]，她在臨行前發

---

23 〈總統訪視外交部並闡述「活路外交」的理念與策略〉，中華民國總統府，2008年8月4日，https://www.president.gov.tw/NEWS/12472。

24 張登及，〈馬總統「賀誼之旅」成果與政府「活路外交」前景研析〉，《展望與探索》，第11卷第9期，2013年9月，頁1。

25 〈從李登輝、陳水扁到馬英九邦　交國爭奪戰未完待續〉，《The News Lens關鍵評論》，2013年11月19日，https://www.thenewslens.com/article/1085。

26 巴拿馬於2017年6月13日與中國建交，中華民國隨即宣布與之斷絕外交關係。

表談話，希望能帶著臺灣人民想要走進世界的深切期盼，展開一場「踏實外交、互惠之旅」，將其任內的外交新思維定調爲「踏實外交」，也就是要腳踏實地，一步一腳印，勤勞、努力、務實，往目標穩健前進。她更表示，外交事務，不應該好高騖遠，只要有助於互助互惠的工作，都要去做；只要價值相近、誠懇相待，不管邦交或非邦交，通通都是臺灣的朋友，這就是所謂的「踏實外交」。[27]而踏實外交思維在東南亞、南亞及大洋洲等地區的具體實踐，則爲「新南向政策」（New Southbound Policy）。

2016年8月16日，蔡英文總統召集「對外經貿戰略會談」，並通過「新南向政策」政策綱領，明確揭示新南向政策理念、短中長程目標、行動準則及推動架構。[28]行政院隨後在9月5日正式提出「新南向政策推動計畫」，秉持「長期深耕、多元開展、雙向互惠」核心理念，整合各部會、地方政府，以及民間企業與團體的資源及力量，從「經貿合作」、「人才交流」、「資源共享」與「區域鏈結」四大面向著手，期望與東協、南亞及紐澳等國家，創造互利共贏的新合作模式，建立「經濟共同體意識」。[29]新南向政策就是臺灣的「亞洲區域戰略」，其最終目標是讓臺灣和區域及全世界的國家一起努力擴大及深化在東南亞與南亞的角色。[30]

27 〈總統啟程前往巴拿馬及巴拉圭兩友邦訪問〉，中華民國總統府，2016年6月24日，http://www.president.gov.tw/NEWS/20528。

28 《新南向政策綱領》，新南向政策專網，2016年8月16日，https://www.newsouthboundpolicy.tw/PageDetail.aspx?id=9d38cb45-4dfc-41eb-96dd-536cf6085f31&pageType=SouthPolicy。

29 行政院新聞傳播處，〈新南向政策推動計畫〉，新南向政策專網，2016年9月5日，https://www.newsouthboundpolicy.tw/PageDetail.aspx?id=cbf0a167-7c9e-4840-ba5b-2d47b5badb00&pageType=SouthPolicy。

30 〈出席玉山論壇　總統盼其成爲常態化區域對話平臺〉，中華民國總統府，2017年10月11日，http://www.president.gov.tw/NEWS/21671。

在出席「2017亞太智庫領袖峰會」開幕式時，蔡英文總統表示，臺灣會持續積極尋找在國際新秩序中的位置，採取「踏實外交，互惠互助」的外交方針，希望發展臺灣跟世界各國的互助關係，進而以實質合作，來強化彼此的友誼，創造雙贏。[31]「踏實外交」強調穩健踏實，互惠互助，致力於和平與發展，建立與邦交國永續夥伴關係，並與理念相近國家深化與廣化多元領域的實質關係，特別是與美國、日本、歐洲、加拿大、澳洲、紐西蘭等理念相近國家建立價值同盟關係，推動臺灣與國際接軌，持續爭取國際參與及對國際社會做出具體貢獻，發揮臺灣軟實力，並透過國際合作及人道救援等方式，提升臺灣的國際優質形象，讓臺灣成爲國際社會不可或缺的夥伴。[32]

新南向政策爲蔡英文政府執政後的重大外交政策，我國在過去曾經有二次類似的南向政策主張：第一次在1990年代李登輝擔任總統的時候，第二次在2002年陳水扁先生主政之時，前二次的重點在於與東南亞國家的經貿發展；蔡英文政府的新南向政策，將目標對象國家擴展至18國，並以人爲核心，將範圍擴展到觀光、教育、農業、科技、文化等項目。[33]新南向政策的推動也爲我國帶來許多成果，例如2019年我國與東協貿易額爲889.48億美元，我國對東協出口539.2億美元；東協10國中，有6國高居我國前20大貿易夥伴之列。在投資方面，我國爲泰國第9大外資國、越南第4大外資國、馬來西亞第11大外資國及印尼第19大外資

31 〈總統出席「2017亞太智庫領袖峰會」開幕式〉，中華民國總統府，2017年10月14日，http://www.president.gov.tw/NEWS/21682。

32 〈外交政策〉，中華民國行政院，2020年3月11日，https://www.ey.gov.tw/state/B099023D3EE2B593/e529d6b0-e467-45fc-9a5a-4facb49a8243。

33 Conor Stuart, “Opportunities and Challenges: Taiwan’s New Southbound Policy,” *IP Observer*, No. 7, October 28, 2016. accessed at: http://en.naipo.com/Portals/0/web_en/Knowledge_Center/Feature/IPNE_161028_0703.htm.

國。截至2019年底，東南亞各國在臺工作勞工超過70萬人。[34]

在非經貿方面。2016年5月，臺灣與印尼簽署《農業合作協定》、7月與越南簽署《跨境原產地證明書交換合作計畫瞭解備忘錄》、9月與越南《土壤及地下水保護技術暨科學合作協定》、10月與新加坡簽署《登革熱及蟲媒傳染病防治及研究合作備忘錄》；2017年3月與馬來西亞簽署《醫療品管理合作》、5月與印尼簽署《農業人力資源能力建構技術協議》及與越南簽署《電子商務領域合作瞭解備忘錄》、12月與菲律賓簽署《工藝產業合作瞭解備忘錄》、《工業產品符合性評鑑相互承認協議》、《投資保障及促進協定》及與印尼簽署《大地測量及空間資訊測繪合作協定》；2018年6月與印尼簽署《卡拉旺綜合農業示範區強化農企業培育發展計畫行動計畫書》、《工具機職業訓練合作備忘錄》、8月簽署《度量衡領域合作瞭解備忘錄》、11月簽署《技職教育與訓練合作備忘錄》、《全面性經濟合作備忘錄》、12月簽署《招募、引進及保護印尼海外勞工瞭解備忘錄》；2019年8月與印尼簽署《印尼青農在臺實習計畫協議》、12月與越南簽署《臺越投資保障協定》、《臺越動植物防疫檢疫合作備忘錄》及《臺越高等教育文憑及培訓課程互認協定》，在在顯示臺灣與東南亞拓展關係後的具體成效。[35]

## 第三節　新南向政策的戰略目標與考量

任何政府政策的設計與推動，都有其國家安全與戰略上的目標。就新南向政策言，臺灣的總體及長程目標在於：促進臺灣和東協、南亞及紐澳等國家的經貿、科技、文化等各層面的連結，共享資源、人才與市場，創造互利共贏的新合作模式，進而建立「經濟共同體意識」；建立

34 〈外交政策〉，中華民國行政院，2020年3月11日，https://www.ey.gov.tw/state/B099023D3EE2B593/e529d6b0-e467-45fc-9a5a-4facb49a8243。

35 同前註。

廣泛的協商和對話機制，形塑和東協、南亞及紐澳等國家的合作共識，並有效解決相關問題和分歧，逐步累積互信及共同體意識。[36]基此，啟動新南向政策的目的，在於重新定位臺灣於亞洲發展的重要角色，尋求新階段經濟發展新方向與動能，創造未來價值的經貿戰略。[37]新南向政策更是針對「東協共同體轉動東亞多層次整合」此一新形勢的臺灣「綜合安全」戰略，政策思維比過往的南向政策更見高度與廣度。[38]

新南向政策可以說是臺灣整體對外經貿戰略的重要環節。作爲亞洲及亞太地區的重要成員，臺灣必須因應全球情勢變化及區域整合趨勢，做出相應的調整。啟動新南向政策，是爲臺灣經濟發展尋求新的方向和新的動能，並重新定位臺灣在亞洲發展的重要角色，創造未來價值；同時，亦藉此開啟臺灣和東協、南亞及紐澳等國家廣泛的協商和對話，以期建立緊密合作，共創區域發展和繁榮。[39]

綜合言之，政府提出新南向政策是基於：要負責任的爲區域和平跟國際秩序做出貢獻；堅持對話與溝通，是達成目標最重要的關鍵；努力融入重要區域與國際經貿體系，願意和其他國家共享資源、人才與市場，擴大市場規模，讓資源有效利用等精神。[40]

我國學者陳佩修教授認爲，新南向政策可爲提供臺灣機遇，因爲東協與東南亞經濟蓬勃發展，市場潛力雄厚，是全球經濟成長的亮點，而

---

36 《新南向政策綱領》，新南向政策專網，2016年8月16日，https://www.new-southboundpolicy.tw/PageDetail.aspx?id=9d38cb45-4dfc-41eb-96dd-536cf6085f31&pageType=SouthPolicy。

37 同前註。

38 陳佩修，〈東協次區域整合的發展與臺灣新南向戰略的機遇：以「東寮緬越泰論壇」（CLMVT Forum）爲例〉，新南向與一帶一路研究中心，2020年12月9日，https://nspbri.tku.edu.tw/。

39 《新南向政策綱領》，前引文。

40 〈蔡英文：臺灣以務實態度參與國際組織〉，《自由時報》，2016年5月30日，http://news.ltn.com.tw/news/politics/breakingnews/1713161。

東協與印度在亞太地區的地位愈發舉足輕重；其次，東協經濟共同體於2015年底成立，是繼歐盟之後最大的區域經濟體，印度經濟的崛起也可帶動南亞經濟圈成長；第三，東協與南亞龐大的內需市場可提供臺灣經貿成長所需的重要動能，也是臺灣最重要的海外市場與經貿夥伴。[41]在2019年，臺灣與新南向國家的雙邊貿易總額超過1,100億美元，新南向國家來臺投資年成長超過10%。東南亞可說是全球經濟發展最快速的地區，因此，東南亞國家、印度、孟加拉、澳洲及紐西蘭等18個國家，早已成爲當前臺灣企業經略商貿版圖的首選。[42]

堅持對話與溝通，是臺灣爲區域和平與國際秩序做出貢獻，以及達成目標最重要的關鍵，新南向政策的精神也是基於此。[43]東南亞地區包括新加坡、馬來西亞、泰國、菲律賓、印尼、汶萊、越南、緬甸、寮國、柬埔寨及東帝汶等11國，總人口數達6億5,000餘萬，人力與自然資源豐沛。我國與東南亞各國雖無正式邦交，惟因歷史、文化、地緣及經濟條件互補等因素，與各國實質關係密切，係臺灣拓展經貿與分散市場之貿易及投資重鎮。蔡英文總統在2017年10月11日出席「玉山論壇：亞洲創新與進步對話」時指出，新南向政策的目標對象國家，擁有教育良好、有活力的年輕人口，是世界上成長最快速的經濟及潛力市場。新南向政策具有高度的包容性，和區域中的區域全面經濟夥伴協定、一帶一路、或印度、日本的自由走廊等合作倡議等，是相輔相成的，我國的首

41 陳佩修，〈新南向政策的整體戰略思考〉，《兩岸公評網》，2016年9月號，http://www.kpwan.com/news/viewNewsPost.do?id=1378。

42 〈臺商在全球產業平行系統和新南向政策下應有的策略〉，《工商時報》，2020年8月18日，https://view.ctee.com.tw/economic/22414.html。

43 〈蔡英文：臺灣以務實態度參與國際組織〉，《自由時報》，2016年5月30日，http://news.ltn.com.tw/news/politics/breakingnews/1713161（檢索日期：2017/10/15）。

要任務就是重新定位臺灣在區域中的角色。[44]

臺灣在區域發展當中，一直想扮演不可或缺的關鍵角色。但是區域的情勢快速變動，如果臺灣不善用自己的實力和籌碼，積極參與區域事務，不但將會變得無足輕重，甚至可能被邊緣化，喪失對於未來的自主權。臺灣現階段的經濟發展，和區域中許多國家高度關聯及互補。若透過與亞洲乃至亞太區域的國家合作，共同形塑未來的發展策略，不但可以爲區域的經濟創新、結構調整和永續發展做出積極貢獻，更可以和區域內的成員，建立緊密的「經濟共同體」意識。[45]

《新南向政策綱領》中提及，新南向政策要全面展開、落實推動，須有民意部門支持與地方政府的參與及配合，因此，中央政府應建立和立法院及地方政府的協調與聯繫機制，結合整體力量，爲新南向政策做出積極的貢獻和成果。[46]也就是說，政府新南向政策要考量的因素除國際結構與環境的因素外，還包括國內政治、民意等因素。在2017年外交部委外的民意調查結果中顯示，有70%的受訪民眾贊同政府推動「踏實外交」，並支持外交部在此政策下的工作項目，包括近85%的民眾贊同政府以雙向互惠互助的新模式，深化與友邦交流合作； 85%的民眾贊成政府妥適運用有限外交資源，對駐外館處做最有利的配置；近76%民眾贊同持續推動高層出訪；超過72%的民眾贊成政府不與中國以金錢競逐邦交國。民調結果也顯示，近80%的民眾贊同政府推動「新南向政策」，對照2016年底此項民調支持率爲71%，顯見民眾已更加瞭解並支持「新南向政策」。此外，超過80%的民眾對於與地方政府合作共同推動「新南向政策」表示支持；近72%的民眾支持外交部配合「新南

44 〈出席玉山論壇　總統盼其成爲常態化區域對話平臺〉，前引文。

45 〈中華民國第14任總統蔡英文女士就職演說〉，中華民國總統府，2016年5月20日，https://www.president.gov.tw/NEWS/20444。

46 《新南向政策綱領》，前引文。

向政策」，放寬東南亞及南亞國家人士來臺簽證便利措施。[47]這樣的民調也隱含政府外交政策的施行必須重視民意。

## 第四節 兩岸關係與美國因素對臺灣外交戰略的影響

我國自1971年退出聯合國之後，外交情勢日益險峻，隨著國際情勢之演變，我國外交政策雖持續在作法上相應調整，但長期以來外交困境始終無法突破。除了囿於中共打壓此一結構性因素，而必須將外交資源集中於美、日或歐盟等，對我國國家安全之保障有直接或間接助益的大國與集團之外，對於邦交國與我國在國際社會中的明確定位（identity），並未形成一套完整的外交論述。通常以金援作爲維持邦交的憑藉，鞏固邦誼不過是鞏固「邦交國數字」的代名詞。當中共經濟力量逐漸強大後，金錢外交的效用不但遞減，更成爲我外交作爲的包袱。此外，以民主或人權價值作爲拓展外交的核心價值，亦禁不起以權力政治掛帥的國際現實考驗。[48]

1987年7月15日，我國政府宣布解除戒嚴；同年11月2日，開放民眾赴中國探親。1991年，「海峽交流基金會」與「海峽兩岸關係協會」相繼成立，兩岸在政策規劃與事務執行上建立相對應的交流體系。1993年「海基會」董事長辜振甫與「海協會」會長汪道涵在新加坡展開「辜汪會談」，並簽署四項事務性協議，開啟兩岸以民間協商代替官方對抗的新時代。然而，兩岸關係雖在當時有所緩解，但兩岸大幅交流後，反而造成臺灣對中國的經貿依賴。

基本上，臺灣的生存不能忽視三個強權國家，即是美國、中國與日

---

47 〈外交部：7成以上民眾贊成踏實外交和新南向政策〉，《聯合新聞網》，2017年8月21日，https://udn.com/news/story/6656/2654472。

48 周志杰主持，國家發展委員會委託研究——《我國長期性國際參與策略之研究》，2015年3月，頁3，https://www.ndc.gov.tw/News_Content.aspx?n=E4F9C91CF6EA4EC4&sms=4506D295372B40FB&s=7801914D952E8C1F。

本。[49]其實，受到中國崛起的影響，任何國家在制定其政策時，無論是美國的亞太再平衡戰略（Asia-Pacific Rebalancing Strategy）或是印度的東進政策（Act East Policy），都必須考量中國的因素。我國的亞太政策是與兩岸關係相互影響的；新南向政策的提出是希望避免臺灣過度向中國方向傾斜，爲臺灣創造更多的戰略空間，以累積未來面對中國時的談判籌碼。[50]蔡英文總統在2017年國慶日的演說中曾表示：[51]

> 臺灣是整個亞太地區和平、穩定和繁榮不可或缺的角色。基於共同對民主、自由的堅持，我們會跟理念相近國家，保持密切的合作。同時，我們也積極推動「新南向政策」，跟周邊國家建立更緊密的關係和連結。……我們提出「新南向政策」的目的在於幫臺灣在國際社會，重新找到有利的位置。我要藉著這個機會，向全世界的朋友們說，面對快速變化的亞太地區，臺灣已經準備好爲區域的繁榮及穩定，扮演更重要的角色。……我們會致力維護臺海及區域和平穩定，捍衛臺灣自由民主的生活方式，及臺灣人民選擇未來的權利，不受影響。兩岸關係發展攸關臺灣前途及2,300萬人民的長遠福祉。

從上述蔡總統的談話中得知，臺灣的未來發展其實受限於亞太權力格局走向與兩岸關係的發展。我國在亞太地區的邦交國，基本上都是綜合實力弱小的國家。美國、日本、中國等強權國家是此地的核心國家，主導此地區的政治、軍事、經濟結構與發展，特別是渠等的戰略

49 施正鋒，〈以認同現實主義的觀點看美中日三角關係中的臺灣外交大戰略〉，《臺灣國際研究季刊》，第9卷第3期，2019年，頁3。

50 方天賜，〈觀點投書：爭辯中的新南向迷思〉，《風傳媒》，2016年6月13日，http://www.storm.mg/article/127702。

51 〈總統發表國慶演說　三面向實現「更好的臺灣」〉，中華民國總統府網頁，2017年10月10日，http://www.president.gov.tw/News/21662。

與關係架構，如亞太再平衡戰略（Asia-Pacific Rebalancing Strategy）、區域全面經濟夥伴協定（Regional Comprehensive Economic Partnership, RCEP）、美中新型大國關係、中國的「一帶一路」倡議、美日軍事同盟等，也因此，臺灣的各項作爲都受到這些結構的限制。在東亞複雜的格局與區域國際組織中，臺灣能突破或發揮的空間有限。不容否認，亞洲的崛起確實是二十一世紀最爲重要的變化，也爲國際安全及全球經濟帶來深遠的影響。若能在亞太地區找到突破口，即能爲臺灣的未來發展奠定基礎。蔡英文政府的總體戰略就是，「讓臺灣成爲國際社會不可或缺的夥伴」，兩大戰術則是與民主國家建立價值同盟的關係，並讓臺灣與國際制度接軌，是臺灣要繼續走的路。[52]

兩岸關係發展與中國內部、國際及區域情勢息息相關，且攸關我國家安全與利益；兩岸關係更是影響我國家生存與發展的重要因素，也是亞太地區繁榮與安定的關鍵。[53]在兩岸關係的發展上，政府認爲在區域和平及發展上，海峽兩岸都肩負很大的責任，也存在很多共同的利益，和東協、南亞及紐澳等國家的經濟合作，兩岸各具不同條件和優勢，若相互合作，可以發揮更大的力量。所以，未來不排除在適當時機，和對岸就相關議題及合作事項，展開協商和對話，促使新南向政策和兩岸關係能相輔相成，共創區域合作的典範。[54]這也意謂，新南向政策的成功與否也與兩岸關係發展的良窳相關。

透過經貿合作、人才交流、資源共享與區域鏈結等四大工作主軸，建構「以人爲本」的新南向政策，強化與新南向18個國家的雙向交

---

52 〈外交部次長：新政府外交戰略「讓臺灣不可或缺」〉，《自由時報》，2016年8月29日，https://news.ltn.com.tw/news/politics/paper/1026378。

53 〈兩岸關係〉，中華民國行政院，2017年3月14日，http://www.ey.gov.tw/state/News_Content3.aspx?n=A88B8E342A02AD0A&s=1147EAE977DA3799。

54 《新南向政策綱領》，前引文。

流，藉此平衡馬英九政府時期的西進策略。[55]畢竟臺灣對中國的經貿依存度過高，對臺灣形成莫大的經濟安全威脅。依據中國海關總署統計，2020年1-11月，兩岸進出口貿易總額是2,356.9億美元，占中國進出口貿易額的5.4%，其中中國從臺灣進口1,817.1億美元，占同期中國進口總額的9.8%；而臺灣出口中國卻占臺灣出口總額的43.8%，臺灣從中國獲得的貿易順差是1,277.3億美元。[56]對一般國家而言，對外經貿往來越密切，越有助國內經濟成長，越有利國家安全，但是對臺灣而言，與中國的經貿往來如果越密切，則容易讓中國有機會用經貿來威脅臺灣，畢竟兩岸的衝突與敵意，並未因經貿互動而減少。因爲對中國來說，兩岸經貿交流是其促成國家統一大業的重要工具。[57]臺灣方面也不得不正視這個問題，因此，無論就地緣位置或未來發展考量而言，新南向政策目標國家無疑是臺灣的首選。

新南向政策除可平衡臺灣對中國的經貿依賴之外，更有美國的因素在其中。2019年3月，蔡英文總統過境美國時表示，臺灣具有清晰的印太戰略願景，即基於區域各國的共同期盼，維護以「規範爲基礎」的架構，且已經做好準備，會與共享此願景的國家密切合作，承諾確保印太區域的自由與開放；[58]然而，臺灣的戰略設計除自身地緣戰略的特殊性外，其實也是善用「印太戰略」區域整合機制。在美國印太戰略的解密文件中，即明白揭示新南向政策是美國印太戰略架構網絡的一

---

55 陳尚懋，〈印太戰略VS.新南向政策：雙向人才交流的觀點〉，《自由時報》，2019年2月16日，https://talk.ltn.com.tw/article/breakingnews/2700846。

56 〈兩岸貿易誰依賴誰？國臺辦：數字說話〉，《聯合新聞網》，2020年12月17日，https://udn.com/news/story/7238/5098862。

57 張亞中，〈全球化的臺灣安全：大戰略的思維〉，《遠景基金會季刊》，第3卷第1期，2002年1月，頁33。

58 蘇永耀，〈與華府智庫視訊蔡總統：臺灣是印太區域的民主燈塔〉，《自由時報》，2019年3月28日，https://news.ltn.com.tw/news/politics/breakingnews/2741385（檢索日期：2019/03/29）。

環，這些網絡有：日本的「自由與開放印太概念」（Free and Open Indo Pacific Concept）、澳洲的「印太概念」（Indo-Pacific Concept）、印度的「全區域的安全與成長政策」（Security and Growth for All Regions Policy）、南韓的「新南方政策」（New Southern Policy）、臺灣的「新南向政策」（New Southbound Policy）、東協的「印太展望」（Outlook on the Indo-Pacific）等。[59]

我國學者林文程指出，臺灣推動「新南向政策」與中國的「一帶一路」不是彼此競爭；臺灣的「新南向政策」與美國「印太戰略」形成夥伴關係所進行的合作項目，也不必然與圍堵中國有關。[60]在美國國務院公布的《自由開放印太：促進共同願景》（*A Free and Open Indo-Pacific: Advancing a Shared Vision*）報告中，也明確指出美國的印太戰略是與臺灣的新南向政策「緊密結合」，並且批評中國把對自己國內的壓迫性治理方式輸出到其他國家。[61]其實這與臺灣親美的政策不謀而合，藉由新南向政策的推展，臺灣可深化與美國的戰略合作關係。

## 第五節　臺灣對外戰略與政策的評估

由於兩岸關係的結構性因素使然，臺灣之國際參與及外交作為向來以兩項考量為基礎：第一，加強國家安全，目標在達成雙邊或多邊對臺灣安全之正式或非正式保證；第二，維護國際人格，目標以維護主權在

---

59 "*A Free and Open Indo-Pacific*," The White House, January 5, 2021. accessed at: https://www.whitehouse.gov/wp-content/uploads/2021/01/OBrien-Expanded-Statement.pdf.

60 林文程，〈我國「南向政策」之回顧與影響〉，《展望與探索》，第16卷第11期，2018年11月，頁15-16。

61 Department of State, *A Free and Open Indo-Pacific: Advancing a Shared Vision* (Washington, D.C.: Department of State, 2019).

國際上獲得一定數量國家之承認。[62]臺灣為擺脫來自中國大陸的政治封鎖與經濟依賴，積極推動「新南向政策」，試圖全方位發展與東協、南亞及紐澳等國家的關係，促進區域交流發展與合作，同時開展臺灣經濟發展的新模式，為臺灣的外交與經濟另闢活路。然而，面對中國強勢的國際影響力與經濟優勢，新南向政策還有諸多考驗要克服。

首先，在經濟方面。雖然政府積極推動新南向政策、前瞻基礎建設計畫、「五加二」產業創新計畫、參加區域經濟整合等策略，並提出「加速創新」、「解決五缺」、「拓展貿易」三大拚經濟重心面向，試圖降低對中國的經濟依賴，帶動整體經濟成長。但不可諱言的，中國已逐漸成為全球的新經濟中心，臺灣當然不能置若罔聞，失去布局與發展先機。基此，政府應該思考如何在國家安全與經濟發展中，取得一個適當的平衡策略，[63]是未來持續推動新南向政策的重點。臺灣東協商會理事長盧日勝即表示：「東協國家喜歡生意、喜歡投資，卻害怕直接和臺灣政府打交道，因為中國帶給他們的利益多更多，臺灣方面根本沒得比。」因為有些目標國家具有政治敏感性，因此和東南亞建立人脈時，應更大幅倚重民間部門。[64]

美國在川普政府任內對中國發動貿易戰，加上中國地區的生產製造成本逐漸增加，西進中國的部分臺商正關閉當地工廠，轉往南亞或東南

---

62 周志杰主持，國家發展委員會委託研究——《我國長期性國際參與策略之研究》，2015年3月，頁1，https://www.ndc.gov.tw/News_Content.aspx?n=E4F9C91CF6EA4EC4&sms=4506D295372B40FB&s=7801914D952E8C1F。

63 蔡榮祥，〈中國崛起與南海衝突：臺灣在亞太秩序中之戰略影響〉，《遠景基金會季刊》，第19卷第1期，2018年1月，頁18。

64 Don Shapiro，〈新局勢下的新南向政策〉，《Taiwan Business TOPICS工商雜誌》，2019年2月13日，https://topics.amcham.com.tw/2019/02/%E6%96%B0%E5%B1%80%E5%8B%A2%E4%B8%8B%E7%9A%84%E6%96%B0%E5%8D%97%E5%90%91%E6%94%BF%E7%AD%96/。

亞生產，對臺灣的新南向政策是利多。但是要注意的是，反而讓世界各國更加關注東南亞這個快速成長的市場，如果美中貿易摩擦持續，只會讓這個區域越來越重要，[65]但臺灣的競爭對手也會越來越多。

其次，新南向政策還要考量臺灣的產業發展狀況與可能困境。因爲臺灣主要是以電子、文創、電機、通訊、生技及物流產業較有優勢，同時對於石化重工業、鋼鐵、能源產業也具有競爭力。這些產業對東南亞和南亞國家言，也較具有吸引力。然而，其他國家如日本、南韓、甚至中國，也同樣在這些產業上具有優勢，且在部分國家或這些地區也深耕甚久。臺灣應考量的是，如何讓東南亞和南亞國家更有意願與臺灣合作。[66]

第三，就新南向政策的目標國家言。東協及南亞各國的發展落差大，語言與文化的多樣性及政經體制的不同，是臺灣進軍市場的結構性障礙。東協與南亞國家政經風險程度偏高，政治動盪，金融風險與排華問題需納入評估。中國因素：中國的抵制成爲臺灣南向行動的強大阻力。內部因素：臺灣社會對新南向政策信心不足。[67]何況要熟稔18個不同國家的各種狀況，困難程度相當高。就政府結構、法律和法規方面而言，每個國家都不相同，語言、習俗和宗教也迥異。因此，必須更努力瞭解各國政府的運作，以及每個社會的文化和特性，才能有效工作。[68]

---

65 Don Shapiro，〈新局勢下的新南向政策〉，《Taiwan Business TOPICS工商雜誌》，2019年2月13日，https://topics.amcham.com.tw/2019/02/%E6%96%B0%E5%B1%80%E5%8B%A2%E4%B8%8B%E7%9A%84%E6%96%B0%E5%8D%97%E5%90%91%E6%94%BF%E7%AD%96/。

66 宋鎮照，〈深化新南向展望當前政策發展契機與建議〉，《臺北產經》，2018年5月9日，https://www.taipeiecon.taipei/article_cont.aspx?MmmID=1201&MSid=1001023276114252722。

67 陳佩修，〈新南向政策的整體戰略思考〉，《兩岸公評網》，2016年9月號，http://www.kpwan.com/news/viewNewsPost.do?id=1378。

68 Don Shapiro，〈新局勢下的新南向政策〉，《Taiwan Business TOPICS工商

然而，過去臺灣在這方面的努力甚少，未來應該強化。

第四，在國內政治與民意方面。任何對外政策的設計與制定，除要考量國際環境局勢外，也要尊重國內的民意，特別是民主國家。臺灣的外交政策缺乏具有主體性且能指導外交作爲的長期戰略，只有炒短線式的零星戰術，此一現象無論對大國或小國皆然。臺灣在民主化之後，國內政治因素更成爲影響外交作爲的新變項，使外交工作雪上加霜。[69]以臺灣對菲律賓的免簽政策爲例。政府爲落實「新南向政策」，從2016年8月1日起，針對東協10國及印度陸續採行多項簽證放寬措施，並於當年10月7日起，將菲律賓列爲「電子簽證」適用國家。然而，2017年3月20日，財團法人民意基金會實施「臺灣人最喜歡的國家」之全國性民調發表，指出北韓、菲律賓及中國是國人最反感的前三名國家，其中有將近六成的民眾對於離臺灣最近的菲律賓表達反感。[70]隨後，外交部於4月10日召開跨部會會議，進一步研商新南向政策目標國家簽證放寬措施，決議將菲律賓列爲免簽證試辦國，原本訂在6月1日實施，但外交部表示，爲求行政作業周延與協調程序完備，予以延後實施，[71]外交部復於9月15日邀請負責國安、警政、調查、移民管理、觀光及經貿的機關共同會商，決議對菲律賓國民開放來臺14天免簽證，並從2017年11月1日

---

雜誌》，2019年2月13日，https://topics.amcham.com.tw/2019/02/%E6%96%B0%E5%B1%80%E5%8B%A2%E4%B8%8B%E7%9A%84%E6%96%B0%E5%8D%97%E5%90%91%E6%94%BF%E7%AD%96/。

69 周志杰主持，國家發展委員會委託研究——《我國長期性國際參與策略之研究》，2015年3月，頁3，https://www.ndc.gov.tw/News_Content.aspx?n=E4F9C91CF6EA4EC4&sms=4506D295372B40FB&s=7801914D952E8C1F。

70 〈《臺灣民意基金會民調》新南向一出門就卡關？近6成民眾對菲律賓反感〉，《風傳媒》，2017年3月20日，http://www.storm.mg/article/235748ml。

71 〈對菲律賓免簽賴清德已核定〉，《中央通訊社》，2017年9月28日，http://www.cna.com.tw/news/firstnews/201709280020-1.aspx。

起試辦到2018年7月31日止。因此，政府在推動新南向政策時，應謹慎思考民意反彈的力道。

## 第六節 小結

戰略是一門藝術，更是達成國家政策目標的思維方式。一般而言，國家除運用自身的力量之外，在某些時候還須依靠或藉助他國的力量，去維護國家安全並確保國家利益。一個國家的外交政策，是國家在國際社會上與其他國家間交往的策略指針，但目的還是在於確保利益達成目標。

臺灣從1949年之後，囿於國際環境與兩岸關係的結構，在對外政策與戰略上，難有自己充分發揮的空間，處處受到掣肘。然而爲達成國家政策目標，歷任政府皆推行名稱不同的對外政策方針，從「彈性外交」、「務實外交」、「全民外交」、「活路外交」，乃至「踏實外交」，都是爲臺灣尋求出路的政策。在蔡英文政府時期，其具體的作爲之一即是「新南向政策」。臺灣在此前也曾經兩度推行過南向政策，這也說明在臺灣所處的環境局勢與結構中，東南亞、南亞及大洋洲地區無疑是擺脫中國經濟牽制的地區。畢竟，中國對臺灣的政治打壓與軍事威逼是依然存在的。在美、中、臺的三角關係中，任何雙方的互動都會影響另外兩組關係；臺灣的新南向政策是爲擺脫兩岸關係的約束，但卻是在美國印太戰略的關係網絡與架構中，對美臺關係的深化有利。

不過，臺灣在推動新南向政策時，也需要評估與深思：經濟發展與國家安全的平衡；臺灣的產業發展狀況及困境；目標國家的社會、文化與語言熟稔度，以及其政治敏感性；國內政治與民意的反應。

## 參考文獻

〈外交關係的展開〉，《教育雲》，http://163.28.10.78/content/junior/history/ks_edu/taiwan/chap7/index731.htm#。
〈總統發表國慶演說　三面向實現「更好的臺灣」〉，中華民國總統府，2017年

10月10日，http://www.president.gov.tw/News/21662。

〈總統訪視外交部並闡述「活路外交」的理念與策略〉，中華民國總統府，2008年8月4日，https://www.president.gov.tw/NEWS/12472。

〈從李登輝、陳水扁到馬英九邦交國爭奪戰未完待續〉，《The News Lens關鍵評論》，2013年11月19日，https://www.thenewslens.com/article/1085。

〈中華民國第14任總統蔡英文女士就職演說〉，中華民國總統府，2016年5月20日，https://www.president.gov.tw/NEWS/20444。

〈蔡英文：臺灣以務實態度參與國際組織〉，《自由時報》，2016年5月30日，http://news.ltn.com.tw/news/politics/breakingnews/1713161（檢索日期：2017/10/15）。

〈總統啟程前往巴拿馬及巴拉圭兩友邦訪問〉，中華民國總統府網頁，2016年6月24日，http://www.president.gov.tw/NEWS/20528。

《新南向政策綱領》，新南向政策專網，2016年8月16日，https://www.newsouthboundpolicy.tw/PageDetail.aspx?id=9d38cb45-4dfc-41eb-96dd-536cf6085f31&pageType=SouthPolicy。

〈外交部次長：新政府外交戰略「讓臺灣不可或缺」〉，《自由時報》，2016年8月29日，https://news.ltn.com.tw/news/politics/paper/1026378。

〈出席玉山論壇　總統盼其成爲常態化區域對話平臺〉，中華民國總統府，2017年10月11日，http://www.president.gov.tw/NEWS/21671。

〈總統出席「2017亞太智庫領袖峰會」開幕式〉，中華民國總統府，2017年10月14日，http://www.president.gov.tw/NEWS/21682。

〈兩岸關係〉，中華民國行政院，2017年3月14日，http://www.ey.gov.tw/state/News_Content3.aspx?n=A88B8E342A02AD0A&s=1147EAE977DA3799。

〈《臺灣民意基金會民調》新南向一出門就卡關？近6成民眾對菲律賓反感〉，《風傳媒》，2017年3月20日，http://www.storm.mg/article/235748ml。

〈外交部：7成以上民眾贊成踏實外交和新南向政策〉，《聯合新聞網》，2017年8月21日，https://udn.com/news/story/6656/2654472。

〈對菲律賓免簽賴清德已核定〉，《中央通訊社》，2017年9月28日，http://www.cna.com.tw/news/firstnews/201709280020-1.aspx。

〈兩岸貿易誰依賴誰？國臺辦：數字說話〉，《聯合新聞網》，2020年12月17日，https://udn.com/news/story/7238/5098862。

〈外交政策〉，中華民國行政院，2020年3月11日，https://www.ey.gov.tw/state/B099023D3EE2B593/e529d6b0-e467-45fc-9a5a-4facb49a8243。

〈肺炎疫情下美中臺三角關係的變與不變〉，《BBC中文網》，2020年4月17日，https://www.bbc.com/zhongwen/trad/world-52307879。

〈「務實外交」從孤立走向破冰　李登輝被稱來自臺灣的總統〉，《ETtoday新聞雲》，2020年7月30日，https://www.ettoday.net/news/20200730/1772115.htm。
〈開創元首外交李登輝走向國際掀兩岸危機〉，《中央通訊社》，2020年7月31日，https://www.cna.com.tw/news/aipl/202007300333.aspx。
〈臺商在全球產業平行系統和新南向政策下應有的策略〉，《工商時報》，2020年8月18日，https://view.ctee.com.tw/economic/22414.html。
Beaufre, Andre著，鈕先鍾譯，《戰略緒論》（*An Introduction to Strategy*），臺北：麥田出版社，1996年9月。
Dorff, Robert H.著，〈戰略發展初探〉，輯於高一中譯，《美國陸軍戰爭學院戰略指南》（*U.S. Army War College Guide to Strategy*），臺北：國防部史政編譯局，2001年9月。
Shapiro, Don，〈新局勢下的新南向政策〉，《Taiwan Business》，2019年2月13日，https://topics.amcham.com.tw/2019/02/%E6%96%B0%E5%B1%80%E5%8B%A2%E4%B8%8B%E7%9A%84%E6%96%B0%E5%8D%97%E5%90%91%E6%94%BF%E7%AD%96/。
三軍大學譯，《美國國防部軍語辭典》（*Department of Defense Dictionary of Military and Associated Terms*），臺北：國防部史政編譯局，1994年6月。
中央文化工作會，《中國國民黨與國際關係》，臺北：正中書局，1984年11月。
方天賜，〈觀點投書：爭辯中的新南向迷思〉，《風傳媒》，2016年6月13日，http://www.storm.mg/article/127702。
朱重聖，〈永續經國——蔣故總統經國先生百年誕辰紀念特展〉，《歷史館刊》，第23期，2013年12月，https://www.yatsen.gov.tw/information_155_94005.html。
行政院新聞傳播處，〈新南向政策推動計畫〉，新南向政策專網，2016年9月5日，https://www.newsouthboundpolicy.tw/PageDetail.aspx?id=cbf0a167-7c9e-4840-ba5b-2d47b5badb00&pageType=SouthPolicy。
宋鎮照，〈深化新南向展望當前政策發展契機與建議〉，《臺北產經》，2018年5月9日，https://www.taipeiecon.taipei/article_cont.aspx?MmmID=1201&MSid=1001023276114252722。
李登科，〈中共在國際間孤立中華民國之策略與作法〉，輯於蔡瑋編，《中華民國與聯合國——「我國加入周邊組織之可行性」》，臺北：政治大學國際關係研究中心，1993年4月。
沈有忠，〈美中臺三角關係在近期的發展〉，《全球政治評論》，第68期，2019年10月，頁7-12。
周志杰主持，國家發展委員會委託研究——《我國長期性國際參與策略之研究》，2015年3月，https://www.ndc.gov.tw/News_Content.aspx?n=E4F9C91CF6EA4EC4&sms=4506D295372B40FB&s=7801914D952E8C1F。

林文程，〈我國「南向政策」之回顧與影響〉，《展望與探索》，第16卷第11期，2018年11月，頁9-18。

施正鋒，〈以認同現實主義的觀點看美中日三角關係中的臺灣外交大戰略〉，《臺灣國際研究季刊》，第9卷第3期，2009年，頁1-26。

張亞中，〈全球化的臺灣安全：大戰略的思維〉，《遠景基金會季刊》，第3卷第1期，2002年1月，頁27-66。

張登及，〈馬總統「賀誼之旅」成果與政府「活路外交」前景研析〉，《展望與探索》，第11卷第9期，2013年9月，頁1-5。

陳佩修，〈新南向政策的整體戰略思考〉，《兩岸公評網》，2016年9月，http://www.kpwan.com/news/viewNewsPost.do?id=1378。

陳佩修，〈東協次區域整合的發展與臺灣新南向戰略的機遇：以「柬寮緬越泰論壇」（CLMVT Forum）爲例〉，新南向與一帶一路研究中心，2020年12月9日，https://nspbri.tku.edu.tw/。

陳尚懋，〈印太戰略VS.新南向政策：雙向人才交流的觀點〉，《自由時報》，2019年2月16日，https://talk.ltn.com.tw/article/breakingnews/2700846。

彭懷恩，《中華民國政府與政治》，臺北：風雲論壇，1991年5月。

黃奎博、周容卉，〈我國「南向政策」之回顧與影響〉，《展望與探索》，第12卷第8期，2014年8月，頁61-69。

趙建民，《兩岸互動與外交競逐》，臺北：永業，1994年7月。

蔡政文，《國際環境與我國對外關係》，臺北：黎明文化，1988年8月。

蔡裕明，〈當前國際戰略理論——發展與前景〉，《臺灣國際研究季刊》，第15卷第2期，2019年，頁35-65。

蔡榮祥，〈中國崛起與南海衝突：臺灣在亞太秩序中之戰略影響〉，《遠景基金會季刊》，第19卷第1期，2018年1月，頁1-56。

蘇永耀，〈與華府智庫視訊蔡總統：臺灣是印太區域的民主燈塔〉，《自由時報》，2019年3月28日，https://news.ltn.com.tw/news/politics/breakingnews/2741385（檢索日期：2019/03/29）。

"A Free and Open Indo-Pacific," The White House. accessed at: https://www.whitehouse.gov/wp-content/uploads/2021/01/OBrien-Expanded-Statement.pdf (2021/01/05).

Department of State, 2019. *A Free and Open Indo-Pacific: Advancing a Shared Vision*. Washington, D.C.: Department of State.

Liddell Hart, B. H., 1967. *Strategy: The Indirect Approach*. London: Faber and Faber.

Newton, Kenneth, Jan W. Van Deth, 2010. *Foundations of Comparative Politics*. Cambridge: Cambridge University Press.

Stuart, Conor, "Opportunities and Challenges: Taiwan's New Southbound Policy," *IP Observer*, No. 7. accessed at: http://en.naipo.com/Portals/0/web_en/Knowledge_Center/Feature/IPNE_161028_0703.htm (2016/10/28).

# 第十三章

## 結論

## 一、本書研究主題：戰略與國際關係的理論與途徑結合

本書撰寫的「問題意識」在於，如何能夠跨領域進行知識學科的「整合」，讓「理論」與「實務」相互結合，如同將經濟學理論，運用至國際關係「博弈理論」（game theory），解析國家之間互動所形成的「利益」調和與分配問題。在第一章至第三章，主要討論戰略的定義、內涵與運用，國際關係的意義、內涵與研究理論與途徑，再來整合戰略與國際關係，建構出本書的基礎研究架構。

首先，整合「戰略」與「國際關係」研究途徑，就是要達到以下四種思考：

1. 戰略思考：如同本書前三章連續性的整合戰略與國際關係的「理論」與「途徑與方法」的研究，任何政策的推動都必須考量追求的「具體」與「可行」目標爲何、透過何種方法或是途徑，以及能夠掌握的資源有多少？

2. 水平思考：任何事務的發生都涉及多種因素交互影響的結果，是以，不能從單一面向尋求解決之道，例如一國國家與地方稅收減少，傳統思考會進行「節流」作爲，減少不必要「支出」，但如何「開源」，創造更多利基，也是必要思考之道。一國如果增加國防支出，勢必影響其他層面的支出。

3. 換位思考：每一個國家決策者都有不同「國家利益」的優先順序考量，涉及國家擁有的資源多寡來決定，以及決策者性格與影響決策者小團體分子，例如眾所周知，美國前總統川普性格獨斷獨行，影響最深者，並非政府制度化機制白宮、國家安全會議或是國務院，而是其女兒依凡卡與女婿庫其納。

4. 另類思考：就是要跳脫傳統思考下的「定格化」與「制式化」的「標準作業程序」（Standard Operation Procedure, SOP），例如「雨天賣傘」，晴天一樣可以大賣遮陽傘，主要是改變「觀念」，就能改變消費行爲。

在上述四種「思考」途徑下，有以下四個「戰略」與「國際事務」整合研究的四個邏輯思考步驟。

1. 情勢研判：發生問題為何？針對任何發展中的國際議題，都必須瞭解其「來龍去脈」是否有「先例可循」，問題的「重要性」或是其「影響性」，才能進一步判斷處理優先順序。

2. 戰略解讀：可能演變如何？透過不同「目標」判斷，追求的途徑與工具運用，預判未來事件可能發展的動向。

3. 各方觀點：行為者的意向。搜集各方面的研判觀點，補充單一研判的不足，亦即「換位思考」，比較能夠模擬未來各方反應。

4. 政策建議：最佳「獲利」考量。透過上述過程，提供「決策者」針對一定「議題」，從「戰略」與「戰術」上，提出具體可行建議與操作之道。不僅是用於國家高階政治，也可以適用於一般商業社會決策模擬使用。是以，基於上述戰略與國際關係整合的邏輯思考的理論與研究途徑之後，本書第三章提出以「整合國際關係理論與戰略研究觀點因素分析圖」，成為本書各項專題研析的基準。

## 二、九項戰略與國際關係議題解析

### （一）為何挑選九項重大國際議題

根據上述圖一，本書挑選了九個現階段涉及全球戰略趨勢發展的重大議題，包括：1.中國崛起將會對現有國際體系產生何種影響；2.全球氣候變遷與碳排放機制；3.網路革命與後眞相民主政治；4.中國一帶一路與美國戰略競爭；5.歐洲移民問題與極右排外風潮影響；6.北韓核武與東北亞的安全機制問題；7.中國的「一中原則」與對臺統一政策；8.美國臺海政策與兩岸關係影響；9.臺灣的國際與外交戰略及政策。

首先，在「第四章　中國崛起與國際體系的變遷」方面，本章從「中國崛起」的意涵與發展、國際體系的變遷與特點、中國崛起下各方利益論點及中國崛起的國關理論，解析及預測「中國崛起」對現在與未

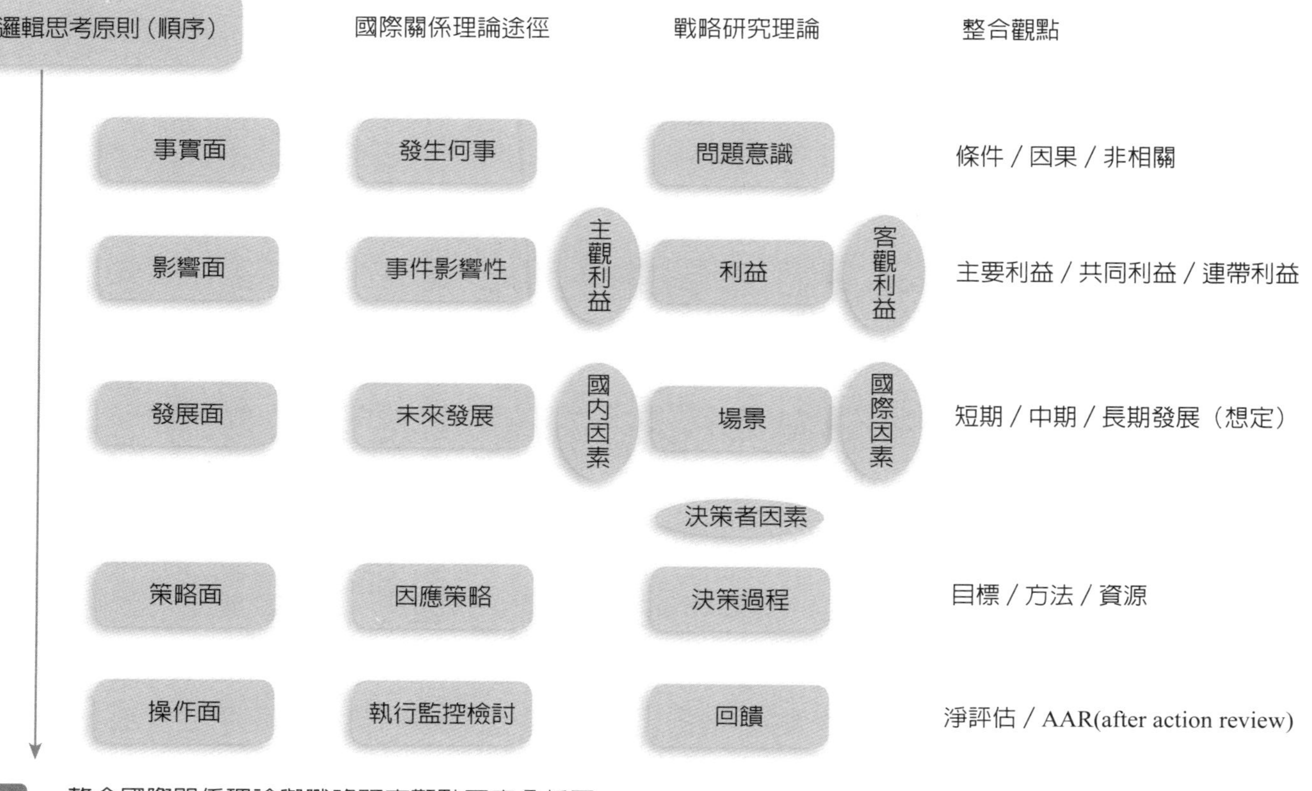


圖一 整合國際關係理論與戰略研究觀點因素分析圖

資料來源：筆者自製

來國際體系的影響與發展，區分爲從事實面、影響面、發展面、戰略面，到執行面五個面向。在最後結論的執行面部分提出：中、美兩國關係的發展，應該屏除敵對關係，藉由美國對中國「大國」身分的認定，透過「集體身分」的建構，從競爭者走向朋友關係，進而促使中、美共同達到全球治理的目標，創造世界和平的目的。

在「第五章　全球氣候變遷與碳排放機制」，首先，是先進國家與開發中國家針對「碳排放降低」與「經濟成長」的拉鋸戰問題。第二，各有盤算的策略設計與政策宣示。與美國的拒絕簽署《京都議定書》及退出《巴黎協定》相較，中國的策略就比較積極，從某方面言也是對美國政策與行動的回應。第三，是相互猜忌與不信任的問題。氣候變遷與暖化問題尤如國際社會的公共財，應對或處理的好壞都會無差別地影響已開發國家或開發中國家。第四，政府、企業乃至個人均須通力合作。氣候變遷所造成的影響是全面性的，若僅靠政府間的合作與努力是不足的。各國如何屏除自私心態、捐棄成見，共同爲對抗全球暖化的努力做出貢獻，是刻不容緩的事情。畢竟，再高的經濟成長與獲利，都抵不上一個健康地球的重要性。

在「第六章　網路革命與後眞相民主政治」方面，先以文獻評論方式介紹、評析與網路革命、後眞相民主政治議題，分析網路革命的政治意涵和效應，包含網路科技對於政治運作、政治行銷和社會運動之影響與效用，並佐以相關之國內外實際案例說明，最後再以國際關係理論探討網路革命對於國際關係和國際政治經濟運作所帶來的可能影響與衝擊。根據上述分析，本章提出網路科技時代來臨後，因爲網路新興媒體的興起，讓新聞製造與發布的技術變得廉價、普及與低門檻。可見尋找新聞眞相與事實原貌對於民眾生活與國內外政治運作相當重要。爲防止網路假訊息的散布，2018年6月28日歐盟理事會通過針對網路媒體制定的《歐盟虛假訊息實踐準則》（*EU Code of Practice on Disinformation*），從政治廣告的透明度到關閉虛假帳戶、去除假消息傳播者的牟利機制、賦予消費者和研究社群權力等列出五項承諾和作法。就國際關係與國際政治面向來看，網路革命提高資訊接收速度與公民政治參與，但有時亦對政府施政造成困難。因此，在後眞相時代，各國政府與民間共同合作的事實查核機制有其重要性與必要性。網路革命對於國內外政治，對於人類生活帶來的效應如同「水能載舟，亦能覆舟」，因此如何分辨眞假新聞，給予和傳遞民眾正確新聞極其重要。

在「第七章　中國一帶一路與美國戰略競爭」方面，本章先就學界現有相關文獻進行介紹與評論，再分別就中國一帶一路倡議（BRI）和美國印太戰略提出之政策內涵和戰略考量與目的進行分析，進而探究美中權力競爭對於整個國際關係發展及亞太地緣政治之影響。外界多將一帶一路倡議的正式提出，視爲中國與美國對抗的基本戰略；透過海上和陸上國家經濟合作的方式，中國能突破美國在亞太地區對於中國的圍堵策略。隨著中國經濟力量的大幅提升，在各種國際場合與經貿體系上，中國嘗試建構與歐美不同的模式，提供各國不同的選擇。對與美國關係的發展，雙方自2018年3月22日爆發貿易戰以來，衝突場面已從貿易擴大至科技、疫情、媒體、軍事演習和關閉使領館等不同層面；以上皆顯示美中雙方皆已改變對彼此角色的定義與看法，遂採取不同競爭策略。長期而言，雙方仍然會維持競爭與合作關係，只是隨著美國不同的政府時期，競爭與合作比例有所調整。拜登政府下的美中關係前景，仍將充滿較多的對抗與競爭。

在「第八章　歐洲移民問題與排外極右風潮影響」方面，以分析歐盟處理爲例，探討歐洲難民、移民問題與排外勢力崛起之遠因及近因，以及此議題之短、中、長期的發展趨勢，包含歐盟從過去至今對此所提出之解決之道，與對於族群保護所做出之具體實踐及其成效，意即歐盟對於難民、移民問題所做出的戰略選擇，最後對此做出評估與結論。即便歐盟長期以來試圖以政策宣言，或會議決議推動族群融合與少數族群權利之保障，以抵消排外勢力，但無論是法規的缺乏及無法有效推動與執行，在定義上更是未見清晰。長久以來，外來移民受到歐盟當地民眾的排斥而無法融入社會的憤恨，提供了恐怖主義勢力成長的動力，加之以宗教、社會、文化與經濟問題令民眾對難民、移民產生反感，種種情緒在遭逢選舉之際受到政治人物極端言論的煽動下，造就排外主義分子藉機以狹隘之國族主義、民族主義推動排外運動。

在「第九章　北韓核武與東北亞的安全機制問題」方面，本章將運用整合國際關係理論與戰略研究觀點，從事實面、影響面、發展面、戰略面及執行面等五個面向的邏輯思考原則，依序解析北韓核武對東北亞安全機制的問題。在問題本質部分，瞭解到北韓核武身分的取得，所影響的是全球禁止核武擴散的問題，以及東北亞中美權力競合的關係。在問題性質部分，則從早期的軍事安全爲目的，轉變爲獲取國家經濟發展爲目的。在各國的主客觀利益分析上，北韓核武問題是美國保持在東北亞影響力的關鍵因素。在未來發展趨勢預測部分，北韓的核武問題短期內是不會解決的。六方會談的國際安全機制的運作功能，僅在防範發生突發性軍事衝突的危機管理。在戰略目標與作爲部分，維持北韓核武問題的議題，對中、美都是有利的。其作爲是持續阻礙北韓「去核化」談判共識的達成。

在「第十章　中國的『一中原則』與對臺統一政策」方面，兩岸關係最大爭議論點來自於「九二共識」中，對「一個中國」內涵的爭議。本章將運用國際關係理論解析中國「一中原則」的問題本質，再透過戰略研究理論分析相關影響因素，以及可能的戰略目標與作爲。藉由臺灣在美、中競合的國際環境影響，以及臺灣內部困境的因素分析，可以瞭解到不管是美國、中國或臺灣在其主觀或客觀利益的選擇下，「統一」是臺灣未來無法排除的選項。因此，臺灣國家安全戰略指導應爲與中、美建構等距外交關係、創造自主攻勢防禦能力、深化兩岸經濟互補與依賴、妥善規劃兩岸談判準備等四個方向著手，以利臺灣在與中國的談判過程中，爲人民獲取最大利益。

「第十一章　美國臺海政策與兩岸關係影響」方面，在冷戰期間乃至川普主政美國時期，美國的臺海政策基本上是以「三報一法」、「對臺六項保證」爲框架，逐步勾勒出其行動與作爲，只是歷任政府會因認知與解讀的差異有所調整，但不會脫離這個軸線。從整個歷史的脈動觀之，川普的政策比較迥異於以往，也使得兩岸的關係更加緊張與複雜。不過，無論美國的臺海政策設計是如何，維繫其國家利益的宗旨是不變的，除政治、經濟與軍事等安全及利益的考量外，其臺海政策也在全球戰略布局、亞太政策，或是印太戰略的架構當中。在結構上，美國單方的臺海政策與美、中、臺關係息息相關，其中又包括美中關係、美臺關係與兩岸關係，甚至會連動東北亞與東南亞情勢。綜合言之，美國在川普時期的臺海政策，比較偏單方的思維與利益考量，反而欠缺長期與全盤性的考量，且躁進與缺乏風險管控及評估的政策思維，容易讓美國陷入兩難困境中，得不償失。

最後，「第十二章　臺灣的國際與外交戰略及政策」，分析要達成憲法律定的世界和平，以及保護僑民權益的外交政策目標，就必須獲得相關國家力量與資源的協助，這也意謂國家不能獨立於國際社會之外，必須想方設法與其他國家發展或建立實質的關係，以有利國家目標的完成，中華民國自不例外。臺灣從1949年之後，囿於國際環境與兩岸關係的結構，在對外政策與戰略上難有自己充分發揮的空間，處處受到制肘。然爲達成國家政策目標，歷任政府皆推行名稱不同的對外政策方針，從「彈性外交」、「務實外交」、「全民外交」、「活路外交」，乃至「踏實外交」，都是爲臺灣尋求出路的政策。在蔡英文政府時期，其具體的作爲之一即是「新南向政策」。臺灣在此前也曾經二度推行過南向政策，這也說明在臺灣所處的環境局勢與結構中，東南亞、南亞及大洋洲地區無疑是擺脫中國經濟牽制地區。臺灣的新南向政策是爲擺脫兩岸關係的約束，但卻是在美國印太戰略的關係網絡與架構中，對美臺關係的深化有利。不過，臺灣在推動新南向政策時，也需要評估與深思經濟發展及國家安全的平衡、臺灣的產業發展狀況及困境、目標國家的社會、文化與語言熟稔度，以及其政治敏感性、國內政治與民意的反應。

### （二）重大國際議題發展比較分析

經由上述本書各章分析的研究命題、過程與結果之後，根據「戰略」與「國際關係」整合理論與途徑研究的分析架構，透過「事實面」、「影響面」、「發展面」、「戰略面」與「執行面」五大面向，得到以下「表一：全球重要戰略議題分析一覽表」。

表一 全球重要戰略議題分析一覽表

| 議題 | 事實面 | 影響面 | 發展面 | 戰略面 | 執行面 |
|---|---|---|---|---|---|
| 中國的崛起將會對現有國際體系產生何種影響 | 中國經濟與軍事的崛起成為全球戰略議題 | 崛起強權挑戰既有強權的安全困境 | 中國透過「全球化」利基持續發展，鞏固其全球影響力 | 美國從參與、擴大、圍堵到合作並進 | 美國透過確認中國為戰略競爭對手，運用所有政府各部門的力量因應中國 |
| 全球氣候變遷與碳排放機制 | 氣候變遷是一個全球必須共同對抗的議題 | 氣候變遷產生「溫室效應，衝擊人類生活各層面 | 聯合國領導因應氣候變遷的全球多邊行動 | 碳排放機制之建立與發展，美中兩國不同的碳排放策略 | 各國的策略、方法與考量都會影響碳排放政策的推展 |
| 網路革命與後真相民主政治 | 網路革命引發「後真相」議題 | 國內外政治活動和國際關係運作深刻影響 | 從已開發到發展中國家擴散 | 透過政治行銷與宣傳手段、民眾參與政治途徑 | 各國政府與民間共同合作事實查核機制 |
| 中國一帶一路與美國戰略競爭 | 中國政經勢力橫跨歐亞大陸發展 | 挑戰美國全球與亞太戰略布局 | 2013 年中國陸地與海上絲綢布局 | 中國以陸制海，以海輔陸，雙重戰略 | 從一帶一路倡議到國際合作發展論壇 |

續下表

| 議題 | 事實面 | 影響面 | 發展面 | 戰略面 | 執行面 |
|---|---|---|---|---|---|
| 歐洲移民問題與極右排外風潮影響 | 歐盟移民問題與難民潮關係 | 逆全球化、極右排外風潮引發各國內政問題 | 歐盟族群保護政策與保護人權公約 | 觀察極右政黨在歐盟國家發展 | 少數族群定義、歐盟整體與個別國家法規執行問題 |
| 北韓核武與東北亞的安全機制問題 | 北韓核武發展成為擁核身分國家 | 北韓核武衝擊東北亞軍事安全問題 | 北韓「無核化」：核武與飛彈測試強化談判籌碼 | 北韓與美國三次元首會晤 | 維持北韓核武問題為東北亞各國安全互動結果 |
| 中國的「一中原則」與對臺統一政策 | 中國「一中原則」國際化 | 「一中原則」界定與兩岸關係發展 | 從武力統一到和平統一的過程 | 「一國兩制」到「一國兩制臺灣方案」策略 | 和戰兩手策略：臺灣終需面臨談判準備 |
| 美國臺海政策與兩岸關係影響 | 美國臺海政策：「維持現狀」原則 | 東北亞第一島鏈與亞太安全 | 美國對臺海「三公報一法」、「六項保證」發展過程 | 美、中、臺三邊戰略關係：合作、對抗與衝突 | 美國印太戰略下國家利益與臺海政策連動性 |
| 臺灣的國際與外交戰略及政策 | 臺灣對外戰略追求國家利益與目標 | 中國一中原則影響臺灣的國際參與 | 從漢賊不兩立到追求踏實外交途徑 | 臺灣對外戰略與國際參與變遷及調整 | 全球與區域關係整合：新南向政策推動 |

資料來源：本書整理自製

透過上述九項「全球重要戰略議題分析一覽表」，顯示出本書第三章之「圖二：整合國際事務與戰略分析架構圖」運用的適切性，更能夠提供閱讀者針對任何關鍵性議題，透過整合戰略與國際關係理論及途徑的角度，獲得一定程度的理解與認知，從而可以提供各方決策者後續政策推動的參考。

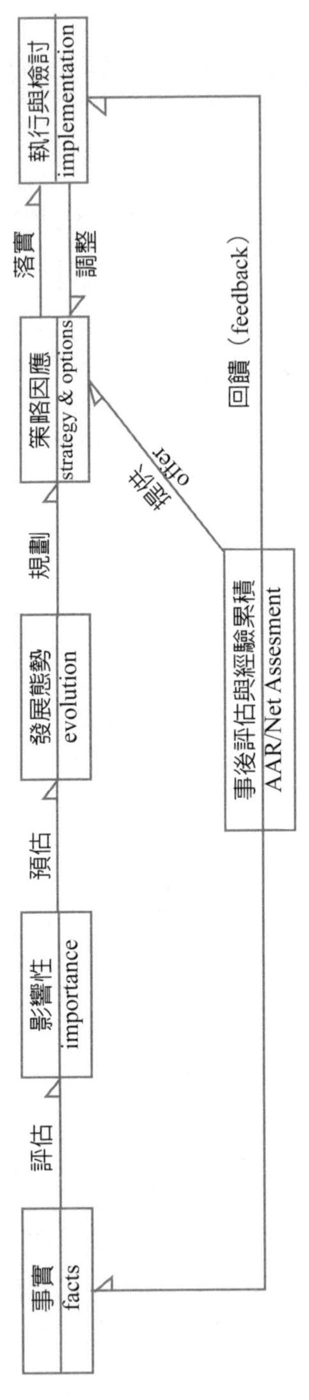


圖1-1 整合國際事務與戰略分析架構圖

資料來源：筆者自製

## 三、未來戰略與國際關係研究趨勢

### （一）新全球對中合縱戰略態勢

2017年「慕尼黑安全研討會」（Munich Security Conference）針對當代全球安全情勢，主辦單位提出三個「後」的主軸概念：「後眞相、後秩序與後西方」（Post-Truth, Post-Order, Post-West），經由2020年新冠肺炎與美國總統大選兩項因素，全球戰略格局出現另外一個所謂「後疫情時代」的開始。全球不僅出現前所未有的非傳統安全威脅：新興疾病「新冠肺炎」（COVID-19）肆虐全球各國，造成經濟、政治與社會秩序的重大變遷，衝擊既有「全球化」發展，引發所謂「全球化終結」論調，更是澈底「解構」國家安全的「本質」：非傳統安全威脅的平時「應變能量」，才是國家治理良莠的重要指標。

繼而，2021年「慕尼黑安全研討會」的主軸調整爲：「超越非西方性」（Beyond Westlessness），強調包括美國總統拜登親自視訊參與，強烈表達重構跨大西洋關係，以及因應最關鍵全球議題：新冠肺炎與氣候變遷的共同理念。[1]拜登在此會議上公開表達「美國已經重返」（America is Back），並具體點出「我們必須共同準備一起應對中國的長期戰略競爭。美國、歐洲與亞洲如何共同確保和平與防衛我們共同的價值，與提升超越太平洋區域繁榮，屬於我們必須承擔的最重要努力。」[2]事實上，2021年上臺的拜登不僅要積極安內：對抗疫情以及消

---

1 Beyond Westlessness: A Readout From the Munich Security Conference Special Edition 2021-Munich Security Brief February 2021, accessed at: https://security-conference.org/assets/02_Dokumente/01_Publikationen/Munich_Security_Brief_Beyond_Westlessness_MSC_Special_Edition_2021.pdf(2021/02/22).

2 Remarks by President Biden at the 2021 Virtual Munich Security Conference, February 19, 2021, SPEECHES AND REMARKS, The White House, accessed at: https://www.whitehouse.gov/briefing-room/speeches-remarks/2021/02/19/remarks-by-president-biden-at-the-2021-virtual-munich-security-conference/(2021/02/22).

弭內部社會對立；對外則是如何重建盟邦的信心，讓美國再度從「多邊主義」角度，引導全球各國對抗另外一個新興強權：中國的戰略挑戰。

### （二）中美關係：新「合縱」vs.新「連橫」

「中美關係」勢必演變爲，以華盛頓爲首的西方國家團隊，在戰略與戰術上，「圍堵」與「交往」北京的戰略態勢。反觀中國則必須思考，春秋戰國時代，張儀「連橫」策略之能夠取勝蘇秦「合縱」策略的關鍵所在：各個擊破，投其所好。所以，北京在「中華民族復興夢」戰略目標下，一方面，藉由「一帶一路」基礎建設，以及透過「疫苗外交」推廣，擴大其環歐亞地區周邊國家的影響力。其次，透過「穩定臺海」，反制美國「島鏈封鎖」，近而「立足亞太」、「放眼全球」，步步爲營，對美戰略「鬥而可破」，才能保持適當對美壓力，以及造成美國相關盟邦的「安全兩難」，創造破解新全球合縱態勢之道。

### （三）兩岸關係：「和」或「戰」一念間

在「龍鷹大戰」權力碰撞之際，全球局勢受到衝擊，相關周邊區域國家面臨是否「靠邊站」問題。以往還可以「安全靠美國、經濟靠中國」之政經分離，目前由於中國經濟實力增加，連帶其軍事實力的擴增，在南海地區的島礁組建，在臺海地區解放軍機艦採取「繞臺、擾臺與封臺」，不斷在臺灣西南海域第一島鏈之間軍事演習，以及在東海釣魚臺列嶼與日本海上保安廳的領海對峙問題，擴大「灰色地帶」準軍事衝突緊張態勢。

加上，2012年習近平上臺以來，採取積極、強勢對臺政策，聲明祖國統一問題不能一代傳一代，甚至於2019年1月2日，提出「兩制臺灣方案」構想，藉以加速「推進祖國統一進程」，2020年北京進入第一個百年目標之後，適逢2021年建黨一百年，以及2022年即將召開的20大，一方面，持續「推動兩岸和平發展」，透過經濟與社會融合政策，強化臺灣對於中國經濟依賴。再者，於2020年民進黨再度連任，蔡英文總統拒不接受北京單方面提出的「九二共識問卷」，中斷兩岸之間的官方與非正式管道，北京透過一定程度的「文攻武嚇」途徑，達到「以戰逼統、以戰促談」目標。

### （四）美臺關係：「棋子」或「棋手」競逐

在美中戰略競逐下，「兩岸關係」被化約在美中關係下的「臺灣議題」。2021年1月20日，美國總統拜登就職，隨即提出新的印太戰略構想：美國重建跨大西洋盟邦關係，如何與中國在亞太和平共處、鼓勵對話、溝通協調爲大勢所趨。臺灣的地緣戰略價值有如一艘不沉的航空母艦，正可發揮在印太地區「以海制陸」，以及「以陸制海」的雙重戰略功能。未來，在太平洋兩岸下的「新兩岸關係」：美國與中國的戰略競逐下，突顯「臺灣」可以成爲一個「制約」中國對外擴張力量的「牽制點」，或美中在印太地區力量槓桿的「平衡點」。

總之，面對新的全球戰略情勢發展，臺灣可以透過「圖二：整合國際事務與戰略分析架構圖」，建構出一套「戰略思考」與「因應作爲」相互結合，形塑「長治久安」的國家安全戰略與政策。後續進一步研究課題，可以基於此一「整合國際事務與戰略分析架構」，進一步從不同「行爲者」角色思考，透過「決策模擬」與「兵棋推演」角度，經由「事後評估」（After Action Review, AAR）與「經驗累積」，以及透過「危機管理」（Crisis Management）的「想定建立」（scenario building），藉以達成平時與危機時期，如何「超前部署」與「有以待之」，發揮「戰略」與「國際關係」政策整合功效與後續理論研究成果。